本书受新疆师范大学中亚法律资政研究中心资助

The Study on Regional Economic Integration in Central Asia

中亚区域经济一体化研究

Central Asia

王维然◎著

知识产权出版社
全国百佳图书出版单位

图书在版编目（CIP）数据

中亚区域经济一体化研究/王维然著．—北京：知识产权出版社，2014.12
ISBN 978－7－5130－3238－4

Ⅰ．①中…　Ⅱ．①王…　Ⅲ．①区域经济一体化—研究—中国、中亚　Ⅳ．①F114.46

中国版本图书馆 CIP 数据核字（2014）第 295216 号

责任编辑：雷春丽　　**责任校对：**董志英
装帧设计：SUN 工作室　韩建文　　**责任出版：**刘译文

中亚区域经济一体化研究

王维然　著

出版发行：知识产权出版社有限责任公司　　**网　　址：**http：//www.ipph.cn
社　　址：北京市海淀区马甸南村 1 号　　**邮　　编：**100088
责编电话：010－82000860 转 8004　　**责编邮箱：**leichunli@cnipr.com
发行电话：010－82000860 转 8101/8102　　**发行传真：**010－82000893/82005070/82000270
印　　刷：北京科信印刷有限公司　　**经　　销：**各大网上书店、新华书店及相关专业书店
开　　本：787mm×1092mm　1/16　　**印　　张：**19
版　　次：2014 年 12 月第 1 版　　**印　　次：**2014 年 12 月第 1 次印刷
字　　数：366 千字　　**定　　价：**48.00 元

ISBN 978-7-5130-3238-4

谨以此书献给我的母亲

前　言

区域经济一体化一直被中亚国家视为促进经济发展的重要途径，自独立以来，中亚地区也先后建立了多个不同的区域合作机制，但这些区域合作机制的效果、对中亚各国的影响却并不尽如人意，中亚地区成立的区域经济合作组织大多流于形式。中亚国家开展区域经济合作是因为各国认识到以自身实力，无法解决远离世界市场、交通不便、技术落后、工业化程度低、市场经济发育不成熟等缺陷，所以采取抱团取暖来应对困难。但以往中亚经济合作的失败表明，不仅是中亚国家经济实力的制约，而且中亚国家的不合作态度也使得本来可双赢的项目变成了双输的问题。

中亚国家的经济结构及相互矛盾决定了彼此间难以真正形成经济一体化，尽管吉尔吉斯斯坦和塔吉克斯坦对哈萨克斯坦的依赖性较高，但哈萨克斯坦对吉尔吉斯斯坦、塔吉克斯坦两国并无多少需求，而哈萨克斯坦的经济实力和中亚各国间的矛盾造成其无力独自推动中亚区域经济一体化取得实质进展，因此中亚的区域经济合作必须借助大国的力量。

目前，中亚地区的一体化组织只有欧亚经济共同体的发展取得实质性进展。欧亚经济共同体内部不但已形成关税同盟，且计划于2015年将关税同盟升级为欧亚经济联盟。但欧亚经济共同体各国普遍存在市场机制不完善、产业结构单一、过度依赖能源、原材料的困难。就目的而言，一体化组织的建立都是出于政治考虑，但一体化的成功与否则取决于各国能否从中创造并获取经济利益。当前，俄罗斯在中亚发挥主导作用，这是由其传统影响以及为中亚国家提供了安全和基础设施等区域性公共产品所决定的。

长远来看，中亚国家在资源与能源的供给、联系欧洲的通道以及国家安全方面对中国都具有极其重要的意义。中国和中亚的经济合作现状与中国对其的战略需求并不相符，如不能建立与中亚国家的紧密的经济合作，中国在西部的利益将会受到不利影响，当前上合组织在经济合作方面的成效并不尽如人意。

考虑到上合组织存在与发展对中国的重要性，中国迫切需要建立与中亚国家紧密的经济往来，为上合组织的发展奠定经济基础。尽管俄白哈关税同盟已建成并预计于2015年建成欧亚经济联盟，但欧亚经济共同体各国在经济发展水平、产业结构以及相互间经济往来诸多方面甚至未达到欧洲经济共同体的一体化程度，对欧亚经济共同体现有经济基础是否足以支撑一体化程度的提升需深入研究。需分析中国与欧亚经济共同体成员国的贸易结构，研究双方可实现双赢的经济合作的领域，而不是仅局限于贸易领域。以往中亚国家区域经济合作不成功的原因，很大一部分在于各国所得利益的不均衡和各国的政治考虑影响了经济合作，中国的经济实力远超欧亚经济共同体各国，很容易在中国与中亚国家的经济交往中形成“中心—外围”效应并引发中亚民众的不满，而这不利于双方建立长期稳定的经济合作。

中国需通过开展产业内贸易、直接投资、提供区域性公共产品等方式促进中亚国家的经济发展，并在条件成熟时推进中国与欧亚经济共同体各国的经济融合。俄罗斯在中亚地区发挥了其他大国难以替代的作用，中国要想在中亚地区顺利推进经济合作，必须取得俄罗斯的合作，为中亚国家提供区域性公共产品也与俄罗斯的中亚政策及在中亚的利益重合。当前，中国在中亚并未发挥大市场的优势与作用，俄罗斯和中亚国家对中国的疑虑制约了中国参与中亚区域经济合作。中国应通过提供区域性公共产品来促进中亚国家经济的发展以化解其对中国的担心，从而使中国能够推动中亚区域经济合作深入发展。

在推动与中亚国家的经济合作时，中国亦需转变思维，树立大国意识，从将中亚作为能源和原材料产地的思维转变为向中亚地区提供区域性公共产品，发挥世界第二大经济体的外溢作用带动中亚国家的经济增长。只有如此，才可使上合组织得以发展，上合组织真正的生命力在于它应是一个能为本地区国家创造利益和提供区域性公共产品的平台，而不是中国获取中亚资源和市场的工具，当中亚国家将上海合作组织看做能够为其创造经济利益和带来安全稳定的机构时，中国在中亚的利益自然得以保障。

中国东部的开放是中国借助欧美发达国家市场来发展，从欧美发达国家引入资本、技术和市场经济的运作体系，而西部开放则应是中国带动中亚国家发展，为中亚国家提供发展市场经济的资本与经验。但新疆经济的落后制约了中国发挥大市场的外溢效应，中国需要探索合适的方式来实现中国和中亚国家的双赢合作。

目　录

第一章　区域经济一体化的发展历程　1
第一节　区域经济一体化类型　1
一、区域经济一体化的产生、发展　2
二、区域经济一体化的界定　7
三、区域经济一体化的不同形式　9
第二节　区域经济一体化传统理论　12
一、关税同盟理论　13
二、自由贸易区理论　17
三、共同市场理论　20
四、最优货币区理论　23
五、发展中国家一体化理论　25
第三节　区域经济一体化新理论　26
一、新区域主义　26
二、区域性公共产品理论　29
三、新经济地理学　31
四、多米诺理论　33

第二章　世界范围内区域经济一体化现状与经验　36
第一节　主要区域经济一体化组织　36
一、欧盟　36
二、北美自由贸易区　42
三、亚太经合组织　46
第二节　发展中国家一体化经验　49
一、南南型一体化　50
二、南北型一体化　55
三、小结　58

第三章　中亚各国基本经济状况与分析　60
第一节　中亚各国基本经济状况　61
　　一、基本经济情况　62
　　二、劳动就业　69
　　三、工业化程度　72
第二节　中亚各国产业结构研究　73
　　一、中亚国家产业结构分析　74
　　二、各国产业政策分析　85
第三节　资源依赖引发的“荷兰病”　87
　　一、矿业开采对哈萨克斯坦的影响　89
　　二、哈萨克斯坦现行政策分析　93
　　三、结论　96

第四章　中亚国家对外贸易发展与现状　97
第一节　中亚国家对外贸易概况　98
　　一、贸易结构　98
　　二、主要贸易伙伴　100
　　三、边境贸易　101
第二节　哈萨克斯坦对外贸易　103
　　一、哈萨克斯坦外贸现状　103
　　二、外贸对哈萨克斯坦经济增长的影响　107
　　三、中哈边境贸易分析　112
第三节　吉尔吉斯斯坦对外贸易　117
第四节　塔吉克斯坦、乌兹别克斯坦和土库曼斯坦对外贸易分析　121
　　一、塔吉克斯坦对外贸易分析　121
　　二、乌兹别克斯坦对外贸易分析　124
　　三、土库曼斯坦对外贸易分析　126
第五节　中亚各国对外贸易特点与效应　129
　　一、中亚各国之间贸易特点　129
　　二、中亚各国不同贸易战略效应分析　130
　　三、中亚地区边境贸易发展的原因与作用　133

第五章　中亚区域一体化历程与现状　136
第一节　中亚国家参与的一体化组织　137
　　一、经济合作组织　138

二、独联体自由贸易区 139
三、中亚合作组织 140
四、欧亚经济共同体 140
五、上海合作组织 142
六、四国统一经济空间 143
第二节 欧亚经济共同体效应分析 144
一、欧亚经济共同体效应 144
二、俄白哈关税同盟研究 152
三、统一经济空间的前景分析 161
第三节 上合组织的进展与困境 162
一、上合组织框架下的进展 162
二、制约上合框架下经济合作开展的原因 164
第四节 市场驱动型一体化的进展 167
一、巴扎贸易发展及现状 167
二、劳动力流动成效分析 176

第六章 制约中亚区域经济一体化的原因 180
第一节 中亚各国经济发展阶段的限制 180
一、各国经济发展水平难以推动现有的一体化 181
二、中亚国家未形成成熟的市场经济体系和观念 187
三、基础设施的落后 191
第二节 中亚各国间矛盾制约一体化 195
一、各国对一体化的期望不同 195
二、各国多个领域存在未解决的纠纷 197
三、各国以短期利益为重的政策激化矛盾 200
四、各国国内利益集团制约国家间经济合作的开展 201
第三节 中亚国家推进一体化进程中的不足 203
一、各国政府推进一体化执行力不足 203
二、各国缺乏合作意识和共赢理念 204
三、中亚国家对一体化的认识需要深化 207

第七章 大国在中亚一体化中的作用 211
第一节 俄罗斯的作用 211
一、俄罗斯对中亚区域一体化具有主导性影响 212
二、俄罗斯和中亚国家对于经济一体化的目的不同 216

三、俄罗斯的经济实力和结构难以实现经济一体化目标 219
第二节 中国的作用 223
一、中国应为中亚提供区域公共产品 223
二、中国应为中亚一体化创造经济条件 226
三、新疆经济的落后制约了中国参与中亚经济发展的进程 230
第三节 中俄影响中亚一体化的经验研究 238
一、中亚地区一体化程度 238
二、中俄两国的影响 240

第八章 中国参与中亚一体化的对策 245
第一节 中国需深化对中亚区域经济一体化的认识 245
一、转变以往对中亚区域一体化的认识 245
二、成为区域性公共产品提供者 248
三、调整出口导向贸易政策对中亚国家的不利影响 249
四、推动区域经济一体化时需综合考虑政治经济因素 250
五、明确新疆经济发展水平对中国参与中亚一体化的不利影响 250
第二节 中国与中亚的次区域经济合作 251
一、中哈霍尔果斯国际边境合作区 252
二、塔吉中跨境合作区 254
第三节 中国与中亚国家的双边经济合作 256
一、吉尔吉斯斯坦、塔吉克斯坦 256
二、乌兹别克斯坦、土库曼斯坦 257
第四节 中国与哈萨克斯坦的功能性合作 258
一、石化工业 260
二、欧亚大通道 261
三、水资源利用 261

参考文献 265

附录 280

第一章　区域经济一体化的发展历程

第一节　区域经济一体化类型

“二战”以后，世界范围内的贸易自由化主要表现为 GATT/WTO 体制下的多边贸易自由化进程和区域贸易自由化两条路径，前者通过 GATT 体制下的八轮谈判成功地将全球贸易自由化推到了新的高度，而后者则表现为形成了遍及全球的不同的区域一体化组织（其中，以欧盟最为引人注目）。

进入 21 世纪后，WTO 体制下的多边贸易自由化陷入了停滞的局面，多哈回合谈判已持续了多年，始终未能取得实质性的突破。在这种背景下，区域贸易自由化则呈现出了前所未有的兴旺局面，截至 2013 年 1 月，在 WTO 备案的区域贸易协定已有 546 个，其中 354 个已得以实施，可以说“一体化的时代”已成为现实。

当今世界最大的两个经济体——欧盟、美国，不仅试图建立以各自为中心的跨大陆、跨地区的超大型自由贸易区，即美洲自由贸易区和欧洲—地中海自由贸易区，而且开始了彼此之间建立自由贸易区的谈判。2013 年 2 月 13 日欧盟委员会宣布美欧双方达成于 2013 年 6 月启动“跨大西洋自由贸易协定”谈判，希望于 2014 年年底前正式达成协议。此次双方就启动谈判达成一致，标志欧美自贸区谈判取得重大进展。若达成协议，将缔造世贸组织 1995 年成立以来最宏大的一项自贸区协议，涵盖全球一半的经济产出和三分之一的贸易额。当前，各种区域经济一体化协定发展势头强劲，已成为普遍的国际经济合作形式，形成了与 WTO 多边贸易合作体制并驾齐驱的发展格局，甚至大有后来居上之势。

各国积极参与区域经济一体化的目的不外乎希望能够从中获取政治和经济利益，只是并非所有参与区域经济一体化的国家都达到了预期目标，因此世界范围内的区域一体化组织的发展现状也是千差万别的。现实生活中的热点自然业已成为学术界研究的重点，近年来关于区域经济一体化研究的成果也是层出不穷，本章就对区域经济一体化的产生、发展和相关理论进行梳理。

一、区域经济一体化的产生、发展

（一）区域经济一体化的产生

尽管区域经济一体化在全球的迅速发展是近年出现的情况，但早在19世纪已经有区域一体化组织建成并取得了成功，即1834年建立的德意志关税同盟，“这成为经济一体化的第一个重要的事件，后来通过德意志帝国统一了德国各州，实现了完全的经济一体化”（约翰·伊特维尔，1996）。19世纪初的德国虽然被称为“德意志联邦”，实际则是38个邦和自由市组成的联合体，各个邦为了自己的利益，在边境设置关卡，征收高额关税，“德意志的38条关税与过境税边界线使境内交通陷于瘫痪，其结果大致就像把一个人的每只手脚扎紧，使任何一只手脚的血液不能流到其他手脚”。当时的德国面临着政治统一和经济统一的双重任务，1818年的普鲁士进行了关税改革，并于1834年将北德、中德、南德关税同盟合并为德意志关税同盟，成为“德国历史上滑铁卢和柯尼格雷茨之间最有益的，而且也是最伟大的事件”（弗兰茨·梅林，1980）。关税同盟在取消了内部的关税壁垒、实现了成员国间的贸易和交通自由、形成了统一的内部市场后，又开始向经济同盟发展，并于19世纪50年代统一了货币、票据法、商业法和度量衡制度，最终为德国的政治统一奠定了物质基础。普鲁士建立关税同盟的目的即在于为统一德意志服务，使关税同盟成为当时德意志经济现代化的最主要的载体。因此，从最早的经济一体化组织产生时起，其所追求的政治和经济目标就成为建立一体化组织的不可分割的统一体。

到了20世纪初，欧洲大陆又出现了新的经济一体化组织——比荷卢关税同盟。1921年，比利时和卢森堡缔结了经济联盟，1926年卢森堡工业家埃米尔·迈里施建立由法、德、比、卢钢铁工业家组成的钢铁卡特尔，就产量最高限额和生产分配互相达成协议。截至第二次世界大战，比卢联盟已成为世界最大的钢铁出口者，供应了世界需求的30%左右。因此，“比卢经济联盟几乎是两次世界大战之间成功的经济联盟独一无二的例子”，“这件事可以看做走向比荷卢联盟的第一步”（卡洛·M. 奇波拉，1991）。在经济危机冲击下，1930年美国国会通过《霍利—斯穆特关税法案》，将平均关税率提高到40%，而其他国家随后的跟进使得对外贸依赖很深的比、荷、卢三国深受打击。为了应对不利局面，1932年三国签订协议，同意逐渐取消彼此之间的经济壁垒，并对降低关税作出具体规定。尽管此次协议并未成功，但比荷卢三国流亡政府又于1944年在伦敦签订了关税协定，同意战后建立关税同盟，并规定关税政策的合作是走向人员、货物、劳务和资本自由流动的永久性经济联盟的第一步，1947年比荷卢三国签订建立关税同盟的协定，取消成员国之间关税和对外统一税率，1948年1月1日，比荷卢三国关税同盟正式成立。

比荷卢关税同盟促进了三国经济的发展。1950～1957 年，比利时工业生产指数上升了 32%、荷兰上升了 75%，同期比利时出口量增加 60.2%、荷兰增加 86.3%（朱健安，1992）。三国又分别于 1954 年 7 月和 1956 年 2 月签订了关于资本自由流通和劳动力自由移动的条约，以协调比荷卢三国的对外贸易政策。1958 年 2 月，比荷卢三国政府在海牙签订比荷卢经济联盟条约（Benelux Economic Union），建立了一个包括人员、货物、资本和劳动力自由流动的经济联盟。该条约主要内容包括协调成员国经济、财政和社会政策，并在开展与第三国的经济往来时采取共同的政策。1960 年 1 月 1 日，联盟条约生效，有效期为 50 年。❶

比荷卢经济联盟的经验以及小贸易国在一个大市场获益的现实，都使比、荷、卢三国倾向于赞成建立欧洲经济共同体（R. C. 赖利，1980）。因此，在 1955 年 6 月的意大利墨西拿会议上，欧洲煤钢共同体六国外长会议接受了比荷卢三国外长提出的对运输和能源采取分部门一体化以及建立全面共同市场的备忘录，并在此基础上签订了 1957 年的《罗马条约》，在 1958 年建立了欧洲原子能共同体和欧洲经济共同体。自此，比荷卢关税同盟作为一个独立的关税区并入欧洲经济共同体关税同盟。

第二次世界大战在政治、经济、人口诸多方面给欧洲国家造成了惨痛的损失，"二战"后西欧国家又面临和平（如何解决德国的问题）、发展（如何尽快使经济恢复）、安全（如何应对苏联的扩张）❷ 等关键问题，此时各国意识到他们所面临的问题是本国无法独自解决的，因而迫切需要一个联合应对这些困难的机制。

1950 年 5 月 9 日，法国外长罗伯特·舒曼发表了由法国计划署总专员让·莫内构思的计划——建立欧洲煤钢共同体，煤钢共同体解决了和平问题（标志着法国对德国政策的转变，对煤钢的使用和控制使得战争不仅是不可想象的，而且从物质上是不可能的），同时煤钢产业的发展也是西欧工业复兴的必要因素，并且引发了其他经济部门的连锁反应（法布里斯·拉哈，2005）。1951 年，法、德、意、比、荷、卢六国建立了欧洲煤钢共同体。1957 年，又建立了欧洲经济共同体和欧洲原子能共同体，自此，欧洲的经济一体化进程已不可阻挡。1967 年，煤钢共同体、原子能共同体和经济共同体又合并为欧洲共同体（European Community，EC）。1993 年，欧洲共同体更名为欧盟（European Union，EU），标志着欧洲的一体化从经济一体化开始向经济政治一体化过渡。随着 2007 年罗马尼亚和保加利亚两国加

❶ 2008 年 6 月 17 日，比荷卢三国政府签订《〈建立比荷卢经济联盟条约〉的修订条约》，将该联盟更名为比荷卢联盟，并不再规定有效期。

❷ 欧盟的一位创始人曾开玩笑要给斯大林塑一座塑像，因为如果不是受斯大林威胁，可能就不会有欧盟了。

入欧盟，欧盟已成为一个涵盖27个国家，总人口超过4.8亿的当今世界上经济实力最强、一体化程度最高的国家联合体。

欧洲区域经济一体化的成功引起了其他国家的广泛关注，因此，自20世纪60年代以来，在全球范围内出现了区域经济一体化的建立高潮。在这一波一体化的浪潮中，发展中各国普遍存在经济落后、工业化程度低等诸多困难，为尽快实现本国的工业化和促进经济增长，以1960年成立的中美洲共同市场和拉美自由贸易联盟为标志，发展中国家也纷纷加入区域经济一体化的进程中，希望以联合的方式解决本国面临的困难。

由于发展中国家没有发展经济一体化的经验，欧洲国家的经济一体化理论和模式就成为发展中国家效仿的对象。因此，当时的发展中国家的区域经济一体化多以关税同盟和共同市场为主。但由于发展中国家在经济发展阶段、工业化水平、市场经济体系的成熟程度、政府治理能力、国家政局稳定等多方面都与欧洲国家有着极大的差别，真正实现了预期目标的一体化组织寥寥无几，以至有学者认为“至今还找不到一个发展中国家的区域一体化促进了发展的例子”（奥古斯特·德拉·托力，1993）。

由于20世纪80年代初的国际债务危机及其引发的经济危机的影响，发展中国家的区域经济一体化陷入了停滞。与此同时，欧共体的快速发展和取得的良好成就使得以往一直坚持多边贸易自由化的美国开始担心自己会被排除在欧洲市场之外。当1985年欧共体国家开始讨论《单一欧洲法令》时，统一且封闭的西欧市场的形成已不可阻挡，因此美国改变了以往坚决反对区域一体化的立场，开始发展以自己为主的区域经济一体化。正如巴格瓦蒂所说：“美国认为，既然没有通往多边贸易自由化的高速公路，就只好沿着区域性特惠贸易协定的小道走下去。所以美国决定用两条腿走路：在日内瓦的关税和贸易总协定下的那条腿暂时休息，而另一条腿则在特惠贸易协定的框架下十分活跃。”（贾格迪什·巴格瓦蒂，2004）

1985年，美国和以色列签订了美国第一个《自由贸易协定》，1988年美国又和加拿大签订了《美加自由贸易协定》。而墨西哥希望通过发展与美国的经济往来以促进本国的经济发展，因此也开始与美国进行谈判，随后加拿大也加入谈判，并最终在1992年达成《北美自由贸易协定》，北美自由贸易区在1994年1月1日正式成立。

北美自由贸易区改变了以往的区域经济一体化组织都是“北北型”或“南南型”的局面，成为“南北型”的区域经济一体化组织，此后，在全球范围内又出现了第二波的区域经济一体化的浪潮。而不同于上一波区域经济一体化浪潮的特点：首先，区域一体化的形式更多的是以各国间签订自由贸易协定为主；其次，南北型区域经济一体化大量地出现，很多发展中国家或地区，如墨西哥、智利、东盟，都在一体化进程中获益匪浅，促进了本国或本地区经济的增长。

建立区域经济一体化组织，无论是欧洲式的关税同盟还是美国式的自由贸易区，都意味着参与一体化的国家接受了对本国决策的限制。各国之所以愿意接受这种限制，特别是“中心—外围”理论曾广为流行的发展中国家，无疑是因为这些国家看到了可从一体化中获取收益。这种收益，不仅仅限于经济利益。正如罗伯特·吉尔平所说：“不言而喻，所有的区域一体化都涉及政治和经济的动机，但是政治因素和经济因素的相对重要性在各个区域一体化运动中有所不同。西欧的一体化运动主要受政治因素的推动，北美的一体化运动既出于政治考虑，也出于经济考虑，而亚太地区一体化则主要是由市场推动的。”（罗伯特·吉尔平，2006）

当前，在世界范围内，区域经济一体化的发展势头已远超过多边贸易自由化，尤其是在多哈回合谈判停滞不前的情况下，各国，尤其是以美国为首的大国，对区域经济一体化的认识和重视程度都发生了根本变化。

（二）区域一体化与 WTO 体制关系

由于区域经济一体化组织对成员和非成员采取有差别的待遇，因此实质上一体化组织对非成员是歧视的，这无疑与 WTO 的非歧视原则相冲突。1994 年 GATT 第一条规定的最惠国待遇义务是全球货物贸易制度的核心和本质，“第一条第一款所含的最惠国待遇原则是 GATT 的里程碑和 WTO 贸易制度的支柱之一，这是确定无疑的”。[1] 但随着区域经济一体化在全球范围内的迅速扩展，最惠国待遇原则的这项基石，已被各种区域性优惠协定侵蚀得千疮百孔。因此，也有观点认为区域经济一体化是对 GATT/WTO 基本原则的违背，但实际上根据 GATT1994 年第 24 条及《关于解释 1994 年 GATT 第 24 条的谅解》，1979 年东京回合的“授权条款”（GATS 第 5 条），GATT/WTO 体制是认可区域经济一体化的。

GATT 第 24 条第 4 款规定：“各缔约方认识到，宜通过自愿签署协定从而发展此类协定签署国之间更紧密的经济一体化，以增加贸易自由。他们还认识到，关税同盟或自由贸易区的目的应为便利成员领土之间的贸易，而非增加其他缔约方与此类领土之间的贸易壁垒。”第 5 款进一步明确：“本协定的规定不得阻止在缔约方领土之间形成关税同盟或自由贸易区，或阻止通过形成关税同盟或自由贸易区所必需的临时协定。”由此可见，GATT 规定了货物贸易领域中各国建立关税同盟、自由贸易区和临时协定三个层次的经济一体化。

由于 GATT 第 24 条对合理期限、可适用关税以及实质上所有贸易等问题界定并不明确，因此在乌拉圭回合谈判中 GATT 第 24 条也成为议题之一。各方就此问

[1] Appellate Body Report, *European Communities – Conditions for the Granting of Tariff Preferences to Developing Counties*, p. 101, WT / DS246/ AB/ R, 7 April 2004.

题最终达成了《关于解释1994年GATT第24条的谅解》，明确了相关标准。因此，GATT第24条及其谅解协议作为GATT最惠国待遇的重大例外，使得世界各国得以在多边贸易自由化体制下建立区域经济一体化组织。由于GATT第24条只是针对货物贸易的规则，而乌拉圭回合谈判中服务贸易已成为各国关注的焦点问题，因此在GATS中对各国在服务贸易领域的经济一体化问题作出了规定。就其基本内容而言，GATS第5条与GATT第24条的基本精神是一致的，只是其针对于服务贸易领域的一体化问题。在措辞方面，由于服务贸易不涉及关税等问题，因此其采用了“经济一体化”（economic integration）一词而没有使用关税同盟和自由贸易区。

对于GATT中使用的关税同盟和自由贸易区这两个词，也曾引起争议，有观点认为，GATT只同意建立关税同盟和自由贸易区两种区域经济一体化组织，对于其他类型的一体化组织是反对的。这种观点无疑是曲解了GATT的本意。

在GATT体制下，各国以推动多边贸易自由化作为优先选择，但考虑到现实中各国的差异，GATT第24条对区域一体化也做了例外性规定。在进行哈瓦那宪章的早期谈判时，美国提出建议草案规定只有关税同盟规定作为例外，这一方面是因为1947年比利时、荷兰、卢森堡三国已签订了建立比荷卢关税同盟的协议，另一方面是因为关税同盟作为一种贸易制度产生时间远早于当时正在谈判的多边贸易体制。[1] 而在后来的谈判中，叙利亚和黎巴嫩又提出了有关自由贸易区的概念，即只在成员间实行自由贸易而不采取共同的对外贸易政策的贸易安排。因此，自由贸易区的概念也被纳入了GATT的规定。由此可见，GATT对于关税同盟和自由贸易区的例外规定只是在当时的历史条件下采用的措辞，并非仅认可这两种区域经济一体化形式。实际上根据GATT第24条的规定来看，该条部分地是基于两个相邻国家间边境关税特殊的这一现实，部分地是基于这样一种政策：总的世界福利可通过全部消除各国间贸易限制这样的贸易体系而得到加强，这是一种“或者都有，或者都没有”的观念。而应该容忍贸易优惠待遇中的一些不利，以换取数国间贸易的实质性自由，即承认“搭便车”或最惠国的“绊脚石”这一不利之处，允许特定地偏离最惠国，以促进贸易自由，通过这类自由化给全球带来更多的好处（约翰逊·杰克逊，2001）。

由于在GATT成立之初和其后的较长的一段时间内，世界范围内成立的区域经济一体化组织很少，是世界多边贸易体系的例外，这与GATT第24条的例规定倒也相符。但目前世界范围内区域经济一体化组织的发展已经远非当日寥寥无几的情况，这也引发了区域经济一体化究竟是全球多边自由贸易体制的垫脚石（step-

[1] 有观点认为，早在1703年英格兰和苏格兰就建立了政治和经济同盟；1789年，法国建立了关税同盟。参见钟立国．GATT1994的第24条的历史与法律分析［J］．法学评论，2003（6）．

ping blocks）还是绊脚石（stumbling blocks）的争论。

二、区域经济一体化的界定

在探讨区域经济一体化之前，需要对经济一体化及相关的词语进行界定，以明确研究的对象。《新帕尔格雷夫经济学大辞典》指出："在日常用语中，一体化被定义为把各个部分结为一个整体。在经济学文献里，'经济一体化'却没有这样明确的含义。"（约翰·伊特维尔，1996）根据弗里茨·马克卢普（Fritz Machlup，1976）研究，在1947年以前，尽管存在经济一体化现象，但几乎没有经济学家写过涉及经济一体化的著作。最早在"经济一体化"意义上使用"integration"一词的是两本相互独立的著作，分别是瑞典经济学家埃利·F. 赫克歇尔（Eli F Heckscher）于1931年出版的关于重商主义的著作和由两位德国人于1933年出版的关于贸易投机的著作，而首次公开使用"经济一体化"一词的是美国经济合作署长保罗·霍夫曼（Paul Hoffimann）在1949年召开的欧洲经济合作大会上（樊莹，2005）。

最早对"经济一体化"进行定义的是荷兰经济学家J. 丁伯根（Jan Tinbergen，1952），他认为"经济一体化就是将有关阻碍经济最有效运行的人为因素加以消除，通过相互协调与统一，创造最适宜的国际经济结构"。而受到普遍认可的经济一体化定义是美国经济学家贝拉·巴拉萨（Bela Balassa，1961）提出的，即经济一体化既是一个过程，又是一种状态。就过程而言，它包括旨在消除各国经济单位之间差别待遇的种种举措；就状态而言，则表现为各国间各种形式的差别待遇的消失。[1] 在此基础上，约翰·平德（John Pinder，1968）指出"一体化是达到一种联盟状态的过程"，"不仅要消除各成员国经济单位之间的歧视，而且要形成、实施和协调共同的政策，其范围应足以保证实现主要的经济与福利目标"。

而彼得·罗布森（2001）将其定义为"各个独立的国民经济在体制上组合成为更大规模的经济集团或共同体"。艾尔·阿格拉（Ali M. El－Agraa，1988）进一步提出："到了1950年，研究国际贸易的经济学家们赋予这一名词（国际经济一体化，international economic integration）一项明确定义，特指将不同经济实体结成较大经济区的一种事务状态或一种过程。更具体地说，国际经济整合能消除参与国之间的所有贸易障碍，并建立一定的合作和协调的机制。后者完全依赖于一体化采取的具体形式。"

查尔斯托斯基（Chelstowski，1972）认为经济一体化的本质是劳动分工，"即按国际劳动分工的要求来调整各国的经济结构"。柯森（Victoria Curson，1974）则

---

[1] Balassa，B. *The Theory of Economic Integration* [M]. London：Homewood & Irwin，1961：10.

进一步提出一体化的实质就是“成员国间生产要素再配置的过程”。

国内对经济一体化的概念也进行了研究，伍贻康（1994）认为，经济一体化是“两个或两个以上的国家的产品和生产要素可以无阻碍地流动和经济政策的协调，一体化程度的高低是以产品和生产要素自由流动的差别或范围大小来衡量的，从而区域性国际经济一体化组织也有不同的形式”。

张幼文（2001）认为，区域经济一体化是指在世界生产力发展的客观推动和各国谋求国民经济持续发展主观努力的综合作用下，特定区域内的国家或地区通过达成经济合作的某种承诺或组建一定形式的经济合作组织，谋求区域内商品流通和要素流动的自由化以及生产分工的最优化，直至形成各国经济政策和区域经济体制某种程度的统一。

刘力、宋少华（2002）提出区域经济一体化是指两个或多个国家或地区之间实行的某种程度的经济联合或共同的经济调节。

通过以上国内外学者对经济一体化的用词就可发现，“经济一体化”被表述为“国际经济一体化”、“区域经济一体化”等不同词汇。其实，这只是一个事物的不同角度。当从全球角度来讨论一体化时，学者们会用国际经济一体化，而讨论个别国家或几个国家的一体化问题时，往往使用区域经济一体化。因此，本书中就将国际经济一体化和区域经济一体化作为同一概念的在不同范围下使用时的表述用词。与国际经济一体化具有类似含义的一个词语就是经济全球化，其与国际经济一体化的相同点之一就是学术界对其也没有形成统一的定义，但这两个术语的使用常常是可以互换的。国际货币基金组织（1997）对全球化下的定义为：全球化是通过贸易、资金流动、技术创新、信息网络和文化交流，使各国经济在世界范围内高度融合，各国经济通过不断增长的各类商品和劳务的广泛输送，通过国际资金的流动，技术更快、更广泛地传播，形成相互依赖的关系。按照这个定义，国际经济一体化和经济全球化的内涵基本是相同的，只是使用的环境有所不同而已。

区域经济一体化是否会促进国际经济一体化，或者说国际经济一体化是否就是全球范围内的区域经济一体化的加总，与此相类似的问题是区域经济一体化是多边自由贸易体系的“绊脚石”还是“垫脚石”，对此，至今学术界并未形成统一的结论。鲍德温（1995）假定贸易壁垒只是由运输成本构成，当非成员国加入区域一体化组织时其运输成本也不断降低。在促使均衡中，区域一体化组织成员的最小得益与其由运输成本导致的非经济成本相等。当促使均衡被打破时，区域一体化组织成员收益增加，从而吸引外部成员加入。随着新成员的加入，其他非成员加入的潜在收益又将增加，从而使得更多的非成员加入，这也就是“多米诺骨牌”效应。根据鲍德温的模型，只要非经济成本上升速度没有超过收益增长速度，那么区域一体化组织将不断扩张，最终实现全球贸易自由化。拉维（1997）认为贸易集团的形成并不能使原本不可能的多边贸易自由化变得可能，但是贸易集团的形成是否会使原本可能的多边贸易自由化变得不可能则不一定。弗雷德（1998）采用对称的三国古诺寡头模型发现，当多边关税较低时，各国通过加入偏向性贸易协定的收益大于贸易自由化的收益，反之亦然。这样一来，区域经济一体化似乎成了经济全球化的副产品，经济全球化和多边贸易自由化推进越深，多边关税下降越多，越有利于区域经济一体化的形成与稳定。艾瑟（1998）将世界分为南北两大区域，两个区域包括多个国家。北方国家生产两种产品，一种为非贸易品，一种为差异性贸易品。前者使用非熟练和熟练劳动力，后者使用人力资本和熟练劳动力。差异产品生产第一阶段仅使用熟练工人生产中间投入品，第二阶段有人力资本将前一阶段的投入品进行组装，做成成品，中间投入品的生产具有广泛外部性。起初，北方国家对差异性贸易品实施无歧视关税，但南方国家抵制贸易自由化，并未参与其中。但随着北方国家降低关税的多边谈判的进行，部分南方国家因潜在收益的增加而放弃自给自足，开始大量专业化生产中间投入品，与北方国家进行贸易。而此时一个北方国家给某个南方国家以适度的关税优惠，使其成为该国家唯一的中间品提供者。这会对其他北方和南方国家产生示范与激励效应，这样，最初北方国家间的多边自由化最终导致大量的南北区域一体化。

三、区域经济一体化的不同形式

（一）区域经济一体化的不同形式

学者们对区域经济一体化有着不同的分类方式，由巴拉萨所提出的自由贸易区、关税同盟、共同市场、经济联盟和完全经济一体化的分类被普遍接受，成为使用最为广泛的分类。这种划分方法，就是按照一体化的程度进行划分。

表1.1　一体化组织形态比较

经济学家	巴拉萨	李普希	阿格拉	林德特
提出时间	1961	1968	1980	2001
出处	《经济一体化理论》	《国际一体化：经济联盟》	《欧洲共同体经济学》	《国际经济学》
种类	5	6	6	4
主要内容	自由贸易区 关税同盟 共同市场 经济联盟 完全经济一体化	特惠关税制度 自由贸易区 关税同盟 共同市场 经济联盟 完全经济一体化	单一商品的经济一体化 自由贸易区 关税同盟 共同市场 全面的经济联盟 完全的政治一体化	自由贸易区 关税同盟 共同市场 全面的经济联盟

资料来源：樊莹．国际区域一体化的经济效应［M］．北京：中国经济出版社，2005：18.

1. 根据一体化内部消除贸易壁垒和采用共同政策划分

（1）特惠贸易协定。特惠贸易协定（preferential trade arrangement）是指各成员方通过协定或其他形式，在进行贸易时互相提供比与非成员方进行贸易时更低的贸易壁垒，提供对全部或部分商品比较优惠的关税，但各成员方保持其独立的对非成员方的关税和其他贸易壁垒。这是区域经济一体化形式中最为低级和松散的类型。

（2）自由贸易区。自由贸易区（free trade area）是指各成员方通过签订自由贸易协定，废除关税和其他数量限制，使商品可在各成员方之间自由流动，但每个成员方对非成员方保留各自的贸易关税。1960 年成立的欧洲自由贸易联盟、1991 年成立的北美自由贸易区都属于此种类型。

（3）关税同盟。关税同盟（customs union）是指各成员方取消彼此间的关税和数量限制，对非成员方实施统一的关税并协调对非成员方的贸易政策。

（4）共同市场。共同市场（common market）除了实施关税同盟的所有政策外，还允许资本、劳动力、技术等生产要素在各成员方间自由流动。

（5）经济联盟。经济联盟（economic union）指成员方之间不但实行商品和生产要素的自由流动，采用统一的对外关税和其他贸易壁垒，而且制定和执行某些共同的经济和社会政策，如财政政策、汇率政策以及货币政策。

（6）完全经济一体化。完全经济一体化（complete economic integration）是区域经济一体的最高级形式，要求在经济联盟基础上建立统一的超国家管理机构，同时各成员方在贸易、金融、财政等政策上完全统一，并在成员方间消除一切阻碍自由流动的障碍。

2. 根据一体化的范围划分

部门一体化（sectoral integration）指区域内各成员方一个或几个产业部门的一体化，如 1953 年建立的欧洲煤钢共同体；全盘一体化（overall integration）指区域内各成员方所有经济部门的一体化，如欧盟就是全盘一体化的典型。

3. 根据一体化的成员划分

对发达国家间成立的一体化组织称为北北型一体化，如欧盟（EU）；发展中国家间成立的一体化组织称为南南型一体化，如安第斯条约组织（Andean Pact Organization）；发达国家和发展中国家间建立的一体化组织被称为南北型一体化，最典型的就是北美自由贸易区（North American Free Trade Area，NAFTA）。前两种也被称为水平一体化（horizontal integration），而最后的南北型一体化又被称为垂直一体化（vertical integration）。

对于区域经济一体化的表述当前有很多的不同术语，如 WTO 用区域贸易协定 RTAs（regional trade agreements）来表示一体化协定，也用 RIAs（regional integration arrangements)、区域贸易集团（regional trading blocs or trading blocs)、区域经济一体化（regional economic integration）来表示。而在第二波的区域经济一体化浪潮中形成了大量交叉重叠的自由贸易协定网络，因此近年来优惠贸易协定PTA（preferential trade agreements）或自由贸易协定FTA（free trade agreements）也被普遍使用。[1] 日本则将本国与其他国家进行的双边贸易谈判称为经济伙伴协定（Economic Partnership Agreement，EPA)，因为协议内容不仅包括传统的贸易和投资自由化，还包括服务贸易、科技研发、IT产业和信息化、知识产权保护、金融服务、观光旅游、中小企业、人才交流与培养等广泛领域，这已经远远超过了传统的自由贸易协定的涵盖范围。

被普遍使用的FTA具有两个不同的用法，一个是自由贸易协定（Free Trade Agreements)，指两个或两个以上的经济体之间设定自由贸易安排；另一个是自由贸易区（Free Trade Areas，FTAs)，即两个或两个以上经济体根据相关协议组成的一体化区域。当前，对这两个FTA的使用往往并不予以明确区分，因为这两个FTA也的确是紧密相连的。

在谈到自由贸易区时有一点必须明确，就是自由贸易园区的用语，自由贸易园区（Free Trade Zone，FTZ）是源于WCO（World Customs Organization，世界海关组织）有关“自由区”的规定，世界海关组织的《京都公约》指出：“FTZ是缔约方境内的一部分，进入这部分的任何货物，就进口关税而言，通常视为关境之外。”自由贸易园区的实质是在一个关境内的一小块区域实施特殊的待遇，常常也被表述为出口加工区等用语，是单个主权国家（地区）的行为，一般需要进行围网隔离，对境外入区货物的关税实施免税或保税，而不是降低关税。如德国汉堡自由港、巴拿马科隆自由贸易区等属于典型的FTZ。但当前国内很多政府机关文件、媒体报道乃至部分专业书籍却并不了解自由贸易区（FTA）和自由贸易园区（FTZ）的区别，往往在谈及“自由贸易园区”时使用“自由贸易区”，造成概念上的混淆。

（二）对区域经济一体化的不同定义

在研究一体化过程中，国内外学者还提出了不同的用语表达其对研究问题的不同态度，本书对此做一简略回顾。

在各国推进一体化过程中，往往涉及对不同国家的不同法规政策的修订（在货物贸易领域往往表现为各种贸易壁垒)，而对于政策的协调就被称为政策一体化

---

[1] 巴格瓦蒂认为，采用“自由贸易区”的说法是想制造其与自由贸易的混淆，因此提议将自由贸易区改称为“特惠贸易协定”，他认为这样会提醒公众和政客们注意事物的另一面，以免头脑简单的人将自由贸易区误认为自由贸易。

（policy integration），指政府有意采取超出国民待遇范围的措施，通过调整、协调或对国家政策和执行机制的互相认可来减少管理体制所带来的市场分割的负面效果。[1]

丁伯根（1954）将经济一体化分为消极一体化（negative integration）和积极一体化（positive integration），就是从各国政策的调整程度来进行的划分。前者指“消除贸易壁垒”的各种措施，即消除成员方之间资本、劳动和商品等流动的障碍；后者指“协调集中的政策制定的新制度”，即政府更主动地介入一体化的过程并在制度层面推动一体化的进行。与此相类似的是徐春祥（2008）提出的浅层次一体化（shallow integration）和深度一体化（deep integration），这两个词所表述的含义基本与消极一体化和经济一体化相同，只是徐春祥将浅层次一体化又分为基于市场力量（自然力量）推动的浅层次贸易一体化和基于专业化分工的浅层次贸易一体化两种。

与此相对应的概念是市场一体化，佩克曼斯（2006）认为，经济一体化既指市场一体化也指政策一体化，市场一体化是经济一体化的实质，指不同地区或成员方市场参与者的活动对整个联盟的供给和需求条件做出调整。有的学者也将其称为市场驱动型一体化。

汤碧（2004）将一体化分为封闭的一体化和开放的一体化两种形式，封闭一体化的特征是制度性，通过政府间签订正式协议形成约束力量，便于所有成员方以相同的方式和态度推进一体化形式的升级，但具有封闭性和排他性缺点，不利于成员方从区域外的贸易安排中获益，也阻碍了其自身的扩大。开放一体化的特征是非制度化，它在组织内部所形成的相互贸易、投资自由化及经济技术合作成果，原则上适用于外部的非成员，即对非成员具有开放性，在一定程度上保证贸易自由化的运行。汤碧的开放的一体化与博格斯腾（1997）所提出的开放的区域主义是很相似的，博格斯腾的开放的区域主义主要是论证 APEC 的优势，但正如 Schiff 和 Winters（2003）所指出的，“开放式区域化”与其说是一个分析性概念，倒不如说是一句口号。

第二节　区域经济一体化传统理论

对于区域经济一体化的起源，很多学者都认为 1834 年建立的德意志关税同盟是区域经济一体化的雏形或“历史原型”，但有关区域经济一体化的理论研究却是

---

[1] Schiff，Maurice and Winters，L. Alan. *Regional Integration and Development* ［M］. Washington DC：World Bank and Oxford Press，2003：151.

在“二战”以后开始的。弗瑞茨·马克卢普（Fritz Machlup，1976）指出：在1947年之前，经济学家几乎没有研究过经济一体化，尽管当时存在着经济一体化的现象。当欧洲的区域经济一体化取得良好的效果时，世界其他地区的国家也纷纷效仿，建立了大量的不同的区域经济一体化组织。由此开始，经济学家对一体化的研究也日益重视并创立了不同的理论。为了更好地理解区域经济一体化的经济效应，本节对相关理论进行梳理。

一、关税同盟理论

关税同盟是最早创立的区域经济一体化形式，关税同盟理论也成为传统的区域经济一体化理论的基础。关税同盟理论是以国际贸易经典理论为其基础的，因此其分析属于静态分析，是在完全竞争条件下展开的。其假设：

商品和要素市场是完全竞争的；

要素只在各国国内而不在国家间自由流动；

运输成本忽略不计；

关税是贸易管制的唯一形式——为便于研究，只考虑从量税，而不考虑从价税；

贸易收支平衡；

资源被充分利用；

价格反映生产的机会成本。

美国经济学家雅各布·维纳（Jacob Viner）发表于1950年的《关税同盟问题》（The Customs Union Issue）是关税同盟研究的开创性成果，也被认为是关税同盟理论的代表作。维纳第一次提出了关税同盟的贸易创造和贸易转移效应，米德（J. E. Meade，1955）、李普希（Lipsey，1960）、丁伯根、库珀和马塞尔等人都对关税同盟的理论进行了完善。但对于贸易创作和贸易转移的特殊解释则来自于约翰逊（Johonon，1962），维纳、米德、李普希等人用这两个术语解释产生效应，后来维纳采用了李普希的观点，将其扩大到消费效应，并且强调仅有两个效应发挥作用：关税同盟的自由贸易（贸易创造）效应和保护主义（贸易转移）效应。

关税同盟的主要特征是：对从成员方的进口免征关税；对从世界其余地区的进口征收共同对外关税；根据一致同意的准则分配关税收入。

贸易创造（trade creation）是指关税同盟建立后，某个成员方原本消费本国较高生产成本的产品转向消费其他成员方较低生产成本的产品，从而创造了过去由于关税壁垒的存在而未发生的贸易。贸易创造效应又可分为生产效应和消费效应，前者指节省了原先在国内生产商品时由于国内生产的低效率所多耗费的资源，后者指由于进口成本降低而使得本国消费者剩余增加。

贸易转移（trade diversion）是指关税同盟成立后，同盟内一个成员方从同盟外进口的低成本的产品被其他成员方高成本的同类产品所替代而造成的福利损失。

贸易创造与贸易转移的局部均衡分析如图 1.1 所示，S 表示供给曲线，D 表示需求曲线。P_c 表示关税同盟之外的非成员方 C 国的价格，P_b 表示关税同盟成员方 B 国的价格，$P_c < P_b$，P_a 表示本国征收关税时的国内价格。

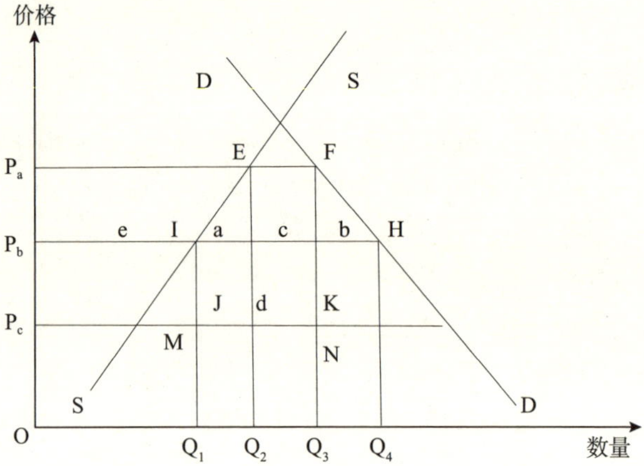

图 1.1　贸易创造与贸易转移效应

资料来源：刘力，宋少华．发展中国家经济一体化新论［M］．北京：中国财政经济出版社，2002：29.

未建立关税同盟时，进口价格为 P_c，加上关税 P_cP_a，A 国国内价格为 P_a，进口量为 Q_2Q_3，从 C 国进口，A 国政府关税收入为 c + d；关税同盟建成后，A 国与 B 国之间的关税取消，而对 C 国的关税依旧不变，此时从 B 国进口商品就比从 C 国进口便宜。此时 A 国进口量从 Q_2Q_3 增加到 Q_1Q_4，全部从 B 国进口，A 国国内价格也由 P_a 降为 P_b。在增加的贸易量（$Q_1Q_2 + Q_3Q_4$）中，Q_1Q_2 是进口对 A 国国内生产的替代，成本由 EIQ_1Q_2 降至了 JIQ_1Q_2，增加了面积为 a 的生产效应。Q_3Q_4 是价格降低后消费量增加而带来的贸易增长，此时消费者总效用为 HFQ_3Q_4，消费成本为 HKQ_3Q_4，消费效用增加了 b。这就是关税同盟给 A 国造成的贸易创造效用。❶

A 国与 B 国成立关税同盟后，由于 P_b 低于 P_c 加上共同外部关税之和，因此 A 国以从 B 国的进口替代原来从 C 国的进口。此时，原来从 C 国进口时 A 国可获取的关税收入 d 就转移到了 B 国，成为 B 国的收益。这就是 A 国加入关税同盟后所

❶ 刘力，宋少华．发展中国家经济一体化新论［M］．北京：中国财政经济出版社，2002：29.

承受的贸易转移效应。

在加入关税同盟前后，A 国消费者剩余增加了 e + a + c + b 部分，生产者剩余减少了 e，A 国政府损失了 c + d 的关税收入。从整体来看，A 国的净福利为 a + b - d，其中 a + b 代表贸易创造所带来的福利增加，d 代表贸易转移带来的福利的减少，而 A 国受关税同盟福利增加或减少的效应是不确定的。

如果关税同盟成员方都是小国，其结盟不会影响到世界市场价格。但如果由关税同盟形成的市场能足够大，能够影响到世界进出口市场的价格，则会产生贸易条件效应。当成员国贸易条件改善时，即使存在贸易转移效应，关税同盟的净福利仍可能为正。

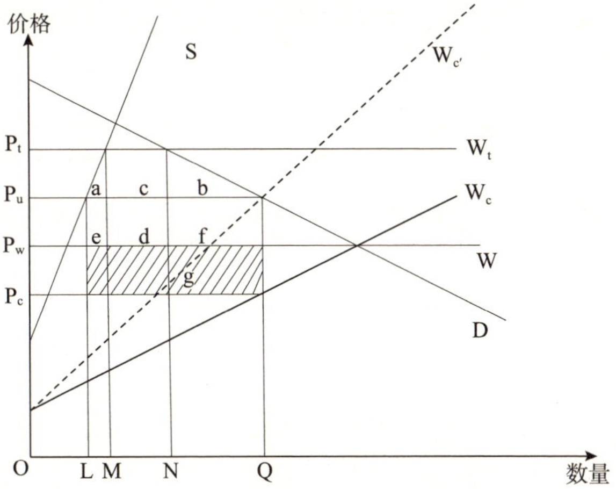

图 1.2　关税同盟贸易条件效应

资料来源：孙玉红．全球 FTAs 网络化与发展中国家一体化战略［M］．北京：对外经济贸易大学出版社，2007：31．

在关税同盟成立之前 A、B 两国合并的某种产品的供给曲线为 S，世界市场的供给价格为 P_w，世界市场的供给曲线为 W。两国征收同样的关税是国内价格为 P_t，两国需求量合计为 N，国内供给量为 M，进口量为 MN，c + d 为关税收入。A、B 两国建立关税同盟后，两国对该产品的进口量可影响世界市场价格，因此世界市场该产品的供给曲线变为向右上方倾斜的曲线 W_c，当关税同盟征收关税时，W_c 移至 $W_{c'}$，关税同盟内部价格变为 P_u，产品的进口价格即世界市场价格降为 P_c，关税同盟内部供给降到 L，进口需求量增加到 LQ，关税收入为 e + d + f + g，其中 e + d + f 部分由同盟消费者承担，而 g 部分由外部生产者承担。A、B 两国来自贸易创造的收益为 a + b，来自贸易条件的收益为 g。如果 A、B 两国在某种产品的出口上也可通过关税同盟而影响世界市场价格，那么也可取得贸易条件效应的收益。[1]

库珀和马塞尔（C. A. Cooper and B. F. Massell，1965）提出政府可能出于非经济原因而保护国内市场，为此政府也付出代价。当国家通过征收关税来保护国内市场时，国内消费者的福利会因为商品价格高于世界市场价格而受损，但是国内生产商则会从该产品因受到保护而扩大的生产中获益，当生产商的收益大于消费者的损失时会造成国家整体福利的增加。特别是有些国家希望通过给予补贴来促进本国工业品的出口时，由于GATT/WTO禁止出口补贴，通过建立关税同盟也可达到“奖出限入”的目标。而各国对于工业品生产的比较优势各有不同，建立关税同盟后歧视性互惠关税会给成员方带来损失，但是通过贸易转移而带动的生产规模的扩大可使国家获取规模收益从而带来福利的整体上升。因此，在存在公共产品的情况下，建立关税同盟可能有利于满足各国对公共产品的偏好。但是，这种福利不仅受贸易转移和贸易创造效应大小的影响，也会关系关税同盟下是否能够订立理想的公共产品的条款，以满足各成员方对公共产品的共同偏好。由于各国政治、社会和经济发展水平的不一致，因此各国对于公共产品的偏好也是各不相同的，因此国际上大部分成功的一体化组织往往都是在对公共产品有共同偏好的国家间建立的。

以上的内容分析了关税同盟的建立会对成员方带来的不同效应，但有一点需要注意的是，即使关税同盟在成立后其整体福利是增加的，也并不能保证每个成员方都会实现福利的净增加，即使是贸易创造的关税同盟也只能是对所有成员方具有潜在的收益。而当成员方很看重本国的收益和损失时，往往就需要建立补偿性转移措施以避免成员方受损。在实际操作中，这种分配机制的建立无疑是复杂和极为重要的，尤其是当关税同盟的成员方都是发展中国家时，因为从以往关税同盟的实践来看，发展中国家的关税同盟往往是贸易转移型的。因此，有学者总结了关税同盟效应的一般性规律：

关税同盟的经济区域越大，而且成员方数量越多，则相对于贸易转移而言，贸易创造的规模也越大。

相对的效应与建立同盟前和同盟后平均关税水平的相对高度有关。如果建立同盟后的平均关税水平降低，同盟更可能趋向贸易创造；如果同盟后提高，则更可能出现贸易转移。

成员方经济越是竞争型的，同盟就越可能是贸易创造的。也就是说，关税同盟不同地区的高成本工业所生产的产品范围是相似的。同样，重合的部分越少，

---

[1] 孙玉红．全球FTAs网络化与发展中国家一体化战略［M］．北京：对外经济贸易大学出版社，2007：31.

资源配置的可能性就越小，而后者正是贸易创造的源泉。

就各成员方都有的某一产业而论，关税同盟不同地区受保护的同类企业的单位生产成本差异越大，则贸易创造效应越可能占上风，因为前者决定成员方间自由贸易产生的资源配置收益的大小（彼得·罗布森，2001）。

二、自由贸易区理论

通过签订双边自由贸易协定成立自由贸易区已成为各国推进区域经济一体化的主要方式之一，自由贸易区理论是在关税同盟理论的基础上发展而来。自由贸易区与关税同盟的区别在于以下两个方面：对于从非成员方的进口，自由贸易区的各成员方自行决定关税税率；自由贸易区使用原产地原则，以此保证只有原产于或主要生产于成员方的商品才可享受优惠待遇。自由贸易区在世界范围内的流行很大程度上源于其涉及的因素远少于关税同盟等方式的简单有关，但正如学者评论的那样，自由贸易区政治上简单易行，但执行上令人头疼，而关税同盟则正好相反（Krugman，2008）。

研究自由贸易区理论最有代表性的学者是米德（J. W. Meade，1955），他提出自由贸易区不同于关税同盟之处在于前者会产生贸易偏转（trade deflection）现象，即当自由贸易区各成员方自行决定其关税税率时，会造成各方的关税水平各不相同，区外生产商可以利用各成员方之间关税水平的差异，从关税税率最低的成员方进口商品，转而出口到其他成员方市场。因此，为了避免非成员方的商品享受到免征关税的优惠待遇，自由贸易区需实行原产地规则。

（一）从一国角度分析自由贸易区的效应

假定有 A、B 两个国家（如图 1.3 所示），对特定产品实施不同的关税，A 国关税低于 B 国，两国关税分别为 P_WT_A 和 P_WT_B（P_W 为世界市场价格）。B 国供给曲线是 S_B，A 国供给曲线加上 B 国供给曲线，得到两国总供给曲线 S_{A+B}。假定建立自由贸易区之前 B 国采取的关税为禁止性关税，当两国建立自由贸易区后，只有原产于两国的商品才可在对方市场享受关税优惠待遇。

建成自贸区后，只要自贸区仍为净进口方，则在 B 国原产于区内的产品价格不会降到 T_A 以下，也不会超过 T_B，$T_B = P_W + P_WT_B$。因此，从 B 国方面看，包括区内和区外产品的有效供给曲线是 TP_BFGK。自由贸易区内 A 国愿意供给的产品数量取决于价格水平，而价格水平由 B 国的需求曲线决定。

图 1.3 考虑了两种情况，与两种需求曲线 D_H 和 D'_H 相对应，如果 B 国的产品需求以 D_H 来表示，B 国的价格将是 T_A，在这一价格 A 国供应 L′R 数量的商品。三角形 a 表示贸易创造，三角形 c 表示自由贸易区带来的、B 国产品 X 价格下降形成的消费效应。

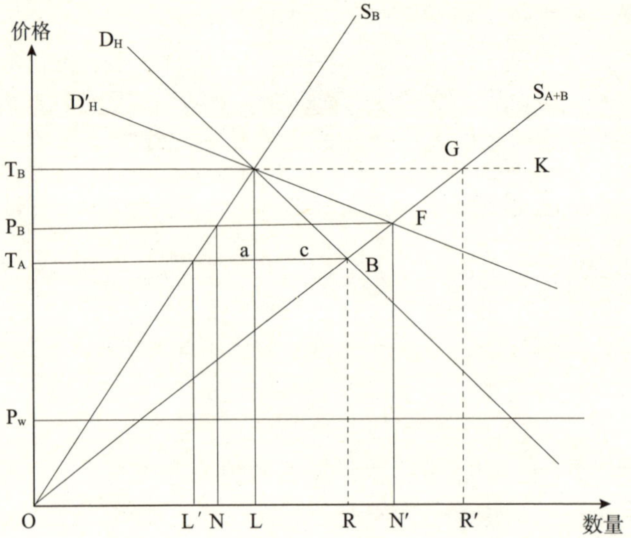

图 1.3　自由贸易区

资料来源：彼得·罗布森. 国际经济一体化经济学［M］. 上海：上海译文出版社，2001：28.

相反，如果 B 国需求曲线为 D'_H，B 国价格（P_B）将更接近上限 T_B，后者高于由世界其余地区提供产品的价格水平。B 国对本国市场的供给限度为 N，而且 A 国将以 NN′的数量供给 B 国。贸易创造则在 D'_H 和 S_B 下方、水平线 P_B 上方的一块较小三角形区域表示。因此，A 国可以高于 T_A 的价格供给 B 国市场，直到达到其全部供给能力，而其国内市场发生的供求缺口，则需要从非成员方市场进口弥补。此时不管 B 国产品最终价格是多少，A 国市场价格始终在 T_A 以下。此种商品的贸易转向，被称为间接贸易偏转。这种偏转不可能通过原产地原则加以限制或消除。

（二）两国角度分析自由贸易区效应

图 1.4 描述了给定产品 X 在 A 国和 B 国的供求曲线，建立自贸区之前，A 国关税处于 P_WT_A，三角形 a 代表贸易创造（生产效应）；矩形 b 表示以伙伴国产品替代原先的进口所构成的额外费用；三角形 c 是 B 国消费效应，为正；三角形 d 是 A 国消费效应，为负；三角形 e 表示 A 国生产效应，可能为零，也可能为负，主要是针对关税同盟而言。

假设 A 国和 B 国的需求相似，但 B 国生产效率相对低下，而 A 国供给曲线具有相对弹性和竞争力，当产出超过 L″时，其价格高于世界市场价格。自由贸易区建成前，A 国在 T_A 价格水平下产出并消费数量为 M 的商品，该国关税排除所有进口。B 国生产 L 而消费 N，其差额 LN 则以价格 P_W 从成本最低的来源进口。B 国海关收入为 LN × $P_W T_H$。

成立自贸区后，价格为 T_A 时的区内供给（OM + OL′）小于该价格水平下区内需求（M + N′），但其差额（L′N′）小于该价格水平下 A 国的供给能力。因此，A 国将以价格 TA 供给 B 国市场 L′N′（= L″M）数量的产品，剩下相当于 OL″数量的产品留给国内市场，A 国过剩需求（L″M）则以价格 P_W 从世界其余地区进口。因此，自由贸易区内形成了等于建立自贸区之前的两个成员方中较低价格的单一价格。

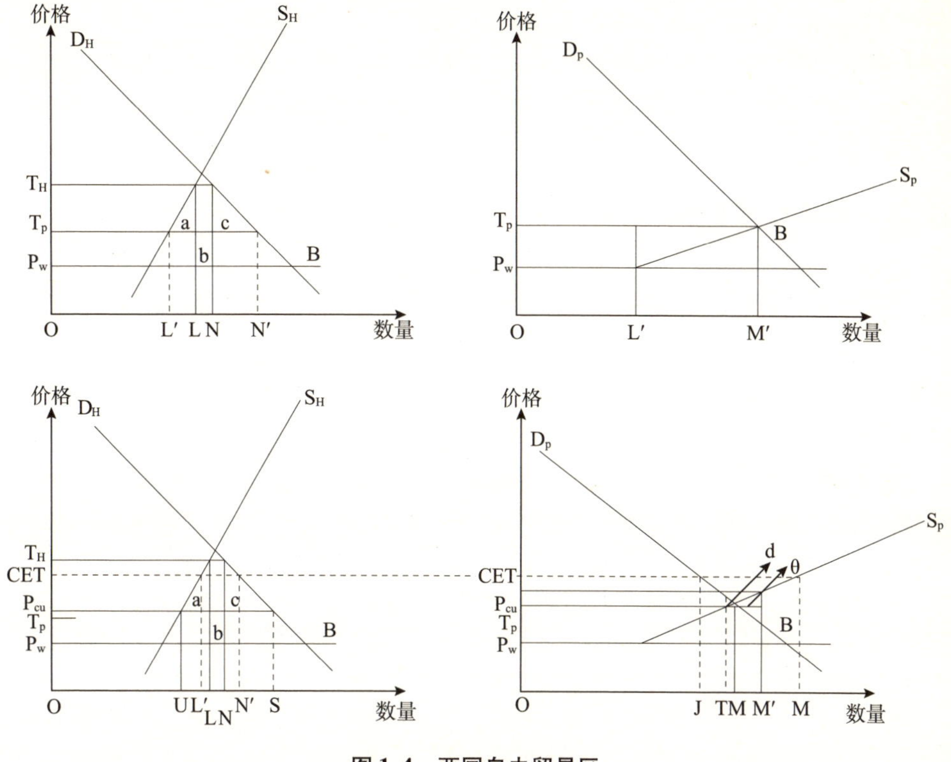

图 1.4　两国自由贸易区

资料来源：彼得·罗布森．国际经济一体化经济学［M］．上海：上海译文出版社，2001：31.

在 B 国，生产效应 a 加上消费效应 c，将超过贸易转向（b）的成本。贸易转向成本 b 和原先的关税收入之间的差额，表示从国库向消费者内部转移，而不是实际的收入损失。待 A 国生产和消费的数量和以前一样，价格水平相同，但政府收入将增加阴影部分矩形所表示的数量。这表明 A 国国民收入的增加，就世界其余第二而言，其出口显然将比以前更大（L″M > LN），因为 A 国供给转向满足 B 国需求。自贸区显示，两国状况都有改善。

以此与A国和B国组成的关税同盟相比较可知，价格为CET时关税同盟供给将大于需求，因此共同外部关税将仅仅形成价格上限。均衡价格将是供求相等时（TM″=US）的 P_{CU}。虽然其贸易创造效应小于自由贸易区，但贸易创造（生产效应a和消费效应c）超过贸易转向b。

就A国而言，关税同盟情况下该国消费者将承受以d来表示的消费损失，虽然其生产者会得到净收益，但仍产生以e表示的负生产效应。在建立自由贸易区的情况下，该国不存在任何生产和消费效应的损失，但政府收益比较关税同盟使A国增加的净收益还要多。而且，关税同盟排除了与世界其余地区的贸易，而自由贸易区却使之增加。因此，如果只着眼于静态效率分析，关税同盟相比于自由贸易区是一种次优选择。二者之间的区别即为自由贸易区的原产地规则无法阻止间接的贸易偏转。

三、共同市场理论

关税同盟理论是在传统的理论框架内产生的，其假设商品和要素是完全竞争的、不存在规模经济、要素只在各国国内流通而不会在各国间流通，但这些假设无疑是与现实中的规模经济效应和不完全竞争的存在相矛盾的。随着学者们对区域经济一体化研究的深入，各项假设也被逐一放松以使理论更符合于实际。因此，共同市场理论也就与关税同盟和自由贸易区理论有了很大的不同。

（一）要素流动

H－O－S理论提出自由贸易不仅使商品价格均等化，而且可使要素价格均等化，从而不同国家间的工人将获得同样的工资。但实际经济生活中，这一理论无法得以实现。因此，当各国政府在建立关税同盟后发现仅仅依靠取消关税无法实现资源配置的改善时，就会采取进一步的措施来减少和消除限制市场一体化的现行政策。而随着这些限制要素流动壁垒的撤除，劳动、资本等要素都可充分流动，从而使得关税同盟发展到更高一级一体化形式——共同市场。因此，共同市场理论就是分析在生产要素可自由流动的条件下，一体化的各成员国生产要素价格及收益的影响。

图1.5是对劳动力自由流动效应的分析，假定A、B两国，技术相同，使用资本K和劳动L两种要素生产同一种产品且两国皆实现充分就业。A国是从左到右，劳动数量为OL，劳动需求曲线AA′向右下方倾斜，表示如资本数量不变，当劳动增加时其边际产量下降，A国国内劳动的供求平衡点为 E_A，工资水平为 W_A。B国是从右到左，劳动数量为O′L，劳动需求曲线为BB′，国内劳动供求平衡点为 E_B，工资水平为 W_B。

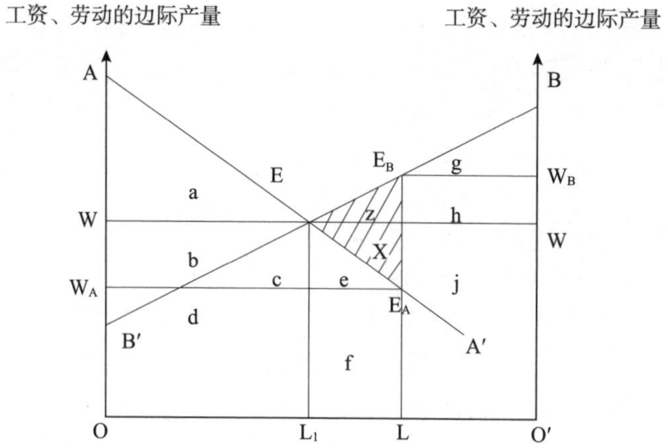

图 1.5　劳动力流动效应

资料来源：孙玉红．论全球 FTA 网络化［M］．北京：中国社会科学出版社，2008：46.

假定两国生产技术和资本数量已定，因为 B 国劳动数量较少，因此其工资水平高于 A 国。未建立共同市场时，A 国收益为 a + b + c + d + e + f，B 国收入为 g + h + j。每个国家收入按两种要素分配，A 国劳动收入为 d + f，其余 a + b + c + e 为资本收益；B 国劳动收入为 h + j，其余部分为资本收益。当 A、B 建立共同市场后，劳动力可自由移动，A 国劳动力将流往 B 国，造成 A 国劳动数量减少，B 国劳动增加，以至于 A 国工资上升而 B 国工资下降，直至两国的劳动边际产量在 E 点达到新的平衡，此时共同市场的工资水平为 W，A、B 的劳动数量分别为 OL_1 和 $O'L_1$。劳动重新配置产生的效应是：A 国收入减少为 a + b + c + d，B 国收入增加到 g + h + j + e + f + z + x，而 z + x 即为建立共同市场产生的净收益。由此可见，尽管在消除限制要素流动的壁垒后共同市场的收益会增加，但在各成员国之间的分配并不均衡，很可能会加大各国间的差距。

（二）大市场理论

早期的区域经济一体化研究主要着眼于其带来的资源配置收益，但随着研究的深入，学者们开始关注其引发的竞争效应。英国前首相哈罗德·麦克米伦曾将欧共体描述为“令人振奋的冷水浴”，意即经济一体化对厂商的竞争行为的影响。大市场理论的代表人物西托夫斯基（T. Scitovsky）和德纽（J. F. Deniau）就论述了在区域经济一体化组织建立后，先前的贸易和投资壁垒被取消后，各成员原有的受保护的小市场被统一为大市场，而大市场内激烈的竞争使得各国获取规模经济的效益。

西托夫斯基（1958）认为关税同盟所说的静态的贸易创造效果即使有，也很小，共同市场的有利效果的大部分可能是竞争激化带来的。他提出西欧的“小市场与保收的企业家态度的恶性循环”命题，即西欧陷入了高利润率、低资本周转率、高价格的矛盾。由于市场的狭小、竞争的消失，厂商长期处于高利润率的状态。而商品却因为价格高，普及率很低，却自以为质量高，陷入了高利润率、高价格、市场狭窄、低资本周转的恶性循环。而建立共同市场后，成员国之间竞争加剧、价格下降，迫使企业转向大规模生产，随着生产成本降低，人们的收入水平和消费水平提高，市场进一步扩大，出现大市场竞争激烈→大规模生产→生产成本和价格下降→大众的大量消费→市场进一步扩大的良性循环。

德纽（1960）认为，因为大市场对生产设备的充分利用、大规模生产、专业化、最新技术的应用、竞争的恢复，会造成生产成本和销售价格下降；而且取消关税也可能使价格下降一部分。以上因素将导致购买力的增加和实际生活水平的提高。购买商品的人数增加后，又可进一步促进消费和投资的增加。这样，经济就会开始滚雪球式的扩张，消费的扩大引起投资的增加，增加的投资又导致价格下降、工资提高、购买力的全面增加。

（三）协议性分工理论

尽管欧共体市场取得了良好的效果，但对于实现规模经济这一目的与竞争激化这一手段能否导致共同市场内部贸易的创出与和谐扩大，西托夫斯基和德纽的观点也并不相同。小岛清认为传统的国际分工理论只考虑了成本递增下竞争原理，而没有考虑成本不变和成本递减的情况。因此，小岛清提出了协议性分工理论：选择规模报酬递增部门，不同国家间通过建立国际区域经济一体化协议来相互提供市场，既可使企业摆脱原来狭小的市场规模限制，也可部分地消除与世界市场竞争激烈而带来的诸多不确定性，从而获得规模经济效益和稳定的市场，最终使参与一体化的各国得以分享规模经济效益。

如图1.6所示，在实行分工之前，A、B两国都分别生产X、Y两种商品，C、D表示A国和B国分别生产X商品的成本，E、F分别表示A、B两国分别生产Y商品的成本。由于受国内市场狭小的限制，X商品和Y商品的产量都较低，导致生产成本较高。现假定X商品都由A国生产，B国把X_2数量的国内市场提供给A国；而Y商品全部由B国生产，A国把X_1数量的国内市场提供给B国。经过分工后，随着市场扩大和产量增加，X、Y商品生产成本均得以下降。

要实现协议性分工，其前提条件是：首先，实行协议性分工的国家必须具有大致相同的要素禀赋和经济发展水平，皆能够生产作为协议性分工对象的商品。其次，作为协议性分工对象的商品必须为可获得规模经济效益的商品，否则无法实现协议性分工。最后，参与协议性分工的国家必须生产任何一种协议性对象商品的成本和利益差别都很小，否则难以达成协议。由这三个条件可知，协议性分

工的建立主要发生在实现了工业化的发达国家之间。❶

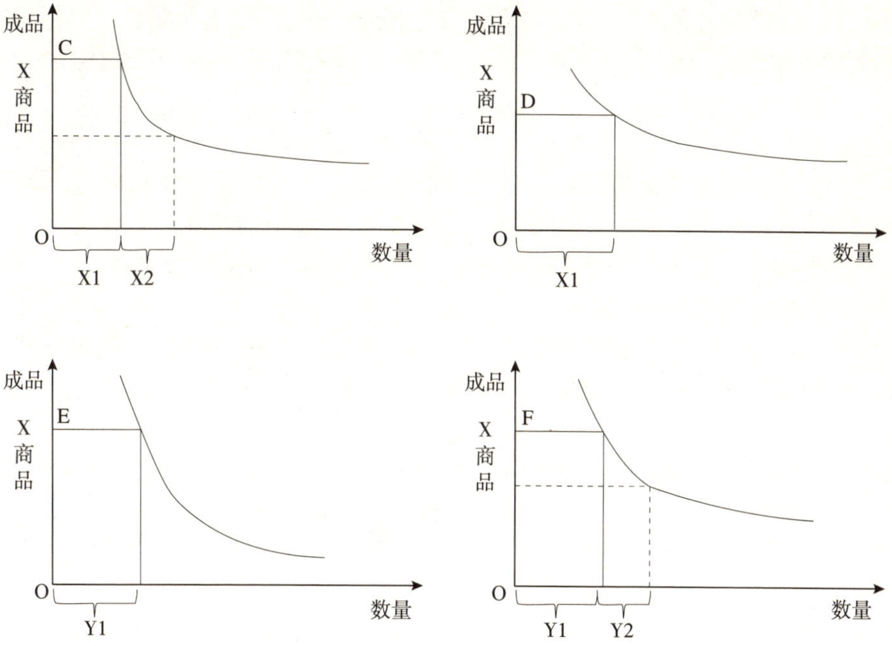

图 1.6　成本递减对国际分工的影响

资料来源：樊莹．国际区域一体化的经济效应［M］．北京：中国经济出版社，2005：53.

四、最优货币区理论

关税同盟消除了一体化成员国间商品流动的关税壁垒，共同市场消除了成员国间要素流动的限制（非关税壁垒），但随着一体化内部商品和要素流动的增强，各成员国间的经济联系变得更为紧密。因此，如果在商品贸易、要素流动和金融交易方面实现了高度的一体化的国家间组成货币同盟，则会更有效地解决其内部均衡和外部均衡问题，从而降低其经济成本，提高经济收益。而如果各国宏观政策不协调（如汇率体制）则区域一体化面临危险，因为它提高了从事贸易的交易成本。一体化越是深化，贸易政策和宏观政策之间的关联就越加重要。区域一体化的俱乐部产品特征会因为宏观政策的不协调而受到更大的威胁。❷

❶〔日〕小岛清．对外贸易论［M］．周宝廉，译．天津：南开大学出版社，1987：345～351.

❷〔德〕罗尔夫·J. 郎哈默尔．可供选择的一体化方案：理论依据、经验检验和实践涵义［A］//迪特·卡塞尔，保罗·J. J. 维尔芬斯．欧洲区域一体化：理论纲领、实践转换与存在的问题：中译本［M］．武汉：武汉大学出版社，2007：81.

罗伯特·蒙代尔于1961年在其《最优货币区理论》一文中为建立经济货币联盟提供了最初的理论基础，随后，麦金农、凯南、科登等经济学家也不断地对这一理论进行完善，现在最优货币区理论已成为分析统一货币经济效应的基础性理论。

在《新帕尔格雷夫经济学大辞典》中，最优货币区（optimum currency area）被定义为：一种最优的地理区域。在这个区域内，一般的支付手段或是一种单一的共同货币，或是集中货币，这几种货币之间具有无限的可兑换性，其汇率在进行经常交易和资本交易时互相钉住，保持不变；但是，区域内的国家与区域以外的国家之间的汇率保持浮动。

蒙代尔认为，生产要素的流动性应成为判断一个地区能否结合成单一货币的标准。他提出当A、B两国面临A国出现通货膨胀而B国出现失业等冲击时，可以通过调节两国的汇率（A国货币升值，B国货币贬值）和要素流动调节（B国劳动力流向A国或A国资本流向B国）这两种途径使得A、B之间的不平衡得到纠正。如果A、B两国间生产要素的流动是自由的，那么实现货币一体化是可行的，因为两国间的不平衡可以通过要素流动来加以纠正（经典的国际贸易理论就假设在一国内部要素可以自由流动）。

罗纳德·麦金农（1963）则认为，一个成功的货币区域必须具有高度的内部开放性，他使用可贸易品和非贸易品的比率衡量一国的经济开放程度，比例小则开放度低，比例大则开放度高。高度开放的小国不适宜采用浮动汇率制，因为小国的国内价格是由外部的国际市场决定的，因此即使国际市场价格稳定，如果通过浮动汇率调节国际收支失衡，也很容易引发国内物价剧烈波动，所以这类国家应实行固定汇率或与外部世界结为一个最优货币区。

彼得·凯南（1969）提出，应以产品多样化作为最优货币区的标准，因为产品多样化的国家，出口商品结构也是多样化的，即使一种商品的国际需求下跌，也不会对国内就业和产出造成重大影响。而对于产品非多样化的国家，一旦一种商品的国际市场需求下跌，就需要大幅度地贬值本国货币才能维持原先的就业和产出水平，其调整效果也会很差。因此，产品多样化程度高的国家可实行单一货币的货币区；产品多样化程度低的国家，应实行浮动汇率，因为这些国家更易遭受国际市场需求转移的冲击。

高特弗雷德·哈伯勒（G. Haberler）和马库斯·弗莱明（J. M. Fleming）指出，由于各国在发展阶段、速度、经济结构、货币政策等方面存在差异，会造成国际间通货膨胀的离散趋势，会引起国际资本的投机性流动，从而引发汇率的波动。他们认为，国际收支失衡的原因在于各国对于其害怕着的失业政策的选择不一致，只有具有相同政策态度的国家，即“政策一体化”国家可以组成单一货币区。而财政一体化是极为重要的，因为它可使货币区内成员国通过由低失业地区向高失业地区的财政转移来处理不平衡的问题，但政治合作是财政一体化以及整个货币区建立、发展的前提条件（樊莹，2005）。

五、发展中国家一体化理论

欧共体的成功对迫切需要提升本国经济实力的发展中国家产生了极大的吸引力，他们也希望通过采用经济一体化的方式带动本国经济的发展以解决各自面临的困境。但欧洲的成功经验是在西欧国家实现了工业化、市场经济体系发育完善、政府治理能力成熟等基础上实现的，而这些条件往往都是发展中国家所欠缺的。在无法原样照搬发达国家区域经济一体化理论的背景下，各国学者也纷纷针对发展中国家如何开展经济一体化提出了不同的理论。

（一）南南型区域经济一体化模型

根据发展中国家的实际情况，罗布森（2001）提出南南型区域经济一体化模型，其特点在于：（1）标准化区域经济一体化模型是一种完全的自由贸易模型，认为区域经济一体化收益的唯一源泉是自由贸易或贸易壁垒的拆除；而南南型区域经济一体化则认为发展中国家的贸易保护特别是对工业的保护是合理的。（2）标准区域经济一体化理论的静态分析不存在规模经济，而南南型区域经济一体化模型则强调一体化所带来的规模经济效应。（3）标准区域经济一体化理论的静态分析是以完全竞争为分析前提，不存在市场扭曲；而南南型区域经济一体化模型则是以不完全竞争为分析前提，存在市场扭曲。

（二）集体自力更生理论

早期研究区域经济一体化理论的学者主要来自欧美发达国家，随着发展中国家开始实践区域经济一体化，来自于发展中国家的学者也从自身的角度开始研究一体化并提出了相关的理论。

1. 中心—外围理论

中心—外围理论的核心是“发展中国家贸易条件恶化论”，是1950年普雷维什和辛格分别在《拉丁美洲的经济发展及其主要问题》和《投资国和借款国之间利益分配》中提出的。两人提出长期以来发展中国家贸易条件的恶化使得实际国民收入从发展中国家向发达国家转移，从而阻碍了发展中国家的经济成长。

普雷维什把世界分为由发达国家构成的中心国家和由发展中国家构成的外围国家两大体系，这两类国家在经济发展中处于不平等地位。在经济发展的自主性上，发达国家居于主导地位而发展中国家处于依附地位；在经济结构上，发达国家出口工业制成品，进口原材料、农产品等初级产品，而发展中国家则正好相反；而对于技术进步带来的收益，发达国家占有了几乎全部利益，外围国家则很难享受到技术进步带来的收益。

因此，传统的国际贸易理论只适用于中心国家之间，不适用于中心国家和外围国家。要改变自身利益受损的局面，外围国家必须实行工业化，独立自主地发展本国经济。为此，发展中国家要进行大量投资和实时保护主义政策和严格的外汇管制，以解决资金不足和本国市场被发达国家产品占领的困难。而且发展中国家国内市场普遍狭小，因此需要在一体化目标下联合形成大的地区市场，通过外围国家的集体力量对抗中心国家。

2. 国际依附理论

在对国际经济体系的认识问题上，国际依附理论比中心—外围理论更为激进。他们认为中心国家和外围国家的关系是富国支配穷国、穷国依附于富国并受其剥削的支配—依附关系。而要改变这种局面，发展中国家必须进行内部彻底的制度和结构改革，同时实行发展中国家间的经济一体化，彻底摆脱对发达国家的依附。

在如何改变发展中国家对发达国家的依附关系上，国际依附论者的观点并不一致。有的认为发展中国家必须与现行国际经济体系“脱钩”；有的认为发展中国家应该通过“依附”来求得发展后再最终走向自主发展。而不论“脱钩”与否，发展中国家都应该加强彼此间的合作，走“集体自力更生”道路，实行地区经济一体化，以把中心国家的不利影响降到最低。

尽管中心—外围理论和国际依附理论彼此间存在很多差异，但二者都认为现行的国际经济体系是不合理的，而发展中国家应该通过彼此间的一体化来摆脱这种不合理的国际经济体系。

第三节　区域经济一体化新理论

一、新区域主义

传统的区域经济一体化理论有以下隐含的假定：第一，区域共同体是由内部同一的、非多样性成员组成的；第二，其谈判结果是互惠的，成员国的收益来自于贸易创造和贸易转移效应。但实际上，传统的区域主义具有很强的保护贸易色彩和内向性倾向，常常减少实际或潜在的贸易创造，有时甚至使贸易转向超过贸易创造（汤碧，2004）。

发端于欧洲的第一次区域经济一体化高潮吸引了大批发展中国家投身于建立自己的区域经济一体化组织，但基本没有取得成功。莫罗和帕纳戈瑞雅（De Melo and Panagariya，1993）用跨国比较和回归分析方法对贸易集团所做的研究支持这一说法，即发展中国家第一阶段的区域一体化并没有明显增加他们的收入或促进经济增长（彼得·罗布森，2001）。但到了20世纪80年代，第二轮的区域经济一体化开始兴起，此轮一体化与20世纪50~70年代的一体化有很大的不同，不再局限于贸易等少数领域，而是包含了贸易、投资、金融等更大的范围。

帕尔玛（Norman D. Palmer，1991）第一个使用“新区域主义”（new regionalism）来称呼始于20世纪80年代的第二波区域经济一体化浪潮，他认为传统的区域主义（以关税同盟理论为代表）并未真正给发展中国家带来利益，仅是在区域范围内复制了全球范围的中心—边缘结构。尽管学者们尚未形成对新区域主义的一致定义，但在新区域主义最重要的特征上却达成了共识：在大国与小国签订的一体化协定中，小国对大国做出了更大的让步或额外支付，如加入北美自由贸易协定的墨西哥和加入欧盟的东欧国家。

小国在关税方面对大国的让步，一方面，是由于大国的关税税率普遍已经较低，难以再有让步的空间；另一方面，也与大国的经济实力远强于小国有着密切关系。小国在贸易领域的单方面让步看似不公平，其实却反映了大国与小国在经济开放程度上的差距，小国的让步其实就是增强自身的开放程度。但是，小国不仅在传统的关税和非关税领域对大国让步，而且在政治经济体制、法律、相关政策方面都要向大国做出让步。以北美自由贸易协定为例，加拿大和墨西哥不得不在知识产权保护、竞争政策、能源政策、环境保护等方面对美国做出让步。欧盟接受新成员的态度则更为强硬：要么接受，要么离开（take-it-or-leave-it attitude）。各国参与区域一体化无疑都是希望从中获益，尽管小国在一体化中单方面让步较多，但实际上在建立一体化组织后小国的获益也是巨大的，否则就无法解释为什么会有如此多的发展中国家积极地开展与大国的一体化进程（如1995年的墨西哥就依赖美国的援助迅速摆脱了金融危机的打击）。

（一）大国的收益

尽管在一体化协定中大国对小国的让步较小，但是考虑到其本身巨大的经济规模，大国最看重的并不是进入小国市场的传统的经济收益，如北美自由贸易区对美国宏观经济的影响就很小，只相当于其GDP的1%，对劳动力就业的影响也仅是数万人（Hanson，1998）。大国希望获取的是非传统的经济收益，这种收益主要表现为政治收益和对国际经济规则的影响力。

李向阳（2003）认为，在全球化时代越来越多的问题具有全球性或区域性的特点，即使是大国也难以独立应对。由于大国和小国在这些问题的立场往往存在差异，大国往往通过与小国签订区域性贸易协定来应对这些问题。因此，政治因素会成为签订区域协定的前提甚至主要动机，政治条款也越来越多地出现在区域贸易协定中。

通过建立区域一体化组织，大国可获得区域内规则的制定权，从而增强其国际谈判能力，在大国间的竞争中获得优势地位。如大国在获得区域内的主导权后，扩大自身在多边贸易谈判中的影响力，进而获得国际经济规则制定过程中的主导权，从而实现把区域内规则转化为多边贸易规则的目标。这种把区域内规则转化为多边贸易规则的过程被称为有顺序的谈判（sequential negotiation），美国在乌拉圭回合的谈判中就屡屡采用此种方式实现自己的目标。

（二）小国的收益

小国尽管在与大国的区域贸易协定中单方让步较多，但这并不意味着小国就蒙受了更多的损失，否则就不会出现世界范围内的第二波的区域一体化的浪潮。因为小国存在市场规模小、对外部市场的依赖性高、抵御外部冲击的能力和国际谈判能力较弱等缺陷，因此传统的贸易一体化收益并非小国最看重的，其在一体化中更重视非传统的利益。

1. 发信号

通过加入区域贸易协定这一行为，小国向国外投资者发出本国政府采取自由贸易政策的信号，从而增强外国投资者信心。在信息不对称的情况下，潜在的外国投资者可以通过一国加入的贸易集团的类型以及相关协定的内容来了解该国政府是支持自由贸易政策还是保护贸易政策、该国开放的程度和进程等信息，以决定是否投资。

2. 提高政策的可信度

一国签订区域贸易协定后，不但对本届政府，而且对以后政府的政策也形成了约束力，这样就会增强国外投资者对其政策的信心。因为在很多国家，特别是发展中国家，政府的更换往往就意味着原有政策的改变。而当一国加入一体化组织后，该国在国际法上受到条约的约束，即使政府更迭也无法随意改变原有政策，这可以有效地提升外国企业对与该国发展经济关系的稳定预期。特别是当发展中国家在一体化协定中不仅对贸易领域的开放做出承诺，而且涉及有关投资、法律等领域时，加入一体化组织实际上是锁定了发展中国家的改革进程，使其不会出现倒退。

3. 提供保险

小国之所以愿意做出单方面让步以和大国签订区域经济一体化协定，一个重要原因就在于通过这个协议获取进入大国市场的“保险”，因为大国在向小国开放市场时也放弃了对小国实施贸易报复的权利，为此小国也需做出相应的让步。沃利（Whalley，1996）就提出成立美加自由贸易区后，加拿大就可限制美国在能源和投资政策方面采取对加拿大的报复措施。弗拉姆（Flam，1995）也指出，奥地利、芬兰、瑞典加入欧盟后从贸易自由化中获得的利益非常少，而三国之所以愿意付出较高的代价加入欧盟就是出于“保险”的考虑。

4. 增强对第三方的讨价还价能力

一国加入贸易集团后，可有效提高其与第三方进行贸易谈判的讨价还价能力，毕竟一体化组织的实力会强于单个国家。而对于很多小国来说，增强讨价还价能力最直接的体现就是这些国家可以节约各国极为有限的谈判资源和政策决策技能。例如，很多发展中国家由同一个谈判者来同时应对在布鲁塞尔与欧盟的谈判及其在日内瓦与 WTO 的谈判，甚至一些欧洲的小国也曾请求 WTO 暂缓其贸易政策检查行动，因为他们正全力与欧盟就合作协定的问题进行谈判。❶

从传统的区域经济一体理论来看，小国在与大国的经济一体化中很难获得静态的贸易利益，但正如海德纳（Hettne，1994）提出的，新区域化是一个包括安全、经济政策和政治制度等各个方面的从“异质”到“同质”的过程。小国，尤其是发展中国家，通过在多个领域学习或移植大国的经验和制度促进本国经济的发展。

二、区域性公共产品理论

“二战”后，世界范围内贸易自由化的发展主要是依靠 GATT 体制下八轮贸易谈判的推动，而每一轮谈判的发动都与美国的极力倡导具有密不可分的关系。而 20 世纪 80 年代后，美国转而热衷于区域贸易集团的建立，又成为新一波世界范围内区域经济一体化的推动力。美国推动在 GATT 体制下实现多边贸易自由化是美国提供的全球性公共产品，但其也感到多边贸易自由化进程中的“免费搭车者”已成为其难以忍受的负担，同时又看到欧共体的良好发展与西欧统一市场的形成，美国也开始转向寻求区域性公共产品。正如乔治·索罗斯（George Soros）所说：区域性公共产品仍是千年之交出现的全球化和区域化过程中一个缺失的部分。❷

最早提出“国际公共产品”（international public goods）概念的是奥尔森（Olson，1971），而随着国际公共产品的概念被用于分析国际关系，区域性公共产品概念也随着各国对区域合作的热衷而产生。尽管当前学术界对于区域性公共产品的研究已经开展了不少，但总的来说，目前区域性国际公共产品的理论构建远未完成，当前对这一概念的界定更多的还是归纳、总结和描述。樊勇明（2010）对于区域性公共产品的界定及其与全球性公共产品的差异，做了以下表述：第一，区域性公共产品遵循了公共产品融资活动中“受益人支付”的原则，由相关国家共同提

---

❶ Schiff, Maurice and Winters, L. Alan. *Regional Integration and Development* [M]. Washington DC: World Bank and Oxford Press, 2003: 240.

❷ 〔西〕安东尼·埃斯特瓦多道尔，〔美〕布莱恩·弗朗茨，〔美〕谭·罗伯特·阮. 区域性公共产品：从理论到实践 [M]. 上海：上海人民出版社，2010：120.

供以满足共同需求，而非由霸权国一国供给。第二，由于区域性公共产品的涵盖范围较小，各国从中得到的收益和必须付出的成本比较清晰，因而能够避免全球性公共产品中普遍存在的“免费搭车”现象。第三，从目前区域合作的现状来看，一般不存在具有压倒优势性的国家，因此区域性公共产品被某个大国“私物化”的可能较小。第四，即使在一些大国占据主导地位的区域合作中，由于地缘政治和地缘经济的存在，主导性大国也往往无法获得为所欲为的特权。第五，从信息对称的角度而言，区域性公共产品的优势还在于它能更直接地反映本地区不同类型国家的需求，从而使其机制和制度更切合该地区稳定和发展的需要，更具针对性。

“二战”后，GATT/WTO、IMF、WB 共同构成了全球经济领域内的国际公共产品，但国际公共产品往往难以满足不同区域的要求，出现公共产品短缺的问题。正如奥尔森指出的，除非一个集团中人数很少，或者存在强制或其他某些特殊手段以使个人按照他们的共同利益行事，有理性的、需求自我利益的个人不会采取行动以实现他们共同的或集团的利益（曼瑟尔·奥尔森，1995）。世界各地区国家都面临着安全、经济发展、环境等一系列问题，但这些问题往往又是跨国的，仅依靠各国自身实力是远远不够的，而依靠全球性公共产品却又存在国际公共产品短缺的困难，因此获取区域性公共产品就成为各国开展区域合作的动机与动力。如 1995 年墨西哥在得到美国的救助后就很快摆脱了金融危机的困境，1997 年东南亚金融危机后的东盟国家和中、日、韩三国达成了以双边货币互换为主要内容的“清迈倡议”，以应对本地区缺乏区域性公共产品的局面，2008 年世界金融危机的冲击使得各国最终于 2009 年 12 月 28 日正式签署清迈倡议多边化协议，建立 1200 亿美元的外汇储备库以应对全球公共产品供给不足的问题。

表 1.2　全球性公共产品与区域性公共产品比较

	全球性公共产品	区域性公共产品
提供者	霸权国	地区内国家或国家联合
影响范围	全球性/开放式	地区性/封闭式
合作模式	霸权主导	国家间协商
产品内容	广泛	有针对性
“免费搭车”现象	严重且无法避免	能有效缓解
被私物化风险	高	低

资料来源：樊勇明．区域性国际公共产品：解析区域合作的另一个观点［J］．世界经济与政治，2008（1）．

经济一体化被视为一个集团的组建过程，如果该集团的边际产出是基于边际个体成本与边际个体收益的均衡考虑，而不是基于边际个体成本与边际集团收益的均衡考虑，此时公共产品供应将面临短缺。而这一影响经济一体化目标实现的公共产品供应短缺问题在集体行动中是普遍存在的，因为公共产品的个体收益与集团收益的差距是始终存在的，成员国的自利性也是不可避免的；同时这种供应短缺的程度也随集团状况的不同而有差异（孙玉红，2008）。

在对区域性公共产品的供给方式的研究方面，桑德勒将其归为三类：（1）加总（summation）和权重加总（weighted sum）。前者指公共产品总水平等于各个行为体贡献的总和。某个行为体的供给完全可替代其他行为体的供给，这种一对一的替代性不仅鼓励了搭便车现象和次优供给，也限制了政策选择。改良后的权重加总的技术模式则将各国努力程度纳入考虑范围，即公共产品的总和等于各国贡献乘以不同权重后相加之和。各个行为体的供给不再具有完全替代性，因而限制了对个体性公共供给的弱化。（2）最佳表现（best shot）和次佳表现（better shot）。前者指集体供给的总体水平取决于做出最大贡献的行为体。次佳表现指个体的最大化贡献虽然对产品供给总量影响最大，但次佳努力仍会增加公共产品的总体水平。（3）最弱环节（weakest link）与较弱环节（weaker link）。前者指某一地区公共产品的有效性取决于个体的最小贡献，整个体系取得成功的标准取决于最低程度的努力；而后者指倒数第二的贡献也会对总供给的增加产生一定影响，因为略高于最低贡献者可以得到额外利益，所以所有的个别行为体往往抱有超越最低贡献的动机。[1]

三、新经济地理学

各国大力发展区域经济一体化的目的都在于促进本国经济的发展，传统的维纳模式也考虑作为整体的一体化组织的福利是增加还是降低的，而没有考虑到构成一体化的不同国家的福利是增加还是减少的。西科·曼肖尔特（Sicco Mansholt，1964）就曾指出：如果我们不能在一些国家内部实行积极的政策，那么我们将看到欧洲的统一将得到更大的刺激和强有力的扩展，而这种趋势使得那些最发达的地区获得最快的发展且从中获得最大的利益，那些边远地区将变得更加边缘化。新经济地理学的研究表明，区域一体化会引发产业在不同成员国间的转移，使得各国所得利益不同，从而在国家间引发政治问题。

人口、财富、经济活动在地理上的非均衡分布是普遍的现象，虽然外生的自然条件及要素禀赋的空间差异等“第一性质”是决定产业区位分布的重要原因，却不能解释为何自然条件相同或相似的区域，在经济活动强度和密度方面存在很大差异。新经济地理学的目的就是解释这些内生力量，即报酬递增、规模经济和

---

[1] 樊勇明，薄斯胜．区域公共产品理论与实践：解读区域合作新视点［M］．上海：上海人民出版社，2011：32.

不完全竞争如何影响产业分布（邓炜，2012）。产业集聚是各种产业和经济活动在空间集中后产生的经济效应以及吸引经济活动向一定区域靠近的向心力，产业区位的决定机制实际就是产业集聚的决定机制。经济中存在着推进产业集聚和阻碍产业集聚的两种力量，分别被称为集聚力（agglomeration force）和分散力（dispersion force）。集聚力来自关联效应、厚实的市场、知识溢出和其他外部经济，分散力有不可流动的生产要素、土地租金/运输成本、拥塞和其他外部不经济。❶

新经济地理学中的产业区位决定机制主要包括要素流动的产业集聚、基于纵向关联的产业集聚，以及基于要素累计的产业集聚。市场规模也是决定厂商选择区位的基本因素之一，选择市场规模较大地区的厂商，比选择市场规模较小地区的厂商能够获得更高的利润。卢森堡尽管只是一个小国，但其钢铁业是国家三大支柱产业（另外两个是金融业和广播电视业），有着“钢铁王国”之称，人均拥有钢5.8吨，居世界第一位（2001）。卢森堡钢铁业的发展就因其1842年加入德意志关税同盟后使得其钢铁产品得以进入德国市场，从而极大地刺激了其钢铁工业的发展，也为卢森堡今天的钢铁工业奠定了基础。因此，接近大市场对于一国促进本国产业，尤其是具有规模效应的制造业，具有极为重要的意义。

从长期看，核心区可以吸引新的厂商，从而加大核心区和边缘区之间的差异。但是，如果厂商都选择核心区为其生产区位，则厂商之间的竞争也会加剧，反而会阻碍产业进一步向核心区集聚的趋势，这两种相反力量的共同作用被称为“本地市场效应”（home market effect）（皮埃尔－菲利普·库姆斯，2011）。

经济地理学的主要目标之一是研究经济一体化对空间差异的影响，贸易成本可以视为经济一体化的表征，贸易成本的降低等价于一体化程度的加强。根据克鲁格曼提出的“核心—边缘”模式（core－periphery，CP），核心区存在制造业和农业两个部门，边缘区只有农业部门，两个区域的工资水平相同。集聚力和分散力的相对强度随着贸易成本的变化而变化，因此产生的效应会形成不同程度的空间不平等，一体化可以分为三个阶段。

第一阶段：此时不存在区域差异，两个区域的福利水平相同。

第二阶段：随着非对称均衡的出现，产生了不平等现象。边缘区的名义工资保持不变，但进口产品比重增大，进而推动该区价格指数上升和福利水平下降。相反，核心区的工人不仅从本区生产的产品份额提升中获益，还享受更高的名义

❶〔日〕藤田昌久，〔美〕保罗·克鲁格曼，〔英〕安东尼·J. 维纳布尔斯. 空间经济学：城市、区域与国际贸易（中译本）［M］. 北京：中国人民大学出版社，2005：410.

工资（在完全专业化条件下）。随着一体化程度的加深，区际差异持续扩大。由于边缘区必须进口更多种类的产品，因此贸易成本的下降及产品种类的增加（提升核心区和边缘区的福利）不一定能弥补边缘区福利水平的下降，因此，边缘区劳动力的福利水平会下降。

第三阶段：随着一体化程度的加深，边缘区福利水平下降趋势得到遏制，而且两个区域之间福利水平差距会逐渐消失。由于核心区对劳动力的需求持续上升，故在完全专业化后劳动力成本会上升，结果在核心区的竞争更加激烈，因此当贸易成本足够低时，核心区的厂商会选择转向边缘区。现在边缘区输入的产品种类数减少，故边缘区劳动力享受到较低的价格指数，而核心区此时经历则相反。此外，由于核心区劳动力市场竞争趋向缓和，核心区劳动力的名义工资水平下降，两个地区的居民继续享受贸易成本下降和产品种类增加所带来的好处（皮埃尔－菲利普·库姆斯，2011）。

因此，经济一体化程度与区域差异之间的关系是一条钟形曲线，在经济保持非对称均衡时，一体化程度必然导致空间差异扩大。而在一体化过程中，空间差异持续扩大，当一体化达到临界值时，空间差异开始缩小。如图 1.7 中 V_A/V_B 表示每个区域代表性消费者福利水平（如实际工资），i 代表一体化程度。

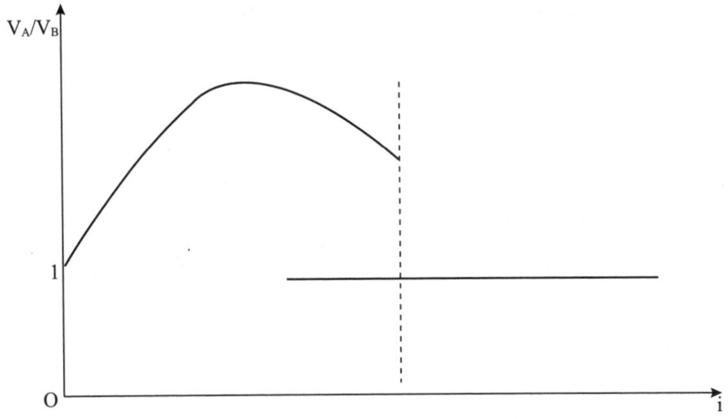

图 1.7　区域一体化与区域差异

资料来源：〔法〕皮埃尔－菲利普·库姆斯，蒂里·迈耶，雅克－弗朗索瓦·蒂斯．经济地理学：区域和国家一体化［M］．北京：中国人民大学出版社，2011：150.

四、多米诺理论

20 世纪 80 年代兴起的第二波区域经济一体化浪潮与第一波一体化浪潮一个重大的区别就在于，自由贸易协定或者说自由贸易区（Free Trade Agreement，Free

Trade Area，FTA）成为一体化的主流方式。理查德·E. 鲍德温（Richard E. Baldwin，1993）提出了“地区主义的多米诺理论”（domino theory of regionalism）解释此类一体化浪潮在全球范围内的扩张，即一个国家调整国际贸易政策以适应组建或参加 FTA 的要求，是受到两股力量的影响：一是国内政治利益集团的政策诉求；二是来自贸易伙伴国同其他国家建立 FTA 形成的国外压力。国内生产者和出口商对贸易伙伴国的贸易政策十分敏感，一旦贸易伙伴国加入或建立 FTA，国内出口集团会担心原有的出口市场受到不利影响。因此会推动本国加入或建立新的 FTA，这样一来 FTA 就会接连发生，就像多米诺骨牌一样在全球蔓延。美国之所以从全力推进多边贸易自由化转为注重签订双边互惠贸易协定与欧共体单一市场的形成有着密切的关系，因为美国担心自己被排除在这一大市场之外。而美国对待区域经济一体化态度的转变无疑对其他国家产生了巨大的影响。世界上其他区域贸性安排也是为了对付先前已开展的区域一体化运动作出的，事实上，许多国家已经陷入相当古老的“囚徒困境”，避免互不信任已经非常困难。[1]

有的国家在不断签订区域经济一体化协定时，又形成了“轮轴—辐条”（hub - and - spoke）效应。艾锡桑瓦和库尼考指出，当一国与多个国家分别签订区域贸易协定时，该国就像一个“轮轴”，而与其签订协定的各国就像“辐条”。沃纳科特和罗纳德（1996）分析了在区域经济合作中处于“轮轴”地位的国家至少可以在贸易和投资两方面获得特殊的优惠。在贸易方面，“轮轴”国的商品可以进入所有“辐条”国的市场，而各“辐条”国的产品受原产地规则的限制则无法相互进入。在投资方面，“轮轴”国的特殊地位会吸引外部资本进入（甚至包括辐条国资本）（孙玉红，2008）。本来在签订双边区域经济协定时，小国往往处于弱势，须作出较多让步。但是，一旦小国处于“轮轴”国的位置，则可获取更多的利益，这也解释了为什么有的小国非常热衷于签订区域经济协定，如智利、墨西哥、新加坡。因此，也有学者认为新一轮的经济一体化的推动力量在于多米诺效应和轮轴—辐条效应的结合。

尽管目前全球大部分国家都已签订了不同的区域经济一体化协定，斯科夫和温特斯（2003）认为区域化的扩展并不能证明其价值所在，正如对于个人来说当其周边发生了匪徒之间的争斗，属于某一个匪徒可能是最好的选择，但这并非意味着匪帮的存在是好事情。在他们的研究中，尽管完成扩展的一体化协定和未完成的一体化协定数量上相当，但将一体化组织的规模考虑进去时，存在扩展的一体化协定占据了主流，这是因为集团的经济力量——促进本国经济效率提高，对

---

[1] 〔美〕罗伯特·吉尔平. 全球政治经济学：解读国际经济秩序（中译本）[M]. 上海：上海世纪出版集团，2006：324.

外围国家形成歧视——在吸引着新国家加入。

巴格瓦蒂（2004）认为，特惠贸易协定的不断涌现是因为纳什均衡，即在博弈中，尽管参与者可以通过合作获得更大利益，但却选择了非合作方式来追求个人利益。而纳什均衡并不是帕累托最优的，在这类非合作博弈中，个人理性与集体理性之间存在矛盾，帕累托最优的实现是每个参与者利益所在；但是，每个个人对自身利益的追求却将系统推向帕累托次优的均衡（约翰·麦克米伦，2004）。因此，他指出当一国参加了多个区域贸易协定时，其同时签订的不同的贸易协定可能会因各自不同的规定而对其贸易产生制约作用，即产生“意大利面碗现象”（Spaghetti Bowl Phenomenon）。[1]

对于遍及全球的区域经济一体化网络究竟是多边贸易自由化的垫脚石（stepping stones）还是绊脚石（stumbling blocks），学者们远未达成共识。但目前在区域一体化协定中，也出现了一些新的特点，如根据 WTO 资料分析，第二轮的区域经济一体热潮中双边区域经济协定占的比重远大于关税同盟。而且近来的许多区域经济协定中所涉及的领域是 WTO +（WTO Plus），即区域贸易协定涉及的内容超过了各国在 WTO 框架下所涉及的主题，如竞争政策、知识产权、环境保护、劳动力等领域也被纳入了双边区域经济协定。日本的 EPA 就是对传统的自由贸易协定范围进行扩大的范例。

在当前 WTO 多边贸易自由化谈判停滞不前的情况下，这类区域经济一体化协定内容的增加无疑是有利于全球贸易、投资的发展的。因此，虽然双边区域经济协定究竟是全球贸易自由化的绊脚石还是垫脚石仍有待观察，但其涵盖范围的不断扩大无疑有利于各国经济自由化程度的深化。

---

[1] Bhagwati, J., D. Greenway, and A. Panagariya. *Trading Preferentially: Theory and Policy* [J]. The Economic Journal, 1998. 1128 - 48.

第二章　世界范围内区域经济一体化现状与经验

“二战”结束后，世界范围内分别在20世纪50年代和80年代末期出现了两轮区域经济一体化的浪潮。国际上最早开展区域经济一体化的是西欧国家，发展中国家及其建立的一体化组织在数量上构成了这两次一体化进程的主体。不过，真正取得成功的区域经济一体化仍然以发达国家为主，也就是北北型一体化，而发展中国家之间建立的一体化组织，即南南型一体化，却极少有成功的。在第二轮一体化浪潮中，出现了发达国家与发展中国家共同建立的一体化组织，即南北型一体化，相对于南南型一体化，发展中国家在南北型一体化中获得的收益更大。

按照WTO的统计，区域性贸易协定（RTAs）的实施数量在1950~1959年有3个，1960~1969年有19个，1970~1979年上升到39个，1980~1989年为14个，1990~1998年则为82个。目前，55%~60%的世界贸易是在贸易集团内发生的。进入21世纪后，区域一体化的建立更为普及，但实际效果却有很大的差异。为了更好地总结不同类型的一体化组织得失的经验，本章对世界范围内的不同类型一体化组织的经验进行对比研究。

第一节　主要区域经济一体化组织

作为当前世界三大经济区，西欧、北美和东亚在建立区域经济一体化方面也形成了各自不同的特点和效果，尤其是西欧，“二战”后区域经济一体化的兴起就发轫于此，这里也是当下全球一体化程度最高的地区。

一、欧盟

（一）欧盟的一体化历程

西欧国家推动一体化欧洲，最初的考虑无疑是出于政治原因。为了应对苏联的威胁，西欧国家迫切需要联合起来，而西欧国家的联合又不得不首先解决法德矛盾。毕竟，两次世界大战都与法德的矛盾有着密切的关系。为了彻底消除德国东山再起的危险，莫纳提出了欧洲煤钢共同体（European Coal and Steel Community,

ECSC）的建议，即通过将这两个生产战略物资的关键部门管制起来的一体化来解除其他国家对德国的疑虑。正是因为这个建议如此成功，以至于人们普遍忽略了在西欧一体化中起到极为重要作用的另一个来源——比荷卢关税同盟。

1948 年，比荷卢关税同盟[1]正式成立，从成立时起，三国就确定了关税方面的合作是通往人员、货物、劳务和资本自由流动的永久性经济联盟的第一步。比荷卢联盟的宗旨为发展成员国在经济上的紧密关系、协调政策、强化与大国竞争的实力。联盟设立部长委员会、理事会、秘书处、法院、议会间咨询委员会等机构。部长委员会为最高权力机构，每两个月举行一次会议，决定必须由委员会一致通过。理事会为执行机构，秘书处负责处理日常事务并有权向部长委员会提出有关实施联盟条约的建议，联盟总部设在布鲁塞尔。这些机构的设置成为后来欧共体建立的样板。

在欧洲煤钢共同体的诞生和发展过程中，比荷卢三国不仅成为样板，同时也对其发展起到了有力的推动。在煤钢共同体建立以后，荷兰外长约翰 · 威廉 · 贝恩提出“成立一个巨大而完备的共同市场，来实现一个伟大的经济共同体。……它必须适用于整个国民经济，而不是国民经济中个别的独立部门”。1955 年 4 月，贝恩又进一步提出贝恩计划（Beyen plan）：“分部门的一体化不能像全面的经济一体化那样有助于加强欧洲团结和统一的观念。为了加强这种观念，最重要的是把欧洲国家对于共同利益共同负责的观念融入一个关注普遍利益的组织中去，这个组织的执行机构不是对各国政府负责，而是对一个超国家的议会负责。建立一个国家的共同体，其任务是实现一般意义上的欧洲经济一体化，通过关税同盟实现经济同盟”（朱健安，1992）。此方案后来以比荷卢三国外长的共同备忘录提交给欧洲煤钢共同体六国外长在墨西拿召开的会议，并以此为基础形成了著名的“墨西拿决议”，墨西拿会议的结果就是 1957 年罗马条约的签订和 1958 年欧洲经济共同体（European Economic Community，EEC）和欧洲原子能共同体（European Atomic Energy Community，EAEC）的成立。

尽管 1946 年丘吉尔就倡议法德和解和建立欧洲合众国，但英国却并不愿意以平等身份加入欧洲煤钢共同体，因此英国于 1960 年主导建立了欧洲自由贸易区（European Free Trade Association，EFTA），从而在欧洲形成了欧洲经济共同体六国和欧洲自由贸易联盟七国并存的局面。

1967 年，欧洲煤钢共同体、欧洲原子能共同体和欧洲经济共同体合并成为欧洲共同体（European Communities，EC），1992 年欧共体各国签署《马斯特里赫特

---

[1] 1870 年卢森堡加入德意志关税同盟和 1921 年比利时和卢森堡建立比卢经济联盟都对后来的比荷卢关税同盟的建立产生了影响，“二战”前比卢联盟成为世界最大的钢铁出口者，供应了大约世界需要量的1/3。比卢经济联盟被看做走向比荷卢关税同盟的第一步。

条约》，决定建立欧盟（European Union，EU），并决定要创建欧元，以将欧盟提升为经济与货币联盟。1999 年，欧元正式诞生，标志着欧洲一体化进入了一个新的阶段。

随着欧共体不断发展壮大，英国、爱尔兰、丹麦等国先后脱离了欧洲自由贸易联盟而加入了欧共体，欧共体和欧洲自由贸易联盟建立了欧洲经济区（European Economic Area，EEA），从而形成了一个自由贸易区。[1]

（二）欧盟一体化的经验

自成立以来，欧洲的区域经济一体化一直引领着一体化的方向，特别是在第一轮一体化的浪潮中，目前欧洲也是全球范围内一体化程度最高的地区。欧共体/欧盟的模式一直受到其他国家，尤其是发展中国家的效仿，但是模仿的效果却是南橘北枳。这就需要对欧盟的成功进行研究，分析其成功的原因、条件、路径以便为其他国家提供借鉴。

1. 政治合作的意愿与决心

西欧的一体化是区域经济的一体化，其他国家对其的效仿也都是希望能够通过这种方式来带动本国经济的发展。但是，探析西欧一体化原因的国内外学者却总是将其产生的首要原因归结于政治原因。平德（Pinder，1968）认为，欧盟一体化实际是因政治原因而启动，通过经济一体化使各国获得利益从而强化推进一体化的动力，到了一定阶段，一体化的推进需要政治一体化（首先表现为政策一体化），如果没有政治一体化的配合，经济的一体化就无法深入（欧盟的现状是最好的例子，货币一体化后要求财政一体化，而财政一体化实际就是各国政府权力进一步被交出），区域经济一体化一定会导致区域政治一体化。[2] 伍贻康（2009）也提出，欧洲一体化的基础和核心是经济一体化，它是欧洲各国为化解政治分歧和经贸矛盾以及社会文化等方面的差异，首先选择相互依存和互动影响最突出的经济现实问题。但实施区域一体化是项大胆而勇敢的政治抉择，因此，归根结底，欧洲一体化问题的根本和关键还是政治问题，只是突破口选择的是经济领域。

正是在短短几十年内经历了两次世界大战的惨痛经历使得西欧各国有了足够的政治决心来推动各国的一体化，以避免再次发生欧洲国家之间的战争，因此才在西欧一体化的初期能够克服各种困难来推进一体化。

对于欧盟当前面临的债务危机，有学者认为“欧债危机具有多面性，是制度设计、财政、竞争力和银行业这四重危机的综合体，因而没有一套综合性解决方

---

[1] 目前，欧洲自由贸易联盟仅有挪威、列支敦士登、瑞士和冰岛四国。

[2] Pinder，John. *Positive Integration and Negative Integration*：*Some Problems of Economic Union in the EEC*，World today [J]. 1968，Vol. 24.

案可以一举化解欧债危机”。❶ 正是因为欧债危机是带有结构性根源的危机，在当前的背景下谈经济治理，实际上触及了根本性的结构转型。问题是否能得以解决就取决于各国是否有足够的政治意愿和决心来推动欧盟进行结构性的变革，这也再次表明政治意愿在一体化中的重要性。

2. 经济上共同创造的利益使得政治协调变得可接受

尽管政治考虑始终是西欧一体化初期的主要推动力，尤其是在20世纪80年代末之前，但是市场化、一体化却是欧盟能够不断地深化、扩大的根本原因，这一点与成立于欧共体之前的经济互助合作委员会相比就更为明显。尽管经济互助合作委员会成立得更早、合作得也非常深入，但由于其对资源的配置并不是基于市场化和各国比较优势的，其形成的合作机制是低效的，甚至是无效的，因此一旦维持其存在的政治机制瓦解，其崩溃也变得很正常了。

经济一体化的特征表现为，国家会因为参加经济一体化而部分地放弃其主权以及无形财产——“国家身份”。从政治角度看，只有当同政策自主权的丧失相比存在着一笔有吸引力的经济收益时，一个跨国界的一体化规划才具有吸引力（迪特·卡塞尔，2007）。

几无疑问的是，通过《罗马条约》中规定的经济手段来追求政治一体化的内在愿望，是1956年英国、丹麦、挪威和一些中立的、非社会主义国家没有参加最后的欧洲经济共同体谈判的一个主要原因（雅克·佩克曼斯，2006）。但由于欧共体是欧洲自由贸易联盟的主要出口市场，并且欧共体的经济实力更为强大，欧洲自由贸易联盟逐步萎缩，欧共体强大的磁场效应最终使得一直坚决反对欧共体式一体化的英国也不得不费尽周折地一再申请加入。

表2.1　1960年欧洲自由贸易联盟与欧洲经济共同体的力量对比

项目	EFTA 7国	EEC 6国
人口（亿）	0.09	1.69
在资本主义工业生产中的比重（%）	13	20.5
钢产量（万吨）	3200	7300
发电量（亿度）	2250	2810
出口贸易（亿美元）	180	300
黄金外汇储备（亿美元）	80	150

资料来源：伍贻康．欧洲经济共同体［M］．北京：人民出版社，1983：34.

欧共体建立后，区域内部成员国之间的贸易占其对外贸易的比重从建立初期

❶ The European Debt Crisis：Strategic Implications for the Transatlantic Alliance［OL］.［2012－11－15］. http：//www. iie. com/publications/testimony/testimony. cfm？ResearchID＝1973.

的30%提高到了20世纪90年代初的65%，而区外贸易的比重则相对下降。[1] 欧共体内部区域内贸易的增长主要来源于产业内贸易，对于贸易创造和贸易转移的众多实证研究也表明贸易创造超过了贸易转移。但即使如此，欧共体各国从一体化中获取的收益也不足以用静态的贸易效应来衡量。欧共体/欧盟成员国从一体化中获取的更大的收益是来自大市场效应、规模经济效应、竞争效应和直接投资效应等一体化的动态效益。如欧共体成立之前，德、意、法等国的冰箱生产商年产冰箱不足10万台，而到20世纪60年代末期，意大利的生产商年产85万台，德国和法国的生产商也分别年产57万台和29万台（樊莹，2005）。美、日等国在西欧国家的FDI也在欧共体成立后有了大幅度的增加，这种直接投资增加的动机是保持和扩大在欧洲国家市场的存在，避免被关税同盟的壁垒排除在外。

欧洲国家之所以能从一体化中获取大量的福利，无疑是在其已经实现了工业化的基础上实现的，正是因为制造业的发达才使得西欧国家能够不断地延长产业链，通过发展产业内贸易来使各国共同获利，并且能够不断创造新的合作空间。这无疑对非成员国产生了强烈的吸引力，希腊、西班牙、葡萄牙等国就是出于经济利益的考虑，希望能够通过加入一体化来获益；而欧共体之所以愿意吸纳这些小国，一方面是出于其政治动机，而另一方面是由于一体化的成功使欧共体有了足够的经济实力来承担接纳新成员的物质成本。

各国相互间贸易的不断增长，又强化了深化一体化程度的要求，使得欧盟形成了一个循环的机制。当一个国家和它所加入的固定汇率取得经济一体化程度较高，同时这个国家将其汇率与该地区汇率固定后时，其就可获得很大的货币效率收益（Krugman，2008）。因此，欧元的产生也就变得顺理成章了。

3. 共同文化认同奠定了一体化的心理基础

历史上，欧洲国家一直倡导建立大欧洲。1713年，法国人圣-皮埃尔神甫在《确保欧洲永久和平的方案》一书中最早提出了建立在欧洲文化和道德共识基础上的泛欧洲的“邦联政府”思想。卢梭则认为，只有依据各族人民的意志，欧洲联合才可能实现。康德提出了一个以理性和法治而建立起来的永久和平计划。圣西门则致力于“重新组织欧洲社会”等。第一次世界大战结束后，欧洲联合的思想获得了新的动力，1925年，法国时任总理赫里欧明确表示：“我的最大愿望就是有一天能看到欧洲合众国的出现。”1929年，法国外长白里安向德国政府建议组织“欧洲联邦”，并于1930年向欧洲各国政府提交了备忘录，倡议建立欧洲主权国家的联盟。[2] 尽管以往提出的建统一欧洲的想法并未能实现，但通过几百年来不断的

---

[1] IMF. 世界经济展望［R］. 1997：51.

[2] 朱定秀. 欧洲文化认同：欧洲一体化进程中的重要变量［J］. 淮北煤炭师范学院学报，2008（6）.

著述和论证，也使得统一联合的观念对于欧洲人来说已不显得突兀。特别是当两次世界大战都源于欧洲，给欧洲带来了巨大损失后，如何避免再次受到战争的伤害成为欧洲人思考的问题，也成为促成欧洲一体化的一个动力。在这一背景下提出的西欧地区一体化的想法，也使得倡导欧洲联合成为一个恰逢其时的选择。

在各国推进区域经济一体化进程中，经济利益的创造是一体化成功的基础。各国在参与区域经济一体化进程中都会因为从一体化中获益的程度、各自的经济实力和竞争能力不一致而造成获益程度的不同。而且即使一个国家从一体化进程中总体受益了，也并不意味着该国国内不同的利益群体和集团都获得了利益。各国以及一国内部不同利益集团获益大小的不同都会影响一体化是否能够成功推进。经济利益的创造并不能解决所有问题，创造的利益分配也会成为一个矛盾产生的根源。因此，共同文化的认同在一体化进程中就会发挥其独特的粘合剂作用。

正如吴志成、龚苗子（2007）指出的“欧洲认同意识的加强，是欧洲打破发展僵局、实现欧洲整体善治的关键。欧洲认同的发展应着眼于欧洲的未来及其各民族的共同利益，在此基础上培养欧洲人对欧盟的归属感、对共同环境和命运的关注”。当处于同一区域内的各国、各民族形成了统一的归属感并且能够将彼此的命运连接起来，那么一些具体的利益纷争就变得容易化解，各方都能够从大局出发达成妥协。否则，如果各方均以己方利益为重、毫不让步，会使得一体化的进程演变成无休止的讨价还价的谈判，当前世贸组织谈判的久拖不决就是最好例证。

政治、安全和经济利益固然是推动欧洲一体化的关键因素，但欧洲共同的文化背景和宗教也同样不能忽视。正如陈耀华（2007）指出的“在欧洲一体化进程中，各国的文化认同与该国的历史传统，特别是民族和国家的形成关系极大。”欧洲的成功“在于欧洲自身所特有的宗教与历史文化渊源，以及共同的历史经验给欧洲人带来的影响。正是这些共同的感受和经历所积淀、孕育的欧洲观念构成了欧洲一体化进程顺利前行的坚实基础”（吴志成，龚苗子，2007）。所以说，欧盟的成功离不开其共同的文化基础，共同文化是欧洲一体化能够顺利推进的一个重要的社会背景和心理基础。

4. 成熟的政府管理机制和治理能力

尽管有着强烈的政治意愿和发达的经济基础，但在欧共体/欧盟的发展历程中还是遭遇了很多的困难，比如，英国在是否加入欧共体态度的转变以及后来加入历程的曲折，大国和小国在涉及各自利益时态度的对立，北方发达国家和南方较为落后国家之间的矛盾等一系列的问题，而这些问题和困难的克服与欧共体/欧盟各国成熟的政治体系和政府的治理能力有着密切的关系。比如，对于经济发展水平不同的国家，欧盟就采取了不同的一体化速度来使得各国都能够参与其中。

欧共体/欧盟的一体化实际就是各国政策的一体化过程，各国政府在此过程中不断地限制、交出自己的权力。2010年的欧债危机发生的一个重要原因就是欧盟存在制度缺陷，即欧盟一体化进程中由于不同领域的一体化程度不一致以致对各成员国政府的宏观政策未能采取统一、严格的标准。当前，欧盟欧洲央行为核心的欧元体系，以《稳定与增长公约》为核心财政体系，以及包括劳动力市场、产业结构等方面的经济政策进行协调。这对于欧盟来说，既是危机，也是提升一体化程度的机遇，而各国政府的治理能力无疑起到了极为关键的作用。❶

在基本实现了以西欧国家为核心的欧洲区域内的一体化后，欧盟现已开始在全球范围内推进新的一轮一体化进程，1995年欧盟与地中海12国启动了巴塞罗那进程，目标是建立欧盟—地中海自由贸易区；2012年6月，欧盟委员会主席巴罗佐对普京表示"欧盟支持俄罗斯建立从里斯本到海参崴的自由贸易区"；2012年11月，欧盟启动了与日本自由贸易区的谈判；2013年2月，美国宣布将与欧盟启动建立自由贸易区的谈判，欧盟积极推进自贸区的谈判是以其以往的一体化成功的经验和经济实力为基础的，这或许是区域一体化是多边贸易自由化的垫脚石的一个例证。这对其他大国产生的影响无疑也是巨大的，欧盟的自贸区战略将会深刻地影响全球范围内的区域一体化进程。

二、北美自由贸易区

"二战"后，美国作为霸权国家提供了全球公共产品，在经济领域分别表现为GATT/WTO、IMF和WB等国际组织，推动了全球贸易多边自由化的发展。在西欧国家推动经济一体化的初期，美国基于地缘政治考虑支持了西欧的一体化进程，但随着西欧一体化程度的不断深入和总体实力的上升，美国也总是以倡导开展多边贸易谈判来加以应对，以避免自己的利益受损。如美国曾建议在GATT内实行多边贸易自由化，以应对《罗马条约》的签订（1957）和随后欧洲共同体的建立；肯尼迪回合贸易谈判（1963～1967）就是美国对欧洲共同体建立的反应；东京回合贸易谈判（1973～1979）是美国对欧洲共同体第一次扩大的反应。但是20世纪80年代，美国改变了对欧洲一体化运动采取多边谈判的对策。当《欧洲统一市场法》显然可能造成统一并封闭的西欧市场时，美国开始建立自己的区域性安排——北美自由贸易区（罗伯特·吉尔平，2003）。

美国对于区域经济一体化立场的转变可以看做西欧一体化成功的标志，而且也引发了"二战"后世界范围内第二轮的区域经济一体化的浪潮，而这一轮最大的特点在于FTA成为各国发展区域经济一体化所采用的主要方式。

---

❶ 发展中国家模仿欧共体不成功的两个关键因素就是：尚未完成工业化和良好的政府治理能力缺失，这也就意味着不具备实现一体化规模效应的经济基础和组织实施能力。

（一）北美自贸区的历程

建立 NAFTA 的想法最早源于 20 世纪 80 年代初，里根在其总统竞选纲领中提出了建立 NAFTA 的主张，但遭到加拿大和墨西哥的反对。1985 年 3 月，美国总统里根和加拿大总理马尔罗尼首次联合提出建立美加自由贸易区的主张，并于当年 5 月开始谈判。1989 年 1 月，美加两国自由贸易协定生效。1990 年，美国和墨西哥就签署自由贸易协定开始谈判，此后加拿大也加入谈判。1992 年 8 月，美国、加拿大和墨西哥三国签署了 NAFTA。

《北美自由贸易协定》共有 8 篇 27 章，内容涉及关税、贸易、投资、金融服务、知识产权等多个领域。该协定规定，从 1994 年 1 月 1 日起，美、加、墨三国之间约 9000 种商品中的近 50% 商品的关税立即取消，其余商品将在协定生效后的 15 年内分阶段取消。墨西哥同意自协定生效之日起，立即取消来自美国将近一半的工业品的进口关税；农产品方面，立即取消 1/4 商品的进口许可限制，并在 10 ~ 15 年内完全实现农产品自由贸易；投资和金融服务方面，墨西哥国民经济绝大多数部门都对美、加投资者开放，并允许外资在金融服务行业领域控股。

1993 年 8 月，美、加、墨又就环保、劳动就业等问题达成协定，作为 NAFTA 的补充内容。1994 年 1 月 1 日，NAFTA 正式生效。NAFTA 的总目标是经过 10 ~ 15 年的努力，到 2008 年在成员国间取消各种关税和非关税壁垒，实行零关税，实现商品和生产要素的完全自由流动，并且规定了逐步消除关税和投资限制等的具体步骤和时间表。

在 NAFTA 区域中，美国占主导地位。1990 年，美国、加拿大、墨西哥的 GDP 分别为 5.8 万亿、0.58 万亿和 0.29 万亿美元，三国的人均 GDP 分别为 2.3 万、2.1 万和 0.3 万美元；到了 2011 年，美、加、墨三国的 GDP 分别为 15 万亿、1.7 万亿和 1.2 万亿美元，三国的人均 GDP 分别为 4.8 万、5 万和 1 万美元。美国人口为 NAFTA 区域总人口的 68.6%，加拿大占 7.5%，墨西哥占 23.9%。在 NAFTA 成员国中，美国对贸易的依赖性较小，贸易依存度仅为 GDP 的 25% 左右；而加拿大的贸易依存度则超过 80%；墨西哥的贸易依存度则略低于 60%。加拿大和墨西哥超过 80% 的出口与绝大部分的进口都依赖于美国，而美国仅有约 30% 的贸易依赖于加拿大和墨西哥。与欧盟、南方共同市场等其他类型的经济一体化组织相比，北美自由贸易区最明显的特点在于它是典型的南北合作型、大国主导型的区域经济一体化组织，美国在其中起到了决定性的作用。

从 1990 年和 2011 年各国经济数据的对比中可看出，墨西哥经济增长的速度远远高于美加两国，北美自贸区对墨西哥的经济发展无疑起到了相当大的促进作用。例如，1994 年墨西哥政府宣布将墨西哥新比索贬值时，引发了墨西哥的货币和证券市场剧烈动荡。墨西哥新比索一度贬值 70% 以上，墨西哥股票价格指数降幅最大时曾一路下滑1000点之多，外资大量抽逃，而且有200多亿美元的短期债务将在年内到期，大批墨西哥银行因无力清偿外债以及无法按期收回到期债务濒临破产，墨西哥的金融体系面临全面崩溃的危险。为避免墨西哥金融危机向外蔓延并危及美国的利益，美国联合加拿大发起援墨国际贷款行动。时任美国总统克林顿动用总统货币保险基金200亿美元并说服世界银行和国际货币基金组织向墨西哥发放300多亿美元的贷款，加拿大提供10亿美元紧急援助贷款。援墨国际贷款行动弥补了墨西哥巨额外贸赤字、稳定了金融市场并增强了外国投资者的信心，美、加两国在挽救墨西哥金融危机方面做出的努力也挽救了新生的北美自由贸易区。墨西哥的经历成为其他发展中国家在推进区域经济一体化时一个参考案例，即与大国建立一体化可成为小国经济稳定与安全的“锚”。

（二）经验

1. 各国从一体化中获取不同收益

在NAFTA成立初期，有研究认为，从长期看，美国的实际收入将仅增加0.11%~0.25%，而墨西哥实际收入将至少增加12%，就业将增加6.6%。[1] 也有研究认为，从1994~1998年，美国因NAFTA而丧失了大约440172个工作机会。[2]

美墨生产一体化的行业主要集中在电器、汽车和服装这几个行业，带有明显的垂直的产业内分工的特点。墨美贸易的特点是，美国将零部件运到墨加工后返回美国；美国从墨进口的美国含量比从其他地区高得多；而且墨的出口和进口密切关联，墨西哥制成品对美出口的增长与美产业内中间品对墨出口相伴，以纵向的产业内分工为特点。NAFTA使墨西哥的总要素生产力有了相当大的提高，GDP增长率从1980~1993年的年均2%翻番为1996~2002年的年均4%，十年的年均GDP增长率为2.9%，贸易和FDI的增长使得贫困率缓慢下降（涂志玲，2005）。

而美国则扩大了对加、墨两国的出口，进入了墨西哥的能源、金融、电讯和服务等领域，利用墨西哥的廉价劳动力，实现了产业结构快速升级，加强了国际竞争力。由于加拿大一直对美国市场具有极高的依赖性，加入NAFTA后，加拿大对美国的出口并没有明显变化，这也说明加拿大保住了在美国市场的份额。加拿大和墨西哥原本经济往来并不多，虽然在成立NAFTA后有了很大的增加，但与美、墨之间的贸易增长相比则并不明显。就NAFTA给各成员国带来的经济利益而言，墨西哥获利最大。通过参与北美自由贸易区，墨西哥在本国的市场经济制度

---

[1] Lustig, N., Bosworth, B. P. & Lawrence, R. Z., *North American Free Trade: Assessing the Impact*. Washington DC, Brookings Institution, 1992.

[2] Scott. R. E., *NAFTA's Pain Deepen: Job Destruction Accelerates in 1999 With Losses in Every State*. Briefing Paper, Washington DC, Economic Policy Institute.

建设方面，无疑受益颇多。

2. 美国以此扩大了区域贸易协定的谈判内容

在成立 NAFTA 之前，对于是否应该与墨西哥签订自由贸易协定，美国国内就有激烈的争论，这是美加自由贸易协定签订前并未出现过的情况。美国国内的一个主要担心就是墨西哥利用本国廉价劳动力来吸引美国企业到墨西哥设厂，从而减少美国国内的就业岗位。对此展开的研究，有的认为 NAFTA 会给美国带来就业岗位的增加，也有的认为会减少美国国内的就业机会。考虑到墨西哥的经济规模，即使美国企业可以利用墨西哥的廉价劳动力来降低生产成本，但由此获得的经济利益并不会很大。

美国政府之所以在面临很大压力情况下签订 NAFTA，很重要的一个原因就在于，美国通过区域贸易协定的方式推进美国在多边贸易体制下无法取得进展的谈判内容。美国不再像传统的 FTA 协定，仅是对货物贸易的措施做出规定，而是扩大了自由贸易区协定内容的范围，如环保、知识产权、劳动条款，为今后进一步在双边谈判下加入美国占优势的部门或美国关心的主题开创了先例。因此，如果说美国是在货物贸易领域对墨西哥做出了较大让步，墨西哥则是在资本、知识产权等美国关注的内容上做出了让步。

3. 墨西哥利用协定发展成为轴心国

墨西哥在加入 NAFTA 后，经济出现了快速的增长，表现远好于其他的拉美国家。但也有很多研究指出，墨西哥也面临着工人工资下降、出口加工企业飞地、污染加剧等诸多负面影响。[1] 由于美国农业所拥有的优势，美、墨农业贸易逆差导致墨西哥农业就业机会减少。1993 年年末，墨西哥农业雇用了 810 万人，而到 2002 年年末，仅雇用 680 万人，减少了 130 个就业岗位。因此，尽管经济保持了增长，也有观点认为墨西哥采取的政策是墨西哥的灾难（马丁·哈特—兰茨伯格，2003）。

墨西哥充分利用其进入美国大市场的优势，先后与欧盟、日本以及其他国家签订了众多的区域贸易协定，使自己发展成为轮轴国，对本国经济起到了良好的推动作用。正如墨西哥驻美使馆发布的一份公告指出的那样：开放的贸易和投资政策是不足以实现持续发展和消灭贫困，但却是达到这些目标的根本。贸易一直是工人们寻找更好的工作机会和工资以及更高的生活标准的机会的关键工具（王晓德，2001）。

---

[1] 格鲁斯曼和克鲁格关于北美自由贸易协定在墨西哥造成污染的研究就成为研究贸易与环境的经典文献。

4. 区域经济一体化并非解决发展中国家问题的万能秘方

尽管加入北美自由贸易区给墨西哥带来了很大的收益，但墨西哥许多部门也受到了来自美国竞争的压力。NAFTA 生效后，墨西哥的客户工厂的数量增长了 17%，就业人员增长了 46%。但是，由于客户工业（即出口加工工业）这种贸易形态具有“两头在外”的特点，其 97% 的零部件来自国外的进口，只有 3% 的零部件属于墨西哥本土生产，生产中对进口投入品的依赖性很强，生产的产品绝大多数出口海外，因此对墨西哥经济形成的前后关联度很小，从而在很大程度上限制了出口增长乘数效应的发挥。这也造成墨西哥国内的就业压力和贫富分化等问题依然严重，而由于工业发展引发的污染问题也成为许多人反对北美自由贸易区的理由。对于墨西哥国内因诸多问题而引发的对北美自由贸易区的质疑，美国首席 NAFTA 谈判代表卡拉·希尔斯说：“贸易不能直接为民众提供教育，也不能直接为他们提供免疫或医疗保健服务。贸易所能做到的就是创造财富，让政府对财富进行分配，用来做必要的事情”（瞻园庭，冯峰，2005）。

其实，对于区域经济一体化的责难，即各国将国内诸多矛盾和问题都归因于一体化，不是发展中国家特有的。美国国内同样将很多源于其自身经济结构引发的问题归咎于北美自由贸易区，只是由于发展中国家面临的困难更多，因此抱怨也就更为强烈一些。各国政府和民众都需要清醒地认识到区域经济一体化仅是各国经济发展的一个途径或者工具，而不是解决各国现实中一切问题的灵丹妙药。正如世界银行负责拉美和加勒比地区事务的副行长费兰蒂所说：“自由贸易无疑将会带来新的机会，但 NAFTA 的教训是，如果没有重大的政策和制度改革，仅有自由贸易是不够的”（贺双荣，2005）。实施了正确的区域经济一体化政策的国家能够促进本国贸易的发展，但这并不意味着，尤其是对于发展中国家来说，其自身的产业结构的缺陷、市场机制的不完善、工业化程度的低下、大量的失业人口会因为区域经济一体化组织的建立而随之解决，甚至其中某些问题会随着一体化带来的竞争激化在一段时间内进一步恶化。要从根本上解决这些问题，关键是各国政府要制定适合本国实际情况的政策并坚持以市场化作为解决问题的根本手段。

三、亚太经合组织

在西欧和北美的区域经济一体化不断深入发展时，亚太各国感受到了被排斥在其他贸易集团之外的风险，为了保证本地区的利益，亚太各国也展开了本地区的区域一体化进程，与北美、西欧相比，亚太的区域一体化有其独特之处。

（一）历程

1989 年 1 月，澳大利亚总理波比·霍克在韩国的首尔倡议召开“亚洲及太平洋国家部长级会议”。1989 年 11 月 6 ~ 7 日，12 个创始会员国在澳大利亚堪培拉举行首届“亚洲太平洋经济合作部长级会议”。1991 年 11 月 12 ~ 14 日，第三届亚太经合部长级会议在韩国首尔举行并通过《首尔宣言》，正式确定亚太经合的宗旨目标、工作范围、运作方式、参与形式、组织架构、亚太经合前景。亚太经合的目标是：为本区域人民普遍福祉，持续推动区域成长与发展；促进经济互补性，鼓励货物、服务、资本、技术的流通；发展并加快开放及多边的贸易体系；减少贸易与投资壁垒。1993 年，西雅图会议举行了第一次 APEC 领导人非正式会议，自此召开 APEC 领导人非正式会议成为 APEC 会议的基本模式。1994 年，茂物会议提出发达成员不迟于 2010 年、发展中成员不迟于 2020 年实现贸易和投资自由化，并强调 APEC 将致力于单方面实施贸易和投资自由化。1995 年，大阪会议提出 APEC 经济合作三大支柱：贸易和投资自由化、贸易和投资便利化、经济技术合作。

亚太经合组织采取自主自愿、协商一致的合作原则，所作决定必须经各成员一致同意认可。亚太经合组织的组织机构包括领导人非正式会议、部长级会议、高官会、委员会和专题工作组等。其中，领导人非正式会议是亚太经合组织最高级别的会议。亚太经合组织现有 21 个成员，总人口达 26 亿，约占世界人口的 40%；国内生产总值之和超过 19 万亿美元，约占世界的 56%；贸易额约占世界总量的 48%。

（二）亚太经合组织的发展经验

1. 无制度约束难以取得实质性成效

欧盟和北美自由贸易区都以大国为主导，小国付出“保险”从而得到进入大国市场的保障；大国则借此推行自己的政策，大国和小国分别有所付出，亦有所得。不同于欧盟和北美自贸区，亚太经合组织没有大国起主导作用（东亚国家并不希望美国、日本来起主导作用，而中国的经济实力又不足以推动一体化，而且中国没有多少开展区域一体化的经验，东盟国家则是有心无力），这也是 APEC 形成的所谓的“开放式”的原因之一。这样虽然使得 APEC 避免了被大国主导，但同时产生的负面效应便是“搭便车”者众多，而“火车头”动力不足。由于 APEC 采取的是各成员国自愿行动的政策，因此很多协定即使通过也因为各国考虑自身利益而并不采取实际行动。例如，1997 年温哥华会议上，各国选出 9 个部门进行关税的单边减让，但日本在林业和渔业两个部门上不兑现承诺，使得这一进程受挫。发展中国家希望将经济技术合作作为亚太经合活动的一个中心内容，虽然菲律宾会议通过了《亚太经合会加强经济合作和发展框架宣言》，但是发达的工业化国家仍然把关注的重心集中在贸易投资自由化方面。但发达国家期望推动的贸易和投资自由化和发展中成员期望推动的经济技术合作也都未能取得实质性进展。

正因为如此，许多成员国都开始在 APEC 内部开展此区域一体化的谈判，以取得实际的合作成果，如美国推动的TPPA、中日韩发展与东盟的自贸区都表明亚太经合组织以及中日韩三国开始进行自由贸易协定的谈判，这说明如果APEC不能尽快地取得实质性成果，很可能最后就变为一个论坛而非区域经济一体化组织。

2. “开放式区域化”是一个自相矛盾的悖论

有学者将开放式区域化定义为追求地区性目标的同时，在世界贸易组织的框架内，继续推行单边自由化、参与多边贸易谈判来对世界其他国家削减贸易壁垒，实现地区内和全球自由化（汤碧，2006）。但区域经济一体化的本质就是一体化组织内部成员间的自由化和对外部非成员的歧视，而APEC将自身定义为“开放式区域化”本身就是一个悖论。因为真正开放的经济体不能采取歧视性政策，而区域一体化组织却必然会对非成员构成歧视。因此，斯科夫和温特斯（Schiff and Winters, 2003）指出“开放式区域化”与其说是一个分析性概念，倒不如说是一句口号。

如果在全球范围推行单边贸易自由化，那么就可实现全球贸易自由化，这也正是多边贸易自由化一直追求的目标，其成本也是最低的。但正是因为最佳的方式在现实中难以实现，所以才有了次优理论（second best），认为可通过区域经济一体化可以实现全球贸易自由化。开放式区域化仅仅是对次优理论的一种矛盾的表述，自我定位的矛盾恰好说明APEC并不像欧盟和北美自由贸易区那样有着清晰的思路，这可能也正是APEC发展并不顺利的一个重要原因。

3. 市场力量成为APEC发展的主要推动力

尽管在自我定位和制度方面存在诸多不足，但APEC成员之间贸易依存度很高，这是因为亚太经合组织成员，特别是东南亚和东亚国家间根据各自的比较优势已经形成了紧密的垂直和水平分工体系。美国、日本处于产业链条的最高端，而中国台湾、韩国等提供精密复杂的零部件，中国和其他成员则负责商品的组装和总成，而制成品则返销到西欧、北美和日本。各国间形成的制造业矩阵促使各国不断强化与其他国家的贸易往来，一国如果稍有懈怠，很容易被其他国家所代替，因此各国都不断强化自己的开放以及与其他伙伴国的贸易关系，因此市场竞争的力量推动各国深化彼此的经济关系。从这个意义上来看，经济或者是市场需求为一体化的发展奠定了基础。

尽管在制度推动一体化方面存在不足，但由于亚太地区各国已形成的产业内和产品内的分工体系将各国经济紧密地联系在了一起，这也是表2.2中各国区内贸易比重非常高的最根本的原因。亚太各国间贸易的增长又对各国基础设施的改善、关税和非关税壁垒的削减等一系列问题产生了推动。因此，不同于欧盟和北美自由贸易区，亚太经合组织的一体化进程虽然因为缺乏制度性一体化的推动而较为缓慢，但市场力量形成的分工体系为亚太各国经济的紧密往来奠定了坚实的基础。

表 2.2　1997 年 APEC 成员外贸额及其比重

国家或地区	出口额	进口额	出进口总额	占世界比重	对 APEC 贸易比重（%）
世界（10 亿美元）	5634.7	5796.9	5715.8	100.0	
澳大利亚	63097.0	61787.0	124884.0	1.1	71.2
文莱	2375.0	3946.0	6321.0	0.1	65.8
加拿大	213020.0	195463.0	408483.0	3.6	87.3
智利	17025.0	18889.0	35914.0	0.3	51.1
中国	182917.0	142163.0	325080.0	2.8	76.0
中国香港	187870.0	208623.0	396493.0	3.5	80.9
印度尼西亚	52179.0	43016.0	95195.0	0.8	72.6
日本	421067.0	338646.0	759713.0	6.7	71.9
韩国	136111.0	144548.0	280659.0	2.5	67.4
马来西亚	78750.0	80263.0	159013.0	1.4	78.3
墨西哥	110431.0	109808.0	220239.0	1.9	88.8
新西兰	13997.0	14550.0	28547.0	0.3	72.0
巴布亚新几内亚	2664.0	1714.0	4378.0	0.0	74.0
秘鲁	6706.0	8192.0	14898.0	0.1	53.2
菲律宾	28510.0	48433.0	76943.0	0.7	74.7
俄罗斯	84157.0	52129.0	136283.0	1.2	16.9
新加坡	125302.0	132540.0	257842.0	2.3	75.4
中国台湾	122097.0	135243.0	257340.0	2.3	72.5
泰国	57518.0	62875.0	120393.0	1.1	66.4
美国	687581.0	898661.0	1586242.0	13.9	65.4
越南	8722.0	14165.0	22887.0	0.2	64.6

资料来源：宫占奎，陈建国，佟家栋．区域经济组织研究：欧盟、北美自由贸易区、亚太经合组织[M]．北京：经济科学出版社，2000：224.

第二节　发展中国家一体化经验

在西欧的区域经济一体化不断取得进展的背景下，20 世纪六七十年代许多新独立的发展中国家处于选择何种方式发展经济、创造就业的困境，而且这些国家普遍面临经济基础薄弱的现实。欧共体的成功使得这些国家受到鼓舞，纷纷选择通过发展一体化来促进本国经济增长的道路。发展中国家之间开展的区域一体化又被称为南南型一体化，发展中国家与发达国家之间开展的区域一体化则被称为南北型一体化，虽然都是有发展中国家参与的一体化，而且只有一字之差，但其取得的效果则大相径庭。

对于应选择何种国家作为自己开展一体化的伙伴国，斯科夫和温特斯（Schiff and Winters，2002）指出各国选择 RIA 的原因主要在于以下三点：改善贸易条件、市场进入（几个国家同时开展贸易自由化可避免单方面的贸易条件的恶化）、可通过建立的保护来实现本国的工业化。在选择区域贸易协定的伙伴国时，有学者提出应在自然贸易伙伴（natural trading partner）之间建立区域贸易协定。但作者指出除了北北型（欧共体是 38.6%，中欧自由贸易区是 30.2%）和南北型（北美自由贸易区是 42.6%）的贸易集团，南南型贸易集团内部的贸易额都很低（东盟是 16.7%，南非共同市场是 12.9%，其余的贸易集团更低）。因此，可看出各国往往是与相邻的国家而非与主要的贸易伙伴形成区域贸易组织。

斯科夫和温特斯认为一国选择成立区域贸易组织的伙伴国时，赞成和反对在自然贸易伙伴国间成立的人都忽视了目标国的潜在贸易伙伴和世界其他国家间的关系。在考虑此因素后，目标国应选择较大的贸易伙伴而非较小的贸易伙伴来建立区域贸易组织，因为这样会在进口商品价格不上升的情况下满足目标国的需求，同时也不会以从世界其他国家的进口来替代从目标国的进口。[1]

一、南南型一体化

最早建立的发展中国家的区域经济一体化组织，是 1960 年建立的中美洲共同市场和拉美自由贸易联盟，非洲的第一个区域经济一体化组织则出现于 1964 年，是中非经济和关税同盟。成立于 1967 年的东南亚国家联盟当时还是一个政治性组织，开展经济合作始于 1975 年的曼谷协定。虽然发展中国家开展区域经济一体化的时间并不短，只比西欧国家煤钢共同体建立的时间晚了 9 年，但实际效果却并不明显。

拉美地区的经济一体化受到了阿根廷经济学家劳尔·普雷维什的极大影响，普雷维什和其任职的联合国拉丁美洲经济委员会提出了一系列有关拉美经济发展的主张。普雷维什认为，拉美国家的不发达是因为出口初级产品而进口工业制成品，由此引发的贸易条件恶化影响资本积累和发展。为实现经济增长，拉美国家

---

[1] Schiff，Maurice and Winters，L. Alan. *Regional Integration and Development* [M]. Washington DC，World Bank and Oxford Press，2003：74 – 75.

必须实现工业化，而实现工业化的方式就是进口替代工业化。对于由此引发的制成品成本的提高，普雷维什在1949年的一份报告中指出：拉美国家工业化不能局限于互不联系的拉美各国市场，一个地区性市场也许才能支持现代工业。对于要建立的拉丁美洲共同市场，拉美经委会强调“共同市场的主要目标是保证拉美国家的合理工业化。它表明，拉美的进口替代政策不是在封闭的范围内实行，而先前来自世界其他地区的进口能从拉美其他国家得到，它有利于扩大工业的专门化和发展的相互关系”（徐宝华、石瑞元，1996）。

（一）南南型一体化的成效

最早开展区域经济一体化的发展中国家主要是拉美和非洲地区的国家，这两个地区也是南南型一体化组织的主要分布地区，但是正如学者们所总结的：“至今还找不到一个发展中国家的区域一体化促进了发展的例子”、“事实上情况就是如此，非洲的贸易集团几乎没有一个是成功的。从发展贸易和加快增长来看，大多数集团都未能产生立竿见影的、重大的、确实的效果”（彼得·罗布森，1994）。

因此，发展中国家推动的区域经济一体化呈现一种独特的态势，一方面，发展中国家建立了大量的区域经济一体化组织，这些组织的文件大都以欧共体/欧盟为范本，对一体化作出的描述或规定都很高；另一方面，这些南南型一体化组织基本都流于形式，有的干脆只是成为纸面一体化。

即使是一直主张南南合作的南方委员会也不得不承认：“尽管人们尽了很大努力促进南南合作，提出了许多建议和计划，但实际收效相当有限。在大多数情况下，理想主义未能同某种程度的实际精神结合起来，行动的承诺也没有跟上。由于人们总是低估取得实际成效而需要的努力、时间和将遇到的各种困难，结果常常使人们期望落空，导致失望甚至玩世不恭。一般来说，政治领域的合作比较容易，这一领域各种重要的联合提出的建议层出不穷，而且具有持久性。在经济问题上，人们高谈团结一致、在国际决议中提出一个个雄心勃勃的目标、在政府间协定中提出各种方案，但是这一切与由此采取的行动之间却存在很大的差距。”❶

（二）南南型一体化未能取得成功的原因

1. 进口替代导向政策的消极后果

尽管发展中国家一体化是模仿了西欧国家的一体化模式，希望通过一体化方式来促进经济发展，但是在指导理论上，发展中国家，尤其是拉美国家，普遍受普雷维什的影响，采取了进口替代政策。发展中国家将其经济落后的主要原因归结于现行的国际经济体系，希望通过自身的一体化来促进本国工业的发展并避免

---

❶ 朱利叶斯·尼雷尔．对南方的挑战：南方委员会的报告［M］．中译本．北京：中国对外翻译出版公司，1991：133.

受到发达国家的剥削。但是由于发展中国家发展本国工业所需要的技术、设备仍然是依靠发达国家的，因此实质上并没有改变对发达国家的依赖。发展中国家采取的高关税政策实际上对其优先发展的工业部门产生了负面影响，因为这些工业仍需要大量从发达国家进口设备和零部件。巴西曾制定了《相似产品法》，鼓励国内厂家生产进口商品而不考虑效益问题，事实上，压缩进口措施节省的外汇由于生产本身是强化进口而几近于零（维克托·布尔摩-托马斯，2000）。

正如罗布森所说：有利于贸易创造的条件，恰好是许多发展中国家在区域一体化起步时通常并不具备的。在这个起步时期，这些国家的外贸对它们的国内生产往往很重要，而集团内部贸易只占其贸易总额的一小部分。许多这些发展中国家都严重依赖于在世界市场上自由买卖的初级产品的出口，一体化不太可能对这类产品生产的资源配置产生重大影响。此外，发展中国家的进口主要是它们根本不生产的或只能在高贸易壁垒保护下有限生产的中间产品和制成品。因此，根据传统关税同盟理论的收益标准，发展中国家间的一体化，除非是其中较为发达的国家，否则搞得好是不对路，搞得差则肯定有害（彼得·罗布森，2001）。

2. 工业化程度低下

由于发展中国家普遍工业化水平低，经济呈现二元结构，因此即使通过国家扶持起来的资本密集型产业也往往无法对国内经济产生拉动作用，制造业的规模效应难以实现。而且此类产业并不能扩大发展中国家的就业人口，其技术也很难溢出到其他相关行业，因此造成投入大量资源发展的产业往往是低效甚至是无效的。由于国家将资源全部投向资本密集型产业，发展中国家具有比较优势的劳动密集型产业则无法得到发展。而基于价格扭曲建立的资本技术密集型产业则很难适应国际市场的竞争，转而以满足国内市场需要为其主要目的。

由于发展中国家市场容量有限，为了促进工业的发展，各国往往通过协商方式将不同的产业分配到不同国家。但或者由于这种人为的分配不是根据比较优势来进行的，从而造成效率低下；或者就是各国都不愿本国利益在此过程中受损，因此常常对达成的协议并不执行，实际效果很差。20 世纪五六十年代，东非经济共同体的乌干达、坦桑尼亚和肯尼亚间发生了严重的摩擦，因为乌干达和坦桑尼亚两国认为肯尼亚获取了一体化的大部分收益并提升了其作为工业中心的地位，肯尼亚生产了共同市场的70%的制成品，1958 年共同体中注册的474 家公司有404 家位于肯尼亚，1960 年肯尼亚的制造业占其国民生产总值的 10%，而在乌干达和坦桑尼亚这一比例只是 4%。由于无法满足较穷的成员国的期望，该共同体最终于

1977 年解体。❶

3. 实施的一体化模式不适应发展中国家

许多南南型一体化组织在看到欧共体所取得的成功后，希望自身也能够迅速取得成功，因此大都选择采用关税同盟的形式。就经济层面而言，关税同盟要求各国对外采取共同关税，其所带来的问题就是在各成员国之间分配关税。而发展中国家普遍经济落后，政府支出对关税的依赖较大，各国都希望能够获取更多的关税收入而不愿作出让步。因此如何分配关税往往引发各国间的矛盾，并最终导致一体化组织流于形式。

除了经济利益分配引发的矛盾，关税同盟涉及各国主权的让渡。而作为新独立的国家往往并不情愿放弃自己的主权。而且关税同盟要求各成员政府间要保持紧密的合作以解决一体化过程中涉及的各种问题，但发展中国家却普遍存在政府治理能力较低的问题。这些因素也都成为关税同盟这种较为复杂的一体化形式在发展中国家推行困难的原因。

4. 拉大各国间的收入差距

根据 H－O－S 理论，发展中国家组成一体化后，根据各国的比较优势，穷国利用其高度密集型的非熟练劳动力来生产产品，向一体化内部较为富裕的国家出口。对于该伙伴国来说，这与其按世界市场价格进口并无差别，但对于这个穷国而言，它从较为富裕的伙伴国进口的商品则是成本高于其从世界市场进口的同类商品的。因此，在南南型一体化组织中，就出现了最为落后的国家向较为发达的国家输送利益的情况，蒙受了贸易转移的损失，而较为发达的国家则从一体化中受益，这就必然会在成员国之间引发新的矛盾。

斯科夫（Schiff，2000）就指出建立 RIA 时会产生贸易创造效应和贸易转移效应，如后者大于前者，则会使得贸易集团的整体福利下降。但如果集团的成员强化与世界其他地区（ROW）的贸易自由化，则会将福利减少的 RIA 转变为福利增加的 RIA，因此将南南型的 RIA 发展成为福利创造性的贸易集团最好的办法就是使其成员强化与世界其他地区的贸易自由化程度。

在南南型 RIA 中，较大的、较发达的成员会获取比较小的、较落后的成员更多的收益，不仅是因为其讨价还价能力更强，更是因为以下三点：首先，较大的成员通常会获得更多的贸易盈余。其次，南南型的 RIA 由于规模不对称会倾向于形成经济差异（economic divergence）。由于较小、较落后的成员的资本—劳动比率低于较大、较发达的成员，更低于世界平均国家，因此其在与世界其他地区贸易

❶ Maurice Schiff and L. Alan Winters. *Regional Integration and Development*. Oxford University Press，2002：123－146.

中所获得的收益最大，而从区域集团中受到的损失大于较发达的成员［其中的例外是，南部非洲关税同盟（SACU）的博茨瓦纳，由于南部非洲关税同盟的外贸政策是由南非所主导的，因此博茨瓦纳国内的利益集团无法影响其贸易政策，资源也未被浪费与寻租］。最后，由于集聚效应（agglomeration effects）的存在，不对称的收益和损失在本质上始终是动态的。因此，产业会倾向离开较小的成员而迁往较大的、发达的成员。如1972～1997年的西非经济共同体中，较小的内陆国家贝宁、布基纳法索、尼日利亚、马里的制造业增加值占集团的比例从45%下降到29%，而较富裕的科特迪瓦、塞内加尔的比例则从55%上升到71%（WB，2000）。

表2.3　南北区域一体化组织内部出口占总出口比重

	1970	1980	1990	1995	2000	2001	2002	2003
高收入和中低收入地区								
亚太经合组织	57.8	57.9	63.8	71.8	73.1	72.6	73.4	72.5
欧洲联盟	59.5	60.8	65.9	62.4	61.6	60.8	60.6	61.1
北美自由贸易协定	36.0	33.6	41.4	46.2	55.7	55.5	56.7	56.1
非洲								
阿拉伯马格里布联盟	1.4	0.3	2.9	3.8	2.3	2.6	2.7	2.4
中非货币和经济共同体	4.8	1.6	2.3	2.1	1.0	1.3	1.4	1.4
大湖国家经济共同体	0.4	0.1	0.5	0.5	0.8	0.8	0.8	1.1
东部和南部经济共同体	9.6	6.4	7.1	8.2	6.3	7.1	6.7	8.0
中非国家经济共同体	9.6	1.4	1.4	1.5	1.1	1.3	1.1	1.1
西非国家经济共同体	2.9	10.1	7.9	9.0	7.9	8.5	10.9	8.4
印度洋委员会*	8.4	3.9	4.1	6.0	4.4	5.7	4.4	6.1
马诺河联盟	0.2	0.8	0.0	0.1	0.4	0.3	0.2	0.3
南部非洲发展共同体	8.0	2.0	4.8	8.7	12.0	9.7	8.8	13.0
中非关税和经济联盟	4.9	1.6	2.3	2.1	1.0	1.3	1.4	1.4
西非经济货币联盟	6.5	9.6	12.9	10.3	13.1	12.7	12.2	13.0

资料来源：罗建波．非洲一体化与中非关系［M］．北京：社会科学文献出版社，2006：158.

*印度洋委员会包括科摩罗、马达加斯加、毛里求斯和塞舌尔等国家。

5. *彼此间贸易基础薄弱*

由于发展中国家普遍以出口农产品和初级产品为主，进口以工业制成品为主，因此，他们彼此间的竞争程度大于合作程度。为了实现通过建立大市场来促进发展中国家工业的发展，在建立一体化组织后，各国对于其他成员国商品的需求并不高，彼此间的贸易往来依然很少，一体化不但不能给各国带来出口的大幅增加，甚至会因为提高了与发达国家的进口壁垒而减少了本国商品的出口，无法拉动本国经济的增长。如东南非共同体市场国家的经济大都是依赖单一的农产品，其主要的出口市场都是欧洲，这阻碍了这些国家的产业增长和彼此间的贸易往来。而且在共同体内部的资本密集型产业无法利用国内现有的劳动力，并且限制了国内劳动密集型产业的发展。因此，对这些国家最为重要的就是提升生产能力和实现经济转型、促进私人部门的发展。[1]

正如有学者指出的，南南一体化的问题不仅仅在于它对欧洲一体化配方不适当地进行模仿。更确切地说，发展中国家之间形成的许多一体化共同体同样因为采用了一些难以满足的配方而归于失败，这是经济上的相互联系太弱造成违反规则的成本太低所致（迪特·卡塞尔、保罗·J. J. 维尔芬斯，2007）。发展中国家往往忽略欧洲国家已实现工业化、拥有成熟的市场机制与体系、完善的基础设施、良好的政府治理能力、共同的合作意愿和文化背景、主导国家的态度与推动等前提条件，只是盲目照搬其一体化模式，结果由于自身存在不可弥补的缺陷而效果不佳。

按照中心—外围理论，发展中国家在现有国际经济体系下受到了发达国家的剥削，要改变利益受损的局面，只能通过内向型经济发展战略来实现。但由于发展中国家市场狭小、工业化程度低、经济呈现二元结构等弱点，即使发展中国家联合起来，也并不能促使其经济发展，南南型一体化的失败就充分表明了这一点。

二、南北型一体化

相比于南南型一体化组织普遍未能实现预期的效果，参加了南北型区域经济一体化组织的发展中国家则取得了良好的效果，墨西哥即为此类国家中的佼佼者。

（一）墨西哥的一体化历程

墨西哥是最早参与区域经济一体化的发展中国家，其曾于1960年与巴西、阿根廷等国共同建立了拉美自由贸易协会，希望以此来带动本国经济的发展。墨西哥也曾将美国视为威胁并发出如此感叹：“可怜的墨西哥啊，你离上帝是那样的遥远，而离美国是这样的近。”但由于南南型一体化并没有给墨西哥带来所期望的经济发展，以墨西哥加入NAFTA为标志，墨西哥的一体化政策转向了南北型一体化。至今，墨西哥已与世界39个国家和地区签订了自由贸易协定，包括世界三大发达经济体——美国、欧盟和日本。

[1] Roselyn Kwamboka Akombe. *Regional Integration and the Challenge of Economic Development*: *The Case of the Common Market for Eastern and Southern Africa. Dissertation.* The State University of New Jersey. Newark, New Jersey. 2005.

表 2.4 墨西哥加入 NAFTA 后主要宏观经济指标

年份	1994	1995	1996	1997	1998	1999	2000
实际国内生产总值增长率	4.5	-6.2	5.1	6.8	4.8	3.7	7.0
消费价格指数	7.0	34.8	35.3	20.8	15.9	12.3	9.0
失业率	3.8	4.7	3.7	2.7	2.9	2.5	2.3
经常项目赤字/GDP	7.0	0.5	0.6	1.6	3.8	2.9	3.1
公共外债/GDP	8.8	33.0	28.7	21.0	19.6	18.3	13.3
净外汇储备量	6148.2	16847	19433	28797	30140	30734	38900

资料来源：孙玉红．论全球 FTA 网络化 [M]．北京：中国社会科学出版社，2008：183.

加入 NAFTA 后，墨西哥不但在 1995 年的金融危机中受到了美国的大力援助，而且此后的经济增长率都在 3.7% 以上，相当于 20 世纪 80 年代的 3 倍以上；而通货膨胀则由 1995 年的 34.8% 下降到 2000 年的 9%，相当于 20 世纪 80 年代的 15%；失业率 2000 年为 2.3%，为 1985 年来最低点；外汇储备 2000 年则增加到 389 亿美元。与此形成鲜明对比的是南方共同市场（South American Common Market，MERCOSUR）的成员阿根廷，阿根廷也是最早参与区域经济一体化的发展中国家，但两国今年来的经济发展情况却相差甚大。通过表 2.5 可知，墨西哥 1994 年的 GDP、出口额和 FDI 分别是阿根廷的 1.8 倍、3.8 倍和 3 倍，而 2010 年则变为 2.8 倍、4.4 倍和 2.9 倍。

表 2.5 墨西哥、阿根廷经济数据对比

经济数据	墨西哥		阿根廷	
	1994	2010	1994	2010
GDP（亿美元）	4613	10322	2577	3702
出口额（亿美元）	608	2981	158	685
FDI（亿美元）	109	207	36	71

资料来源：UN CTAD [OL]．[2012-11-09]．http://unctad.org/en/pages/Publication Webflyer. aspx?publicationid=759.

（二）墨西哥的一体化经验

1. 发挥了对外贸易的溢出、传导效应

墨西哥同意自 NAFTA 生效之日起，立即取消来自美国的近 50% 的工业品的进口关税；农产品方面，立即取消 25% 的进口许可限制，并在 10~15 年内完全实现农产品自由贸易。尽管这使得墨西哥损失了关税收入和国内企业利润降低，但墨西哥也获得了更大的国外市场进入、消费者剩余以及规模经济，在古诺模型下，

纳什均衡在更低的垄断价格获取了更大的垄断数量，因此福利得以改善。

通过产品在世界最大市场的销售与竞争，墨西哥企业取得了参与世界市场的经验，提升了自身的竞争力，获取了规模效应。产品市场上不断激化的贸易竞争过程，通常会反作用于要素市场，在这一方面，经验表明，特别愿意学习的小国开放经济，它们若是进行制度创新改革，就能提升其国际竞争力（迪特·卡塞尔、保罗·J. J. 维尔芬斯，2007）。

2. 基于比较优势原则发展经济

加入 NAFTA 后，墨西哥不盲目追求产业的资本和技术密集度，而是根据本国的比较优势，选择机会成本最小的产业为突破口，创造更多的就业机会，完成资本、技术的积累，将失业和潜在失业人口转化为人力资源。加入 NAFTA 之前，墨西哥的工业主要集中在首都墨西哥城；加入后，随着大量的外国企业利用墨西哥的廉价劳动力在靠近美墨边境的地区开办工厂，墨西哥北部出现了沿边境展开的工业带。这类被称为“客户工业”（即出口加工业）的企业，提供了大量的就业岗位。

尽管加工型工业只是在墨西哥进行加工，墨西哥从中获取的经济利益并不大，但是这些企业是基于墨西哥的比较优势建立的，其产品能够适应国际市场的竞争并取得效益，相比于采取内向政策时期建立的工业，这是一个根本性的变化。在采取进口替代政策的扶持下建立的企业虽然是资本密集型的，但由于这些企业是在价格扭曲的条件下基于国家给予的补助所建立的，其产品只能在受到保护的国内市场销售而根本无力参与国际竞争。国家一旦取消补助，这些企业就无法生存。而国家的财力也不可能对这些企业给予无限期的保护和补助，因此这些企业往往在投产之时就注定了日后亏损的结局。

3. 市场制度的输入

自加入 NAFTA 后，墨西哥于 2000 年 3 月 23 日正式签署欧盟—墨西哥自由贸易协定，规定欧盟与墨西哥的双边贸易在 2007 年前发展成为完全的自由贸易关系。此外，墨西哥还与其他国家签订了大量的区域贸易协定，墨西哥不断与发达国家建立区域一体化的一个目的在于通过此种方式表达其改革政策的承诺，即锁定（locking - in）在 NAFTA 和其他贸易协定中做出的政策和管理制度改革的承诺，避免开放政策被逆转。例如，政府采购政策更为现代化、海关通关和原产地政策更为透明和更易保障。从墨西哥经验来看，选择签订一体化的伙伴比数量的考虑更为重要，NAFTA 无疑使得墨西哥获取了相比于其他伙伴更大的收益。[1]

[1] Alejandro Ibarra - Yunez. *Spaghetti Regionalism or Sstrategic Foreign Trade: Some Evidence for Mexico*. NBER Working Paper 9692. 12 - 19. 2003. [OL]. [2012 - 06 - 05]. http://www.nber.org/papers/w9692.

在以往对经济发达程度不同的国家间建立的区域经济协定中各国获益程度的研究中，就有学者指出在北北型的 RIA 中，更发达的成员获取的收益会小于较不发达的成员，Ben－David（1993）指出，欧盟各国的收入的对数值的标准偏差从 1947 年的 0.34 下降到 1980 年的 0.14。而在南北型一体化的研究中，也有学者认为，由于发达经济体更为稳定，在贸易条件和政策制定中更易有大幅变动的发展中国家与富有的发达经济体开展的一体化比与发展中国家的一体化更为有利，因此，选择南北型的区域一体化比南南型的一体化对发展中国家更为有利。[1]

三、小结

“二战”后出现了两轮区域经济一体化的热潮，第一轮发轫于西欧地区，就参与国家而言，此轮一体化主要类型是北北型一体化和南南型一体化，而就一体化的形式来看主要是以关税同盟为主。第二轮一体化以北美自由贸易区的成立为标志，就参与国家来看是南北型一体化大量增加，一体化的形式主要以自由贸易区为主。根据几十年参与区域经济一体化的历程和经验来看，发展中国家的经验可以总结为以下两点。

（一）发展中国家应选择发达国家作为一体化的伙伴

发展中国家参加区域一体化的目的在于促进本国经济的增长，这就需要建立外国企业对其的信心以发展贸易和吸引 FDI。但发展中国家普遍存在政局不稳和政策多变的情况，为了稳定外国企业和政府的信心，与大国间的一体化协定能更好地发出该国政府按照国际规则发展经济的信号，使外国企业对在该国的经营形成良好的预期。

刘力、宋少华（2002）指出，发展中国家的经济发展属于“外部输入型”发展模式，发展中国家要实现经济发展的成功，就必须对外开放，从发达国家输入先进的技术、产业和制度，以建立现代化的经济结构，为长期持续的经济发展奠定基础。对于普遍不具备如何建立和发展市场经济经验的发展中国家来说，与发达国家开展区域经济一体化不仅是引进其先进产品、设备等“技术性”知识，更要引入市场化体系等“制度性”知识，因为后者是前者发挥作用的平台。

（二）自由贸易区更适合发展中国家

在对比了不同类型的区域经济一体化特点后，有学者就指出，自由贸易区相当于多边贸易自由化在地区的“深化”，它们不适用于深化经济一体化本身。主要原因是共同调控、协调和共同政策对更高级的经济一体化形式是必不可少的。自

[1] Maurice Schiff. *Chile's Trade Policy: An Assessment.* Central Bank of Chile Working Papers No: 151. April 2002. 11－14.

由贸易区突出地避开了这种“深层”承诺，这类承诺会限制成员国的调控和政策自主性（雅克·佩克曼斯，2006）。发展中国家普遍存在国家主权意识强烈、政府治理能力欠缺、各国财政收入对关税依赖度高等特点，采用关税同盟等深度一体化形式往往会超越其现有的能力范围，而且因涉及主权问题更易在国内引发政治争论，反而会影响各国政府集中精力解决一体化过程中的经济问题。因此，采用不涉及国家主权和国内事务的自由贸易区形式，相对来说会更容易推进。

总体来看，南南型一体化未能取得成功的原因既与发展中国家政府缺乏足够的政治意志和良好的治理能力有关，同时也与发展中国家尚不具备相应的经济实力来承担在一体化过程中所产生的经济成本有关。

第三章　中亚各国基本经济状况与分析

中亚国家是苏联时期19个大型经济区之中的两个，乌兹别克斯坦、土库曼斯坦、吉尔吉斯斯坦和塔吉克斯坦为一个经济区，哈萨克斯坦单独为一个经济区。前一个经济区是主要的棉花、生丝、羊毛、羔皮生产基地，占苏联籽棉和皮棉产量的87%，生丝占70%，羔皮占55%，轧面设备占90%，植棉业、畜牧业及其产品的初级加工业、燃料和其他矿产原料的采掘业是核心生产部门。

表3.1　1989年中亚国家的主要产品及在苏联的位次

国家	产品	在苏联的位次及所占比例
哈萨克斯坦	电力	3（5.2%）
	石油	2（4.2%）
	煤	2（18.7%）
	铁	3（4.6%）
	钢材	3（4.3%）
	铁矿石	3（9.8%）
	肉	3（7.3%）
乌兹别克斯坦	电力	4（3.3%）
	天然气	3（5.2%）
	植物油	3（15.8%）
	籽棉	1
土库曼斯坦	天然气	2（22.3%）
	籽棉	2（28%）*

资料来源：赵常庆．中亚五国与中国西部大开发［M］．北京：昆仑出版社，2004：97～100.

注：*为1990年数据。

中亚国家在苏联时期，由于苏联的计划经济的资源配置，在苏联的经济体系中的定位主要是能源、原材料产地和制成品的销售市场，日用工业品和大部分工业制成品都需依赖其他共和国的供应。如当时土库曼斯坦主要生产石油、天然气；乌兹别克斯坦是苏联的棉花和蚕丝生产基地，有色金属开采、冶炼和部分机器制造业比较发达；哈萨克斯坦是有色金属、黑色金属和粮食的主产区；塔吉克斯坦和吉尔吉斯斯坦由于资源匮乏，在苏联国民经济中所占比重极低，如塔吉克斯坦占苏联国民生产总值的0.9%、工业产值的0.4%、农业产值的1%，人均GDP仅为苏联平均水平的一半（刘启芸，2006）。总体而言，除了哈萨克斯坦的经济总量位列苏联各共和国的第三位，其他四国的经济实力都很弱。1990年，哈萨克斯坦人均GDP为1850美元，土库曼斯坦为1204美元，乌兹别克斯坦为1148美元，吉尔吉斯斯坦为1119美元，塔吉克斯坦为984美元。中亚各国的经济结构畸形，各国都未形成合理、完整的产业结构，对制成品、轻工品甚至粮食的进口依赖性很强。如哈萨克斯坦铁矿石产量占苏联的10.5%，但铁和钢的产量仅占4.6%和4.3%；羊毛产量占苏联的24%，而毛纺织产品仅占苏联的4.7%。乌兹别克斯坦的棉花和蚕茧产量分别占苏联的70%和50%，棉织品和丝织品产量占苏联的6%和7%。塔吉克斯坦棉花产量占苏联的10.8%，棉制品产量仅占1.6%；蚕茧产量占9.5%，丝织品产量仅占3.5%（赵常庆，2007）。

中亚各共和国成为苏联工业和农业原材料和初级产品生产基地，而制造业极为落后，甚至连本地拥有丰富原材料的轻工业、食品加工业的生产能力也极为低下，日用消费品也基本依赖进口，因此，经济结构的不完整和工业化水平的低下成为中亚各国独立后经济转型艰难的一个重要原因。如吉尔吉斯斯坦畜牧业较发达，经初步加工后的毛和毛类产量仅次于俄罗斯和哈萨克斯坦，1984年吉尔吉斯斯坦毛类产量为36204吨，占全苏联的8%，而几类毛皮类制成品却占全苏联的0.03%～1.4%，80%以上的毛和毛皮原料被送到苏联中西部地区加工（邓浩，2011）。

第一节　中亚各国基本经济状况

独立后，中亚各国选择了不同的转型道路，大致可以分为三种不同的模式。

第一种是激进的市场化模式。哈萨克斯坦和吉尔吉斯斯坦学习俄罗斯采取了休克疗法，因此经济震荡较大。但哈萨克斯坦依靠本国丰富的资源、总统纳扎尔巴耶夫的领导能力，转型最为成功，经济发展成就最大，目前已成为中亚各国中经济实力最强的国家。吉尔吉斯斯坦则由于总统阿卡耶夫对新自由主义的信奉，采取了激进的休克疗法，其市场化改革受总统阿卡耶夫影响，形成了以私有化、价格自由化和为外国投资者创造优惠条件为优先发展方向的“吉尔吉斯斯坦”模式。[1] 但由于吉国自然资源，特别是油气资源，远不如哈萨克斯坦丰富，加之严重

[1] 阿卡耶夫喜欢引用弗里德曼的一句名言：通往自由社会大门的钥匙只有三句话：第一，私有化；第二，私有化；第三，还是只有私有化。

的国内贪腐造成国家政局不稳，因此经济发展迟缓。不过受益于其彻底的自由化政策，吉尔吉斯斯坦也成为中亚各国中第一个加入 WTO 的国家，自由贸易政策也使其发展成为中亚国家的转口贸易平台，这对缓解其经济困难起了很大作用。

第二种是稳健的转型模式，如乌兹别克斯坦和土库曼斯坦。乌兹别克斯坦希望建立面向社会的市场经济，并制定了改造经济的五项基本原则：（1）经济的完全非意识形态化，经济优先于政治；（2）政府应成为主要的改革者，主导改革进程；（3）更新与进步过程应建立在法治基础之上；（4）向市场经济过渡时应建立强有力的社会保障机制；（5）新型市场经济关系的确立是逐步实现的（伊斯拉姆·卡里莫夫，1996）。但过于强调在稳定和法律的框架下进行改革，导致乌兹别克斯坦改革的进展缓慢。

与乌兹别克斯坦类似，土库曼斯坦也是要建立强有力的国家宏观经济调控下的、发达的、以社会为导向的混合型市场经济，最终目标是在 20 世纪末达到具有丰富资源保证的发达国家的水平（萨·尼亚佐夫，1996）。尽管土库曼斯坦的油气资源很丰富，但由于前总统尼亚佐夫过于强调经济体制改革的循序渐进，因此到目前为止其经济依然以计划调控为主，且基本不参与区域经济一体化。土库曼斯坦是一个高福利国家，其国民的主要食品、住房、医疗、教育等支出均由国家负责，其国内飞机票价甚至低到只要 1 美元多，因此其经济体系中资源分配的主要手段仍为计划调控而非市场。由于土库曼斯坦一直不满俄罗斯对其能源输出的控制，尼亚佐夫甚至提出“宁可将天然气埋在地下也不卖给俄罗斯”，并努力构建能源出口的多元化以摆脱对俄罗斯能源管道的依赖性。

第三种模式则是塔吉克斯坦模式。独立后，由于国内矛盾激化，塔吉克斯坦于 1992 年爆发内战，一直持续到 1997 年才结束。这使得其经济转型最为迟缓，经济情况也最为困难。

一、基本经济情况

苏联时期，中亚各国的经济结构呈现畸形特点，各国在独立后虽然都制定了发展市场经济的目标，但由于各国自然资源、政局稳定、政府政策等诸多因素的影响，各国经济的转型之路和转型的效果相差甚大。哈萨克斯坦由于自然资源丰富、政局稳定和较为恰当的宏观政策，现已成为中亚国家中经济实力最强、市场经济体系最为完善的国家。

（一）宏观经济数据

由表 3.2 可知，与 1990 年相比，哈萨克斯坦、土库曼斯坦和乌兹别克斯坦的人均 GDP 分别增加了 6.2 倍、4.8 倍和 1.4 倍，而吉尔吉斯斯坦和塔吉克斯坦的人均 GDP 不但没有增加，反而降低了 0.06 倍和 0.05 倍。这与哈、土、乌三国自然资源，特别是能源的丰富有着密切的关系，而吉尔吉斯斯坦和塔吉克斯坦两国自然资源相比于前三国就匮乏许多，而且独立后两国局势的动荡也对其经济产生了很大的负面影响。虽然哈、土、乌三国的人均 GDP 保持增长，按照世界银行 1995 年的划分标准，也只有哈萨克斯坦的人均 GDP 达到了高收入国家的水平，土库曼斯坦属于中等收入国家，而乌兹别克斯坦、塔吉克斯坦、吉尔吉斯斯坦都属于下中等收入国家。

从经济结构来看，哈萨克斯坦的经济结构与发达国家的经济结构最为接近，其农业产值仅占 GDP 的 6%，而服务业则占 56%。其余四国农业产值均占 GDP 的 10%以上，尤其是塔吉克斯坦占到了 28%。吉尔吉斯斯坦尽管工业极为落后，是三个产业中所占比例最低的，但其服务业则占国民经济的 54%，在各国中仅次于哈萨克斯坦，这与吉尔吉斯斯坦转口贸易的发达有着密切的关系。在独立前，乌兹别克斯坦是中亚各国中制造业最为发达的国家，其国内的契卡洛夫航空生产联合体曾是唯一能够生产伊尔－76 运输机的工厂，但独立以来其工业，尤其是制造业，并未取得相应的发展。

表 3.2 2011 年中亚国家经济数据

国家	GDP	人均 GDP	经济结构	外贸额	FDI	总劳动力	农业劳动力
哈	1848	11401	6:38:56	1262	129	8.7	1.2
吉	57	1057	24:22:54	63	7	2.5	0.5
乌	453	1633	26:31:43	217	14	12	2.7
塔	65	935	28:39:33	40	0.1	2.9	0.8
土	293	5740	16:43:41	186	32	2.2	0.7

资料来源：UN CTAD [OL].[2012－12－05]. http：//unctad.org/en/pages/Publication Webflyer.aspx?publicationid＝759.

注：GDP、外贸额、FDI 单位为亿美元，人均 GDP 为美元；经济结构为农业、工业和服务业产值比重，是 2009 年数据；总劳动力和农村劳动力单位为百万人。

就劳动力结构来看，五国农业劳动力普遍占了总劳动力的 10%以上，最高的是土库曼斯坦，占 32%；最低的是哈萨克斯坦，占 14%。这也应证了中亚五国都未实现工业化，农业仍储备了大量的劳动力，如果采取恰当的措施将这些劳动力从农业中转移到制造业领域，各国的经济发展的潜力仍很大。

在对外经济活动中，五国的贸易依存度都很高，尤其是吉尔吉斯斯坦，其外贸额超过了 GDP，这也说明其服务业发达与外贸有着密切的关系。对于吸引外来直接投资，哈萨克斯坦、土库曼斯坦和乌兹别克斯坦由于其丰富的油气资源，吸引的外资较多。但就总量而言，土库曼斯坦和乌兹别克斯坦吸引的外资远少于哈萨克斯坦，这主要是因为土库曼斯坦和乌兹别克斯坦对外开放的力度远小于哈萨克斯坦，其谨慎的经济转型政策制约了外资的进入。

（二）投资情况

苏联解体后，随着原有分工体系的瓦解和原来出口市场的丧失，中亚各国经济都陷入了极为困难的境地。为促进经济增长和实现向市场经济的转型，扩大投资成为各国的当务之急，但各国弱小的经济实力无法应对这一困难。因此，吸引外来投资成为当务之急。哈萨克斯坦利用本国丰富的油气资源吸引了大量的国外投资，对促进本国经济增长起到了极大的作用。为了更好地利用出口油气资源所积累的财富，哈萨克斯坦还成立了萨姆鲁克基金，出口油气的收入纳入基金以备不时之需。乌兹别克斯坦和土库曼斯坦尽管也拥有丰富的油气资源，但由于两国对经济转型和开放的谨慎态度，使得其吸引的外来投资远不如哈萨克斯坦。吉尔吉斯斯坦和塔吉克斯坦由于缺乏油气资源，丰富的水电资源又受制于与下游国家的矛盾难以开发，以及国内局势动荡等诸多因素的制约，因此吸引的外来投资很少。但在独立初期，吉尔吉斯斯坦吸引加拿大公司开发的库姆托尔金矿成为吉尔吉斯斯坦主要的出口来源。

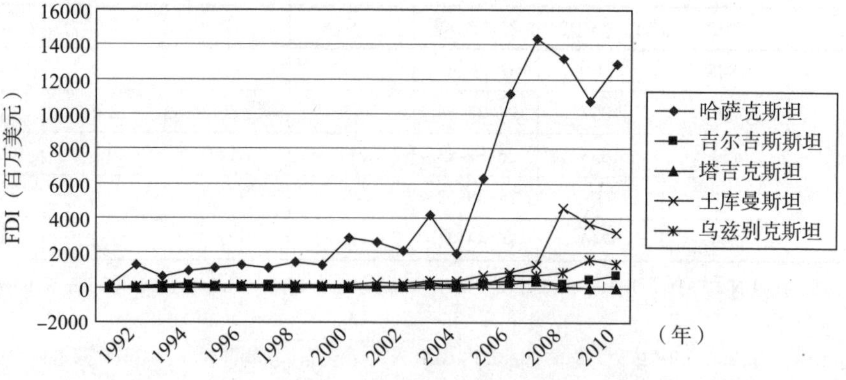

图 3.1　中亚国家吸引 FDI

资料来源：UN CTAD［OL］.［2012－12－05］. http://unctad.org/en/pages/Publication Webflyer.aspx?publicationid＝759.

哈萨克斯坦除了吸引 FDI 外，其国内银行也从国际金融市场借入大量的外债，而国际油气资源价格上涨也使得萨姆鲁克基金的资金迅速增加，这为哈萨克斯坦扩大国内投资创造了良好的条件。但哈萨克斯坦并未能很好地利用这些资金改善本国经济结构和进行基础设施建设，除了投资矿业开采外，还将大量资金投入非生产性活动和房地产业，造成了房地产泡沫。2008 年国际金融危机的爆发，也对哈萨克斯坦造成了巨大的冲击，迫使哈政府不得不对银行施以援手，避免引发整个国家的经济危机。

表 3.3　哈萨克斯坦部分行业固定资产投资额　　单位：百万坚戈

年份 / 行业	2006	2007	2008	2009 *	2010 *
农业	47173	55973	77772	77544	83586
矿业	910870	1097165	1066245	1493091	1651953
制造业	313579	322662	363040	377912	413146
房地产	575949	730525	934757	359072	382757
运输业	391289	526089	874084	967724	734505
教育	39408	65117	137622	145302	140619

资料来源：Статистический ежегодник Казахстана 2011.

注：* 为部分行业构成略有调整。

（三）基础设施落后

在苏联时期，除哈萨克斯坦外，中亚各国经济发展水平总体上都较为落后，因此基础设施也比较薄弱。独立后，各国经济都经历了转型期的困难局面，因此基础设施领域的改善并不明显，依然是制约经济发展的重要因素。

1. 交通

由于地处欧亚大陆腹地，尤其是乌兹别克斯坦，它是世界上仅有的两个双重内陆国家之一，因此中亚国家对外交往的最主要的交通方式就是陆地运输。苏联时期修建的铁路并未考虑各个共和国的边界，因此造成目前中亚各国的国内铁路运输都存在大量的跨境运输问题，如通过铁路从吉尔吉斯斯坦北部至南部，就需穿过乌兹别克斯坦、塔吉克斯坦和哈萨克斯坦，这使得各国的国内货物的运输成本急剧上升。以吉尔吉斯斯坦为例，其运输成本往往占到国内货物的50%左右，如在其南部炼油厂出厂的成品油出厂价为50美元/吨，经由铁路运至北方后，由于经过上述三国，其运输成本为27～30美元/吨，因此成品油售价达到了90美元/吨。而煤炭制品相较于石油制品其价格上升幅度更大。[1] 由于原有的铁路线都与莫斯科相通，这也是目前中亚国家的对外贸易主要与俄罗斯和西欧国家展开的重要原因之一。

虽然对铁路的依赖很强，但是各国铁路建设差距很大。哈萨克斯坦运营铁路长度为1.36万公里，复线占37%，电气化铁路占28%；乌兹别克斯坦铁路为3500公里，只有150公里为复线，10%为电气化铁路；土库曼斯坦铁路里程为2520公

[1] Parkash, Manmohan. *Connecting Central Asia: A Road Map for Regional Cooperation* [R], ADB, Philippines, 2006: 10－12.

里；吉尔吉斯斯坦为464公里（大部分位于北部）；塔吉克斯坦为460公里。[1] 由于吉国铁路干线是相互独立、不相通的，吉国南部和北部是通过乌兹别克斯坦及哈萨克斯坦的铁路网连接起来的；而另一段铁路线穿过吉西南地区，由费尔干纳铁路环线把这一地区的大型工业及居民区联到了一起。

塔吉克斯坦铁路总长950.7公里，分为三段互不相连的铁路网，只有经过乌兹别克斯坦和土库曼斯坦才能互连。北段铁路长109公里，为乌兹别克斯坦南部铁路大动脉的过境路段；中段铁路约100公里，从杜尚别到塔乌边境的图尔松扎德；南段由三部分组成，亚万至库尔干秋别105公里，库尔干秋别至塔乌边境的沙尔图兹190公里，库尔干秋别至库利亚布132公里。就货运而言，北段以石油为主，中段铁路是铝矿石和铝锭的进出口通道，南部货运较少。[2]

以往，中亚国家通往外界的铁路主要是向南经土库曼斯坦的萨拉赫斯市到达伊朗北部马什哈德市，连接了中亚和南亚铁路；向东经哈萨克斯坦与中国铁路相连，即1992年建成的经阿拉山口与中国相连的铁路；向北与俄罗斯铁路相连。

2011年，中亚国家又新建成了两条通往外界的铁路：一条是2011年7月投入运营的通向南部的乌兹别克斯坦—阿富汗的海拉顿—马扎里沙里夫铁路，未来可通往伊朗；另一条是2011年建成的经霍尔果斯与中国相连的铁路，与原有的阿拉山口铁路共同构成了新亚欧大陆桥的一部分。

1997年，乌兹别克斯坦提出建设中吉乌铁路将三国连接起来，如建成，将会增加中亚国家，尤其是乌兹别克斯坦和吉尔吉斯斯坦新的对外通道，从而降低对苏联时期铁路网的依赖性，并会改善吉尔吉斯斯坦国内运输状况。尽管1999年中方就完成了中吉乌铁路的勘探设计，但由于吉方缺乏资金，吉、乌两国对铁路线路的不同意见以及吉尔吉斯斯坦内部认为建成铁路后会使中国获利等诸多原因，导致铁路迟迟未能动工。

公路运输现已成为中亚各国重要的运输方式，特别是在中亚国家间的贸易往来，公路运输起到了关键性的作用，这主要是因为中亚还未建成完整的铁路网络。哈萨克斯坦国内公路通车里程为8.8万公里，2005年汽车货运总量为15亿吨，占全国货运量的77.8%；乌兹别克斯坦公路里程为4.3万公里，公路货运量为6.4亿吨，占全国货运量的90%以上；吉尔吉斯斯坦公路里程为3.4万公里，2005年货运量为2720万吨，占全国货运量的90%以上；塔吉克斯坦公路里程为1.4万公里，货运量为全国运量的80%；土库曼斯坦公路里程为1.4万公里，2005年承担

---

[1] Jenkins, Ian. And Pezant, Paul. *Central Asia*: *Reassessment of the Regional Transport Sector Strategy* [R], ADB, 2003: 3-6.

[2] 须同凯. 丝绸之路上的新商机：中亚经贸投资指南 [M]. 北京：中国海关出版社，2007：155~156.

的货运量5.6亿吨，占全国货运量的86%（须同凯，2007）。虽然各国公路运输成为主要的运输方式，但公路的建设、维护却普遍滞后，公路路面破损严重，亟须维护。

2. 电力

中亚五国中哈萨克斯坦、土库曼斯坦和乌兹别克斯坦三国油气资源丰富，而塔吉克斯坦和吉尔吉斯斯坦的油气资源主要依赖进口。但即使是哈、土、乌三国也因为种种原因，其国内的电力供应难以满足国内需求。

哈萨克斯坦受苏联时期的电力网影响，国内的电力供应被分为三个相对独立的部分，南部地区与吉尔吉斯斯坦、塔吉克斯坦、乌兹别克斯坦、土库曼斯坦组成了中亚统一电力系统；西部地区与俄罗斯电网相连；东部和北部地区形成了自己独立的电网系统。北部和东部地区拥有全国72.5%的电力装机容量，电力过剩；西部虽然油气资源丰富但缺乏电力设施，依赖俄罗斯的电力供应；而南部则需从吉尔吉斯斯坦和乌兹别克斯坦进口电力，遇到对方国家减少供应时就会出现电力短缺的局面。尽管哈萨克斯坦于1998年和2009年修建了北部埃基巴斯图茨市到阿拉木图的两条500千伏输变电线路，但也只是缓解了南部电力紧张的局面（张宁，2012）。

虽然塔吉克斯坦水力资源丰富，但水电大部分都集中在中部地区，其北部地区用电需要通过统一电力系统由土库曼斯坦经乌兹别克斯坦进口。吉尔吉斯斯坦为保证境内托克托古尔水电站的蓄水量，保障下游国家夏季灌溉用水，不得不在冬季时由乌兹别克斯坦进口部分电力。中亚统一电力系统由位于乌兹别克斯坦首都塔什干的统一调度中心对各国电力统一调配，该系统较好地解决了各国国内电力资源分布不均的问题（陈志新，2009）。

每年冬季，塔吉克斯坦电能短缺都达到25亿千瓦时，国内大部分地区已经连续15年实行限电政策，这涉及全国70%多的人口。由于90%发电量是水电站生产的，因此发电量最高峰都是在夏季，这就导致其冬季用电的短缺。塔吉克斯坦和吉尔吉斯斯坦冬季水量减少时就要从国外进口电力或进口重油以弥补国内电力缺口。但由于两国与乌兹别克斯坦的关系较为紧张，乌兹别克斯坦经常会限制对其出口电力或重油，加重其电力短缺问题，塔吉克斯坦冬季电力短缺占用电总量的30%。如2008年冬季，由于努列克水力发电站水库水量不足以及严寒引发的土库曼斯坦和乌兹别克斯坦削减对塔吉克斯坦的电力出口，使得塔吉克斯坦政府不得不对所有的企业和国家机构都停止了电能供给，工作人员全体休假。为降低对国内电力供应的对外依赖，塔吉克斯坦政府近年来一直试图建设罗巩水电站，但地处下游的乌兹别克斯坦担心这会使得其失去对水资源的控制，以生态安全为由强烈反对这一方案。在难以得到外来援助的情况下，塔吉克斯坦政府已开始启动罗巩水电站的建设，2010 年该国能源工业部称已投入 5.547 亿索莫尼。塔吉克斯坦财政部预计分别于 2012 ~ 2014 年向该电站投入 10 亿、11 亿和 18 亿索莫尼。

3. 能源管道

中亚国家的油气资源主要集中在哈萨克斯坦、乌兹别克斯坦和土库曼斯坦三国，因此独立后这三国也就成为各国竞相投资的对象。由于哈萨克斯坦采取了最为开放的政策，因此吸引了主要的外来投资，土库曼斯坦和乌兹别克斯坦相对来说吸引的外资就很少。鉴于中亚国家深居内陆的特点，管道方式成为运送开采的油气资源的最主要的方式。苏联时期修建的中亚—中央天然气管道和通往俄罗斯新罗夫西斯科的北方管线成为中亚能源外送的最主要的通道。

近年来，随着欧美石油公司投资的巴杰管道和中国投资的中国—中亚石油管道和天然气管道的贯通，中亚国家已经形成了东、西、南、北四个走向的管道运输的多元化。但经过俄罗斯的管线依然承担了中亚国家能源外运的绝大部分，这也使得俄罗斯对中亚国家始终拥有着极大的影响力。

表 3.4　中亚地区能源管线

国家	原油管线	天然气管线
哈萨克斯坦	北：哈萨克（阿特劳—萨马拉）—俄罗斯 西：CPC：里海管线财团项目（哈萨克—俄里海港口马克哈奇卡拉—俄铁路—俄黑海港口新罗夫西斯克） BTC：哈萨克（阿兹瑞）—阿塞拜疆（巴库）—格鲁吉亚（第比利斯）—土耳其（杰伊汉） 南：哈萨克—伊朗（石油交换协议） 东：哈萨克（阿塔苏）—中国（独山子）	北：哈萨克（卡拉查甘克油气田）—俄（奥瑞伯格处理厂）；中亚—中央管线中转点（卡萨克） 西：BTE：哈萨克（阿兹瑞）—阿塞拜疆（巴库）—格鲁吉亚（第比利斯）—土耳其（埃尔朱鲁木） 东：哈萨克—中国（土库曼—哈萨克—中国广东） 内：乌兹别克（塔什干）—吉尔吉斯（比什凯克）—哈萨克（阿拉木图）；哈萨克北—哈萨克南
土库曼斯坦	西：土库曼—俄罗斯（里海港口马克哈奇卡拉—俄铁路—俄黑海港口新罗夫西斯克） 南：土库曼（巴希炼油厂）—伊朗（尼卡港—德黑兰）	北：中亚—中央管线；土库曼（西线）、土库曼—乌兹别克（东线）—哈萨克（卡萨克）—俄罗斯（巴库哈拉—乌拉尔线）—乌克兰 南：TAP：土库曼（达拉塔巴德）—乌兹别克—阿富汗（坎大哈）—巴基斯坦（姆拉祖）—印度；土库曼（柯培哲）—伊朗（科特库）

续表

国家	原油管线	天然气管线
乌兹别克斯坦	北：乌兹别克—俄罗斯（鄂木斯克） 南：CAOP：中亚原油管道（乌兹别克—土库曼—阿富汗—巴基斯坦） 内：哈萨克—乌兹别克—土库曼（恰兹胡）	内：乌兹别克（塔什干）—吉尔吉斯（比什凯克）—哈萨克（阿拉木图）

资料来源：郑羽．中俄美在中亚：合作与竞争（1991～2007）[M]．北京：社会科学文献出版社，2007：333.

二、劳动就业

解体后，中亚国家在苏联时期形成的分工体系瓦解了，各国出现了大量的失业人口，而计划经济体制下存在的大量隐性失业人口进一步恶化了各国的就业状况。独立后中亚各国虽然采取多种措施来发展经济、促进就业，但由于产业结构单一和工业化水平低下，各国的失业情况依然极为严重。

（一）农业人口居多

苏联时期，中亚国家的城市化水平就是各共和国最低的。独立以后，由于原有的分工体系瓦解，各国原本脆弱的工业企业大量倒闭，因此众多的失业人口进一步流向农业，使得各国农业人口大量增加。由表 3.5 可知，1991～1999 年除了哈萨克斯坦和土库曼斯坦两国农业就业人口下降，吉、塔、土三国的农业就业人口都大幅增加，特别是塔吉克斯坦，农业就业人口由 44.7% 增加到 64.8%。而工业就业人口除了土库曼斯坦增加了 2.1% 外，其余国家工业就业人口则大幅下降。吉尔吉斯斯坦的工业人口下降了 50%，即使经济状况最好的哈萨克斯坦工业就业人口也从 20.2% 下降为 14.8%。[1]

表 3.5 20 世纪 90 年代中中亚国家就业行业变化

国家	农业（%）		工业（%）		建筑业（%）		运输与通讯业（%）		商业（%）	
	1991	1999	1991	1999	1991	1999	1991	1999	1991	1999
哈	24.3	21.9	20.2	14.8	10.3	3.5	8.3	9.4	7.5	22.9
吉	35.9	52.5	18	9	8.1	2.7	5.4	3.7	6.2	10.1
塔	44.7	64.8	13	7.6	7.5	2.5	4.7	2.3	5.5	4.1

[1] 截至 2010 年，哈萨克斯坦农业就业人口增加到 28%，制造业就业人口下降到 7%。详细分析见本章第三节。

续表

国家	农业（%）		工业（%）		建筑业（%）		运输与通讯业（%）		商业（%）	
	1991	1999	1991	1999	1991	1999	1991	1999	1991	1999
土	42.3	48.3	10.4	12.5	10.7	5.9	5.9	5	5.6	6.3
乌	41.9	36.2	14.7	12.7	8.5	7.2	4.8	4.2	5.6	8.3

资料来源：杨恕．转型的中亚和中国［M］．北京：北京大学出版社，2005：182.

各国就业人口普遍增加的行业是商业，除塔吉克斯坦外，其余四国商业就业人口均有大幅增加，增幅最大的是哈萨克斯坦，商业就业人口增加了205%。吉尔吉斯斯坦、土库曼斯坦和乌兹别克斯坦商业就业人口分别增加了62.9%、12.5%和48.2%。塔吉克斯坦商业就业人口减少的一个重要原因是，表3.5的统计时间截止到1999年，当时塔吉克斯坦外贸额较低。但在2005年开通与中国的卡拉苏口岸后，塔吉克斯坦外贸出现了高速增长的局面（见图4.4），由边境贸易、巴扎贸易所带动的就业人口也大幅度上升。

塔吉克斯坦和吉尔吉斯斯坦存在类似的情况，即两国虽为山地国家，交通不便，经济发展水平在苏联国家中也是最为落后的。但通过发展与周边国家的贸易，创造了大量的就业岗位，转口贸易为两国缓解就业困难的局面发挥了很大的作用。

表3.6　2004～2010年塔吉克斯坦就业变化

年份	工业建筑业	农林业	运输通讯	贸易餐饮维修
2004	4.9%	36.8%	16.9%	26.2%
2005	4.8%	37.7%	16.4%	24.1%
2006	4.8%	37.9%	17.5%	26.5%
2007	4.7%	37.9%	16.4%	27.8%
2008	4.5%	38.3%	16.2%	29.9%
2009	4.3%	38.9%	15.4%	33.1%
2010	4.4%	38.9%	15.4%	33.4%

资料来源：Tajikistan in Figures in 2010～2012［OL］．［2013－02－06］．http：//www.stat.tj/en/publication/eversion/.

由表3.6可知，2004～2010年与1991～1999年相比，塔吉克斯坦的农业和工业就业人口大幅萎缩，而运输通讯和贸易餐饮维修则成为该国主要的就业行业，即服务业成为创造就业岗位的最主要的行业。

（二）失业严重

独立后，中亚各国均有大量人口外迁。外迁人口主要是俄罗斯等外来民族纷纷回归本民族的国家，但即使如此，五国中也只有哈萨克斯坦的人口从1991年的1696.4万下降到2002年的1482.1万，其余四国的人口均保持了上升势头。

各国人口的增加除了一部分是各国主体民族从国外回归外，主要还是由于各国较高的出生率造成的。根据表3.7可知，五国的人口年龄结构普遍较为年轻，青少年所占比重较大，尤其是塔吉克斯坦，达到了42.4%。

表3.7　中亚各国人口年龄结构

单位:%

国家	0~14岁	15~64岁	65岁及以上
哈	28.7	64.5	6.8
吉	35.2	59.4	5.4
塔	42.4	53.5	4.1
土	37.9	58.2	3.9
乌	38.8	57.5	4.2

资料来源：吴宏伟．中亚人口问题研究［M］．北京：中央民族大学出版社，2004：123.

在各国经济状况不佳的情况下，人口的大量增加无疑给各国带来了沉重的就业压力。这也是各国农业就业人口大幅增加的一个根本原因，因为各国工业化程度都不高，无法吸纳新增就业人口，因此大量人口沉淀在农业，形成了隐性失业。

（三）大量劳务移民

苏联解体的初期，由于多种原因，中亚各国出现了大量的非主体民族（如俄罗斯族）返回本国的移民潮，其中以哈萨克斯坦最为明显，成为各国中唯一人口下降的国家（一个重要原因在于中亚地区的俄罗斯族主要居住于哈萨克斯坦）。

随着原有分工体系瓦解，中亚国家出现了大量失业人口，加上各国大量的新增人口，中亚各国面临着沉重的就业压力。在本国无法吸纳这些剩余劳动力的情况下，各国都有大量的人口前往国外打工，形成了劳动移民。由于苏联时期形成的传统的联系以及俄罗斯对中亚国家（除土库曼斯坦）的公民实行免签证制度，因此中亚国家的劳动力最主要的目的地就是俄罗斯。

表3.8为截至2010年中亚国家外迁的移民数量，外迁最多的是哈萨克斯坦，占人口的23.6%，其中主要是俄罗斯族迁回俄罗斯。不同于哈萨克斯坦的是吉尔吉斯斯坦、塔吉克斯坦和乌兹别克斯坦，这三国外迁的移民近年来以劳务移民为主。2006年，在俄境内的吉、塔、乌的劳务移民为140万~155万人，分别占三国就业率的24%~26%、27%~30%、6.7%~7.4%，在俄的劳务移民对三国，尤其是吉尔吉斯斯坦和塔吉克斯坦，起到了极为重要的作用（潘广云，2011）。

表 3.8　2010 年中亚五国外迁移民情况

国家	移民存量（万人）	占人口百分比（%）	前五位目的国
哈	371	23.60	俄罗斯、乌克兰、乌兹别克斯坦、以色列、德国
吉	62	11.20	俄罗斯、乌克兰、以色列、德国、哈萨克斯坦
塔	79	11	俄罗斯、乌兹别克斯坦、乌克兰、以色列、哈萨克斯坦
土	26	5	俄罗斯、乌克兰、以色列、拉脱维亚、土耳其
乌	196	7	俄罗斯、乌克兰、哈萨克斯坦、以色列、吉尔吉斯斯坦

资料来源：WORLD BANK [OL].[2012－06－19]. http://web.worldbank.org/WBSITE/EXTERNAL/TOPICS/O，content MDK：21924020～page PK：5105988～pi PK：360975～the Site PK：214971，00.html.

三、工业化程度

在苏联的分工体系下，中亚国家主要是提供原材料和农产品等初级产品，因此各国工业化程度很低。1990 年，哈萨克斯坦、吉尔吉斯斯坦和乌兹别克斯坦农业产值均占 GDP 的 30%以上，土库曼斯坦制造业占 GDP 的 44.1%，成为各国工业化程度最高的国家。[1] 但由于土库曼斯坦的工农业产值分别位于苏联各共和国的倒数第二位和第三位，因此其制造业所占的高比例并不表明其经济发展水平高于其他中亚国家。制造业占 GDP 比重的程度充分表明中亚国家工业化程度的落后，这也决定了各国在独立后必然会面临无法提供适应国际市场的制成品，从而在国际竞争中处于被动地位。因此，中亚各国的经济发展阶段处于发展中国家成为各国独立时的经济背景。

表 3.9　中亚五国产业结构 *

国家	1990				2010			
	农业	工业	制造业	服务业	农业	工业	制造业	服务业
哈	34.8%	33.0%	21.0%	33.1%	4.5%	41.9%	11.8%	53.6%
吉	33.9%	35.1%	27.2%	31.5%	20.0%	26.9%	17.2%	53.1%
塔	27.1%	45.4%	36.4%	32.0%	21.7%	28.3%	17.6%	50.1%
土	27.7%	60.2%	44.1%	12.0%	14.5%	48.4%	40.3%	37.0%
乌	33.1%	33.0%	22.4%	34.0%	23.0%	34.8%	23.5%	42.1%

资料来源：Statistical Handbook 1996 States of the Former USSR；UN CTAD.

注：工业占国民经济的百分比中包括了制造业，为更准确表明中亚国家工业化程度，专门列出了制造业占国民经济的比重。

---

[1] 西方国家和独联体国家学者均对土库曼斯坦统计数据的可信性持怀疑态度，此处选用的数据为 1989 年数据，应具有较高的可信度。

* 塔吉克斯坦是 1992 年的数据，土库曼斯坦是 1989 年的数据。

中亚国家工业落后的一个重要原因是，在苏联时期，中亚国家的工业经济主要是由外来民族承担的；在苏联解体后，大量的外来民族迁回本国，对中亚国家的工业造成了极大的影响。如俄罗斯族在吉尔吉斯斯坦主要集中在工业化的楚河河谷，占城市人口一半以上，他们多为技术熟练的专业和管理人才，在吉尔吉斯斯坦工业经济中起到举足轻重的作用。表 3.10 为吉尔吉斯斯坦最大煤矿克孜尔—基亚煤矿工人的不同民族比例，从中可看出俄罗斯工人在该矿占主导地位（邓浩，2011）。

表 3.10 克孜尔—基亚煤矿工人构成

民族	人数（人）	所占比例（%）
吉尔吉斯	791	14
乌兹别克	373	7
俄罗斯	2371	43
塔吉克	204	4
乌克兰	305	5
塔塔尔	590	11
其他	909	16

资料来源：邓浩．苏维埃时期吉尔吉斯斯坦的民族问题研究［M］．北京：中国社会科学出版社，2011：85.

相比于 1990 年，2010 年中亚国家的经济结构发生了重大变化。服务业发展成为哈萨克斯坦、吉尔吉斯斯坦、塔吉克斯坦和乌兹别克斯坦四国最大的产业，并在哈、吉、塔三国 GDP 中所占比重超过 50%。同时，农业在各国经济中所占比重均有大幅度下降，降幅最大的哈萨克斯坦，从占 GDP 的 34.3% 降为仅占 4.5%。而除了乌兹别克斯坦制造业产值占 GDP 比重略有上升外，其余四国制造业比例均出现了下降，哈、吉、塔三国下降比例尤其大，分别下降了 43.8%、36.8% 和 51.6%。哈萨克斯坦的工业占 GDP 比例上升而制造业占 GDP 比例下降是由于独立后其矿业经济发展迅速，对国民经济的发展起到了最大的推动作用。

哈、吉、塔三国服务业的迅速发展与三国边境贸易和巴扎贸易有着极为密切的关系，尤其是吉、塔两国，在农业和工业均处于萎缩的情况下，服务业的发展为两国创造了宝贵的就业岗位。

第二节 中亚各国产业结构研究

在苏联各共和国中，中亚各国除了哈萨克斯坦的经济实力仅次于俄罗斯和乌克兰位居第三外，其余各国经济规模都不大，而且在苏联的经济分工体系中，中亚国家主要被定位于发展能源开采、黑色和有色金素冶炼、棉花和粮食种植等产业，高科技产业和轻工业落后，最终产品生产量少，大部分日用消费品也需要其他共和国提供。正如卡里莫夫所说：在这样的系统中，一切都安排好了，哪个地区供应原料，在哪些地区对这些原料进行再加工，供往何方。而所有这一切都不考虑拉动消耗和国际市场行情，而是按照人为压低的、不合理的固定价格来实行的。在这种制度下完全没有竞争的概念，没有在市场基础上平衡供求关系的概念（伊斯拉姆·卡里莫夫，1996）。

当苏联解体时，基于行政命令和中央集权建立的分工体系也就迅速瓦解，但是当新独立的中亚国家在需求建立以市场规律为基础的经济体系和产业结构时，因为种种原因所限，这一进程并不顺利。

一、中亚国家产业结构分析

（一）哈萨克斯坦

在苏联分工体系中，哈萨克斯坦重点发展粮食种植、黑色金属和有色金属生产以及石油开采，农业在国民生产中占重要地位，因此哈萨克斯坦的工业结构主要是以采掘工业、冶金工业和化学工业为主的重工业，轻工业较为落后，工业产品主要销往俄罗斯，而日用品大多需从其他共和国进口。独立后，哈萨克斯坦于1997年确立优先发展石油、天然气为主，能源工业、有色和黑色金属采炼和深加工业以及基础设施建设。随着世界能源市场价格的上涨，2000年后哈萨克斯坦的经济实现了快速增长，但这并未改变哈萨克斯坦经济结构单一性的问题，反而由于石油天然气等矿业开采业的发展使得其经济结构中的初级产品所占的比重进一步加大了。

1989年，农业、工业分别占哈萨克斯坦GDP的37.3%和21%[1]，而2011年农业、矿业、制造业分别占哈萨克斯坦GDP的11.8%、41.9%和26.2%。石油天然气开采成为哈萨克斯坦经济的支柱产业和出口创汇的主要行业，相应的也带动了建筑业、房地产业的发展，但其伴生的“荷兰病”效应也使得哈萨克斯坦的制造业受到了挤压，使其经济结构单一的弊端变得更为严重（详见本章第三节）。

虽然拥有丰富的油气资源，但由于苏联时期形成的产业结构以及独立后依靠能源开采行业发展的政策影响，哈萨克斯坦的石化工业发展水平并不高，无法满足国内市场的需求。哈萨克斯坦石化工业主要是由阿特劳、巴甫洛达尔和奇姆肯特三大炼油厂组成，但这三大炼油厂都建于苏联时期，面临设备老化、工艺落后、

[1] World Bank, *Statistical Handbook* 1993 *States of the Former USSR*, Washington DC. 1993: 265 – 280.

加工深度不足（三家工厂分别建于1945年、1978年和1985年）等困境，总设计加工能力为1860万吨，但目前实际利用只有60%，使得哈萨克斯坦石化工业无法满足本国经济发展的需要。哈国成品油市场上40%的汽油、16%的柴油和40%的航空燃油仍需进口，而巴甫洛达尔和奇姆肯特的100%和50%的加工原料来自俄罗斯进口。[1] 由于俄罗斯原油供应的不稳定也进一步恶化了巴甫洛达尔开工率不足的问题，近两年哈萨克斯坦已开始根据哈萨克斯坦原油特点调整炼厂的工艺结构，2011年巴甫洛达尔炼厂已加工了62万吨来自哈萨克斯坦库姆科尔的原油。[2]

为改变经济结构单一的问题，哈萨克斯坦政府2003年制定了《2003～2015年工业创新发展战略》，并成立了发展银行、投资促进中心、国家投资基金等机构促进各领域的创新，工业创新发展战略，并提出三步走的战略，到2015年在机械制造、石油化工和信息技术等领域建立附加值产业链，实现经济结构和出口结构的多元化。2005年，哈萨克斯坦政府的第633号决议进一步明确规定，油气机械制造、食品加工、建材、旅游、纺织、运输、冶金等七个优先吸引投资的产业。虽然哈萨克斯坦政府先后制定了一系列的促进工业发展的战略，以摆脱经济结构的原材料化，2010年哈萨克斯坦工业占GDP的41.9%，但其中制造业仅占11.8%，矿业和建筑业分别占了19.5%和7.7%，而1990年哈萨克斯坦制造业还占GDP的20%。

哈萨克斯坦拥有丰富的铁矿资源，黑色冶金业是哈萨克斯坦工业体系中的一个重要组成部分，年产值约占哈加工业的15%，占工业总产值的6%。全国开采和加工铁矿资源的企业主要为欧亚资源集团和米塔尔钢铁集团两家，黑色冶金业面临的问题主要是加工水平低、废料回收利用率低。2012年，出口1.07亿美元钢铁制品（HS73）、49.5亿美元钢铁（HS72），进口了24.3亿美元钢铁制品（HS73）、2.7亿美元钢铁（HS72），充分说明哈萨克斯坦的钢铁加工能力迫切需要提升。

哈萨克斯坦本国拥有丰富的农业资源，在苏联时期农业产量并不高，但随着近年来哈萨克斯坦政府对农业重视程度的提高以及国家投入的加大，农业取得了较好的发展成就。2012年，哈萨克斯坦出口谷物1100万吨，农产品出口额为31.28亿美元，成为世界重要的粮食出口国。2010年，哈萨克斯坦农业产值占GDP的4.5%，与1989年相比有了大幅下降，但解决的就业人口却占哈萨克斯坦总就业人口的28%。由于哈萨克斯坦发展工业制造业计划的实施还需要很长一段时间，农业对于哈萨克斯坦经济的作用不仅在于增加农业产值，更关键在于这可

[1] 张宁．哈萨克斯坦独立后的政治经济发展（1991～2011）［M］．上海：上海大学出版社，2012：122.

[2] 毕明．哈萨克斯坦炼厂改造及其影响分析［J］．国际石油经济，2012（11）.

以为哈萨克斯坦创造更多的就业岗位。因此，在今后相当长一段时间内，哈萨克斯坦农业在国民经济中将会发挥重要作用。

总体而言，即使是中亚各国中经济实力最强的哈萨克斯坦，其工业化水平在独立以来也大幅度退步。哈萨克斯坦产业结构的调整还处于起步阶段，真正要实现产业结构的多元化仍将是一个漫长的过程。

（二）吉尔吉斯斯坦

在苏联时期，吉尔吉斯斯坦产业结构受制于苏联的经济分工体系对其的定位，经济发展水平低下，未能实现工业化。1988 年，吉尔吉斯斯坦农业、工业、建筑业和第三产业分别占 GDP 的 39.6%、34.5%、13.1%和 12.7%，而机械制造金属加工业、纺织业和食品加工业则是其最大的三个工业部门，分别占工业产值的 22.1%、21.6%和 21%❶。苏联的解体则使得吉尔吉斯斯坦与各共和国的经济联系瓦解，原有的工业部门受到了严重负面影响，工业生产大幅度下降。

在经历了早期经济萧条的困境后，吉尔吉斯斯坦逐步建立了基于本国比较优势的产业结构。2001 年，吉尔吉斯斯坦主要产业分别是农业畜牧业、批发零售贸易和黄金生产。❷ 吉尔吉斯斯坦产业结构的变化既源于其国内的矿产资源优势，也源于吉国发挥了加入 WTO 后所带来的自由贸易制度优势。

根据专家评估，吉尔吉斯斯坦黄金地质储量约为 2500 ~ 3000 吨。其中探明的工业储量约为 560 吨。主要产地依照探明储量可分为四个等级（*为最大矿区）：超大型产地（200 吨以上）——库姆托尔*；大型产地（70 吨以上）——杰鲁伊*，陶尔德布拉克*；中型产地（30 ~ 70 吨）——玛赫玛尔，博济姆恰克，库尔塔什，伊什坦别尔德*，奥尔登—吉尔伽，尼奇克苏，塔赫塔赞；小型产地（5 ~ 30 吨）—— 索尔顿—萨雷，詹姆格尔，杰列克，大坂，杰列坎。❸ 因此，独立后吉尔吉斯斯坦产业结构最大的变化就是金矿的开采，自从 1997 年库姆托尔金矿开始生产黄金后，黄金开采对吉尔吉斯斯坦经济的影响起到了极为重要的作用。农业、贸易、矿业（主要就是黄金开采）、制造业、电力、建筑业分别占了吉尔吉斯斯坦 GDP 的 34%、13%、10%、8%、5%和 4%，而黄金出口成为吉尔吉斯斯坦最大的出口商品。❹ 黄金产业成为吉尔吉斯斯坦经济的支柱产业，但其在就业岗位

---

❶ World Bank. *Statistical Handbook* 1993 *States of the Former USSR*, Washington DC, 1993: 340 - 353.

❷ World Bank. *Enhancing the Prospects for Growth and Trade of the Kyrgyz Republic*, Country Study Report: 34040, Washington DC. 2005, xiii.

❸ 库姆托尔金矿公司——吉最重要的黄金生产企业 [OL]. [2012 - 04 - 06]. http://istock.jrj.com.cn/article, 600090, 4195552.html.

❹ World Bank. *Enhancing the Prospects for Growth and Trade of the Kyrgyz Republic* [R]. Washington D.C., WB WPS No: 34040. 2005: 20 - 25.

创造、带动吉尔吉斯斯坦经济增长方面发挥的作用相较于农业和贸易小。这主要是因为黄金开采是资本和技术密集型行业，所需的设备是吉尔吉斯斯坦无法提供的，而操作设备的工人也因其所需要的技能要求较高，而对解决本地失业人口的就业方面作用较小。黄金产业对吉尔吉斯斯坦经济的作用主要在于对创造的需求和所需投入品对其他行业的带动。黄金开采会带动37亿索姆的中间品投入，如燃料天然气（占产值的7%）、电力（占产值的3.4%）和运输、房地产（占产值的7%），但黄金加工环节所吸纳的中间品就很少了，因为此时原料黄金成为最主要的投入品（占产值的82%）。❶

吉尔吉斯斯坦早在20世纪30年代就建立了纺织工厂，纺织业也曾是该国最发达的轻工业。随着苏联的解体，吉尔吉斯斯坦的纺织工业也受到了严重打击。但在20世纪90年代，随着与中国贸易的发展以及加入WTO所带来的贸易便利化优势，吉尔吉斯斯坦的服装业又逐渐发展起来。借助从中国进口的服装零配件以及本国熟悉周边俄罗斯、哈萨克斯坦市场、文化相同的优势，吉尔吉斯斯坦纺织业专门生产满足周边国家较为高档的服装（中国的纺织业主要集中于东部且面向欧美市场，使得中亚市场的高档服装需求出现了空挡）。吉尔吉斯斯坦的轻工业中，服装业目前占80%左右，该国服装业不仅利用本国的棉花、羊毛等原料，而且从中国进口服装零配件，将其加工为成品后供应本国市场和周边国家市场，成为吉尔吉斯斯坦工业中一个新的增长点。但吉尔吉斯斯坦的纺织业自从1991年之后再也未能恢复起来，这主要是因为纺织业所需的资本和设备投资过大，本地的企业无力承担大额投资（往往需要数百万美元）。❷ 吉尔吉斯斯坦服装业是在没有国家和外来投资的情况下，由本国国民自发建立小企业开始起步，目前仅在比什凯克就有15万从业工人，3.5万家企业。当然，这些企业普遍规模很小，往往只有十几名工人，吉尔吉斯斯坦生产的服装不仅出口到哈萨克斯坦、俄罗斯等周边国家，甚至开始以“吉尔吉斯斯坦生产”的标识出口美国。❸ 因此，目前吉尔吉斯斯坦的服装业主要发挥了本国的劳动力、地缘和文化优势，要保持长期的发展必须引入投资来扩大规模和延长产业链。

吉尔吉斯斯坦水利资源丰富，因此其电力工业也成为工业中一个重要的部门，吉尔吉斯斯坦电力除本国自用外，还向塔吉克斯坦、哈萨克斯坦和乌兹别克斯坦

---

❶ World Bank. *Enhancing the Prospects for Growth and Trade of the Kyrgyz Republic* [R]. Washington D. C., WB WPS No: 34040. 2005: 12–19.

❷ Laura Birkman, Maria Kaloshkina, Maliha Khan, Umar Shavurov, Sarah Smallhouse, *Textile and Apparel Cluster in Kyrgyzstan*, Harvard Kennedy School, Havard Business School, May 2013, pp. 20–27.

❸ Artyom Zozulinsky, *Kyrgyzstan Textiles Market* [OL]. [2012-04-06]. https: //www. bishkek. usembassy. gov.

出口。但由于水电受季节性因素的影响，因此吉尔吉斯斯坦在冬季时还需从邻国进口电力。因为涉及下游国家用水的问题，吉尔吉斯斯坦在发展电力工业方面也受到一定制约。

旅游业是吉尔吉斯斯坦政府多年来一直大力推动的产业，伊塞克湖是吉尔吉斯斯坦发展旅游业很大的优势。在苏联时期，伊塞克湖就是著名的旅游胜地，但由于吉尔吉斯斯坦基础设施的落后以及政局不稳，致使旅游业始终未能得以发展。

（三）乌兹别克斯坦

在苏联共和国中，乌兹别克斯坦的总体经济实力弱于哈萨克斯坦，但是乌兹别克斯坦形成了较为完备的工业体系，工业产值占各共和国的第六位，中亚地区2/3的机器制造产品都是乌兹别克斯坦生产的。1988年，乌兹别克斯坦农业、工业、建筑业和第三产业在国民经济中所占比重分别为37.4%、31.4%、14.7%和16.1%。工业中最大的五个产业部门是纺织业、机械与金属制造业、食品加工、化工产业、建筑材料，分别占其工业产值的29%、12.4%、9.2%、6.5%和5.5%。

由于受苏联计划经济调控的影响，乌兹别克斯坦的工业体系并不完整，如乌兹别克斯坦是苏联最重要的棉花生产地区，棉花种植占农业产值的40%以上，但是当地并未建立起配套的棉花加工和纺织、服装行业，只是成为苏联的棉花种植基地。卡里莫夫认为，苏联各国获得独立，是同到处反感不成功的行政命令、拒绝中亚集权制度的产品再分配并同自由的市场经济过渡联系在一起的。为了克服经济中片面的原料定向，改变部门结构，消灭由于所谓的苏联专业化而在发展与配置生产力方面形成的比例失调，要转向生产成品，把产品质量和竞争能力提高到国际市场要求的水平（伊斯拉姆·卡里莫夫，1996）。

因此，在独立后，乌兹别克斯坦制订了经济结构调整计划，其结构调整原则是：建立尽可能完备的工业体系，为各种经济部门和居民提供所需产品；增强向国际市场出口产品的能力，通过出口换取资金来保证混合型市场经济的建立。具体做法为：全面发展出口导向型经济部门；利用本国产品替代进口，减少对国外产品的依赖；发展合资企业；加快发展机械制造业；优先进行基础设施建设。[1] 而在具体产业的选择上，乌兹别克斯坦优先发展的产业是石油和天然气工业、能源、黄金开采、其他有色金属部门、纺织工业、公共设施和基础设施系统等。制造业则重点发展农业机械制造、飞机、汽车、无线电电子工业、石油化工等产业。

为了摆脱苏联时期形成的原材料提供基地的定位，乌兹别克斯坦大力发展工业，尤其是机械制造业。但是，由于乌兹别克斯坦自身的工业发展水平低下、前

[1] 孙壮志，苏畅，吴宏伟．乌兹别克斯坦［M］．北京：社会科学文献出版社，2004：118~119.

苏联分工体系的瓦解、进口替代战略本身的缺陷，尽管独立后乌兹别克斯坦取得了建立中亚最大的汽车厂等成就，但其工业化水平并未发生根本性的变化。如塔什干航空技术设备厂原来是苏联唯一能够生产伊尔－76型飞机的工厂，但随着苏联时期形成的分工体系的瓦解，该企业现在也已丧失生产能力。而乌兹别克斯坦与大宇（1997年被美国通用公司兼并）合资建立设计年产20万辆汽车的汽车厂，1999年产量约为10万辆。2011年，车辆（HS87）分别占乌兹别克斯坦进口和出口的11.8%和11.9%，但来自韩国的汽车零部件（HS8708）进口额为7.6亿美元，占车辆类产品进口的62.3%（整车进口占车辆类产品进口的23%），当年乌兹别克斯坦整车出口为6.9亿美元，占车辆类商品出口的96%。在本国未形成完整的产业链的情况下，当前乌兹别克斯坦的汽车工业实质上成为汽车组装厂。尽管存在种种不足，如乌兹别克斯坦对于机电产品仍沿用苏联时期的“国家标准”（GOST），2014年1月5日起由于哈萨克斯坦实施《轮式机动车技术安全法规》而导致乌兹别克斯坦对哈萨克斯坦出口的“Daewoo Nexia”和“Daewoo Matiz”两种品牌汽车被禁止进口。因为根据新规定，在哈萨克斯坦销售的汽车至少要配备1个正面安全气囊、ABS制动装置、ISOFIX儿童座椅固定装置、日间行车灯和防盗器，这些设施都是乌兹别克斯坦的汽车所未配置的。2013年，哈萨克斯坦市场上的畅销车型。“Nexia”的销售量超过了1万台，“Matiz”的销售量为1.3万多台。[1]

乌兹别克斯坦提出要发展出口导向型经济，但就其经济发展战略的实质来说，该国奉行的还是进口替代型战略。由乌兹别克斯坦与美国、意大利、德国、荷兰、土耳其、伊朗等国家相继建立起来的合资企业以及本国的一些企业分别向乌兹大宇厂供应蓄电池、汽车玻璃、油漆、前后保险杠等各种组件和配件。汽车用钢材90%来自俄罗斯的“北方钢厂”，占每年乌兹别克斯坦黑色金属材料进口大头。2005年，仅乌兹大宇进口的汽车组件和俄产钢材合计总金额就达4.608亿美元，占当年乌兹别克斯坦进口总额的11.3%。到2005年年底，乌兹大宇牌汽车的国产化率为60%。该厂计划于2006～2010年，陆续建成40多个零配件制造企业，到2010年，力争实现整车百分之百国产化目标。[2]

通过多年推动制造业的发展，目前乌兹别克斯坦的制造业在国民经济中所占比重虽非中亚国家最高的（见表3.9），但乌兹别克斯坦却是中亚国家进出口商品结构最为均衡的国家，其工业制成品占出口的比重是最高的（见表4.2）。2000年

[1] 新疆新闻网．哈萨克斯坦禁止进口乌兹别克斯坦汽车［OL］．［2014－02－26］．http：//www.xj.chinanews.com/html/V55/2014/02/24/52178502834.htm.

[2] 中国商品网．乌兹别克斯坦汽车市场概况［OL］．［2013－12－25］．http：//ccn.mofcom.gov.cn/spbg/show.php？id＝4423.

起，乌兹别克斯坦不再进口粮食；2001 年起，部分出口石油实现粮食和石油自给；2006 年起，工业产值超过农业产值。

在大力推动乌兹大宇发展的同时，乌兹别克斯坦却没有一套单独、完整的汽车工业产业政策，所有的汽车制造企业视同于其他行业的企业一样进行管理。乌兹别克斯坦政府专为乌兹大宇汽车制造厂制订了一系列优惠政策：进口生产用设备和汽车组件免交海关税和各类国内税（Lacetti 型车除外）；取消汽车出口关税；居民购车可向银行申请贷款等。但是，这些针对乌兹大宇一厂的优惠和鼓励措施并不惠及其他企业，就如同乌兹别克斯坦政府单独给予某油气开发、矿山开采、茶叶加工等企业的优惠政策并不惠及其他同业企业一样。如同样是合资企业，乌土合资的“SamKocAuto”客车、载货车生产厂就不享有组装件进口优惠的政策，自土进口的散件要征收 10% ~70% 的关税。[1]

这种因“企”而异的政策，对于乌兹别克斯坦产业的发展也带来了很大的负面影响，使得该国未形成明确统一的产业政策。而且由于将国内资源主要用于发展机械制造业，致使乌兹别克斯坦国内的轻工业难以获取资金和政府支持，造成该国轻工业依然极为落后。如尽管拥有中亚各国最多的人口以及是主要的棉花生产国，但乌兹别克斯坦最大的出口产品仍是棉花而非纺织和服装，而且还需从国外进口大量的纺织类产品。而政府为集中外汇进口工业制成品和零部件，又出台多种措施严格限制轻工品的进口（详细分析见本书第四章）。这种依赖进口零部件发展的工业并未能真正改变乌兹别克斯坦的经济结构，因此其工业化水平相比于独立前并没有根本性的改变。

当然，进口替代的政策也促进了乌兹别克斯坦工业的发展，成为中亚国家中产业结构最为均衡的国家，根据中国经验来看（林毅夫，2013），通过实行渐进的对外开放和国有工业产业的转型，既实现了引入国外先进技术、资本的目的，同时将来自国外竞争保持在可控范围内，是中国实现落后的国有工业体系转型的一个成功经验。而私营经济的发展，也为整个国家分担了国有工业体系转型的成本。乌兹别克斯坦目前对跨国经济往来的严格限制，会使其产业调整面临很多的问题，但如能逐步扩大开放，则会使其已建立的工业体系实现本地的产业链延伸，将“加工型”制造业变为结合立足本国比较优势的、具有竞争力的制造业。

（四）塔吉克斯坦

塔吉克斯坦是苏联各共和国中经济实力最弱的国家，独立后，由于苏联时期形成的分工体系的瓦解，该国工业受到严重打击。1988 年，塔吉克斯坦农业、工

---

[1] 中国商品网．乌兹别克斯坦汽车市场概况［OL］．［2013 - 12 - 25］．http：//ccn. mofcom. gov. cn/spbg/show. php？ id =4423.

业、建筑业以及服务业在国民经济中所占比重分别为 36.8%、30.9%、14.6%和 17.6%，而工业各部门中，黑色与有色金属冶炼、机械与金属制造业、纺织业和食品加工业分别占工业产值的 9.8%、9.7%、35.7%和 10.1%。❶ 到了 2010 年，农业、制造业和服务业在 GDP 中所占比重分别为 21.7%、17.6%和 50.1%（见表 3.9）。

为解决经济发展中所面临的迫切问题，塔吉克斯坦于 1995 年通过了经济改革纲要，确定粮食和能源两个优先发展领域首先要实现自给。在工业方面确定的方针是，更多地依靠本国潜力发展对外依赖性不大的企业，发展燃料动力综合体、采掘业和原料资源加工业、有色冶金业和化学工业。❷

塔吉克斯坦水力资源丰富，总蕴藏量 5270 亿千瓦时，居世界第八位，经济技术可开发量 2300 亿千瓦时，被誉为“中亚水塔”。电力总装机约 507 万千瓦，其中水电 475 万千瓦，占比 93.7%，除 2011 年 7 月首台投产的桑德图的Ⅱ水电站（伊朗 BOT 项目）、2009 年投产的桑德图的Ⅰ号水电站（总装机 67 万千瓦，75%电力电量属俄罗斯）外，还有包括努列克水电站在内的其他项目基本都是 20 世纪 60～70 年代的老电站。❸

利用本国丰富的水电资源发展的电力工业是塔吉克斯坦努力推进的发展领域，电力出口也成为塔吉克斯坦主要的出口创汇项目，但水电开发计划却受制于塔吉克斯坦资金缺乏以及和下游国家乌兹别克斯坦关于用水的矛盾。

塔吉克斯坦政府希望通过建设罗贡水电站来促进本国水电资源的开发，并且解决国内电力短缺的困境，但由于与下游乌兹别克斯坦关于水资源分配的争执，制约了该国电力工业的发展。罗贡水电站位于瓦赫什河上游，下游 70 公里处即为努列克电站。罗贡水电站于 1976 年开始建设，水库总库容为 130 亿立方米，设计装机总容量为 360 万千瓦，年发电量为 131 千瓦时，其建设将需要 21.987 亿美元。苏联解体后，原来未建完的大坝被洪水冲毁，目前就在原项目的基础上进行建设。但 2010 年，塔吉克斯坦修建罗贡水电站花费 5.547 亿索莫尼（约合 1.26 亿美元），虽然塔吉克斯坦发行罗贡水电站股票来筹资，但其所筹资金很难满足电站建设需要。❹

塔吉克斯坦工业的另一个主要部门就是炼铝业，塔吉克斯坦本国没有炼铝业

---

❶ World Bank. *Statistical Handbook* 1993 *States of the Former USSR*, Washington DC. 1993：560－605.

❷ 刘启芸. 塔吉克斯坦［M］. 北京：社会科学文献出版社，2006：102.

❸ 中国电建西北勘测设计院有限公司. 我院参加国家开发银行塔吉克斯坦国家规划咨询研讨会暨中塔投资论坛［OL］.［2013－06－15］. http：//www.nwh.cn/News_ article.asp? ID＝1762.

❹ 李立凡，顾慧敏. 从罗巩水电站的建设看上海合作组织发展中水资源利用问题［A］. //地缘关系与区域秩序的建构［M］. 北京：时事出版社，2011：161～163.

的原料——铝矾土，但其利用了丰富、廉价的水电资源，如2006年塔吉克斯坦每度电仅1.8吉拉姆（约0.8美分）。炼铝业属于动力导向型工业，对能源消耗极大。一个年产10万吨精铝的炼铝厂，需配有20万~40万千瓦的发电厂。因此，如加拿大、沙特、阿联酋、巴林等国都利用本国丰富的能源优势来发展炼铝行业。

塔铝业目前仅有的一家炼铝企业，即塔吉克铝业公司（TALCO，2007年之前名称为塔吉克铝厂），它是塔具有战略意义的企业之一，直接归属塔政府。按规模来看，塔吉克铝业公司在世界排名第三，是中亚唯一的铝厂，建于1975年，有30个电解车间，职工1.24万人，生产能力41.2万吨/年。近年来，由于技术设备落后、流动资金不畅，导致原料供应不足，进而亏工。2005年，塔吉克斯坦生产铝锭37.96万吨，其中出口34.26万吨（约占总量的90.3%），创汇5.634亿美元，出口均价1644美元/吨；2005年，铝产值占全年工业总产值的比重达到41%，其出口额占总出口额的62%。由于铝业是塔经济命脉，原先根据政府决议定于2007年对塔吉克铝厂实行私有化改造的计划被搁置，而由国家控股，俄罗斯铝业公司（RUSAL）欲购买此铝厂并改造其10个电解车间的计划一直未能付诸实施。[1] 目前，塔铝厂与俄铝业公司已签署来料加工协议，铝厂所用的铝钒土大部分由俄铝业公司进口，所产铝锭大部分由俄铝业公司销售，只有15%的铝锭由塔铝厂自营销售。据海关统计，2005年，塔铝矾土主要来自阿塞拜疆（31%）、罗马尼亚（17.1%）、乌克兰（13.5%）、意大利（8.1%）、俄罗斯（5%）等国，铝锭主要销往荷兰（75%）、土耳其（24.2%）、伊朗（0.6%）等国。为转变增长方式，提高铝业的经济增加值，塔将鼓励发展铝制品加工业，逐步改变目前的以出口初级铝为主的出口模式，过渡到将来以出口铝型材制品为主模式。为此，政府将采取措施，逐步限制铝锭的出口，并规定到2015年自产铝锭的40%必须用于就地加工。[2]

塔吉克斯坦的炼铝业属于典型的“两头在外”的加工贸易，这使得其对成本的控制力很弱。但近年来，随着塔在嘎尔姆地区土尔普矿区发现霞石、正长岩矿，此矿可提炼优质铝矾土，铝矾土平均含量为20%。此外，塔又在其境内的西帕米尔高原地区发现十字石和白云母矿，该矿可利用塔正在研制的一种独有工艺生产铝矾土，据专家估算，两矿将来生产的铝矾土可满足塔铝目前生产规模150年的铝

[1] 2004年10月，俄铝业公司与塔政府签订协议，在塔投资修建两个铝厂及罗贡水电站，2007年8月塔政府指责俄未履行协议并取消了合作，但俄方认为该协议不能单方面解除。

[2] 中国驻塔吉克斯坦经商参处．塔吉克斯坦铝业现状及发展前景［OL］．［2013－12－20］．http://www.mofcom.gov.cn/article/hzzn/200610/20061003544570.shtml.

矾土用量。塔正准备对其进行大规模勘探，以实现铝业原料国产化。❶ 如果塔吉克斯坦能够有效解决原材料、电力供应、运输等问题，炼铝业及由此延伸的铝制品加工业必然成为塔吉克斯坦的支柱行业。只是就目前情况来看，塔吉克斯坦的炼铝业处于持续的下降通道。根据塔吉克斯坦经济发展和贸易部的数据，2013 年前 9 个月铝业公司生产铝 17.08 万吨，较 2012 年同期减少了 18.9%，产值为 4.135 亿索莫尼，较 2012 年 1～9 月减少 11.9%。经济发展和贸易部指出："铝产量下降的主要原因是缺少天然气、国际铝价下降、生产原料进口和铝的运输出口困难。"❷

苏联时期，塔吉克斯坦是主要的棉花产地，1989 年棉花产量达到 92.25 万吨，仅次于乌兹别克斯坦和土库曼斯坦，单产每公顷 3000 公斤，居全苏第一位，1991 年棉花播种面积为 29.9 万公顷。但由于本地纺织业落后，棉花无法得到加工，而出口到终端用户的平均距离为 3241 公里，成本过高；加之确保粮食自给的政策，塔吉克斯坦农业部部长卡西莫夫表示，棉花不再作为塔吉克斯坦的战略作物，棉花种植将在一定范围内进行，棉花产量将逐步减少到 20 万吨左右。卡西莫夫指出，棉花种植投入较大，化肥和农机等均需要进口，运输不畅是很大问题。据统计，2013 年塔吉克斯坦棉花种植面积 19.13 万公顷，棉花产量 39.28 万吨。❸ 与此同时，2013 年塔吉克斯坦的土豆产品历史上首次突破 100 万吨，粮食产品也接近 100 万吨，这对于塔吉克斯坦减少对外部粮食市场的依赖起到了很大的作用。❹

水电、铝业是塔吉克斯坦的支柱产业，但在解决就业问题上发挥的作用很小。随着边境贸易和巴扎贸易的发展，塔吉克斯坦与之相配套的服务业发展极为迅速，已成为在国民经济中所占比重最大的产业。

（五）土库曼斯坦

苏联时期，土库曼斯坦的工业和农业分别为所有共和国的倒数第三和第二。1988 年，土库曼斯坦农业、工业、建筑业和第三产业在国民经济中所占比重分别为 39%、26.1%、20.5% 和 14.3%。❺ 农业以植棉为主，棉花种植面积占耕地面积一半以上，1991 年籽棉产量达 143.2 万吨，占独联体第二位，而粮食则不能自给。

---

❶ 中国驻塔吉克斯坦经商参处．塔吉克斯坦支柱产业［OL］．［2013－07－09］．http：//tj.mofcom.gov.cn/article/yshj/201305/20130500144315.shtml.

❷ 亚欧贸易网．棉花与铝业已不再是塔吉克斯坦支柱产业［OL］．［2014－01－22］．http：//www.yaou.cn/news/show.php？itemid＝9102.

❸ 中国驻塔吉克斯坦经商参处．塔吉克将逐步减少棉花种植［OL］．［2014－02－23］．http：//tj.mofcom.gov.cn/article/jmxw/201401/20140100478043.shtml.

❹ 中国驻塔吉克斯坦经商参处．塔吉克土豆产量突破 100 万吨［OL］．［2014－01－26］．http：//tj.mofcom.gov.cn/article/jmxw/201401/20140100464120.shtml.

❺ World Bank，*Statistical Handbook* 1993 *States of the Former USSR*，Washington DC. 1993：605－640.

独立后该国采取了渐进的转型方案，确定以不少于10年的时间过渡到市场经济（普雷舍夫斯基，1994）。通过采取逐步的措施，改造了国民经济计划管理体制以及开采丰富的石油、天然气资源，土库曼斯坦总体上保持了国家经济形势的总体稳定，并使得本国的石化工业和纺织业得到了较快的发展。尼亚佐夫（1996）指出，土库曼斯坦经济结构改革的实质在于，在国民经济综合体各部门的发展中，把重点从原料生产部门和开采部门转移到生产部门和加工部门。结构改革的目的在于，改变国家在国际分工体系中的作用，使土库曼斯坦从原料的提供者变为成品生产者。

目前，土库曼斯坦最主要的工业部门就是能源开采，土库曼斯坦天然气产量居世界第四，年出口量居世界第二，成为其国民经济最重要的支柱行业。土库曼斯坦在土库曼巴什、谢津、纳依普等地建立的石油加工综合体能够基本满足本国对石油和天然气产品的需求，其中土库曼巴什石油加工综合体年加工能力超过600万吨，加工深度86%，[1] 加工能力和加工深度远高于哈萨克斯坦的三大炼化厂。

20世纪90年代初期，土库曼斯坦棉花加工能力仅为3%，自独立以来，土库曼斯坦大力发展纺织工业，对行业累计投入（含外资）已超过10亿美元。在外国公司的参与下，一批老纺织企业得以顺利改造，还新建了20余座大型纺织综合体。这些综合体均位于棉花产地附近，由纺纱、织布、染色、缝纫等车间组成，从而实现了从棉花加工到成衣制作的“一条龙”生产。企业都配备了先进的生产设备，通过了众多国际权威认证，包括ISO 9001质量管理体系认证等。目前，土库曼斯坦纺织行业90%的产品用于出口。纺织业已成为继油气工业和电力工业后土国第三大出口支柱产业。[2] 产品销往土耳其、俄罗斯、美国、加拿大、英国、法国、德国、瑞士和乌克兰等30多个国家，主要出口产品包括棉纱、棉布、牛仔布、毛巾布、针织布和针织服装等。到2005年，棉花产量达到73.7万吨，加工能力提高到40%。[3] 到了2011年，皮棉加工能力已提高到51%，出口产品质量明显改善，土库曼斯坦的棉纺织品，尤其是Ring牌棉纱在国际市场上享有良好的声誉。[4]

土库曼斯坦三个产业在国民经济中所占比重相比于其他中亚国家较好，其工业化程度较好。在服务业比重超过50%的三个国家中，哈萨克斯坦是由于受到“荷兰病”影响的结果，而塔吉克斯坦、吉尔吉斯斯坦则是因为转口贸易平台的作

---

[1] 须同凯．丝绸之路上的新商机：中亚经贸投资指南［M］．北京：中国海关出版社，2007：180.

[2] 天山网．纺织业成为土库曼斯坦第三大出口支柱产业［OL］．［2012-10-01］．http：//news.ts.cn/content/2007-03/13/content_1734948.htm.

[3] 须同凯．丝绸之路上的新商机：中亚经贸投资指南［M］．北京：中国海关出版社，2007：182.

[4] 中国驻土库曼斯坦经商参处．土库曼斯坦将加大对纺织业投资促出口［OL］．［2012-05-06］．http：//tm.mofcom.gov.cn/article/jmxw/201104/20110407492353.shtml.

用带动了服务业的发展。相比较而言，土库曼斯坦已建立了基于本国优势资源的工业，如石化工业和纺织业。

二、各国产业政策分析

（一）各国现有产业难以形成分工

在苏联的分工体系下，中亚国家主要被定位于原材料和能源产地，而且当时的分工是在各共和国间、以俄罗斯为中心建立的，因此基本上未形成中亚各国相互间的分工格局。苏联的经济分工体系瓦解后，各国主要的考虑就是，如何依靠本国的优势资源和已有产业来保持经济的增长以保持国家的稳定。因此，哈萨克斯坦、土库曼斯坦和乌兹别克斯坦主要依靠石油和天然气的开采、棉花种植等部门实现本国经济的增长，而吉尔吉斯斯坦则主要依靠金矿开采和对外贸易，塔吉克斯坦因为开发水电资源面临着资本技术短缺以及与下游国家的矛盾而举步维艰。

正是各国的经济结构存在尚未实现工业化基础上的同质化，这就导致中亚各国之间无法像欧盟或者东盟成员那样，在工业化的基础上利用各自优势或者在规模经济基础上创造出新的分工来形成紧密的分工体系。而中亚各国间复杂的关系又形成了制约各国分工体系的新的障碍。尽管东盟内部各国也存在矛盾，如马来西亚和新加坡、印度尼西亚和马来西亚，但是，由于东盟国家间在市场分工的调节下会产生各国可共同获益的合作空间，因此在很多时候经济上的共同利益弱化了各国矛盾，形成东盟国家间的合作。但是，中亚国家间的市场仍未形成，很难通过创造共同的经济利益来弱化各国矛盾以形成各国的分工体系。

中亚的产业结构决定了对外贸易结构，也决定了中亚国家间开展一体化难以成功，因为彼此间竞争性大过合作性，而且这是没有实现工业化的初级产品间的竞争，难以创造市场，成为零和博弈。

（二）各国应根据本国比较优势推进工业化

中亚各国都认识到工业是实现本国经济独立和国家富裕的根本途径，而且也确定了各自优先发展的产业并给予了大量的扶持，但独立 20 年以来，各国的工业化程度并没有实质性的改善，甚至处于“去工业化”的状态。产生这种问题的一个重要原因就是，各国没有能够根据本国比较优势来发展相关的产业，而是一味追求资本、技术密集型产业的发展，但由于本国或本地区并不具备发展这些产业的配套行业和部门，无法形成完整的产业链，所以即使建立了相关的企业，也无法使其真正发展起来。

中亚国家应优先发展依托本地区优势资源的劳动密集型产业，如纺织业、服装业、皮革工业，这样既可充分利用当地资源优势，并增加产品的附加值，同时还可创造更多的就业岗位，解决国内的就业困难。由于工业化程度低，中亚各国都有大量的失业人口，如塔吉克斯坦、吉尔吉斯斯坦和乌兹别克斯坦就有大量的人口在俄罗斯、哈萨克斯坦等国打工。中亚国家的失业人口的文化水平普遍较低和就业技能普遍较弱，在当地即使建立资本密集型和技术密集型企业，也面临着难以招收到合适的劳动力的困难。资本密集型和技术密集型行业对劳动力的需求主要是少量的具有较高素质的劳动力，发展这些行业难以吸收中亚地区大量的失业人口，这一点在吉尔吉斯斯坦的库姆托尔金矿对当地劳动力的吸纳上就极为典型。通过发展依托本地劳动力和优势资源的轻工业，还可为将来的产业升级积累资本和人力资源，培育市场要素。

尽管哈萨克斯坦政府在国际研究机构的建议下将纺织、食品加工等行业列为本国优先发展的行业，但其国内的配套政策却并未进行调整，以至于这些行业的发展受到很多限制。如随着哈萨克斯坦大量出口油气资源而带来的财富增加大量被用于消费，2004 年后房地产业的发展远快于轻工业的发展。1999 ~ 2002 年，哈萨克斯坦政府曾经对轻工业免征增值税，其间该行业增长速度达到 42.3%，但随着 2002 年新税法的实施，该优惠政策被取消，轻工业又承担了沉重的税负（须同凯，2007）。考虑到每年通过油气资源出口可获取大量的财富，哈萨克斯坦应投入更多资源对劳动密集型行业进行扶持，鼓励这些行业扩大投资、更新设备，生产出适应国际竞争的产品，并逐步实现经济结构的多元化，改变国民经济对油气资源过渡依赖的状况。

拉丁美洲和东亚国家的实践已经充分证明了“进口替代”型产业发展政策无法取得预期的成功，中亚国家不应再重复 20 世纪拉丁美洲国家的失败。乌兹别克斯坦每年生产并出口大量棉花，国内却存在大量的失业人口，以至于每年劳务输出的人口近百万，同时由于本国纺织业和服装业的落后，其国内对纺织品和服装的需求却无法得到满足。尽管乌兹别克斯坦政府对进口轻工业品采取了各种限制措施（详见第四章），但也只是将原来与吉尔吉斯斯坦合法的边境贸易变成了晚上的非法走私，不但无助于解决问题，反而增加了国内消费者的成本并引发了腐败。

吉尔吉斯斯坦和塔吉克斯坦两国面临资源缺乏、工业落后、基础设施薄弱以及因国内局势动荡不安而难以吸引外来投资等诸多困难，无法通过提升工业化程度来促进本国就业问题的解决。因此，两国利用与中国的相邻优势，发展转口贸易，促进了服务业的发展，也因此造成本国服务业在国民经济所占比重远远超过农业和工业。

依赖“加工型”贸易发展起来的加工型工业已成为乌兹别克斯坦、塔吉克斯坦和吉尔吉斯斯坦三国主导产业的发展模式，这对促进各国经济增长、创造就业机会产生了积极作用。但由于加工型工业主要依赖来自区外国家的零部件，因此造成各国实际的工业化程度并不高，且对国外的依赖性较强，而中亚各国之间难以形成分工。这也是中亚各国间的贸易不断下降，而与区外国家的贸易则不断上升（分析详见第四章）的根本原因。因此，中亚各国应着重考虑如何延长“加工型”产业的产业链，既降低成本，又带动相关产业的发展，最终形成基于市场、发挥各自比较优势并形成分工的产业体系。

第三节　资源依赖引发的“荷兰病”

丰富的矿产资源对中亚国家在经济困难时期起到了极为重要的支持作用，成为各国出口创汇的支柱性产品，如哈萨克斯坦、土库曼斯坦和乌兹别克斯坦的石油、天然气，吉尔吉斯斯坦的金矿。但是，矿业经济也存在诸多问题，如矿业开采多属于资本和技术密集型行业，而中亚国家由于本国资本短缺、技术落后、适应矿业开采的熟练劳动力少等原因，基本上都无法独立开采这些资源，而不得不依赖国外的公司。而且由于矿业开采对所需设备和劳动力的技术要求较高，中亚国家以现有的工业化程度难以参与到产业链并提供合适的劳动力，因此采掘业的发展在解决就业困难方面对各国起到的作用很小。

丰富的自然资源对一国经济增长意味着什么？在古典经济学家们看来，资源、土地和劳动是一国经济增长的基本要素，资源的丰裕就意味着一国在发展经济中具有的先天优势，英、德、美以及澳大利亚等国的发展情况也印证了这一观点。但“普雷维什—辛格假说”（Prebisch – Singer Hypothesis）指出，发展中国家在出口初级产品时，有可能换来的只是悲惨性增长而非期盼的经济繁荣。20 世纪后半叶，以日、韩为代表的东亚国家的经济崛起和许多自然资源丰裕国家经济的缓慢增长甚至停滞的对比，似乎也表明，自然资源并不是经济发展的“福音”（blessing）而是“诅咒”（curse）。

哈萨克斯坦是中亚各国中从能源开采中获益最大的国家，自独立以来，哈萨克斯坦历经了苏联解体、1998 年俄罗斯金融危机、2007 年金融危机的冲击以及 2000 年后世界能源、资源产品价格上升带来的巨大红利，本书将以该国为例来研究自然资源的丰裕究竟是诅咒还是福音、是否会感染“荷兰病”。

奥蒂（Auty，1993）在研究矿产国的经济发展问题时正式提出了“资源诅咒”（resource curse）这一概念，即丰裕的自然资源对一些国家来说不是经济发展的福音，而会制约其经济增长。而对资源充裕程度与经济增长之间关系的经验研究表明，在控制初始人均收入、贸易政策、腐败和投资率等影响经济增长的多种变量后，许多国家的自然资源充裕度与经济增长速度成反比。如，17 世纪时，资源贫乏的荷兰超过了从殖民地获得大量金银的西班牙；19 世纪末和 20 世纪初时，瑞士和日本领先于资源丰裕的俄罗斯；而过去的 30 年里，东亚国家或地区——韩国、新加坡、中国香港、中国台湾——的发展与资源丰富的墨西哥、尼日利亚和委内瑞拉则形成了鲜明的对比（Sachs，1995）。当众多自然资源丰富的国家的经济增长速度反而不如那些资源匮乏的国家，甚至出现了社会动荡乃至内战的混乱局面时，对资源在一国经济增长中的作用也日益受到关注。

在研究资源诅咒的文献中，“荷兰病”（Dutch disease）被认为是造成一国经济增长缓慢的重要传导机制，即资源丰裕会造成资源转移效应、相对价格效应和支出效应而使制造业逐渐衰落（Corden，1982）。但由于制造业部门具有技术外溢和“干中学”的特征，而初级产业部门则缺乏联系效应和外部性且对人力资本的要求也相当低，因此这样的产业结构会使人力资本得不到投入而最终导致经济衰退。

在近年来的研究中，经济学家进一步深化了对不同资源在经济发展中的作用以及荷兰病与资源诅咒关系的研究。点源型资源（point - source），如石油、矿山，比分散型（diffuse）资源，如农田、渔业、牧场，对经济增长的限制更大，而制造业的发展和工业制成品的出口在促进经济增长方面则起到了最大的促进作用（Murshed，2004）。奥蒂（Auty，2001）指出，资源贫乏国和资源丰裕国分别会走上竞争性工业化模式和大宗产品陷阱模式，前一种模式会使得资源贫乏国更早地开始竞争性的工业化道路，而在较低人均国民生产总值基础上的改革也使其趋向采用更开放的贸易政策，从而促进以出口为导向的劳动密集型制造业的发展，制造业的发展不但吸纳了大量的剩余劳动力，而且由于其对劳动力技能要求的不断提升，带动了对教育、科研的投入，为经济的长期发展积累了高素质的人力资本，最终使得该国经济走上了与社会条件互相促进、持续快速发展的良性循环的轨道。相反，大宗产品陷阱模式下，一国经济由于对初级产品的依赖会延误其发展竞争性制造业的时间，由此带来的负面效应分别是生产和劳动资本的积累的落后。由于采矿业是资本密集型行业，难以吸收大量的农村剩余劳动力并会导致不同部门间收入差距的拉大，造成分配不均的社会矛盾，并且很容易形成“寻租”行为的盛行。一旦形成从事“寻租”比开展生产活动所获取收益更大的福利分配机制，就会引发企业家才能资源的错配，因此，以大宗产品模式为基础的矿业经济会制约一国的经济发展。

由于苏联成员国中的许多国家都拥有丰富的自然资源，加之这些国家又处于转型阶段的独特情况，其国家制度、对外开放、经济结构单一等问题都与资源诅咒和荷兰病的研究有着密切的关系，因此，对这些国家的研究也成为本领域内的热点。理查德·庞弗雷特（Richard Pomfret，2011）指出，资源丰富的苏联国家更易感染荷兰病，因为这些国家缺乏在市场经济条件下制定经济政策的经验且不具备良好的经济制度。土库曼斯坦、乌兹别克斯坦和塔吉克斯坦已具有“资源诅咒”的部分特点，而阿塞拜疆和哈萨克斯坦则通过吸引外资和增强国家生产能力，在一定程度上减弱了感染荷兰病的可能性。赫利斯塔·布雷斯科威尔（Christa N. Brunnschweiler，2009）在 1990～2006 年对 27 个中东欧和苏联转型国家进行分析后发现，石油成为储量丰富的国家渡过转型萧条期的决定性因素，但石油的积极促进作用是不是能够长期保持则难以确定，因为这取决于这些国家是否能实现经济结构多元化以保证经济的长期增长。

表 3.11　哈萨克斯坦不同行业产值占 GDP 的比重

行业 / 年份	矿业	制造业	农业	建筑业	房地产业
1999	10.4%	14.1%	9.8%	4.7%	12.0%
2000	13.0%	17.2%	8.0%	5.2%	10.8%
2001	11.4%	16.4%	8.6%	5.5%	12.1%
2002	12.1%	14.5%	7.8%	6.3%	12.6%
2003	12.1%	14.2%	7.8%	6.0%	14.4%
2004	13.6%	13.3%	7.0%	6.1%	15.4%
2005	15.8%	12.0%	6.3%	7.8%	15.1%
2006	16.1%	11.6%	5.4%	9.8%	14.8%
2007	15.2%	11.6%	5.6%	9.5%	14.9%
2008	18.7%	11.8%	5.2%	8.1%	15.0%
2009	17.9%	10.9%	6.1%	7.9%	15.9%
2010	19.5%	11.3%	4.5%	7.7%	8.6%

资料来源：Статистический ежегодник Казахстана 2000—2011.

一、矿业开采对哈萨克斯坦的影响

哈萨克斯坦经济极大地受益于矿业开采，为避免出现“资源诅咒”，哈萨克斯坦建立了能源基金，并将资金投向环境、基础设施以便于引进外部资源和技术，从而促进国内储蓄流向生产型投资。考虑到受全球化和一体化的影响，哈萨克斯坦有望实现经济的持续稳定发展。[1]

1995～2010 年，哈萨克斯坦的 GDP 和外贸分别实现了年均 15.7% 和 20.9% 的增长，2010 年 GDP 为 1480 亿美元，外贸总额为 906 亿美元，成为中亚国家经济实力最为强大的国家，人均 GDP 也由 1993 年的 283.8 美元增加到 2010 年的 9070 美

[1] Yelena Kalyuzhnova，Michael Kaser. *Prudential Management of Hydrocarbon Revenues in Resource – rich Economies.* UNECE Discussion Paper No：5. December 2005：6 – 15.

元，跨入了中等偏上收入国家的行列，❶ 不同产业在哈萨克斯坦的经济结构中的比重也发生了重大变化（见表 3.11）。哈萨克斯坦的矿业产值也在 1999～2010 年间实现了年均 35% 的增长，并由占 GDP10.4%（1999 年）的比重增加到 19.5%（2010 年）；制造业和农业在国民经济的比重则分别从 14.1% 和 9.8% 下降为 11.3% 和 4.5%；而建筑业占 GDP 的比重从 4.7% 增加到 7.7%；房地产业则从 12% 增加到 15.9%（2009 年），2010 年房地产业的大幅萎缩是国内经济泡沫破灭的结果。❷ 根据南卡尼（Nankani）提出的标准，当一国 GDP 的 10% 或出口额的 40% 来源于矿产品，该国即为矿业经济。❸ 哈萨克斯坦矿产品的出口占总出口的比重也由 1999 年的 46% 增加到 2010 年的 75%，由此可认为哈萨克斯坦已成为典型的矿业经济国家。

（一）经济增长中的“去工业化”

自然资源在哈萨克斯坦经济增长中已起到了举足轻重的作用，科登和尼瑞（Corden and Neary）将依赖自然资源的国家分为两个可贸易部门和一个不可贸易部门，即能源部门、制造业部门和服务业部门，并指出能源部门的繁荣会通过资源转移效应和消费效应影响到其他两个部门，从而导致制造业的衰落，使经济患上“荷兰病”乃至最终导致“资源诅咒”。❹

通过表 3.12 可知，尽管独立以来矿业（包括能源和其他自然资源的开采）已占哈萨克斯坦 GDP 的 19% 和出口的 75%，成为哈萨克斯坦经济的支柱产业，但其就业人口占总就业人口的比重仍只是 2%，而农业则在其占 GDP 的比重下降了 54% 时，吸纳的就业人口从 1999 年的 22% 上升到了 2010 年的 28%。具有“干中学”效应的能够为经济发展提供动力和培养具有熟练技能劳动力的制造业，从业人口也从 1999 年的 10% 下降到了 2010 年的 7%，占 GDP 的比重从 1999 年的 14% 下降到了 2010 年的 11%。就业比例上升最大的建筑业增加了 133%，而房地产业在 2009 年增加了 67%（2010 年回落到 2% 是金融危机后房地产业泡沫被挤出的结

---

❶ 按世界银行公布的数据，2008 年的最新收入分组标准为：低于 975 美元为低收入国家，在 976～3855 美元之间为中等偏下收入国家，在 3856～11905 美元之间为中等偏上收入国家，高于 11906 美元为高收入国家。

❷ 数据根据 Статистический ежегодник 计算而来，下文中数据如无说明，来源皆同于此。由于哈萨克斯坦 1998 年改变了统计方法，为保证数据统计口径的一致，采用的数据从 1999 年开始。这也造成开展本研究所需的哈萨克斯坦不同部门统计数据时间过短，为保证研究结果的真实性，本书仅根据可获得的同口径数据对其经济状况展开分析而不建立相关数学模型。

❸ Nankani, G. (1979), *Development Problems of Mineral Exporting Countries*, World Bank Staff Working Paper 354, Washington DC: World Bank. pp. 11－14.

❹ W. Max Corden; J. Peter Neary. *Booming Sector and De－Industrialisation in a Small Open Economy*. The Economic Journal, Vol. 92, No. 368. (Dec 1982).

果）。尽管矿业创造了哈萨克斯坦 GDP 的大部分产值，但由于其资本和技术密集型的特点，无法吸纳剩余的劳动力。制造业的产值和就业人口的双下降表明，哈国经济“去工业化”的特点。

表 3.12 中给出了农业、矿业、制造业、建筑业和房地产业的平均月工资与哈萨克斯坦全国平均月工资对比的比值，从 1999 ~ 2010 年，农业工资增幅最大，建筑业的工资小幅上升，而矿业、制造业和房地产业的工资与全国工资的比值都下降（房地产业工资仅在 2010 年下降了，在 2009 年其工资相对于 1999 年还上升了 50%），但矿业工资水平仍分别为农业、制造业、建筑业、房地产业的 4 倍、1.9 倍、1.4 倍和 1.2 倍（房地产业采用 2009 年数据）。由此可见，服务业部门，如建筑业和房地产业，是矿业经济受益的行业。而矿业、建筑业和房地产业的高工资无疑是推动哈萨克斯坦经济“去工业化”（deindustrialization）的重要因素，这也成为制造业就业人口下降和建筑业、房地产业就业人口上升的直接动力。因为矿业、建筑业和房地业对中间产品（intermediate product）需求并不大（虽然矿产开采中需要技术密集型的设备，但因哈萨克斯坦装备制造业技术水平的落后，无法提供矿业所需的机械设备），这对制造业的发展产生了强烈的抑制作用。

表 3.12　不同行业就业人数与月均工资比例

年份	不同行业就业人数占就业人口比重					不同行业月均工资比例				
	房地产业	农业	矿业	制造业	建筑业	房地产业	农业	矿业	制造业	建筑业
1999	22%	2%	10%	3%	3%	39%	208%	116%	134%	104%
2000	31%	2%	9%	4%	4%	39%	223%	123%	146%	116%
2001	35%	2%	8%	4%	3%	40%	212%	115%	155%	128%
2002	35%	2%	8%	4%	3%	40%	197%	109%	160%	144%
2003	35%	3%	7%	5%	3%	41%	197%	107%	149%	158%
2004	33%	3%	7%	5%	3%	42%	192%	107%	136%	143%
2005	32%	3%	7%	6%	4%	44%	193%	104%	141%	149%
2006	31%	3%	7%	6%	4%	46%	186%	107%	136%	148%
2007	31%	3%	7%	7%	5%	47%	171%	104%	135%	149%
2008	30%	3%	7%	7%	5%	52%	181%	108%	134%	154%
2009	29%	3%	7%	7%	5%	51%	183%	103%	133%	155%
2010	28%	2%	7%	7%	2%	47%	191%	101%	135%	88%

资料来源：Статистический ежегодник Казахстана 2000—2011.

从以上不同行业产值和就业人口的变化可以看出，由于资源产业在国民经济中比重的增加，哈萨克斯坦的确发生了制造业被“挤出”的情况，制造业就业人数的大幅下降固然是受到了1998年俄罗斯金融危机的影响，但长期来看，矿业发展带来资源转移效应和消费效应对制造业的影响更大，这对于该国经济的长期发展无疑是极为不利的。农业在这一过程中虽然起到了吸纳剩余劳动力的蓄水池作用，但鉴于农业不具有规模经济和提升产业结构的作用，其对就业人口的吸纳在短期内有利于保持社会稳定，却无法支持经济的现代化并培养出制造业所需求的熟练劳动力。建筑和房地产业的发展无疑是受益于矿业经济发展所带来的“意外之财”（windfall），只是这些行业的发展只能依赖于自然资源的持续开采，而且其带来的消费效应对该国经济和社会造成巨大的负面效应。

（二）人力资本积累的减少

在资源丰裕的经济体中，构成经济活动主体的初级产品生产部门并不需要高技能的劳动力，因此，人们更容易忽视人力资本对经济发展的重要作用。丰裕的自然资源通过提高非熟练劳动力的工资而挤出教育投资，从而导致资源诅咒（谢继文，2010）。图3.2是2000～2010年哈萨克斯坦GDP、总人口、青年人口（15～24岁）和高等院校入学人数的环比增长趋势，从图3.2可发现，哈萨克斯坦总人口增长率除了2000年为负增长外，此后一直保持人口增长。哈萨克斯坦15～24岁的青年人口则一直保持增长，仅在2009、2010两年为负增长。而哈萨克斯坦GDP和高等学校入学人数曾保持了基本背离的走势（2009年GDP增速的大幅下降是国际金融危机的影响的结果），更进一步来说，由于哈萨克斯坦经济日益的依赖自然资源的开采，已经对其教育产生了严重的负面影响。2000年以后，国际能源价格的持续上涨带动了哈萨克斯坦能源和资源行业的高速发展，而哈萨克斯坦高校入学人数增长率持续下降，甚至在2004～2009年出现了负增长。制造业的就业人口在1999～2003年下降19.3%，且矿业、建筑业和房地产业等行业的工资也远高于制造业的工资水平，这些行业的变化必然影响到青年人的求学和就业选择。2010年，当青年人口为－1.5%增长率时，当年高校入学人数却出现了2006年以后的首次2%的增长。这很可能是受到国际金融危机冲击后就业形势不乐观，才使得部分年轻人选择了继续读书以暂时躲避就业困难。

矿业属于资本密集型行业，其吸纳的劳动力极为有限。而受益于资源开采的建筑业和房地产业等许多服务行业，对劳动力的要求并不高，这直接导致青年人继续学习知识的动力的下降。而需要具有熟练技能劳动力的制造业，在行业自身都已不断萎缩时，自然无法吸引受过良好教育的青年人。当获取高学历未必会给受教育者带来更高的回报来弥补其在求学期间付出的机会成本时，整个社会都会偏好更早地开始工作而不是选择继续学习。读书无用论一旦在社会中被普遍认可，从长期来看，必然会造成劳动力素质的下降，而这将会成为制约一国经济结构调整、发展高新技术行业的最根本的制约因素。如果不能培养并储备优质的人力资本，哈萨克斯坦提出的2020年的发展规划和转变经济发展方式——由依赖资源开发转型为发展高技术产业的战略是无法实现的。而美国、澳大利亚、斯堪的纳维亚地区等资源丰富国家，正是有效利用了丰富的自然资源和优良的人力资本，才通过制造业和自然资源部门间的相互促进，实现了工业化并保持经济的持续增长（Ortega，2007）。

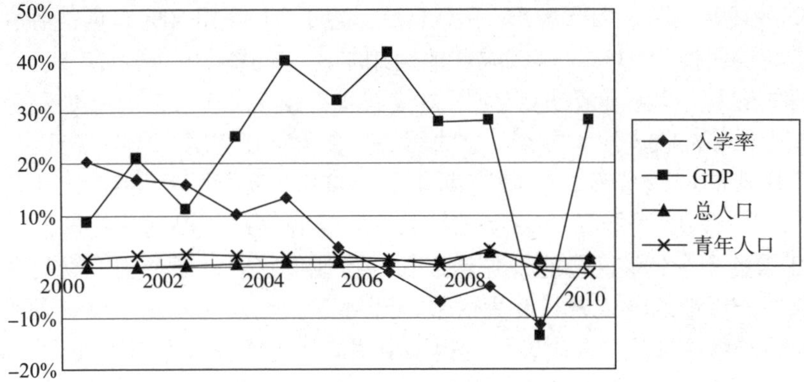

图 3.2　GDP 和高校入学人数增长趋势

资料来源：Статистический ежегодник Казахстана 2000—2011.

二、哈萨克斯坦现行政策分析

依赖自然资源的开采，尽管在短期内会使一国经济快速增长、居民福利增加，但不正确的使用从自然资源中所获得的巨额红利，一国很容易形成“寻租”的机制和财富分配不均的情况。为了减少国民对财富分配不均的不满，政府会增加社会整体的福利供给，这固然在一段时间内减弱了国内的不满情绪，但引发的一个后果就是，过于优厚的福利待遇使国民丧失了工作、创新的激励。当一个社会的环境引导其精英竞相成为寻租者（rent seeker）而不是具有创新精神的企业家、其普通大众满足于优越的生活条件而无意努力工作时，那么一旦资源耗尽或价格下跌，就会引发其福利体系难以为继，经济陷入萧条状态，正如20世纪70年代的荷兰。而且，在制度体系并不完善的发展中国家就更易出现社会动荡和经济危机相互作用的恶性循环。

出于对本国经济过度依赖自然资源开采的担忧，哈萨克斯坦政府也采取了多种措施来加以调整，以下就对哈萨克斯坦政府采取的措施及其发挥的作用进行分析。

（一）建立哈萨克斯坦国家基金

从世界范围来看，并非所有资源丰裕的国家都遭受了“资源诅咒”，相反，有的国家得到的是资源的“赐福”（blessing），利用本国丰富的资源实现了经济持续的繁荣和增长，如澳大利亚、挪威、印度尼西亚、马来西亚等国。拉森（Larsen，2004）指出，20 世纪 60 年代挪威的经济还远落后于邻国丹麦和瑞典，但随着石油、天然气资源在挪威被发现，挪威实现了经济的高速发展。尽管这种增长早期对能源的依赖很大，但在 1993～1998 年，挪威石油和天然气生产的增长率为 18.9%，而工业的增长率则保持在 38.1%，远高于能源部门的增长。而在出口中，尽管 1989～1998 年石油和天然气的出口分别增加了 1 倍和 50%，但能源在挪威出口的比重始终保持为 28%。挪威成功地运用其丰富的资源的原因在于，采取了一系列正确的宏观政策，有效地避免了感染“荷兰病”，其中之一就是避免消费效应，而将大量石油收入注入国家设立的石油基金及对其使用的严格控制。

借鉴挪威的成功经验，哈萨克斯坦于 2000 年设立了哈萨克斯坦国家基金（NFRK），以有效使用能源开采为国家带来的巨额收益。根据纳扎尔巴耶夫总统 2005 年签署的命令，该基金的来源包括石油行业的税收、矿产部门私有化的收入以及出售农业用地的收入，其使用仅限于造福下一代人的开发和投资项目，且政府鼓励投资非能源部门。同时，也规定了使用该基金的资金不得超过哈萨克斯坦 5 年 GDP 平均值的 1%。[1] 理查德·庞弗雷特（Richard Pomfret，2011）也认为，尽管存在诸多不足，但相对于阿塞拜疆、土库曼斯坦等国，哈萨克斯坦在能源基金的使用上更为透明和谨慎。在 2007 年金融危机爆发后，哈萨克斯坦动用了大量的国家基金来扶持银行业和建筑业以稳定国内经济，只是其使用效率究竟如何目前还难以判断。

（二）促进经济结构的多元化

无论是资源诅咒还是荷兰病，二者共同表现都是一国经济过度地依赖自然资源，而自然资源行业由于其产业链的短小、对劳动力吸纳能力低下，无法起到促进经济长期增长的发动机作用。取得成功的资源丰富国家的经验是，利用从自然资源开采中所获取的巨额收益，高效地将其配置到不同行业去，形成各部门间相互促进的良性循环，从而拉动各个不同行业的发展，实现经济发展的多元化。

以挪威为例，尽管能源开采的产业链很短，但由于其为资本和技术密集型行业，该国通过开展能源开采行业设备和技术的研发，促进了能源装备制造业和服务业的发展。而这些技术密集型行业对劳动力的要求又拉动了相关行业人才的培养，强化了国内人力资本的积累。这样一来，形成了能源开采带动制造业发

---

[1] Zharas Aitmambet. *How can Hydrocarbon Windfalls be Managed to Sustain Growth in A Resource Based Economy? Case Study: Kazakhstan*, 2006: 15－17. [OL]. [2011－10－07]. http: //www. dundee. ac. uk/cepmlp/car/html/CAR10_ ARTICLE40. PDF.

展——制造业增加对高素质劳动力和先进技术的需求——这种需求又促进了社会整体对科学技术的研发热情和人才培养的积极性，从而形成了促进经济增长的良性循环机制，摆脱了对能源资源的依赖。

为避免本国出现“资源诅咒”或“荷兰病”，哈萨克斯坦试图保护本国的非石油部门以促进经济结构的多元化。但由于自苏联时期哈萨克斯坦的经济结构就存在轻工业落后的结构性问题，在独立后随着经济增长的重心主要依赖自然资源的开采，这一问题不但没有解决反而更趋严重。由于制造业整体技术水平的落后，致使石油开采中还普遍使用苏联时期的装备，造成矿业的发展无法传导到制造业部门。

目前，哈萨克斯坦政府已将发展工业中的能源设备制造、建筑材料、纺织、服务业中的交通和物流、旅游、商业银行和农业产业集群作为实现本国经济结构多元化的优先领域。但从以往众多资源丰裕国家的经验来看，虽然这些国家也努力去实现经济结构的多元化，最后仍出现了资源诅咒或荷兰病。其中一个关键原因在于，其政府过多地介入微观经济事务，而政府主导的投资大都是低效甚至仅仅是基于领导人的随意决定，从而造成了大量的资源浪费。政府介入过多的另一个弊端在于，很容易引发“寻租”的问题，进一步恶化经济环境。因此，在实现多元化时尽管政府需要进行扶持，但这种多元化应是以市场配置资源作为基础的。

在多元化战略的实施过程中如何避免以上所谈及的资源错配问题是极为关键的。一些国家的成功经验是在财政支出中增加对税收而非能源收入的依赖，这可有效增强政府发展非能源部门的动力，因为这会促使政府将更多的资源投入促进竞争性行业的发展，通过这些行业的发展来促进政府税收的增加。

（三）加大贸易开放度

澳大利亚、加拿大、德国、英国等国的经验表明，贸易更为开放的资源丰裕国家其经济会摆脱资源的“诅咒”，而实施保护性贸易政策的资源国家更容易患“荷兰病”乃至于被“诅咒”。原因在于，开放的国家更容易通过对外贸易的学习效应来促进本国竞争性产业的发展，同时引进国际先进的经验与制度，从而更高效地使用本国资源，最终将资源转为“赐福”（blessing）（Arezki，2007）。

2010年，哈萨克斯坦贸易依存度已达到61.2%，其开放程度在中亚各国中是最高的。经过哈萨克斯坦多年倡导，俄白哈关税同盟也已建立，而且各国希望能够将其升级为一体化水平更高的统一经济空间。但从欧亚经济共同体各国的经济发展水平、市场机制的成熟程度和产业结构来看，他们的一体化很难像欧盟和北美自由贸易区成员通过竞争性合作来促进共同的发展，主要国家更多的是从政治角度而非经济利益来促进一体化，因此这种一体化很难带来哈萨克斯坦最需要的先进的技术、经验和制度。

在俄罗斯加入世贸组织后，如果哈萨克斯坦也能完成加入世贸组织的谈判，这会对俄白哈关税同盟产生很大影响，对进一步提升哈萨克斯坦的开放程度、学习国外的经验和制度及减轻哈萨克斯坦的“荷兰病”无疑是有利的。但根据当前的形势，哈萨克斯坦入世将会成为一个难以解决的问题，这对于哈萨克斯坦在融入世界市场、提升对外开放的水平、学习发达国家成熟市场经济制度和经验等方面无疑会带来消极影响。

三、结论

（一）哈萨克斯坦经济未被“诅咒”但已“患病”

自独立以来，尽管受到了体制转型和两次金融危机对经济的严重影响，但总体上哈萨克斯坦经济受益于资源开发，从而实现了经济的大幅增长，其人均 GDP 已进入了中等偏上收入国家的行列。尽管有大量人口因制造业的萎缩而失业，因哈萨克斯坦具有丰富的分散型资源、耕地，这些失业人口被农业所吸纳，未像其他矿业国家那样因严重的失业问题而引发社会的不稳定。就此而言，哈萨克斯坦得到了自然资源的“赐福”。但哈萨克斯坦经济中存在的问题也表明，其经济过于依赖资源开采，对其发展前景构成了障碍，而如何治疗“荷兰病”是哈萨克斯坦政府将长期面对的一个问题。

（二）需在市场化基础上实现经济多元化

从世界范围来看，凡是自然资源丰富又实现了经济长期稳定增长的国家成功的经验之一就是，避免了过度依赖自然资源的单一经济模式，这一点无论在发达国家的挪威、澳大利亚还是发展中国家的印度尼西亚、马来西亚都得到了印证。而且这些国家都是将市场作为配置资源的基础来实现经济多元化。因此，哈萨克斯坦需进一步强化市场在资源配置中的基础作用以及让政府在更为透明、规范的环境中来推动其多元化战略的实施，以避免政府的过多干预引发资源错配和寻租。

（三）能源基金使用应更为谨慎、合理

在取得成功的资源丰裕国家的经验里，合理使用巨额的资源收益都是一条重要的经验。尽管哈萨克斯坦政府在宏观政策的制定和财政开支方面总体是谨慎的，但近年来哈萨克斯坦房地产业的高速增长和地产泡沫在金融危机中的破灭说明，福利条件上升在哈萨克斯坦引发的消费效应已对其国民的消费观念和经济发展产生了消极影响，因此如何减少巨额的资源收益对经济、社会产生的负面影响是哈萨克斯坦政府需认真对待的问题。

第四章　中亚国家对外贸易发展与现状

由于地处欧亚大陆内部，交通不便，加之苏联时期严格的计划经济管理体制对各共和国的限制，中亚各国独立后在发展对外贸易方面普遍存在大量的困难，如缺乏熟悉国际市场的人员、适应国际竞争的产品以及相应的国际支付体系。独立后，随着各国自主制定的经济政策以及各国不同的资源条件的影响，中亚国家的外贸发展呈现各自不同的特点。独立初期，哈萨克斯坦对外贸易与其他四国基本处于同一水平，但随着哈萨克斯坦对外开放政策的实施，其外贸额已远远超过其他四国，1992 年哈萨克斯坦的外贸额占中亚五国的 47.3%，而到了 2011 年则占五国贸易额的 70%。

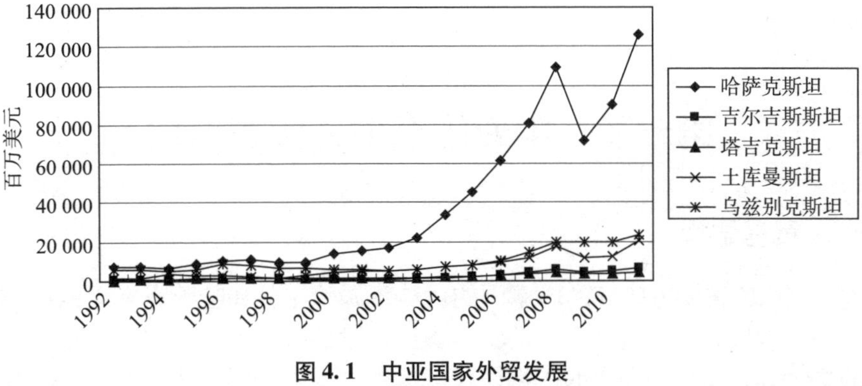

图 4.1　中亚国家外贸发展

资料来源：UN CTAD［OL］.［2012 - 12 - 16］. http：//unctad. org/en/pages/Publication Webflyer. aspx? / publicationid = 759.

1992 年时，中亚五国除了土库曼斯坦实现 3.6 亿美元的贸易顺差，其余四国均为贸易逆差，逆差最大的是哈萨克斯坦。到了 2011 年，除了吉尔吉斯斯坦和塔吉克斯坦为贸易逆差外，其余三国均实现了贸易顺差，顺差最大的亦为哈萨克斯坦。哈萨克斯坦外贸之所以能够实现高速增长和巨额顺差，与其大力开发和出口能源类以及资源类产品有着密不可分的关系。

从贸易依存度来看，中亚国家经过 20 年的发展，对外开放程度均有大幅提升，最低的乌兹别克斯坦贸易依存度也达到了 51.2%。1992 年，贸易依存度最高的国家是土库曼斯坦，为54.7%；而到了2011年，贸易依存度最高的国家则是吉尔吉斯斯坦，达到了109.4%。吉尔吉斯斯坦和塔吉克斯坦两国经济实力在各国中最弱，也是仅有的两个出现巨额贸易逆差的国家（相比于其自身的外贸额和GDP），但这两国的贸易依存度却很高，尤其是吉尔吉斯斯坦。之所以出现这种情况，与在中亚极为流行的边境贸易和巴扎贸易有着密不可分的关系。

表4.1　1992～2011年中亚五国外贸概况

国家	1992			2011		
	外贸额（亿美元）	贸易差额（亿美元）	贸易依存度	外贸额（亿美元）	贸易差额（亿美元）	贸易依存度
哈萨克斯坦	72	-7.2	27.2%	1263	502	68.4%
吉尔吉斯斯坦	7.4	-1	33.5%	62.3	-22.9	109.4%
塔吉克斯坦	2.4	-0.2	12.3%	44.4	-19.3	68.1%
土库曼斯坦	14.4	3.6	54.7%	204	56	69.6%
乌兹别克斯坦	56	-1.3	40.6%	232	33	51.2%

资料来源：UN CTAD [OL].[2012-12-16]. http://unctad.org/en/pages/Publication Webflyer aspx?/publicationid=759.

第一节　中亚国家对外贸易概况

一、贸易结构

中亚国家的主要出口商品以本国的优势资源为主，如哈萨克斯坦的矿物燃料占出口额的72%，吉尔吉斯斯坦的黄金占出口额的51.4%，塔吉克斯坦的铝占出口额的59.5%，土库曼斯坦的矿物燃料甚至达到了出口额的91%，各国中只有乌兹别克斯坦的出口结构相对多元化，棉花、矿物燃料、车辆、铜及制品分别占出口额的18.7%、16.5%、11.8%和11.6%。各国出口前五位的商品占据了各国的主要出口份额（最低的乌兹别克斯坦也占到出口额的67%），但其中各国出口的工业制成品很少，塔吉克斯坦依靠本国廉价的水电资源出口的铝及铝制品，哈萨克斯坦的钢铁及钢铁制品都是在苏联时期建成的，各国出口产品中唯一属于资本技术密集型的产品就是乌兹别克斯坦独立后与韩国共同建立的“乌兹大宇”汽车厂生产的汽车。

蔬菜、水果和棉花分别占吉尔吉斯斯坦、塔吉克斯坦、土库曼斯坦和乌兹别克斯坦出口额的4.8%、5.2%、5.3%和18.7%，这说明各国工业化程度的落后已成为制约各国扩大出口和实现出口产品多元化的最根本的因素。

与各国出口结构中单一商品可占总出口额一半以上的情况相比，各国进口商品结构则呈现多元化的特点，如最高的吉尔吉斯斯坦进口的矿物燃料占进口额的22.8%。由于各国工业化程度低，因此工业制成品，而不仅是资本和技术密集型商品，成为中亚国家主要的进口商品。中亚国家进口结构另一个特别之处在于，矿物燃料不仅是吉尔吉斯斯坦和塔吉克斯坦两国的主要进口商品，而且是油气资源丰富的哈萨克斯坦位居第二（占进口额的12.8%）和乌兹别克斯坦位居第四（占进口额的6.1%）的进口商品。之所以出现能源产业内贸易，是因为苏联时期形成的中亚地区的能源管道是以俄罗斯为中心构建的，并未在各国内部形成完整的能源运输网络，因此两国能源短缺的地区也需要从邻国进口油气资源，这样比从国内其他地区运来的成本要低很多。

表4.2　2011年中亚五国贸易结构*

出口					进口				
哈	吉	塔	土	乌	哈	吉	塔	土	乌
HS27 (72.0%)	HS71 (51.4%)	HS76 (59.5%)	HS27 (91.0%)	HS52 (18.7%)	HS84 (14.6%)	HS27 (22.8%)	HS61 (13.4%)	HS84 (20.8%)	HS84 (17.7%)
HS72 (6.9%)	HS27 (9.3%)	HS52 (15.0%)	HS52 (5.3%)	HS27 (16.5%)	HS27 (12.8%)	HS87 (10.3%)	HS27 (10.0%)	HS73 (14.7%)	HS87 (11.9%)
HS26 (5.0%)	HS62 (5.3%)	HS26 (8.2%)	HS39 (1.1%)	HS87 (11.8%)	HS85 (10%)	HS84 (6.6%)	HS64 (6.9%)	HS85 (10.9%)	HS85 (6.5%)
HS74 (3.7%)	HS07 (4.8%)	HS08 (5.2%)	HS63 (0.6%)	HS74 (11.6%)	HS73 (5.3%)	HS85 (4.8%)	HS84 (4.5%)	HS87 (7.2%)	HS27 (6.1%)
HS28 (3.4%)	HS87 (3.3%)	HS62 (2.6%)	HS62 (0.4%)	HS08 (8.4%)	HS90 (5.2%)	HS30 (3.8%)	HS85 (4.2%)	HS89 (4.3%)	HS72 (5.9%)

资料来源：UN ITC [OL].[2012－11－02]. http://www.intracen.org/itc/market－info－tools/.

从各国进出口结构可看出，中亚五国的出口皆以能源类产品、资源类产品以及农产品为主，进口都是工业制成品，因此这些国家之间进出口的竞争性远大于互补性，除了吉尔吉斯斯坦、塔吉克斯坦因缺乏能源以及哈萨克斯坦、乌兹别克

* 由于哈、吉等国贸易中边境贸易占比重较大，而边境贸易的统计数据存在低报的问题。对于数据低报的贸易数据，后文进行了详尽分析。此处为便于对各国贸易结构进行大致了解，仍采用了ITC的数据，暂不考虑低报数据问题。

此处采用的商品分类标准为HS2002，下文中如无注明，所用HS分类皆为2002版本。详细分类可见附录2。

斯坦由于成本原因也进口能源，五国彼此间能够形成供需互补的商品极少，这就决定了各国间要提升彼此间贸易往来将是一个困难的过程。

二、主要贸易伙伴

独立初期，中亚国家的对外贸易流向极为集中，进出口对主要贸易伙伴的依赖性较强。对于前五位贸易伙伴市场的依赖性，最低也达到了60%以上，而最高的如塔吉克斯坦前五位进口商品来源国占其进口额的80.5%，吉尔吉斯斯坦前五位出口商品目的国占出口额的82.8%。

对个别市场的依赖度过高对各国贸易政策调整必然会带来消极影响，中亚国家进出口的主要贸易伙伴以独联体国家和西欧国家为主，其中俄罗斯所占的比重最大，成为各国最主要的贸易伙伴国（土库曼斯坦例外，其最主要的贸易伙伴国为乌克兰）。而中亚国家间互为主要贸易伙伴的情况相比于前两者就较少，只有吉尔吉斯斯坦和塔吉克斯坦与周边邻国的贸易往来较多。

表4.3　1994年中亚国家主要贸易伙伴

出口					进口				
哈	吉（1995）	塔（1995）	土	乌	哈	吉（1995）	塔（1995）	土	乌
俄罗斯（44.5%）	俄罗斯（25.6%）	荷兰（34.1%）	乌克兰（28.1%）	俄罗斯（22.7%）	俄罗斯（36.3%）	俄罗斯（21.9%）	乌兹别克（31.5%）	乌克兰（17.5%）	俄罗斯（24.3%）
荷兰（7.7%）	乌兹别克（17.1%）	乌兹别克（17.6%）	哈萨克（13.2%）	塔吉克（10.1%）	德国（8.2%）	哈萨克（21.5%）	英国（19.3%）	土耳其（12.4%）	瑞士（17.2%）
中国（4.6%）	中国（16.8%）	俄罗斯（12.7%）	格鲁吉亚（9.7%）	瑞士（9.6%）	土库曼（7.8%）	乌兹别克（16.9%）	俄罗斯（17.0%）	俄罗斯（10.5%）	德国（9.3%）
瑞士（4.0%）	哈萨克（16.3%）	瑞士（5.0%）	阿塞拜疆（9.0%）	哈萨克（9.2%）	乌兹别克（7.8%）	土耳其（7.3%）	土库曼（7.2%）	德国（4.2%）	塔吉克（8.3%）
乌克兰（4.0%）	英国（6.7%）	比利时（4.4%）	乌兹别克（6.7%）	英国（9.0%）	乌克兰（3.4%）	古巴（4.3%）	瑞士（5.7%）	意大利（3.9%）	哈萨克（4.9%）

资料来源：Statistical Handbook 1996 States of the Former USSR.

2011年，中亚五国外贸伙伴的最大变化在于俄罗斯作为各国的主要贸易伙伴的地位下降，而中国与各国的贸易往来大幅度上升。五国中仅哈萨克斯坦实现出口市场多元化，其余四国的贸易伙伴的单一性反而进一步上升，最高的如土库曼斯坦对前五位出口市场的依赖度达到90.6%，仅对中国的出口就占出口额的67.2%。在进口方面，塔吉克斯坦的前五位进口来源国占进口额的88%。因此，尽管2011年中亚五国的主要贸易伙伴发生了变化，但是其对主要贸易伙伴的依赖性不降反升，因此，在出口市场多元化方面中亚国家并没有多少改善。

另一个变化在于，中亚国家的主要贸易伙伴的构成发生了很大变化，1994年时尽管中亚五国间的贸易往来较少，但是五国与周边的独联体国家的贸易往来还是较多的。但到了2011年，中亚五国的前五位贸易伙伴中除俄罗斯外，不但几乎没有其他中亚国家，而且独联体国家也极少。而一些与本地区距离遥远的国家，除了原有的西欧国家外，韩国、日本、阿联酋也成为中亚国家的主要贸易伙伴。地理距离是制约一国对外贸易的重要因素，而中亚五国出现的这种独特的主要贸易伙伴构成的情况，无疑与上文中所分析的各国贸易商品的同质性和贸易结构的竞争性有着密切关系。按照古典和新古典国际贸易理论，只有贸易结构互补的国家才可成为贸易伙伴，但随着新贸易理论将规模经济和不完全竞争的引入，伙伴国之间的竞争性也可创造出更多的贸易。1963年，巴拉萨就发现了在欧洲经济共同体内部，各国间的竞争反而进一步促进了各国间贸易的增长，即产业内贸易的发展，现在已发展成为产品内贸易。中亚国家间虽然存在贸易结构的竞争性，但并没有发展成为产业内、产品内贸易，无疑是受制于中亚五国的贸易商品的同质性，即各国的主要出口商品是能源、资源和农产品这些初级产品。

表4.4 2011年中亚国家主要贸易伙伴

出口					进口				
哈	吉	塔	土	乌	哈	吉	塔	土	乌
中国（18.5%）	瑞士（44.1%）	土耳其（34.8%）	中国（67.2%）	俄罗斯（29.2%）	俄罗斯（42.8%）	俄罗斯（33.6%）	中国（51.3%）	土耳其（24.5%）	俄罗斯（20.5%）
意大利（17.1%）	哈萨克（14.6%）	俄罗斯（9.6%）	乌克兰（10.5%）	土耳其（15.6%）	中国（13.2%）	中国（21.7%）	俄罗斯（18.5%）	俄罗斯（18.3%）	韩国（17.8%）
俄罗斯（8.5%）	俄罗斯（14.4%）	中国（7.7%）	土耳其（5.6%）	中国（13.4%）	德国（5.5%）	哈萨克（9.6%）	哈萨克（9.2%）	中国（12.9%）	中国（14.0%）
荷兰（7.5%）	阿联酋（7.6%）	韩国（7.7%）	意大利（5.3%）	哈萨克（12.8%）	乌克兰（4.6%）	美国（4.9%）	阿联酋（4.6%）	德国（7.1%）	哈萨克（12.2%）
法国（6.1%）	乌兹别克（6.3%）	意大利（7.1%）	俄罗斯（2.0%）	乌克兰（10.7%）	美国（4.5%）	日本（3.9%）	土耳其（4.4%）	意大利（5.2%）	德国（7.1%）

资料来源：UN ITC [OL].[2012-11-07]. http://www.intracen.org/itc/market-info-tools/.

三、边境贸易

在中亚地区外贸表现为三种形式，即标准（正式）外贸、巴扎贸易（Bazaar

Trade）和边境贸易（Cross－border Trade）。中亚国家与本地区之外国家的贸易主要是符合国际市场交易方式的标准外贸，如同西欧国家开展的贸易。但在本地区内部，中亚国家与周边国家的贸易主要表现为边境贸易和巴扎贸易方式。

有研究认为，中亚国家在消费品市场的一体化程度还是很高的，如哈萨克斯坦内部的商品价格差异常会大于与吉尔吉斯斯坦、塔吉克斯坦和乌兹别克斯坦的价格差异，这说明国界并未成为限制各国贸易的障碍。而同类商品不同地区间30%～50%的价格差异也说明中亚国家的边界对贸易的限制作用并不大，还不如各国内部地理距离增加的成本。由于各国国内设置大量的检查点以及权力寻租现象，一国内部不同地区的货物价格差异很大。因此，与以往不同，中亚各国间的消费品价格差异不大，这主要是从事边境贸易的商人们追求套利机会的结果。而作为中亚最大的市场的乌兹别克斯坦，其贸易壁垒不但没有起到保护国内生产商的作用（从事边境贸易的商人们将白天的合法贸易转变为了夜晚的非法走私），反而促进了乌兹别克斯坦与哈萨克斯坦和吉尔吉斯斯坦边境附近的希姆肯特（哈）和奥什（吉）巴扎的发展，使这两个巴扎成为大型的批发市场，哈、吉两国也因此获取了大量的批发收益。[1]

苏联解体后，由于独联体各国间传统的联系仍很紧密，大部分独联体国家间公民往来都不需要签证，这些国家的边界管理也较为宽松。由于苏联的经济结构主要侧重于重工业的发展，解体后各国的经济分工体系瓦解进一步加剧了各国国内消费品、食品供应紧张的局面。为了解决燃眉之急，独联体国家都允许公民携带一定数量的商品免费进出本国，这样一来，许多居住在边境附近的居民都前往国外购买紧缺的消费品和食品，由此在独联体国家形成了大规模的边境贸易。这种贸易模式在中亚国家间以及他们与周边国家也极为普遍。

由于中亚各国对小额的边境贸易采取不予以报关的通关模式，因此会产生一部分货物，主要是被个体商贩贩卖的日用消费品，未被各国海关统计。除此之外，由于独立前中亚国家间并没有海关管理机构和设施，各国也缺乏熟悉海关业务的专业人员，各国在独立初期为了便利进口各种国内急需的商品，因此普遍采用了“包车包税”、“包机包税”等通关模式，这又使得各国进口商品中的相当一部分未被海关统计，这种通关方式也被称之为“灰色清关”。灰色清关造成了各国海关税收的流失，而且使得各国政府难以准确把握进口商品的种类和数量，而且这些廉价的进口商品对各国国内原本就生产效率低下，难以满足国内需求的同类商品形成了很大的竞争压力。

---

[1] Grafe, Clemens., Raiser, Martin. and Sakatsume, Toshiaki., *Beyond borders: Reconsidering regional trade in Central Asia*. EBRD Working paper No. 95. December 2005.

第二节　哈萨克斯坦对外贸易

一、哈萨克斯坦外贸现状*

作为独立后中亚地区经济发展成就最大的国家，哈萨克斯坦的外贸也得以迅速增长，并实现了巨额的贸易顺差。虽然贸易额有了大幅增长，但哈萨克斯坦对外贸易的竞争力却并不强，这与其贸易结构有着密切的关系。

某类产品的净出口是指一国该产品出口和进口之间的差额，也可用来衡量该产品的竞争优势，值越大，就表明该产品的竞争优势越大。

根据表4.5可知，哈萨克斯坦最具有竞争优势的前十位产业主要为矿物燃料、沥青（27），钢铁（72），铜及制品（74），谷物（10），天然或养殖珍珠、宝石、贵金属（71），矿砂、矿渣及矿灰（26），无机化学品（28），锌及制品（79），棉花（52），其他贱金属及制品（81）等原材料和初级产品为主的产业。矿物燃料、沥青（27）在哈萨克斯坦的出口结构中的地位尤其重要，仅此一项产品的出口额就占哈萨克斯坦出口额的一半以上，而且哈萨克斯坦外贸对矿物燃料的依赖性仍在继续加大，矿物燃料占其出口额的比例由2002年的58.2%上升到2010年的71.7%。

表4.5　哈萨克斯坦净出口前十位出口商品所占出口比重及其国际市场占有率

2002			2006			2010		
产品	%	MS%	产品	%	MS%	产品	%	MS%
27	58.2	1.2	27	68.7	2.1	27	71.7	1.8
72	11.8	0.9	74	6.9	2	72	6.4	1
74	7.4	2.1	72	6.1	0.8	28	4.6	2.3
10	3.6	1.2	28	3.6	1.9	74	3.8	1.4
71	2.6	0.2	26	2.9	1.2	26	3.8	1.1
26	2.6	1.1	79	2.1	4.5	71	2.1	0.3
28	2.7	0.7	71	1.8	0.3	10	1.7	1.2
79	1.6	3.2	10	1.5	1.5	79	1	4
52	1.1	0.3	41	0.6	0.9	11	1	3.9
81	1.0	1.7	11	0.5	2.5	25	0.5	0.8

资料来源：根据UN ITC数据库计算所得。

除矿物燃料以外，矿砂、矿渣及矿灰（26）、无机化学品（28）占出口额的比例也分别由2002年的2.6%、2.7%上升到2010年的3.8%和4.6%。与此同时，

* 本部分内容已发表于《哈萨克斯坦对外贸易增长实证研究》一文中。

哈萨克斯坦其他的主要出口产品占其出口额的比例则呈下降趋势，钢铁（72），铜及制品（74），天然或人工珍珠、宝石、贵金属（71）由2002年的11.8%、7.4%、3.6%和2.6%下降到2010年的6.4%、3.8%、1.7%和2.1%。这些产品之所以在哈萨克斯坦出口结构中比例下降，并非由于其竞争力的降低，主要还是由于能源类产品的增长幅度过快所致。如与2002年相比，2010年谷物占哈萨克斯坦出口比例下降，但2010年谷物的出口额却比2002年增加了185%，在国际市场的占有率也与2002年一样仍为1.2%，并未发生变化。

这表明哈萨克斯坦的外贸竞争优势集中于能源类产品，主要原因还是得益于近年来国际能源市场价格的大幅上涨，如2002～2010年国际市场的原油价格由25.02美元/桶上涨到79.5美元/桶，哈萨克斯坦正是充分发挥了其所拥有的丰富的石油资源优势，其外贸才取得了高速增长的成就。

国际市场占有率指一国某产品的出口总额占世界该产品出口总额的比例，反映了一国某产品参与国际竞争、开拓国际市场的能力。2002年以来，哈萨克斯坦的矿物燃料、沥青（27），天然或养殖珍珠、宝石、贵金属（71），无机化学品（28）和锌及制品（79）占国际市场的比例分别由1.2%、0.2%、0.7%和3.2%上升到2010年的1.8%、0.3%、2.3%和4%。而铜及制品（74）则从2.1%下降为1.4%。

正是由于哈萨克斯坦主要出口产品在国际市场占有比例的上升，哈萨克斯坦才成为国际上主要的贸易国家，这也对哈萨克斯坦经济近年来的恢复和发展起到了很大的促进和拉动作用。

显示性比较优势指数（Revealed Comparative Advantage Index，RCA）由Balassa（1989）提出，是指一个国家某种产品出口额占其总出口额的份额与世界该产品出口额占世界出口总额的比率。它剔除了国家总量波动和世界总量波动的影响，较好地反应了该产品的相对优势。

$$\mathrm{RCA}_{ij}=\frac{X_{ij}/\sum_{j=1}^{n}X_{ij}}{\sum_{i=1}^{m}X_{ij}/\sum_{i=1}^{m}\sum_{j=1}^{n}X_{ij}}$$

X_{ij}为i国j产品的出口额，i为不同国家，$i=1$，$2\cdots m$，j为不同产品，$j=1$，$2\cdots n$。

一般认为，若RCA指数大于2.5，则表明该出口产品（或产业）具有极强的竞争力；若RCA指数在1.25～2.5，则表明该出口产品（或产业）具有较强的竞争力；若RCA指数在0.8～1.25，则表明该出口产品（或产业）具有中度竞争力；若RCA指数小于0.8，则表明该出口产品（或产业）较弱。

根据表 4.6 可知，哈萨克斯坦的绝大部分产业在国际上都不具有竞争优势，如 2006 年具有极强竞争力、较强竞争力、中度竞争力和较弱竞争力的产业数量分别占哈萨克斯坦产业总数的 10.4%、4.1%、2%和 83.5%。自 2002 年以来，哈萨克斯坦具备不同竞争力的产业的数量并无大的变化，这说明哈萨克斯坦外贸的整体竞争力并无大的改善，而哈萨克斯坦外贸之所以能实现高速增长，主要是源于能源类产品出口的大幅增长。

表 4.6　哈萨克斯坦具备不同显示性比较优势的产业数量

RCA	2002	2003	2004	2005	2006
大于 2.5	10	11	12	12	10
1.25 ~ 2.5	5	3	2	2	4
0.8 ~ 1.25	1	1	2	1	2
小于 0.8	80	81	80	81	80

资料来源：UN ITC [OL].[2008 - 04 - 07]. http://www.intracen.org/itc/market - info - tools/.

2002 年，哈萨克斯坦显示性比较优势最强的十类产品中，有八类产品也是最具有竞争优势的产品，只有天然或养殖珍珠、宝石或半宝石、贵金属、包贵金属及其制品、仿首饰、硬币（71）和棉花（52）两类产品属于净出口前十位的产品，但不具备极强的竞争力；而 2006 年，有三类产品虽然是净出口中前十位的产品，但却不具有极强竞争力，这三类产品是天然或养殖珍珠、宝石或半宝石、贵金属、包贵金属及其制品、仿首饰、硬币（71）、钢铁（72）、生皮（毛皮除外）及皮革（41），可见哈萨克斯坦的主要的出口创汇产品中的部分产品并不具有极强竞争力。

从表 4.7 中可发现，尽管 2002 ~ 2006 年哈萨克斯坦最具有竞争力的产业变化不大，但这些产业的竞争力却呈现大幅下降的趋势，除了无机化学品、贵金属（28）和制粉工业产品、麦芽（11）的 RCA 指数由 2002 年的 4.58、4.06 上升到 2006 年的 5.33 和 6.88 以外，其他八类产品的 RCA 指数均大幅度下降，其中钢铁（72）、铜及制品（74）、锌及其制品（79）和其他贱金属、金属陶瓷及其制品（81）的下降幅度分别达到 63.8%、55.5%、37.4%和 68.9%。如此惊人的下降幅度表明，虽然哈萨克斯坦近年来外贸保持了高速的增长，但哈萨克斯坦主要出口产业的竞争力却并未随着出口额的增加而得以提升。因此，显示性比较优势的大幅下降必然会对哈萨克斯坦外贸的长远发展产生不利影响。

表 4.7 哈萨克斯坦 RCA 指数前十位的出口产品

2002		2006	
产品	RCA	产品	RCA
78	20.94	79	12.45
79	19.9	78	7.49
74	12.79	11	6.88
81	10.39	27	5.9
27	7.52	74	5.69
10	7.20	28	5.33
26	6.69	10	4.20
72	5.8	26	3.47
28	4.58	81	3.23
11	4.06	14	3.11

资料来源：UN ITC [OL].[2008-04-07]. http://www.intracen.org/itc/market-info-tools/.

产业内贸易（Intra-Industry Trade）指在一定时期内某一产业内商品同时发生输入和输出的活动，产业内贸易容易发生于经济水平相近的国家。1960 年，Verdoorn 在考察比利时—荷兰—卢森堡经济联盟内部的贸易形式变化时，首次关注了这种贸易形式。由于产业间贸易主要源于一国比较优势的发挥，而产业内贸易主要源于规模经济效益的发挥，随着经济全球化导致的国际分工的细化，当前发达国家的贸易形式主要表现为产业内贸易，因此产业内贸易份额的高低也已成为衡量一国对外贸易竞争优势的重要指标。

Grubel-Lioyd 指数由 Grubel 和 Lioyd 于 1975 年提出，成为衡量产业内贸易水平的使用最广泛的指标，GL 指数计算公式如下：

$$GL_i = 1 - \frac{|X_i - M_i|}{X_i + M_i}$$

GL_i 表示 i 类产品在一定时期内的 Grubel-Lioyd 指数，X_i 和 M_i 分别表示哈萨克斯坦第 i 类产品的出口额和进口额。显然，$0 \leqq GL_i \leqq 1$，当 GL_i 越趋于 1 时，表示产业内贸易水平越高；$GL_i = 1$ 这一极端情况表明全部贸易都是产业内贸易；GL_i 趋于 0 时表示全部贸易都是产业间贸易。

根据表 4.7 可知，哈萨克斯坦的产业内贸易程度并不高，2002~2006 年每年产业内贸易水平最高的前十类商品的第十类产业已介于产业内贸易与产业间贸易之间，而且自 2002 年以来，哈萨克斯坦的产业内贸易处于下降的趋势，如 2002 年属于产业内贸易的产业占所有产业的 11.5%，而 2006 年则下降为 10.4%，这说明哈萨克斯坦的外贸仍以产业间贸易为主。

表 4.8　哈萨克斯坦产业内贸易

2002		2003		2004		2005		2006	
产品	GL	产品	GL	产品	GL	产品	GL	产品	GL
08	0.9789	31	0.9818	31	0.9833	08	0.9178	23	0.9582
47	0.9231	08	0.8597	25	0.9063	25	0.8605	88	0.9184
31	0.8719	25	0.8342	23	0.8775	31	0.8356	08	0.8640
76	0.8129	28	0.7313	16	0.8032	46	0.8333	25	0.7183
25	0.7835	03	0.7207	08	0.6723	88	0.8298	38	0.6596
03	0.7293	24	0.6512	12	0.6618	23	0.8253	24	0.6293
83	0.5834	76	0.6140	89	0.6322	16	0.6793	03	0.5639
24	0.5821	23	0.5788	24	0.6119	24	0.6395	12	0.5197
51	0.5578	47	0.5585	51	0.5275	03	0.5410	72	0.5124
11	0.5541	43	0.4737	03	0.4991	72	0.4537	31	0.5085

资料来源：UN ITC [OL].[2008-04-10]. http://www.intracen.org/itc/market-info-tools/.

哈萨克斯坦的产业内贸易的一个突出特点在于，农产品成为其产业内贸易的主力，如 2002 年在产业内贸易中农业产业就占了 45%，鱼、甲壳动物、软体动物及其他水生无脊椎动物（03），制粉工业产品、麦芽（11），食用水果及坚果、柑橘属水果或甜瓜的果皮（08），烟草及烟草代用品的制品（24），羊毛、动物细毛或粗毛（51）的产业内贸易水平分别为 0.7293、0.5541、0.9789、0.5821 和 0.5578，一般农业产业内贸易主要是由于季节性差异或转口贸易所形成的，鉴于哈萨克斯坦的自然条件、农业产业结构和其作为国际上主要的谷物出口国，这也反映出哈萨克斯坦的农业较为发达。

在工业制成品的产业内贸易中，哈萨克斯坦仍以初级制成品为主，这表明哈萨克斯坦的工业水平较为落后。但近年来船舶及浮动结构体（89）、航空器、航天器及其零件（88）技术和资本密集型产业的产业内贸易水平得到大幅提升，如 2006 年航空器、航天器及其零件（88）GL 指数为 0.9184，这表明随着经济的恢复，哈萨克斯坦具有优势的资本和技术密集型产业也开始逐步得以恢复和发展。

二、外贸对哈萨克斯坦经济增长的影响

外贸的高速增长成为哈萨克斯坦独立以来经济发展中最大的亮点，但从上文的分析可知，哈萨克斯坦的外贸主要是依赖能源和资源类产品的出口来带动的，而资源和能源开发的产业链条很短，依赖此类产品出口究竟能对哈萨克斯坦经济

的增长起到何种作用还需要进行深入分析。

1. 模型设定

根据凯恩斯的宏观经济理论，投资、消费和出口是拉动一国经济增长的三驾马车，为明确出口对哈萨克斯坦经济增长的拉动作用，对各因素之间的关系进行分析。以 Y（即 GDP）表示经济增长水平，K 表示资本（以全社会固定资产投资为代表），C 表示消费，N 表示净出口。❶ 为消除统计数据中价格变动因素的影响，采用 CPI 对 Y、K、C、N 四个变量进行了调整。❷

考虑到如果直接采用一国的 GDP、资本总额、消费和净出口额，由于这些变量间存在线性相关关系，则容易引起多重共线性的问题（实际上笔者在采用这种被普遍采用的方法进行验证时发现，的确存在严重的多重共线性），故采用以上各变量的增量。可得如下模型：

$$Y = \alpha_0 + \alpha_1 K + \alpha_2 C + \alpha_3 N + \mu_t \qquad (1)$$

表 4.9 ADF 检验结果

变量	ADF 统计量	临界值	(CTK)	结论
Y	-3.79	-3.73**	CT0	平稳
K	-1.84	-3.32***	CT0	不平稳
C	-2.49	-3.29***	CT0	不平稳
N	-0.94	-3.29***	CT0	不平稳
$\Delta^2 Y$	-1.65	-1.6***	000	平稳
$\Delta^2 K$	-7.01	-4.8*	CT0	平稳
$\Delta^2 C$	-2.6	-1.96**	000	平稳
$\Delta^2 N$	-17.8	-4.6*	CT0	平稳

注：表中 ADF 检验值采用 Eviews 6.0 计算，其检验形式（C、T、K）分别表示单位根检验方程，包括常数项、时间趋势和滞后阶数，N 指不包括常数项或时间趋势。* 表示 1% 临界水平，** 表示 5% 临界水平，*** 表示 10% 临界水平。

2. 平稳性检验

在进行时间序列分析时，一般要求时间序列须是平稳的，否则将会产生“伪回归”的问题。但是，现实中的时间序列一般都是非平稳的，为了能够进行分析，这就要对时间序列进行处理，使其平稳化。传统使用的方法是，对时间序列进行

❶ 1993 年，哈萨克斯坦进行货币改革，采用坚戈为货币，将 1993 年前相关数据以 1 坚戈 = 394 卢布比例进行调整以进行核算。

❷ 所用数据来源为 Казахстан за годы независимости 1991—2007；Предварительные данные за 2009 год。

差分，使其平稳。但这样的弊端在于，消除了时间序列中所包含的有用信息。

为解决此问题，可采用协整方法。但运用协整方法的前提在于，不平稳的时间序列是同阶单整的，因此首先对各变量进行 ADF 检验，以明确各时间序列是否可开展协整检验。根据表 4.9 的检验结果，除 Y 为平稳序列外，其余各变量皆不平稳。但经过二阶差分后，各项变量都是 I（2）单整序列，因此可进行协整分析。

3. 协整检验

为确定哈萨克斯坦的经济增长、投资、消费、净出口之间是否存在长期均衡关系，根据 Johansen 和 Juselius（1990）所提出的基于 VAR 模型为基础的 JJ 方法来进行。检验前，需确定 VAR 模型的结构，采用 AIC 和 SC 信息准则确定 VAR 最佳滞后期为 2，得 VAR 模型，但进行 JJ 检验时，却发现由于观测值不够，无法进行 JJ 检验。由于无法获得哈萨克斯坦独立前的相关经济数据以扩展观测值，因此 JJ 检验无法进行。

为解决此问题，根据 Egnle 和 Granger 于 1987 年提出的方法，进行 EG 两步法检验。对于多变量的协整检验过程，通过设置一个变量为被解释变量，其他变量为解释变量，进行普通最小二乘法估计检验并检验残差序列是否平稳。如果所有变量都被作为被解释变量检验之后，仍不能得到平稳的残差项序列，则认为这些变量间不存在（d，d）阶协整。[1] 根据本研究的要求，将哈萨克斯坦的 GDP 设为被解释变量，其他变量为自变量。首先进行 OLS 估计，

$$Y = -507.59 + 0.85K + 1.54C + 0.29N \quad (2)$$

$$(-0.82)\quad(3.17)\quad(8.75)\quad(3.05)$$

$$\text{Adjust } R^2 = 0.96 \qquad F = 138.41 \qquad DW = 2.25$$

模型（2）中各项变量都具有显著性，通过 DW 检验确定不存在自相关。为检验方程（2）是否存在多重共线性，采用方差膨胀因子法进行检验，得到 VIF_i = 1.65，远小于 5，表明模型不存在多重共线性。

为了确定模型（2）是否存在协整关系，需对其残差进行检验，如检验结果表明不存在单位根，则存在协整关系。但在以何种标准进行单位根检验方面，则存在 ADF 和 AEG 两种不同的标准。目前，国内文献中大部分对时间序列的残差进行是否存在协整关系检验的研究都采用了 ADF 检验，但由于此处检验是对协整回归的残差，而非真正的非均衡误差进行，而普通最小二乘法是采用残差最小平方和，因此估计量是向下偏移的，这样将导致拒绝零假设的机会比实际大。因此，此时的检验应采用麦金农给出的协整检验临界值的 AEG 检验而非 ADF 检验。[2]

[1] 李子奈，潘文卿．计量经济学：第三版［M］．北京：高等教育出版社，2010：3.

[2] 张晓峒．应用数量经济学［M］．北京：机械工业出版社，2009：3.

对模型（2）中得到的残差进行单位根检验，得到如下结果：

$$\Delta u_t = -1.14 - 1.138u_{t-1}$$
$$(-4.73)$$
$$\text{Adjust } R^2 = 0.562 \qquad DW = 1.6$$

根据响应面函数 $C_p = \Phi_\infty + \Phi_1 T^{-1} + \Phi_2 T^{-2}$，可得到 $C_{0.1} = -4.29$，AEG 小于临界值，由此可知模型（2）的残差是 I（0），协整关系成立。

由模型可知，投资、出口和消费每增加一个单位，哈萨克斯坦经济分别增长 0.85、0.29 和 1.54 个单位，由此可见，消费在哈萨克斯坦经济增长中拉动作用较大。为进一步确定影响哈萨克斯坦经济增长中的因素，因此对模型（2）分别设定 1998 年和 2004 年为转折点进行 CHOW 检验，检验结果表明，1998 年的俄罗斯金融危机未对哈萨克斯坦的经济增长产生根本性影响，以 2005 年为转折点的 F 值为 10.73，大于 1% 显著性水平下的临界值 5.67，这表明 2005 年是哈萨克斯坦经济增长的转折点。

4. 误差修正模型

根据 Granger 表述定理，如果变量是协整的，则它们之间存在长期均衡关系，它们短期非均衡关系总能由一个误差修正模型表述。而 ECM 模型通过长期和短期参数的划分，将各变量之间的长期表现和短期效应有效地综合在一起。

对方程（2）构建误差修正模型，在剔除不显著的变量后，最终得到方程（3）：

$$\Delta Y = 310.82 - 0.21\Delta K + 0.19\Delta N + 1.45\Delta C - 1.09ECM(-1) \qquad (3)$$
$$(1.13) \quad (-0.95) \quad (5.9) \quad (13.39) \quad (-6.3)$$
$$\text{Adjusted } R^2 = 0.98 \qquad F = 196 \qquad DW = 1.26$$

表 4.10　因果关系检验

原假设 H_0	Lag	F	Probablity
C does not Granger Cause K	2	1.13850	0.3526
K does not Granger Cause C	2	3.02157	0.0865
Y does not Granger Cause K	2	2.24891	0.1481
K does not Granger Cause Y	2	4.28879	0.0393
N does not Granger Cause K	2	3.00270	0.0876
K does not Granger Cause N	2	0.22243	0.8038
Y does not Granger Cause C	2	0.19893	0.8223
C does not Granger Cause Y	2	2.17895	0.1559
N does not Granger Cause C	2	7.87660	0.0065
C does not Granger Cause N	2	3.98052	0.0472
N does not Granger Cause Y	2	26.4801	4.E-05
Y does not Granger Cause N	2	13.9527	0.0007

该模型说明净出口每增加一个单位，哈萨克斯坦的经济增长就增加0.19个单位。投资每增加一个单位，经济短期调整系数为负，符合反向修正机制。由于短期调整系数显著，说明每年实际发生的国内生产总值与长期均衡值的偏差中有1.09被修正，即国内生产总值的短期波动偏离长期均衡时，将以-1.09的力度将非均衡状态拉回均衡状态。

5. Granger因果关系检验

协整检验只是确定了变量间存在长期均衡的关系，但这种关系是否具有因果关系还需验证。因此，通过Granger因果关系检验来加以验证。由表4.10可知，在5%的显著性水平上，资本是国内生产总值的Gragner原因，净出口和国内生产总值、净出口和消费互为Gragner原因。即净出口和国内生产总值之间构成了双向因果关系。这说明资本和出口是哈萨克斯坦经济增长的主要原因，而经济增长又促进了哈萨克斯坦出口的增加，出口也促进了哈萨克斯坦国内的消费增长。

在对哈萨克斯坦经济增长与消费、资本和净出口之间的关系进行计量分析后，发现资本、净出口和投资在哈萨克斯坦经济中的作用相差很大。因此，可依据以上分析得出下述结论。

（1）净出口是哈萨克斯坦经济增长的主要动力。根据前文的文献综述，对外贸易对一国的经济增长拉动作用是极为明显的。根据凯恩斯的宏观模型，进口贸易形成了经济增长的漏斗，但根据内生增长理论，进口贸易可以起到知识扩散的作用，如同出口贸易的溢出一样，同样可对一国经济增长发挥重要的作用。而在本书的研究中，这种“干中学”和技术进步的作用应该对哈萨克斯坦的经济增长发挥了作用。哈萨克斯坦进口中工业制成品占了55.29%，而核反应堆、锅炉、机器、机械器具及其零件电机、电气设备及其零件、铁道及电车道机车各种机械等技术和资本密集型产品就占了28.4%，进口对经济增长必然会产生溢出作用。

哈萨克斯坦的经济对出口的依赖性是很大的，哈萨克斯坦的外贸依存度2006年就达到了76.4%，就此一项指标来看，哈萨克斯坦属于外向型国家，外贸对经济的发展应起到极大的拉动作用。根据《BP世界能源统计2005》，2004年世界石油消费量的增长创1976年以来的新高。消费量增长了近250万桶/日，这是过去10年平均增长率的2倍多，也是全球能源市场持续高速增长的第二个年头。[1] 2005年，哈萨克斯坦矿物燃料的出口占其出口额的比例升至70.1%，矿物燃料的国际市场占有率也从2003年的1.3%大幅提高为1.8%（王维然，2010）。这进一步表明，出口（主要是能源）在哈萨克斯坦经济增长中起到强劲的拉动作用。这也是

---

[1] BP世界能源统计2005［OL］.［2012-06-07］. http：//www.china5e.com/show.php? contentid=34051.

上述的CHOW检验确定2005年是哈萨克斯坦经济增长的转折点的原因，因为受2004年能源价格急剧上涨的影响，此后哈萨克斯坦的出口和经济增长均实现了高速增长。

（2）投资对哈萨克斯坦经济增长发挥了重要作用。自独立以来，哈萨克斯坦的经济增长的重要原因是资本的形成，这与哈萨克斯坦丰富的能源和资源储量具有密切的关系。作为中亚国家中最大的经济体，哈萨克斯坦独立后对资源和能源的大力开发对其经济增长起到了明显的拉动作用。其中，主要是来源于国外对其能源和资源的投资。从方程（2）可知，哈萨克斯坦仍然是资本相对短缺的，其资本的增加对经济拉动的作用很明显。但由于哈萨克斯坦的投资主要集中于能源和矿产开采领域，这对于哈萨克斯坦的其他产业必然会造成“挤出”效应，因此要想进一步改善哈萨克斯坦的过于依赖能源领域的局面，就必须改变其投资导向。

（3）消费对哈萨克斯坦经济增长的作用有待进一步研究。在模型（2）中，消费对哈萨克斯坦经济增长的拉动作用最大，但是在格兰杰因果检验中，消费却并不是经济增长的Granger原因。笔者认为，这与哈萨克斯坦的经济结构和进出口结构有着密切的关系，哈萨克斯坦最主要的产业就是能源和矿产品开采，而进口中消费品（食品、纺织品、塑料制品等）就占了哈萨克斯坦进口的17.5%，因此，目前哈萨克斯坦的消费需求主要依靠进口满足，对本国经济的拉动作用并不大。而且，本国能提供的消费品也不足以满足国内民众的需求，这在一定程度上造成了以上问题。这是否是哈萨克斯坦的经济已出现“Dutch Disease”（荷兰病）效应的征兆，目前还难以确定，更准确的原因还需对此问题进行深入的专题研究。

三、中哈边境贸易分析

近年来，中哈两国间的贸易保持了高速增长，根据哈萨克斯坦的统计，2010年中国已成为哈萨克斯坦第一大出口市场和第二大进口来源。中国的统计也表明2005年中国对哈萨克斯坦的出口和进口分别为39亿和29.1亿美元，而2010年已分别增至93.2亿和111.2亿美元，年均增长为27.7%和56.4%。

如果将中哈两国数据进行对比，则会发现中哈两国统计的进出口数据存在巨大的差异。根据表4.11，中哈两国贸易统计最大的差额在于中国对哈萨克斯坦的出口，即哈萨克斯坦从中国的进口；而中国从哈萨克斯坦的进口，即哈萨克斯坦对中国的出口差额并不大。由于各国在统计进出口贸易时，出口都采用FOB价格，进口采用CIF价格，因此中国统计的从哈萨克斯坦的进口略高于哈萨克斯坦统计的对中国的出口，应是由于统计口径不同而产生的差额。

表 4.11　中哈两国对各自进出口贸易的统计　　单位：亿美元

年份	中国		哈萨克	
	出口	进口	出口	进口
2008	98.2	77.3	76.8	45.7
2009	78.3	63	58.9	35.7
2010	93.2	110.8	101.2	39.6
2011.1~9	65.8	117.1	113.7	32.5

资料来源：《中国统计年鉴2011》；STATISTICAL YEARBOOK《KAZAKHSTAN IN 2010》；中国海关统计资讯网。

中国对哈萨克斯坦的出口两国间统计差额如此之大，是无法用统计口径的不同来加以解释的，即使是由于统计口径的不同而造成差额，也应该是哈萨克斯坦统计的进口额略大于中国统计的出口额，而不是中国的出口额远远高于哈萨克斯坦的进口额。尽管两国贸易受国际金融危机的影响，2010 年两国的进出口金额都未达到 2008 年的水平，但 2010 年中国统计的对哈萨克斯坦的出口与哈萨克斯坦统计的从中国进口的比值达到了近年来的最高 2.35∶1。

为了明确中哈两国间如此惊人的贸易差额产生的原因，本书对 2010 年中国向哈萨克斯坦的出口和哈萨克斯坦从中国的进口按照两国海关共同采用的 HS 编码进行了对比。

表 4.12　中哈两国贸易差额对比　　单位：百万美元

商品	相差金额	商品	相差金额
塑料及其制品	164.8	鞋靴、护腿和类似品及其零件	984.2
皮革制品，鞍具及挽具，旅行用品、手提包及类似容器，动物肠线（蚕胶丝除外）制品	146.4	玻璃及其制品	142.2
针织或钩编的服装及衣着附件	2182.5	核反应堆、锅炉、机器、机械器具及其零件	-101.2
非针织或非钩编的服装及衣着附件	603.8	车辆及其零件、附件，但铁道及电车道车辆除外	222.7
其他纺织制成品，成套物品，旧衣着及旧纺织品，碎织物	560.1	家具，寝具、褥垫、弹簧床垫、软坐垫及类似的填充制品，未列名灯具及照明装置，发光标志、发光铭牌及类似品，活动房屋	129.4

资料来源：中国商务部［OL］.［2011-11-10］. http：//countryreport. mofcom. gov. cn/record/index110209. aspx. 中国海关信息网［OL］.［2011-11-19］. http：//www. haiguan. info/OnLineSearch/index. aspx.

2010 年，中国对哈萨克斯坦出口和哈萨克斯坦从中国的进口相差 53.6 亿美元，在对两国分别统计的相差值大于 1 亿美元的商品进行归类后（为便于对比，此处采用 HS 的 2 位编码进行分析）可发现，中国在 9 类商品上对哈萨克斯坦的出口大于哈萨克斯坦统计的进口额，在 1 类商品上中国对哈萨克斯坦的出口小于哈萨克斯坦统计的从中国的进口额。

由于篇幅所限，表 4.12 只列出了中哈两国间统计差额在 1 亿美元以上的商品，在将两国各自统计的贸易额根据 HS97 章的分类进行计算后，得到中国对哈萨克斯坦出口比哈萨克斯坦统计的从中国的进口多了 53.72 亿美元，这与表 4.11 中两国统计数据的差额 53.6 亿美元基本相当。这说明，中哈两国海关统计数据的巨大差异并不是简单的统计误差，但由于两国海关都采用 HS 编码作为统计依据，因此不会是因为统计标准的不一致而造成如此巨大的误差。为了进一步确定产生如此大的差额是否由统计标准的差异造成，本书选择两国统计上差额最大的服装类和鞋类商品进行进一步分析。由表 4.13 可知，2010 年哈萨克斯坦国内服装、纺织品和鞋类产品的总产值分别为 2 亿和 0.2 亿美元，当年哈萨克斯坦这两类商品的进口额分别为 3.9 亿美元和 0.65 亿美元（如剔除从独联体国家的进口数量，这两类商品的进口额分别为 2.7 亿美元和 0.45 亿美元）。但 2010 年哈萨克斯坦国内的纺织、服装和鞋类销售额分别为 17.3 亿美元和 6.4 亿美元（这仅是对其国内正规零售企业的统计，对于哈萨克斯坦内大量存在的集市类市场内这两类商品销售的统计并不完整）。

表 4.13　纺织、服装、鞋类商品对比　　单位：亿美元

商品	哈产值	哈进口额	哈出口额	哈国内销售额
纺织、服装	2	3.9	1.4	17.3
鞋类	0.2	0.65	0.01	6.4

资料来源：STATISTICAL YEARBOOK. KAZAKHSTAN IN 2010 ［M］. Agency on Statistics of the Republic of Kazakhstan，2012：79～140.

由此可知，哈萨克斯坦国内消费的纺织、服装和鞋类产品远超过其国内生产的产品以及海关统计的进口。不仅如此，哈萨克斯坦还对外出口纺织、服装和鞋类制品，纺织、服装类产品和鞋类商品的出口分别占到了哈萨克斯坦这两类产品产值的 70% 和 30%。这进一步表明，中国对哈萨克斯坦出口金额大于哈萨克斯坦统计的进口额并非统计误差，而是出现了大量的中国对哈萨克斯坦出口未被哈萨克斯坦国海关统计的商品（这些未被统计的商品也满足了哈萨克斯坦国内的消费需求）。

针织或钩编的服装及衣着附件（HS61），非针织或非钩编的服装及衣着附件（HS62），其他纺织制成品、成套物品、旧衣着及旧纺织品、碎织物（HS63）和鞋

靴、护腿和类似品及其零件（HS64）是中国对哈萨克斯坦出口的四类出口主要商品。这几类商品对哈萨克斯坦的平均出口价格并不高，属于低价商品。以 HS61 为例，其出口均价为 3.3 美元/公斤，如果按每公斤在哈萨克斯坦缴纳的关税为 2.5 欧元计算，则此类商品的价格将上涨 99.4%，由此可见，哈萨克斯坦根据关税同盟的税则调整了税率后，这几类商品的税负是极重的，因此，随着关税同盟实行统一的海关税率，这四类商品对哈萨克斯坦的出口应会大幅下跌。

表 4.14　四类商品哈萨克斯坦进口关税率

商品	出口均价	进口关税率
HS61	3.3 美元/公斤	税率 10% 且每公斤不低于 1 ~5 欧元
HS62	7.4 美元/公斤	税率 10% 且每公斤不低于 1 ~5 欧元
HS63	1.5 美元/公斤	税率 15%、20%、20% 且每公斤不少于 0.7 欧元
HS64	9.6 美元/公斤	税率 10% 且每双不低于 1 ~1.8 欧元

资料来源：1. единый таможенный тариф таможенного союза Республики Беларусь, Республики Казахстан и Российской Федерации.

2. 海关信息网. [2011 -11 -21]. http://www.haiguan.info.

从 2010 年 1 月 1 日俄白哈三国共同对外实施统一的关税同盟税率、2010 年 7 月 1 日实施统一的海关法典和 2011 年 7 月 1 日统一关境的三个关键时间点上来看，中国对哈萨克斯坦出口并未出现大幅下降，反而是在 2011 年 5 ~6 月出现了剧烈的波动。但除了季节性影响之外，我们发现，中国对哈萨克斯坦出口最大的波动出现在 2011 年 5 月，而之所以出现如此大的跌幅主要原因在于，哈萨克斯坦海关实施了对进口商品采取严格的关税检查、降低车重标准、禁止货物混装、取消进口货物包车包税等做法，致中国对哈萨克斯坦外贸出口量明显下滑。而中国对哈萨克斯坦的另一种主要出口商品——塑料及其制品（HS39），被关税同盟列为哈萨克斯坦享受"过渡期"商品，即该商品可在四年内享受零关税的待遇，因此这类商品对哈萨克斯坦的出口本应不会因关税同盟的成立而减少，但这类商品同样在 2011 年 5 月出现了剧烈波动。

从这几种或应缴纳高额关税，或享受免税待遇的商品对哈萨克斯坦出口并未随着关税同盟的成立的几个关键日期而大幅减少或不变来看，关税同盟的成立似乎并未明显影响到中国对哈萨克斯坦的出口。

按照中国海关的分类标准，出口主要分为一般贸易、来料加工、进料加工、对外承包工程出口、保税仓库进出境、保税区转口、边境小额贸易、其他等贸易方式。中国对哈萨克斯坦贸易中，一般贸易、边境小额和其他（即旅游购物）分别占出口总额的 25%、46% 和 20%。而边境小额贸易和旅游购物成为中国对哈萨克斯坦出口的主要方式的原因是多方面的。从客观条件来看，由于两国边境相邻，而且在中哈间开展贸易的许多都是实力不强的中小公司乃至个人，采用正规的一般贸易方式的成本对这些公司和个人来说相对较高，难以承受。同时，为促进沿边贸易的发展，中国对采用边境小额贸易和旅游购物给予了一定的优惠措施以及在结汇手续方面的便利，这在客观上也促进了这两种贸易方式的发展。

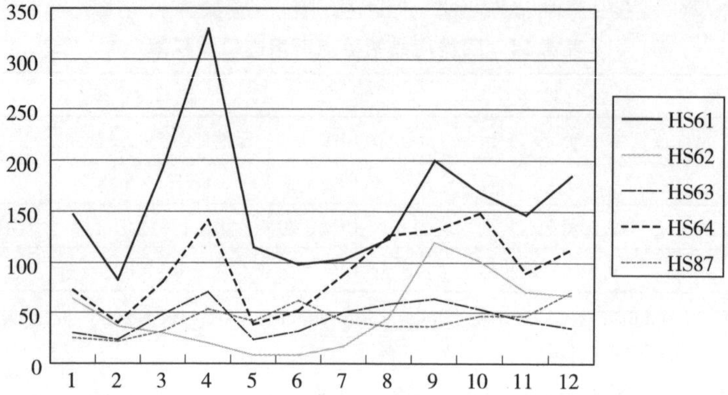

图 4.2　2011 年中国对哈萨克斯坦出口的五类商品的走势

资料来源：海关信息网.［2011－11－21］. http：//www. haiguan. info.

2010 年，中国对哈萨克斯坦出口 93. 2 亿美元，其中以边境小额贸易和旅游购物两种方式出口的货物为 61. 2 亿美元，而以一般和其他的贸易方式出口的货物价值 31. 9 亿美元。如果扣除以边境小额贸易和旅游购物方式出口的货物，则中方的出口额与哈萨克斯坦统计的 2010 年从中国进口的货物价值 39. 6 亿美元相差 7. 7 亿美元，考虑到以“包机包税”、“包车保税”方式出口的货物在哈萨克斯坦进口报关时也需申报货物价值，因此这 7. 7 亿美元应为哈萨克斯坦海关对以包税方式进口货物的统计值。

以针织或钩编的服装及衣着附件（HS61），非针织或非钩编的服装及衣着附件（HS62），其他纺织制成品、成套物品、旧衣着及旧纺织品、碎织物（HS63）和鞋靴、护腿和类似品及其零件（HS64）为例，边境小额贸易和旅购方式分别占这四类商品对哈萨克斯坦出口额的 92%、93%、93% 和 91%。2011 年 1～9 月，这四类商品对哈萨克斯坦出口则同比增长了－14. 4%、－7. 7%、－8% 和 11. 6%，只有鞋类产品的出口保持了正增长。[1] 在车辆及其零件、附件，但铁道及电车道车辆除外（HS87），对哈萨克斯坦出口的贸易方式中，以一般贸易和工程承包、进料加工

[1] 根据海关信息网 http：//www. haiguan. info 统计数据计算。

方式出口的货值为1.75亿美元，以边境小额和旅游购物方式出口的货值为2.27亿美元，而哈萨克斯坦统计的从中国进口的87类货物的金额为1.8亿美元，基本与通过一般贸易方式出口的货值相符。

由图4.2可知，中国对哈萨克斯坦出口的HS61、HS62、HS63、HS64四类商品均在2011年5月出现当年最大幅度的下降，原因就在于2011年5月哈萨克斯坦为在7月1日实现关税同盟统一关境，对中国进口商品进行整顿，在提高进口关税的同时不允许中国货物混装以及对进出境车辆的载重进行严格限制。因此，以往通过“包机包税”“包车保税”方式出口的中国大量的轻工业品将难以再利用这种方式规避哈萨克斯坦的关税措施。相比于混装的轻工品，整车单一品名货物、裸装货物、出口车辆及自行机械由于不存在“灰色清关”的空间，并未受到哈萨克斯坦海关整顿的影响，依然保持了稳定的增长。如图4.2中的HS87（即车辆及其零件、附件）的出口即使在2011年5月仅是略微下降，而未如其他商品那样大幅下跌。

第三节　吉尔吉斯斯坦对外贸易

与哈萨克斯坦不同的是，吉尔吉斯斯坦没有丰富的油气资源可供出口，甚至不得不进口石油和天然气以满足国内的需求。但与哈萨克斯坦类似的是，吉尔吉斯斯坦的出口对单一产品的依赖性很高，哈萨克斯坦的出口主要依赖石油，吉尔吉斯斯坦出口则主要依赖黄金和油气产品。1995年，吉尔吉斯斯坦出口矿产品（HS25、HS26、HS27）和贵金属（HS71）仅占当年出口额的11.7%和0.04%，但到了2011年燃料（HS27）和黄金（HS71）曾分别增加到了9.3%和50.8%。

加拿大与吉尔吉斯斯坦合资的库姆托尔黄金公司占吉尔吉斯斯坦工业产值的40%以上，瑞士也因此成为吉尔吉斯斯坦最大的出口市场。2011年，对瑞士的出口占吉尔吉斯斯坦出口额的44.1%，原因就在于苏黎世黄金市场是“二战”后发展起来的国际黄金市场，这也使得瑞士不仅是世界上新增黄金的最大中转站，也是世界上最大的私人黄金存储中心，苏黎世黄金市场在国际黄金市场上的地位仅次于伦敦。

吉尔吉斯斯坦本国油气资源匮乏，为了满足国内需求，需要大量进口油气资源，因此矿物燃料（HS27）也就成为其进口额最大的进口产品，2011年占进口额的22.8%。但矿物燃料之所以成为吉尔吉斯斯坦进口额第二位的出口产品则主要是由于自“9·11”以来，美国为打击塔利班在吉尔吉斯斯坦设立了马纳斯空军基地，这个基地成为美国向阿富汗北部运送物资的主要通道，确保了驻阿富汗美军和北约国际安全援助部队物资供应。为满足驻该基地人员的需求及开展对阿富汗的物资供应，吉尔吉斯斯坦因此成为燃料出口国，这也是来自美国货物占吉尔吉斯斯坦进口额4.9%的原因。

在独立之初，由于与苏联国家原有的分工体系被打破，吉尔吉斯斯坦GDP出现了持续的下降，直到2004年GDP才达到22.1亿美元，超过了1992年的21.9亿美元。从图4.3可知，吉尔吉斯斯坦的外贸即使在国民经济处于20世纪90年代初期的下降时期依然实现了增长，尤其是进口贸易，从1992年的4.2亿美元增长到1996年的8.4亿美元，增长100%，同期出口则从3.17亿美元增长到5.05亿美元，增加了59.3%，而同期GDP则下降了20%。1992～2000年，吉尔吉斯斯坦的对外贸易，尤其是进口，与其GDP的增长呈现的是相背离的增长态势，即GDP持续下降，对外贸易，尤其是进口，则保持了持续的增长。2001年后，吉尔吉斯斯坦外贸增长速度进一步加快，2007年外贸额为41亿美元，而吉尔吉斯斯坦当年的GDP仅为38亿美元。从图4.3可知，吉尔吉斯斯坦的外贸、进口与GDP具有几乎完全相同的变动曲线，充分表明了外贸，尤其是进口与GDP之间密切的关系。

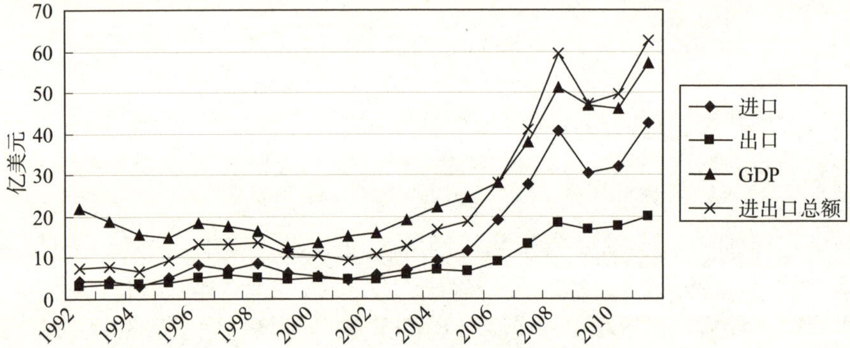

图4.3　1992～2011年吉尔吉斯斯坦外贸数据

资料来源：UN CTAD［OL］.［2013-01-06］. http://unctad.org/en/pages/Publication Webflyer.aspx?publicationid=759.

表4.15为吉尔吉斯斯坦与主要贸易伙伴分别统计的与对方的进出口贸易额，从中可以发现，吉尔吉斯斯坦与贸易伙伴间的统计误差是极大的，尤其是与中国、瑞士、美国、日本等WTO成员国。

表4.15　吉尔吉斯斯坦与主要贸易伙伴进出口贸易额[*]　　单位：百万美元

	2001	2002	2003	2004	2005	2006	2007	2008	2009	2010	2011
吉中进口	48	59	78	80	103	246	356	728	617	666	924
吉中出口	19	40	23	39	27	38	62	44	19	28	42

续表

	2001	2002	2003	2004	2005	2006	2007	2008	2009	2010	2011
中吉出口	77	146	245	493	867	2113	3666	9212	5228	4128	4878
中吉进口	42	56	69	110	105	113	114	121	48	72	98
吉俄进口	85	117	176	294	379	652	979	1492	1090	1084	1430
吉俄出口	64	79	97	138	134	154	235	310	186	258	284
俄吉进口	62	74	104	150	146	194	290	491	367	387	293
俄吉出口	83	104	161	268	377	561	876	1311	916	992	1157
吉哈进口	82	117	171	203	180	200	312	376	275	385	411
吉哈出口	39	37	57	87	116	163	205	184	119	182	290
哈吉进口	33	32	55	91	119	139	176	171	116	*	*
哈吉出口	87	108	156	220	225	268	355	437	390	*	*
吉瑞进口	1	4	2	3	4	6	12	9	14	13	14
吉瑞出口	124	96	118	102	65	208	226	440	445	388	874
瑞吉进口	&	&	&	&	&	&	&	5	&	&	&
瑞吉出口	1	2	1	2	3	5	6	11	9	7	9
吉美进口	27	47	48	45	67	98	96	120	75	191	210
吉美出口	7	29	7	3	3	6	4	4	1	90	1
美吉进口	3	5	12	11	5	5	2	3	6	4	3
美吉出口	28	31	39	30	31	71	49	44	52	78	103
吉日进口	6	6	12	12	12	13	18	130	66	86	165
吉日出口	&	&	&	&	&	1	2	3	&	1	&
日吉进口	1	10	17	1	&	&	&	1	&	&	2
日吉出口	1	1	6	4	2	11	33	35	25	36	80

资料来源：UN ITC［OL］.［2012－01－06］. http：//www.intracen.org/itc/market－info－tools/.

＊吉中进口、吉中出口即为吉尔吉斯斯坦统计的从中国的进口额和出口额，中吉进口、中吉出口即为中国统计的从吉尔吉斯斯坦的进口额和出口额，其他国家以此类推。＊为无此项数据；0 为统计数据为0；& 为数据过小，未予显示。

世界各国都是以 FOB 价格统计外贸出口额，以 CIF 价格统计进口额，由于 CIF 价格相比 FOB 价格包含了货物的运输和保险费用，一般要高于后者 10%～20%。正常情况下，由一国海关统计的对贸易伙伴出口额应小于此贸易伙伴统计的从该国的进口额，但吉尔吉斯斯坦与几个主要贸易伙伴外贸统计数据的巨大差额则不是价格差异所能解释的（若是由于不同价格差异引起，亦应是吉尔吉斯斯坦统计的进口数据大于贸易伙伴统计的对吉尔吉斯斯坦出口数据），因此本书认为造成如此差异的原因是吉尔吉斯斯坦海关未能对进出口货物完整统计。

通过对比表4.15中吉尔吉斯斯坦与其他国家相互统计的进出口的数据，可以发现，尽管吉尔吉斯斯坦与俄罗斯、哈萨克斯坦的贸易数据存在个别年份相差较大、进口数据小于对方国家的出口数据等问题，但总体而言，相比于吉尔吉斯斯坦与其他贸易伙伴的统计数据的差别，吉尔吉斯斯坦与俄罗斯、哈萨克斯坦的贸易数据的差别就极小了。吉尔吉斯斯坦与俄罗斯、哈萨克斯坦两国进出口商品统计差别很小的原因应是各国同为转型阶段的独联体国家，其外贸统计方法，尤其是各国的边境贸易政策都是基本相同的（各国间大量的边境贸易未被海关统计），因此其统计数据也相差不大。

与瑞士、美国、日本等成熟的市场经济国家相比，吉尔吉斯斯坦外贸统计数据的可信度是低于这些国家的。吉尔吉斯斯坦与瑞士、美国、日本的贸易额的统计差别很大，但相较于吉尔吉斯斯坦与中国贸易的巨大统计差额，以上三国与吉尔吉斯斯坦的贸易统计差别则可忽略不计。从吉尔吉斯斯坦对中国出口与中国统计的从吉尔吉斯斯坦进口来看，尽管中国统计的从吉尔吉斯斯坦的进口大于吉尔吉斯斯坦对中国的出口，但是其差额最大的2005年时达到吉尔吉斯斯坦出口的395%，2002年最小时为吉尔吉斯斯坦出口的138%，这远不是进出口不同的价格组成差异所能解释的。考虑到各国都希望增加本国的出口以及吉中两国经济规模的差异，吉尔吉斯斯坦不会刻意压低对中国的出口，而中国也不会有意提高从吉尔吉斯斯坦的进口额，这表明吉尔吉斯斯坦海关对进出口货物的统计的确存在不准确的问题。

对于何种原因造成吉尔吉斯斯坦与中国和其他发达国家贸易统计的金额存在如此巨大的差异，国际学术界和中亚国家学者有不同观点，有人认为是吉尔吉斯斯坦海关腐败造成大量贸易未被统计，而卡明斯基（Bartlomiej Kaminski，2008）经过分析认为，造成如此巨大统计差额的原因绝非腐败，而是流行于中亚地区的边境贸易和巴扎贸易。在独立之初，由于苏联时期的分工体系的瓦解，独联体各国均希望通过发展外贸来解决国内商品匮乏的困境，且由于各国间在独立前并不存在边境管理以及独立后海关通关的混乱、低效的现实，因此各国普遍认可以“包机包税”“包车包税”等方式开展的对外贸易的发展。而边境贸易由于其灵活、方便、高效以及成本低的优势，很快流行于苏联地区，成为该地区各国独有的外贸发展模式。而为了销售边境贸易进口的大量商品，集市贸易在各国内部也迅速发展起来，如于2009年被关闭的莫斯科切尔基佐沃市场就是其中的典型[1]。在中

[1] Черки́зовский ры́нок，曾是俄罗斯最大的露天市场和东欧最大的日用品批发市场，全盛时期估计有十万多人在市场工作，日成交额达到5000万美元。

亚地区，集市贸易被称为巴扎贸易，并形成了以四大国际级巴扎为龙头的遍布各国的巴扎贸易体系。

卡明斯基在对各国贸易数据的对比分析基础上提出，中国等贸易伙伴国的统计数据是真实可信的，吉尔吉斯斯坦从中国进口了大量的商品却未能反映在其外贸统计数据中。因此，其认为边境贸易、巴扎贸易以及吉尔吉斯斯坦的 WTO 成员资格共同造就了吉尔吉斯斯坦外贸额大于其 GDP 的情况。[1]

为进一步确定中国与哈萨克斯坦、吉尔吉斯斯坦和塔吉克斯坦贸易统计数据存在巨额差异的原因[2]，莫戈勒斯基（Roman Mogilevskii，2012）对中国与哈、吉、塔三国轻工产品的进出口金额、进出口货物重量和进出口单价进行了对比，并将中国与德国、日本和俄罗斯相关的数据也进行了比较，其最后的结论是，中国统计的贸易数据是可信的，吉尔吉斯斯坦已成为中国与俄罗斯、哈萨克斯坦和乌兹别克斯坦之间的转口贸易平台。

第四节　塔吉克斯坦、乌兹别克斯坦和土库曼斯坦对外贸易分析

一、塔吉克斯坦对外贸易分析

无论在苏联各共和国还是独联体成员国中，塔吉克斯坦由于国土面积小、人口少、90%的国土是山地、资源匮乏（除了水电资源）等多种原因，其经济一直是最为落后的。

（一）塔吉克斯坦主要的出口商品

塔吉克斯坦主要的出口商品是铝、棉花和电力。在其主要出口产品中，未加工的铝占了 59.5%，棉花占 15%，进口产品主要是针织品（HS61）、鞋靴（HS64）、石油（HS27）和其他制成品。由此可见，塔吉克斯坦经济对外的依赖性很强，需要进口各种产品以满足国内需求。

铝产品属于典型的两头在外“加工型”贸易，进口铝土，出口初级铝制品。原铝是塔吉克斯坦最主要的出口产品，而铝矾土的进口也是塔吉克斯坦铝业生产

---

[1] 吉尔吉斯斯坦最主要的出口商品就是出口到瑞士的黄金（HS7108），但瑞士对从吉进口黄金的统计却基本为 0，因本书的研究重点并非在此，故本书对“丢失的黄金”暂不予以研究。

[2] 中国与乌兹别克斯坦、土库曼斯坦的贸易数据差异很小也从另一个角度说明边境地区非正式贸易是产生相邻两国贸易统计数据差异的原因。

的一个基础。[1] 塔吉克斯坦进口的铝矾土主要来自非独联体国家，出口也主要面向非独联体国家，如荷兰和土耳其。但由于多方面原因的影响，塔吉克斯坦的铝产量近年一直处于下降的趋势，2005 年时尚出口 34.3 万吨，而 2013 年已下降为 16.8 万吨。

棉花的出口也主要面向非独联体国家，目前主要的出口市场分别是土耳其（占塔吉克斯坦棉花出口量的 40% 多）、俄罗斯（约占 23%）、中国（约占 13%）、哈萨克斯坦占（5% ~6%）。随着塔吉克斯坦实施能源和粮食安全战略，塔吉克斯坦不断减少棉花种植面积而扩大粮食种植。如 1991 年粮食作物种植面积是 23 万公顷，棉花为 29.9 万公顷。[2] 2013 年，塔吉克斯坦棉花种植面积为 19 万公顷，产量为 39.2 万吨，而粮食产量达到近 128 万吨，种植面积为 40.6 万公顷。铝和棉花这两种塔吉克斯坦主要的本国生产的商品出口在塔吉克斯坦外贸中所发挥的作用在不断下降。[3]

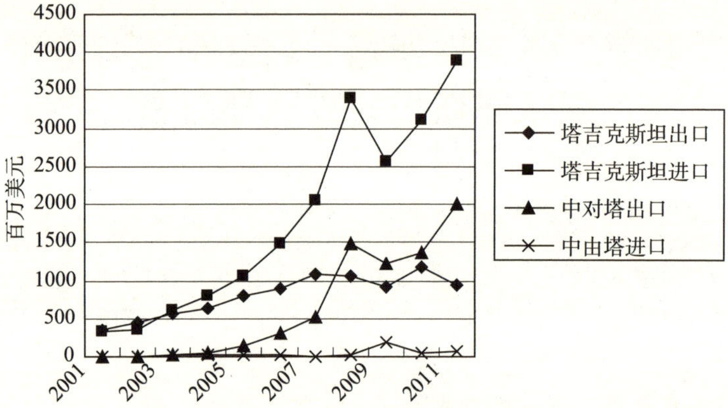

图 4.4 塔吉克斯坦贸易数据

资料来源：中国国家统计年鉴（2000 ~2012）［OL］.［2013 -05 -01］. http：//data. stats. gov. cn/publish/index? m；UN ITC ［OL］.［2013 -05 -06］. http：//www. intracen. org/itc/market - info - tools.

塔吉克斯坦电力出口主要是面向乌兹别克斯坦。尽管电力是塔吉克斯坦主要出口商品，但净出口的量并不大，且常常为电力贸易逆差。这主要是因为塔吉克斯坦 99% 以上电力依靠水电，但水电受季节变化影响很大，因此塔吉克斯坦的电力贸易表现为夏季向乌兹别克斯坦出口水电，而冬季则从乌兹别克斯坦进口热电

[1] 如果塔吉克斯坦能够通过新技术在本国生产铝土，则对外部的依赖会进一步降低。

[2] 刘启芸. 塔吉克斯坦［M］. 北京：社会科学文献出版社，2006：111.

[3] 亚欧贸易网. 棉花和铝已不再是塔吉克斯坦主要支柱［OL］.［2014 -01 -25］. http：//www. yaou. cn/news/show. php? itemid =9102.

的特点。但由于近年来塔吉克斯坦与乌兹别克斯坦两国关系恶化，塔吉克斯坦对乌兹别克斯坦的电力出口大幅下降。2006 年，电力贸易占外贸总额 3.7%，塔吉克斯坦电力贸易继续保持不平衡状态，进口多于出口 36.3%（1780 万美元），全年电力出口 4900 万美元（42.31 亿度），进口 6680 万美元（48.396 亿度），贸易伙伴主要是乌兹别克斯坦。[1] 2012 年，塔吉克斯坦向阿富汗出口电力为 6.67 亿度；2013 年，塔吉克斯坦电能出口 9.7 亿千瓦时，占塔吉克斯坦当年发电量的 5%，出口价值 3360 万美元。塔吉克斯坦出口电力的 99.2% 出口到南部邻国阿富汗，0.8% 出口到北部邻国吉尔吉斯斯坦。[2]

（二）边境贸易成为主要贸易方式

在传统贸易商品不断萎缩的情况下，塔吉克斯坦的外贸保持高速增长的根本原因在于，边境贸易和巴扎贸易已成为塔吉克斯坦最主要的贸易方式。由图 4.4 可看出，2001 年以来塔吉克斯坦外贸走势有如下几个特点：首先，进口远大于出口，如 2001～2011 年，除 2001 年和 2002 年实现了贸易顺差，分别为 0.29 和 0.96 亿美元外，2003～2011 年各年均为贸易逆差，最大的逆差出现在 2011 年，为 29.6 亿美元；其次，塔吉克斯坦外贸的快速增长始于 2005 年，这与其逆差的上升保持同步；最后，塔吉克斯坦的进口曲线与塔吉克斯坦从中国的进口走势极为相似。

中国作为塔吉克斯坦最大的贸易伙伴，占塔吉克斯坦进口的 51.4% 和出口的 7.7%，但在 2005 年之前，中国与塔吉克斯坦的双边贸易额很小，而且基本进出口的差额并不大，但从 2005 年开始，中国对塔吉克斯坦的出口开始快速增加，而从塔吉克斯坦的进口基本没有变化。期间，除了 2008～2010 年因为国际金融危机中国对塔吉克斯坦的出口下降外，中国对塔吉克斯坦的出口一直保持上升的态势。之所以 2005 年能够成为中塔贸易往来的转折点，主要原因在于，2004 年中国卡拉苏口岸与塔吉克斯坦共和国阔勒买口岸正式开放，该口岸是中塔两国间唯一的陆路口岸。由于塔吉克斯坦的国内工业化程度低，加之资源匮乏，其所需的各类工业品都需从国外进口，而随着两国间开辟了直接相连的陆地贸易通道，双边贸易就一直保持着高速增长。

塔吉克斯坦 2011 年人均 GDP 为 935 美元，而人均总进口和人均从中国进口分别为 558 美元和 286 美元。以塔吉克斯坦的经济情况，如此大量的进口商品无法都在其国内销售，因此塔吉克斯坦和吉尔吉斯斯坦一样，也成为中亚的贸易转口平

---

[1] 中国驻塔吉克斯坦经商参处.2006 年塔吉克斯坦对外贸易回顾［OL］.［2014－05－01］. http://tj.mofcom.gov.cn/article/ztdy/200702/20070204364809.shtml.

[2] 中国驻塔吉克斯坦经商参处.2013 塔吉克斯坦 5% 电力出口［OL］.［2014－02－10］. http://tj.mofcom.gov.cn/article/jmxw/201402/20140200479839.shtml.

台，只是其转口贸易的规模小于吉尔吉斯斯坦。吉尔吉斯斯坦转口的商品主要转口到俄罗斯、哈萨克斯坦和乌兹别克斯坦，塔吉克斯坦转口的商品主要流向阿富汗。中国与塔吉克斯坦已达成协议，于2013年实现卡拉苏口岸的全年开放（目前为季节性口岸），这样一来，塔吉克斯坦作为贸易转口平台的作用将会得到进一步的加强，这对于解决塔吉克斯坦国内的就业问题、促进经济增长无疑会产生更大的促进作用。

为进一步发挥转口贸易对塔吉克斯坦经济的带动作用，塔吉克斯坦海关开始实施“一站式”报关的海关领域改革，“一站式”报关通过简化报关程序和实施最低程度货物检查以减少货物转运时间和交易成本。而且还通过改进税务征收、边境管理、降低行政成本等方式以鼓励贸易和投资，并希望通过转运部门的发展和贸易便利化，将更多投资吸引到沿主要的贸易通道建立的自由贸易园区。[1]

二、乌兹别克斯坦对外贸易分析

与其他中亚国家普遍存在的单一商品在出口中所占比重畸高、对一国市场依赖度过高的情况不同，乌兹别克斯坦是中亚国家中唯一进出口商品结构和市场多元化程度最好的国家，而且其出口商品结构中工业制成品的比重也是各国中最高的。这与乌兹别克斯坦在苏联时期奠定的工业基础有着密切的关系（乌兹别克斯坦工业产值在苏联各共和国中占第六位），也与独立后乌兹别克斯坦奉行的经济发展政策有着密切关系。

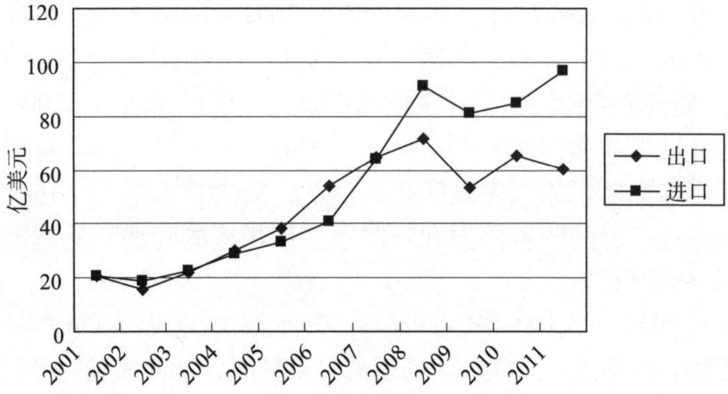

图4.5　乌兹别克斯坦贸易

资料来源：UN ITC [OL].[2012－11－09]. http：//www.intracen.org/itc/market－info－tools.

[1] Asadov，Shokhboz. *Tajikistan's Transit Corridors and their Potential for Developing Regional Trade*. UCA WPS No：6.2012，7.

根据乌兹别克斯坦官方统计数据，俄罗斯取代了欧盟成为乌兹别克斯坦第一大贸易伙伴，2001～2010年，乌兹别克斯坦与俄罗斯、欧盟、中国和哈萨克斯坦等邻国的贸易都在增长，唯独与塔吉克斯坦的贸易大幅下降，与塔吉克斯坦的出口和进口分别下降了38.5%和33%。

莫戈勒斯基（2012）指出，2004～2010年，乌兹别克斯坦能源出口（80%为天然气，20%为石油）增长了一倍，而棉花出口则减少了一半，与此同时，水果和蔬菜则成为重要的出口商品。2000年，棉花出口占乌兹别克斯坦出口额的31.9%，而2010年则下降到13.5%，一方面是源于乌兹别克斯坦国内减少了棉花种植面积，另一方面则是由于随着国内纺织工业的发展增加了对棉花的需求。水果和蔬菜的出口则从2000年出口额的2.5%增加到2010年的9.3%❶

2011年，车辆及零件（HS87）分别占乌兹别克斯坦出口的11.8%和进口的11.7%，是因为乌兹别克斯坦与美国通用汽车公司合资建立的通用乌兹别克斯坦公司生产的汽车成为乌兹别克斯坦的主要出口商品，同时由于乌兹别克斯坦本国未形成完整的汽车产业链而不得不大量进口汽车零部件，也正因其对进口汽车制品的依赖，韩国成为乌兹别克斯坦第二大进口来源国，❷ 乌兹别克斯坦的汽车工业成为典型的进料加工型产业，即进口零部件，出口整车。

乌兹别克斯坦政府为促进本国工业的发展，实施了进口替代政策，通过征收关税和使用多重汇率的方式限制轻工业品的进口，鼓励工业制成品的进口，而边境贸易进口的主要是消费品，因此边境贸易受到政府的严格限制。

根据世界银行估计，乌兹别克斯坦的平均最惠国税率从2001年的11%增加到2009年的14.5%。乌兹别克斯坦对进口的本国可生产的商品也征收不同的税收，其从价税分为0、5%、10%、30%和40%五档不同的汇率。由于乌兹别克斯坦进口关税是根据外汇计价，都使用乌兹别克斯坦央行汇率兑换的苏姆缴税，因此使得进口商实际所缴税款与相比于名义关税税率要低，因为进口商可以在黑市购买苏姆用以缴纳关税。❸

乌兹别克斯坦的汇率分为央行汇率、商业银行汇率和黑市汇率，央行汇率由

---

❶ Anderson, Brion. And Yuriy Klimov, *Uzbekistan: Trade and Regime and Recent Trade Developments*. UCA WPS No: 4, 2012, 18.

❷ 1996年，韩国大宇公司与乌兹别克斯坦合资成立了“乌兹—大宇”公司，但韩国大宇公司在1997年金融危机中破产并被美国通用公司兼并为通用大宇公司。2008年，通用大宇公司与乌兹别克斯坦汽车工业公司（Uzavtoprom）成立合资公司生产汽车，乌兹别克斯坦方占75%股份，通用公司占25%股份。2011年，通用公司与乌汽车工业公司在塔什干成立发动机厂，通用公司占52%股份，乌兹别克斯坦方占48%股份。2012年，双方签订备忘录筹建第三个合资企业。

❸ 如2010年乌兹别克斯坦央行汇率为1美元兑换1716苏姆，而黑市汇率为1美元兑换2493苏姆。

乌兹别克斯坦中央银行确定，而商业银行的汇率接近央行汇率。由于从商业银行购买外汇困难，因此进口消费品的企业和个人主要从黑市购买外汇，黑市外汇的来源主要是乌兹别克斯坦在国外劳务移民的汇款和非官方出口所得外汇。

乌兹别克斯坦政府采取了多种政策对外贸进行严格控制，多重汇率的确定也进一步加大了私人外贸（主要表现为边境贸易）以及消费品贸易的成本，因此多年来其进出口额基本相当，外贸保持着顺差，只是自 2008 年以来受国际金融危机影响以及国际能源价格的大幅下跌，乌兹别克斯坦外贸出现了较大的逆差。当然，正如其他中亚国家一样，由于边境贸易和巴扎贸易并没有被纳入各国官方的统计范围，因此乌兹别克斯坦的对外贸易也存在着严重的低估。

三、土库曼斯坦对外贸易分析

土库曼斯坦的出口贸易对天然气依赖性极高（见表 4.2），而 1994～2011 年贸易伙伴的变化与土库曼斯坦天然气出口路线和价格的变化有着密切的关系。

土库曼斯坦天然气出口主要有四个方向：一是向北的中亚—中心管线（土库曼—乌兹别克—哈萨克—俄罗斯），是目前土库曼最重要的天然气外运管线；二是向南通往伊朗的两条管道，第一条管道是 1998 年建成的从土库曼斯坦的克尔佩泽到伊朗的库尔德库伊管线，该管道全长约 200 公里，是土库曼斯坦第一条不经过俄罗斯领土的天然气出口管道，于 1998 年 9 月开始运营。第二条管道是达乌列达巴特—汉格兰天然气，全长约 60 公里，两国境内各约 30 公里；三是向东的土库曼斯坦—乌兹别克斯坦—哈萨克斯坦—中国天然气管道；四是向西的经里海向欧洲出口的管道。

独立初期，土库曼斯坦天然气主要依赖苏联时期铺设的管道，出口数量和过境费均受制于俄罗斯。俄有时还通过关闭管道来处理同土库曼斯坦的争端，如 1997 年俄天然气公司因过境费支付问题拒绝土库曼斯坦利用其管道出口天然气，致使土库曼斯坦当年的国民生产总值下降 25.2%。[1] 土库曼斯坦天然气产量从 1992 年的 2.02 万亿立方英尺下降到 1998 年的 4660 亿立方英尺。1999 年，土库曼斯坦与俄罗斯达成了天然气输送协议，2000 年生产天然气 1.64 万亿立方英尺。

中亚各国中对单一商品依赖最大的就是土库曼斯坦，2011 年其天然气出口就占出口总额的 91%，而 2009 年天然气出口的遇阻，也就造成了该国 2009 年出口出现巨额下跌。天然气出口顺利与否已成为制约土库曼斯坦外贸的最重要因素，1997～1999 年就因为天然气出口主要市场乌克兰无力支付货款而致使土库曼斯坦

---

[1] 赵龙庚．土库曼斯坦的多元化天然气输出战略［J］．亚非纵横，2008（3）．

的出口下跌了 54. 3%（2009 年下跌 75. 2%）。因此，近年来土库曼斯坦一直致力于实现天然气出口管道的多元化，希望降低出口市场集中度过高带来的风险。

1994 年乌克兰就成为土库曼斯坦最大的出口市场，2009 年还占土库曼斯坦出口额的 32%，当年中国仅占土库曼斯坦出口额的 1. 7%。而 2010 年中国就占了土库曼斯坦出口额的 39. 8%，乌克兰仅占 1. 1%，2011 年中国更占到土库曼斯坦出口额的 67. 2%。

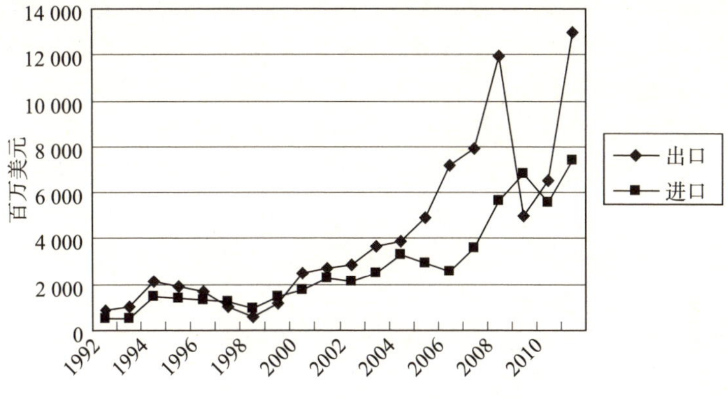

图 4. 6　土库曼斯坦对外贸易

资料来源：UN ITC［OL］.［2012 - 10 - 28］. http：//www. intracen. org/itc/market - info - tools/.

根据 2003 年 4 月土俄总统签定的国家间天然气领域的合作协议，土库曼斯坦保证在 25 年内对俄出口天然气 1. 8 万亿方，供气量从 2004 年 50 亿方到 2007 年 700 亿 ~ 800 亿方。同时，建立了出口价格机制：2007 年前，定价为 44 美元/千立方米；自 2007 年起，将按西方合作伙伴实行的支付价格，并与“石油产品一揽子”计划挂钩。2006 年，土库曼斯坦对俄出口天然气价格已升至 65 美元/千立方米。[1] 2007 年年底，俄罗斯与土库曼斯坦达成协议，使 2008 年俄罗斯购买土库曼斯坦天然气的价格达到 130 美元/千立方米（上半年）和 150 美元/千立方米（下半年）。而随着 2008 年国际能源价格大幅下跌，俄罗斯从土库曼斯坦进口的天然气也随之下降。

2009 年 4 月，土库曼斯坦天然气的主要出口方向的中亚—中央天然气管道爆炸后，直到 2010 年俄罗斯才恢复从土库曼斯坦进口天然气，但进口数量由 2008 年

[1] 中国驻土库曼斯坦经商参处 . 土库曼石油和天然气开采、加工和出口［OL］.［2010 - 10 - 07］. http：//tm. mofcom. gov. cn/article/ztdy/200602/20060201560504. shtml.

的428亿立方米下降为105亿立方米，且近几年俄罗斯都无扩大进口的意向。[1] 虽然在1998年，时任土库曼斯坦总统的尼亚佐夫首次提出向中国出口天然气的意愿，但中国与乌克兰在土库曼斯坦出口市场地位的根本性的变化是由多种原因造成的。

2009年12月，投入运营的土库曼斯坦—乌兹别克斯坦—哈萨克斯坦—中国天然气管道无疑给陷入困境的土库曼斯坦天然气出口带来了福音，这也是中国在短短两年时间内成为土库曼斯坦最大出口市场的原因。

土库曼斯坦与伊朗的达乌列达巴特—汉格兰天然气管道项目的建成也与土俄之间的天然气矛盾有着密切的关系。该项目于2009年7月初确定，但早在2006年伊朗就曾向土库曼斯坦方提出过增加进口气量问题，但土库曼斯坦方没有回应。直至2009年4月土俄双方因天然气管道爆炸产生纠纷，俄罗斯暂停自土库曼斯坦购气，土库曼斯坦财政收入受到明显影响后，土库曼斯坦才开始积极寻找向伊朗扩大天然气出口的方案，并很快与伊朗方达成新建天然气管道的协议和将出口天然气量从80亿方/年提高到140亿方/年的意向。

因此，土库曼斯坦出口市场多元化依赖于天然气管道多元化，这也是土库曼斯坦一直致力于建设通往不同方向天然气管道的根本原因，即希望通过管道的多元化降低本国对他国的依赖程度。

虽然天然气出口占了土库曼斯坦出口的绝对份额，但相对于哈萨克斯坦、乌兹别克斯坦、塔吉克斯坦、吉尔吉斯斯坦四国，土库曼斯坦的纺织品贸易也成为该国具有竞争优势的产品。2013年，土库曼斯坦拥有74家纺织企业，包括32家纺织厂、棉纺厂及织造厂，17家成衣厂、7家丝绸厂和2家羊毛处理厂。目前，土库曼斯坦纱线年产能为17.7万吨，棉布1.86亿平方米，针织面料1.1万吨，毛面料7200吨，针织及成衣8000万件。全球著名公司sara lee、jc penney、沃尔玛、彪马等都从土库曼斯坦进口服装制成品。[2] 相比于其他国家棉花加工程度的低下，土库曼斯坦已在纺织品领域处于领先地位。但如何能将纺织品领域的竞争优势进一步扩大并成为该地区的纺织、服装产品的出口大国，土库曼斯坦仍需进一步提升其工业化程度。

---

[1] 此次管道爆炸，土、俄两国均认为是对方责任，俄罗斯根据两国协议从土库曼斯坦进口天然气的高价在金融危机后高于国际市场价格大幅下跌的情况下使俄罗斯蒙受损失，而土库曼斯坦不愿降低价格。

[2] 中商情报网．土库曼斯坦纺织行业概况分析［OL］.［2014－04－01］. http：//www. askci. com/news/201403/26/2615574437225. shtml.

第五节　中亚各国对外贸易特点与效应

一、中亚各国之间贸易特点

由于文化、语言、运输成本等诸多因素的影响，地处同一地区内国家的贸易往来会高于与距离较远国家的贸易，但中亚地区则出现了各国的主要贸易伙伴都位于本地区之外的情况，造成此种现象的原因或是受制于各国经济发展水平和产业结构，或是由于各国政治关系不佳。

（一）产业结构限制各国贸易发展

20 世纪 90 年代初期，中亚各国的主要贸易伙伴中还都有各自邻国，但到了 2011 年各国的贸易伙伴则都以远方国家为主。之所以出现中亚各国彼此间贸易额大幅下降的情况，主要原因就是在苏联时期建立的分工关系已不存在。中亚各国工业化程度低下，而现有工业又主要是与非本地国家形成了分工格局（如乌兹别克斯坦的汽车业、吉尔吉斯斯坦的服装业和塔吉克斯坦的炼铝业），以至于各国间鲜有产业内分工贸易的存在。

制约中亚国家间贸易的一个重要因素即为中亚国家进出口商品结构的竞争性远大于互补性，如哈萨克斯坦、土库曼斯坦和乌兹别克斯坦三国都以能源为主要出口商品，彼此间即使互相进口部分能源类商品，也主要是因为运输管道或成本，并不能根本性改变彼此竞争的格局。而且由于各国工业化程度低，各国出口的商品主要都是原材料或简单加工的促进产品，无法形成产业内或产品内贸易，以至于各国的主要贸易伙伴都为远离本地区的国家。

（二）各国间矛盾引发的贸易成本限制了彼此贸易

虽然中亚国家彼此间未形成紧密的分工体系，但由于相互毗邻，因此仍存在着相互贸易的需求，特别是苏联时期基础设施的布局使得各国很多领域和地区的相互贸易是早已形成的。但这些固有形成的贸易联系，却由于各国间相互关系恶化而彼此建立的贸易壁垒而造成贸易成本过高，最终导致各国的贸易减少乃至断绝。如塔吉克斯坦和吉尔吉斯斯坦由于短缺石油、天然气，而只能依靠水电。但水电又受季节因素影响而导致夏季电力过剩，而冬季电力短缺。苏联时期，根据国家的统一调配，塔吉克斯坦和吉尔吉斯斯坦可在夏天向乌兹别克斯坦出口水电，冬季则进口乌兹别克斯坦、土库曼斯坦的火电。但近年来，由于乌兹别克斯坦和吉塔两国间存在诸多矛盾，乌兹别克斯坦大幅减少了与两国的电力贸易，致使本来互利互惠的贸易关系破裂。由于各国政治关系的恶化，中亚各国间常常出现互相关闭边境口岸的做法，从而对彼此间的贸易往来产生了极大的负面影响。

（三）谨慎使用各国的贸易统计数据

在研究中亚国家的对外贸易时，需要考虑到实际贸易活动中复杂的情况，而不能简单地根据各国贸易统计数据来得出结论。[1]

莫戈勒斯基（2012）指出，根据土库曼斯坦和乌兹别克斯坦的统计，俄罗斯是其天然气的主要进口国，而俄罗斯的统计则表明并未从两国进口天然气；与此类似，吉尔吉斯斯坦的统计数据显示向瑞士出口了3.86亿美元的黄金，而瑞士方面的统计数据仅从吉尔吉斯斯坦进口了1.1亿美元的黄金。非正式贸易（即边境贸易和巴扎贸易）对各国经济的影响更需要深入研究，因为这类贸易金额在各国统计中被低估程度是很高的，由此而造成未能反映在各国统计中的转口贸易额是极为惊人的，因此在研究中亚国家的对外贸易时，尤其是塔吉克斯坦和吉尔吉斯斯坦，非正式贸易应得到足够的重视和谨慎的处理。

二、中亚各国不同贸易战略效应分析

独立后，中亚各国采取了不同的经济转型战略，哈萨克斯坦、吉尔吉斯斯坦采取了激进的改革措施，土库曼斯坦和乌兹别克斯坦则选择了渐进的模式，塔吉克斯坦则由于独立后即陷入内战而致使经济改革被推迟。各国的对外贸易战略也受转型道路的不同而形成了各自的特点，对本国经济发展也产生了不同影响。

（一）出口导向战略

中亚五国的外贸政策可以分为两类，一类是吉尔吉斯斯坦、塔吉克斯坦和哈萨克斯坦，其外贸政策总体偏向自由贸易，采用较低的关税。哈萨克斯坦在2010年俄白哈关税同盟成立后，为协调本国关税税率与关税同盟税率一致（其实是与俄罗斯关税税率一致），大幅提高了关税，平均关税税率由6.2%上升到10.6%。但俄罗斯于2012年加入了WTO并承诺将进口关税率由10%降为7.8%，考虑到俄罗斯在俄白哈关税同盟中的主导地位，哈萨克斯坦必然也会重新调低本国的进口关税税率。目前，哈萨克斯坦入世谈判大部已完成，因此中亚地区将会出现哈、吉、塔三国都成为WTO成员的局面，这对于促进本地区贸易自由化的发展无疑将起到极大的推动作用。

吉尔吉斯斯坦因采取了自由贸易政策而于1998年加入WTO成为中亚各国中第一个WTO成员，吉尔吉斯斯坦采用自由贸易政策的原因除了受总统阿卡耶夫的自由主义思想的影响之外，一个重要原因在于作为地处内陆的山地国家，吉尔吉斯斯坦本身经济落后、工业化程度低，几乎没有具有竞争力且规模较大的产业。在

---

[1] 本章第三节已对吉尔吉斯斯坦与中国贸易数据以及与瑞士的黄金贸易数据进行了分析。

苏联时期，该国的消费品和工业制成品基本都是依靠其他共和国提供的，而苏联经济分工体系的瓦解以及俄罗斯“甩包袱”政策使其经济极为困难，在这种情况下，实行自由贸易以解决国内的困难局面也自然成为一个必然的选择。独立后塔吉克斯坦经济在经受了内战的打击后更为困难，而地理位置、自然资源和经济发展水平又与吉尔吉斯斯坦类似，因此吉尔吉斯斯坦的政策对塔吉克斯坦具有一定的借鉴价值。1997 年 3 月 1 日起，塔吉克斯坦对进入塔境内商品实行统一关税，税率为 10%。对于享受优惠方案的发展中国家减半征收，中国也享受关税减半的待遇。1998 年，塔吉克斯坦将进口税率由 10% 降至 5%。[1] 塔吉克斯坦已于 2012 年加入了 WTO，成为中亚各国中第二个 WTO 成员。哈萨克斯坦正在积极开展入世的谈判，只是原本希望于 2012 年底加入 WTO 的计划至今未能实现。

哈吉塔三国都采取了相对较为自由化的贸易政策，虽然在吉塔两国表现为巨额的贸易逆差，而哈萨克斯坦表现为巨额贸易逆差，但这仅是由于三国自然资源禀赋不同造成的。而且吉塔两国的贸易逆差亦与两国海关对于边境贸易、巴扎贸易的统计不完整有着紧密关系。究其根本，吉塔两国还是从本国贸易政策中受益匪浅。

（二）进口替代战略

哈萨克斯坦、乌兹别克斯坦和土库曼斯坦三国由于拥有丰富的油气资源，独立后基本保持着贸易顺差。但不同于哈萨克斯坦采取的出口导向政策，乌兹别克斯坦和土库曼斯坦则采取了进口替代政策，这在乌兹别克斯坦表现得尤为突出。

乌兹别克斯坦一直强调经济转型要在政府的主导和调控下来进行，卡里莫夫总统认为乌兹别克斯坦经济转型的最终目标是自由市场经济，但这一目标必须是可控的、逐步的得以实现。而对外贸易就要通过发展替代进口为实现乌兹别克斯坦经济的独立的目标服务，而且要根本性地改变国民经济结构，部门结构调整的重点在于发展科技含量大的工业部门。根据发展进口替代产业的思路，乌兹别克斯坦制定了减少进口消费品、增加工业制成品和零部件进口的政策，并通过对国内工业的现代化改造来实现出口结构的多样化以降低对原产品和初级产品的依赖性。

为确保进出口能够按照国家战略来得以实施，乌兹别克斯坦分别在出口和进口方面制定了相应的关税政策。出口方面，尽管乌兹别克斯坦没有像哈萨克斯坦那样征收出口关税，但是政府通过要求将出口外汇按照规定的汇率卖给国家而间接实现了对出口产品的征税。如乌兹别克斯坦政府规定，企业需要将出口所得外

[1] 刘启芸．塔吉克斯坦［M］．北京：社会科学文献出版社，2006：80～135.

汇按照乌兹别克斯坦中央银行（CBU）汇率卖给中央银行，假定2011年平均汇率为2300索姆/美元，而CBU汇率仅为1716索姆/美元，黑市汇率则为2493索姆/美元，当出口企业按规定将所得全部外汇卖给央行时就相当于被征收了23%的出口关税（如棉花）。对于进口产品的征税，乌兹别克斯坦主要分为征收进口关税、进口商品国内征税和对运输进口商品的车辆征税三种，进口关税税率分别为0、5%、10%、30%和40%。2001年，乌兹别克斯坦平均最惠国关税税率为11%，2006~2009年则分别为15%、15%、14.7%和14.5%。[1]

乌兹别克斯坦的进口替代政策虽然使得乌兹别克斯坦成为中亚国家中出口商品结构最为均衡的国家，但由于其多重汇率、高额关税等因素的影响，不但限制了其对外贸易的发展，更重要的是扭曲了其市场价格体系，即使是已建成的乌兹—大宇汽车厂是否具有自生能力也是令人怀疑的。除了汽车，乌兹别克斯坦还分别和中国、印度企业成立合资企业生产智能手机、平板电脑等产品。如果乌兹别克斯坦希望利用本国廉价劳动力以及拥有中亚最多人口的优势，以来料加工的方式带动这些企业的生产，则其贸易政策必须进行调整。

相比于中亚其他产棉国，土库曼斯坦纺织业的技术水平和产品的国际竞争力是最好的，但也未能形成完整的产业链，一个重要原因就是其整体贸易政策的影响，其国内丰富的棉花资源也并未得到充分的利用。

从东亚和东南亚多个国家的发展历程来看，在进口替代战略实施一段时间后，再实施出口导向战略就具有了一定的工业基础。而长期的依赖进口替代或出口导向战略都会对一国经济带来负面影响。因此，较为成功的贸易战略应是在不同阶段采取不同的贸易战略，许多发展中国家特别是发展中的大国一般采取二者结合的混合型的战略，但有主次之分，根据国情，有的以进口替代战略为主，出口替代战略为辅，有的则以出口替代战略为主，进口替代战略为辅。

哈萨克斯坦外贸出口随时增长最快且保持顺差，但已经被锁定在出口能源、原材料的低水平上。虽然哈萨克斯坦政府提出了多个发展制造业的计划，但至今仍不见有转变原有路径依赖的迹象。乌兹别克斯坦、土库曼斯坦采取了进口替代战略，希望通过发展本国的工业来带动经济发展，避免成为初级产品的供应国。只是进口替代政策虽然使得两国建立了一定的产业基础，但远没有实现各国的预期目标，目前两国对能源和资源类产品的依赖程度远高于独立初期。不论是出口导向还是进口替代，中亚国家都面临着矫正本国外贸战略的问题。

---

[1] Anderson, Brion. and Klimv, Yuriy. *Uzbekistan: Trade Regime and Recent Trade Developments*. UCA WPS No: 4. 2012: 9-11.

三、中亚地区边境贸易发展的原因与作用

根据中亚国家官方的统计数据，各国的对外贸易主要是与区外国家展开的，而中亚国家彼此间的贸易往来极少。根据前文对哈萨克斯坦和吉尔吉斯斯坦的分析，中亚国家间存在大量未纳入各国海关统计的边境贸易和巴扎贸易，而这一部分恰恰构成了中亚国家间最为主要的贸易形式。边境贸易交易的商品不仅是来源于周边国家的产品，同时也有大量的本地区的产品，如塔吉克斯坦和乌兹别克斯坦经吉尔吉斯斯坦销往哈萨克斯坦和俄罗斯的蔬菜水果，俄罗斯经吉尔吉斯斯坦销往塔吉克斯坦的汽油。这些商品的金额尽管无法与周边国家出口到中亚国家市场的商品相比，但对于生产这些商品的当地居民来说，却有着极为重要的作用。

边境贸易与灰色清关关系密切，可以说灰色清关促进了中亚地区边境贸易的发展，但是边境贸易之所以能够成为本地区一种主要的贸易模式的根本原因在于，中亚国家迫切需要进口本国无法生产，或者本国产品无法满足国内需求的商品。而中亚周边的国家，如中国、土耳其、伊朗等国则填补了这一市场。另一方面，低成本也成为促进边境贸易在中亚地区迅速发展的一个重要因素。如吉尔吉斯斯坦对从事边境贸易的个人是按照商品的重量征税（哈萨克斯坦也曾规定个人携带50公斤以下货物通过关境时无须申报也不征税），根据相应的规定，这一政策也可适用于从事边境贸易的公司，这样一来从事边境贸易的个人和公司所交的关税只相当于海关估价的1%～5%，而吉尔吉斯斯坦进口税和从价税一般合计为货物价值的32%～35%，哈萨克斯坦和俄罗斯这一数据则是25%～80%。[1]

除了各国政府对边境贸易的优惠规定外，在实际操作过程中普遍存在的“包机包税”“包车包税”也成为降低边境贸易成本的一个重要方法。尽管改变灰色清关模式符合中亚国家的利益，但由于各国政府机构管理效能低下、从灰色清关中获益的各国国内利益集团的阻碍，这种模式目前依然普遍存在。从长远来看，随着各国市场机制的逐步建立、政府机关管理能力的提升以及对国内利益集团的限制，灰色清关必然会为正常的清关模式所取代。但是，灰色清关的被取消并不意味着边境贸易的消亡。中亚地区边境贸易的产生与发展是因为各国间有贸易的需求，而边境贸易真是因其便利、低成本的特点促进相邻各国间贸易的增长，这也是GATT在其第24条第3款中对各国的边境贸易做出了例外性规定的原因。随着各国经济的发展，中亚各国间的贸易往来必然会有大幅增长，当前中亚国家主要都与非本地区国家发展贸易，甚至距离遥远的国家成为其主要贸易伙伴，这一局

---

[1] Mogilevskii, Roman. *Trends and Patterns in Foreign Trade of Central Asian Countries.* UCA WPS No：1. 2012：40－41.

面与中亚国家的经济发展水平尚处于初级阶段，各国间还没有形成基于比较优势的产业分工体系有着密切关系。

灰色清关在中亚地区流行的一个重要原因就是，正常清关的高成本和低效率对贸易产生了很大的阻碍。李纲（2004）提出，海关程序、标准一致化、商务流动和监管环境方面存在的壁垒严重阻碍了区域内贸易的开展，在海关程序、标准一致化和商务流动三个指标增长10%的情况下，区域内贸易将分别增加100.7亿、102亿和8.98亿美元。表4.16就显示出中亚国家在进出口便利化的程度上基本是全球最低的，而且2006年以来，除了吉尔吉斯斯坦的进出口的便利化有所改善，哈萨克斯坦、塔吉克斯坦、乌兹别克斯坦三国的相关指标反而进一步恶化。

表4.16 中亚国家外贸便利程度数据

年份	国家	哈萨克斯坦	吉尔吉斯斯坦	塔吉克斯坦	乌兹别克斯坦
2007	排名	172	173	163	169
	出口单据（分数）	14	13 *	14	10
	出口时间（天）	93	64 *	72	44
	出口成本（美元/集装箱）	1780	2500 *	4300	2550
	进口单据（份数）	18	18	10	18
	进口时间（天）	17	127	44	139
	进口成本（美元/集装箱）	87	3032	3550	3970
2013	排名	182	174	184	185
	出口单据（分数）	9	8	11	13
	出口时间（天）	81	63	71	80
	出口成本（美元/集装箱）	4685	4160	8450	4585
	进口单据（份数）	12	10	11	14
	进口时间（天）	69	75	72	99
	进口成本（美元/集装箱）	4665	4700	9800	4750

资料来源：WB Doing Business [OL]. http://www.doingbusiness.org/reports/global - reports/doing business - 2013.

注：* 为2008年报告数据，2007年有175个国家进行排名，2013年有185个国家进行排名，无土库曼斯坦数据。

之所以出现这种倒退的情况，一方面是因为中亚各国政府的治理能力较弱，难以有效应对各种制约贸易发展的困难；另一方面是由于深受计划经济体制和思维的影响，中亚国家对于如何发展市场经济始终存在认识不足，各国没有认识到贸易既解决了其国内商品匮乏的困境，同时也创造了大量的就业岗位，对于降低国内失业率具有极为重要的作用。

为促进区域内各国贸易的发展，有学者指出，中亚应基于城市、地区和区域的不同层面实施出口多元化和增长战略。如果中心城市不具备与国外大市场的竞争性联系，投资者不会向其投资，即使这些城市拥有了具有竞争力的生产商。而城市要真正发挥其拉动作用，除了具备完善的基础设施和良好的政策环境外，还必须依托周边地区以形成紧密的经济关系。当前中亚地区的贸易往来的主要障碍是交通、物流的滞后和对国际转运的限制。在发展区域性的生产网络时，东亚地区的三个基本经验对中亚具有借鉴意义：（1）从小处着手。以便在可控层面上对产生的问题进行协调；（2）面向全球。在面对更大的市场时就不会将邻国视作竞争对手；（3）帮助较弱的环节。以保证生产网络产品的质量、数量和实效性。❶

从世界范围内来看，根据比较优势发展对外贸易会对实现国内资源的最优配置、提升本国产品的竞争力产生根本性的影响，而要实现这一点，就需要各国政府推行自由贸易政策，削减各种限制贸易发展的关税和非关税壁垒，在更大的范围内配置资源，最终促使本国经济融入国际分工体系。

当前，中亚国家如果能够在贸易政策、边界管理、海关通关和运输管理方面开展合作，则对各国贸易增长、经济福利增加都具有很大的促进作用，并最终有利于中亚各国区域合作的深化。但由于各国内部既得利益集团的制约，这些政策调整具有很大难度。❷

---

❶ Coulibaly, Souleymane. , *Trade Expansion through Market Connection* [R]. WB Study No: 63435. World Bank. 2011: 67 – 84.

❷ Byrd, William. , and Raiser, Martin. *Economic Cooperation in the Wider Central Asia Region*. WB WP no: 75. 2006: 19 – 26.

第五章　中亚区域一体化历程与现状

苏联解体的一个重要原因就在于，当时的俄罗斯领导人认为俄罗斯是苏联其他加盟共和国的“输血者”，而只要甩掉“包袱”，俄罗斯就能从繁重的财政负担中解脱出来。如1991年苏联预算补贴占塔吉克斯坦预算的44%，乌兹别克斯坦预算的42%，吉尔吉斯斯坦预算的34%，哈萨克斯坦预算的23%，土库曼斯坦预算的22%。❶ 因此，俄罗斯在独立初期对中亚国家采取的经济政策主要就是从财政负担上甩包袱，并且强调在市场原则基础上建立新的经济往来模式。

由于苏联时期建立的统一的经济分工体系是基于计划而非市场配置资源的，具有违背经济规律的特性，如1991年苏联天然气、煤、水泥、汽油和柴油、石油、木材、黑色金属轧材的价格水平分别是世界价格水平的3%、5%、6%、9%、13%、17%和25%。苏联解体后，随着这些国家向市场经济接轨，原有的经济联系便暴露出非效率的特征。俄罗斯学者希什科夫指出，苏联中央集权管理体制下经济主体之间的经济联系受到虚假的市场机制调节，这种虚假一体化是表层的、无效率的和可逆转的，在国际经济体系中这种一体化是不可能的，或者注定是短命的（潘广云，2011）。

当俄罗斯采取了“甩包袱”的政策以及开始采用市场价格确定与中亚国家之间的关系时，这更加恶化了本身就处于转型阶段的中亚各国的经济形势。中亚国家开始“抱团取暖”，试图通过发展区域经济一体化的方式来帮助本国摆脱困境，在此过程中，中亚国家建立了众多的、成员相互交错的区域一体化组织和机制。

20世纪50年代以来，区域经济一体化开始发展，相较于20世纪90年代以来多边贸易自由化的停滞不前，全球范围内的区域贸易协定如雨后春笋般不断被签订，甚至大有超越多边贸易体系的发展势头。为解决独立后面临的经济困境，中亚各国也成立或参与了多个不同类型的区域机制，这其中既有中亚国家间成立的，如中亚合作组织（Central Asian Cooperation Organization，CACO），也有中亚国家与

❶ Marnie，S. and Whitlock，E. *Central Asia and Economic Integration.* RFE/RL Research Report，Vol. 2，No：14，1993.

周边国家成立的，如独联体自由贸易区（Commonwealth of Independent States Free Trade Area，CISFTA）、经济合作组织（Economic Cooperation Organization，ECO）、统一经济空间（Single Economic Space，SES）、欧亚经济共同体（Eurasian Economic Community，EurAsEC）、上海合作组织（Shanghai Cooperation Organization，SCO），以及在欧亚经济共同体基础上成立的俄白哈关税同盟（Belarus，Kazakhstan and Russia Customs Union，BKRCU），还有中亚国家与国际组织成立的，如中亚区域合作计划（Central Asia Regional Economic Cooperation，CAREC）、联合国中亚经济特别规划（Special Programme for the Economics of Central Asia，SPECA）。

这些组织中既有专注于经济合作的，如欧亚经济共同体；也有强调军事安全的，如集体安全条约组织；还有兼顾安全与经济的，如上合组织。众多的区域合作组织是否在提升各国的一体化程度上给中亚国家带来了预期的收益还尚无定论，通过对这些区域经济合作组织对中亚各国出口的影响的分析可探析其发展的原因、动力与未来走向。

第一节 中亚国家参与的一体化组织

尽管苏联时期形成的经济分工体系具有非效率的特征以及俄罗斯采取了“甩包袱”的政策，但由于已形成的传统经济分工、对俄罗斯市场的依赖性以及以俄罗斯为中心的交通运输基础设施等诸多因素的影响，中亚国家在发展区域经济一体化时还是将俄罗斯作为优先考虑的对象，而土耳其、西方国家和中国等远方国家则是其退而求其次的选择。

自苏联解体，中亚就不断加强区域一体化及合作的尝试并创建一系列区域组织。尽管中亚国家也先后成立了多个区域经济合作组织以共同应对苏联解体带来的困难和发展本国经济，但由于各国尚处于转型阶段，经济实力弱小、市场作为配置资源的基础地位尚未形成以及产业结构的同构性，且地处内陆，很难直接受到世界市场的影响。尽管中亚地区成立了众多的一体化组织，但促进贸易增长的效果并不明显，中亚依然缺乏促进经济有效合作的机构。上海合作组织在解决涉及边境确定等有严重争议问题上获得成功，但该组织至今在经济领域未取得有效的成绩，甚至同非法毒品流通的斗争也未达成一致。欧亚经济共同体在建立区域基础设施或者解决和给水工程有联系的区域特性的关键问题上未取得明显成绩，而这是该组织特别关注的领域之一。经济合作组织（ECO）和中亚经济特别规划（SPECA）的成绩不显著。经济合作组织（ECO）在区域贸易一体化和促进贸易发展领域未达到自己的目的，至少中亚国家如此。根据中亚经济特别规划（SPECA）

领导委托进行的效果评价，该组织在其活动方向的广泛领域同样未取得显著成绩。❶

一、经济合作组织

由于伊斯兰教是中亚各国的主要宗教，独立后中亚各国为建立本国的民族和文化的根源，对伊斯兰教采取了鼓励的态度，这使得各国与其他伊斯兰国家的关系迅速密切起来。中亚国家还希望通过与伊斯兰国家建立紧密的经济联系来解决自己的经济困境，因此1992年2月中亚五国加入了经济合作组织。❷ 1993年7月，在安卡拉举行了该组织的第二次首脑会议，并决定各成员国在资本和劳动力流通方面加深合作，促进投资。但由于土耳其、伊朗和巴基斯坦自身经济实力的局限性，这一组织除了在刺激俄罗斯调整对中亚国家的“甩包袱”政策之外，对中亚国家并没有产生多少影响。

表5.1　中亚各国参与的区域合作机制

组织	成立时间（或协议签订时间）	成员
独联体	1991	俄罗斯、白俄罗斯、哈萨克斯坦、亚美尼亚、吉尔吉斯斯坦、摩尔多瓦、塔吉克斯坦、乌克兰、阿塞拜疆、乌兹别克斯坦
中亚区域经济合作计划	1997	亚洲开发银行、阿富汗、阿塞拜疆、中国（新疆）、哈萨克斯坦、吉尔吉斯斯坦、塔吉克斯坦、乌兹别克斯坦、蒙古
中亚经济特别规划	1998	阿塞拜疆、阿富汗、哈萨克斯坦、吉尔吉斯斯坦、塔吉克斯坦、土库曼斯坦、乌兹别克斯坦，联合国欧洲经济委员会和亚太经社理事会也为成员
经济合作组织	1985	土耳其、伊朗、巴基斯坦、阿富汗、阿塞拜疆、哈萨克斯坦、乌兹别克斯坦、土库曼斯坦和塔吉克斯坦
上海合作组织	2001	中国、俄罗斯、哈萨克斯坦、吉尔吉斯斯坦、塔吉克斯坦、乌兹别克斯坦
欧亚经济共同体	2000	白俄罗斯、哈萨克斯坦、吉尔吉斯斯坦、俄罗斯、塔吉克斯坦、乌兹别克斯坦（2006~2008）

❶ Йоханнес Ф. Линн. “Опыт региональных организаций экономического сотрудничества: Уроки для Центральной Азии”. Евразийская экономическая интеграция. №2 (3), май 2009: 42–68.

❷ 经济合作组织由土耳其、伊朗和巴基斯坦于1985年建立，1992年中亚五国和阿塞拜疆、阿富汗加入该组织。

续表

组织	成立时间 （或协议签订时间）	成员
俄白哈关税同盟	2010	俄罗斯、哈萨克斯坦、白俄罗斯
统一经济空间	2003	俄罗斯、哈萨克斯坦、白俄罗斯、乌克兰
中亚合作组织	2002～2005	哈萨克斯坦、乌兹别克斯坦、吉尔吉斯斯坦、塔吉克斯坦

资料来源：Опыт региональных организаций экономического сотрудничества：Уроки для Центральной Азии.

2003 年，阿富汗、伊朗、巴基斯坦、塔吉克斯坦和土耳其签订了《经济合作组织贸易协定》，计划于条约生效后的八年内至少对各国货物贸易的 80% 的商品进行最大幅度为 15% 的关税削减，但截止到 2006 年，该条约仍未生效。[1]

二、独联体自由贸易区

在中亚国家加入经济合作组织后，由于担心被排除在中亚地区之外，俄罗斯时任副总理绍欣警告中亚国家“不能同时加入两个关税同盟”，中亚国家应对自己的合作对象做出选择（郑羽，2005）。俄罗斯推动各国于 1993 年 9 月签订了《独联体经济联盟条约》，决定成立独联体经济联盟，各国相互给予最惠国待遇，实行统一的货币政策。该条约提出，独联体经济一体化的最终目标是经济联盟，并分为四个阶段逐步建成：自由贸易区、关税同盟、共同市场和支付联盟。同年 12 月，独联体国家元首理事会通过了《阿什哈巴德宣言》，明确了各国将发展经济一体化。1994 年 4 月，除土库曼斯坦以外的独联体国家签署了《关于建立自由贸易区协定》，拟通过在成员国之间取消关税和出口配额等贸易壁垒以逐步向关税同盟过渡。

然而，该协定对各国并无法律约束力，为了制定出实施机制，1999 年独联体国家元首理事会通过了《对自由贸易区协定修改和补充的议定书》（不包括土库曼斯坦），并计划于 2000 年 1 月启动独联体自由贸易区。但由于各国的立法机关，包括俄罗斯，并没有批准该协定，因此该协定也就从未生效。2011 年 10 月 18 日，独联体八国（俄、乌、白、哈、亚、吉、摩、塔）再次签订协议成立自由贸易区，截止到 2012 年年底，该协定在俄罗斯、白俄罗斯、乌克兰、哈萨克斯坦和摩尔多瓦生效实施。根据该协议，协议各方彼此不征收关税和其他等同措施，但不包括协议附件中所列的商品；过境运输不受限制，但不包括管道运输。

---

[1] ADB. *Central Asia: Increasing Gains From Trade Through Regional cooperation in Trade Policy, Transport and Customs Transit* [R]. ADB, 2006: 38－39.

三、中亚合作组织

20世纪90年代初期，由于俄罗斯不愿再充当中亚国家的“奶牛”和“输血者”，采取了一系列措施以减少对中亚国家的财政补贴，并于1993年7月单方面以俄罗斯卢布取代了苏联卢布，事实上解散了卢布区。这些措施对中亚国家无疑是雪上加霜，进一步恶化了其经济状况。哈萨克斯坦总统纳扎尔巴耶夫曾说“经济联系中断要比政治联系中断痛苦得多”，哈萨克斯坦“已经感觉到这一点并认清了痛苦的原因”（郑雪平，2007）。

为了解决各自的经济困难，中亚国家除了加入经济合作组织外，还开展了本地区的一体化合作。1994年1月，哈乌两国总统在塔什干签署两国统一经济空间条约，决定自2月1日起建立共同市场，实现劳动力、商品和资本的自由流通。当年4月，吉尔吉斯斯坦加入这一条约，三国总统签订了建立三国统一经济区条约——《中亚经济联盟》，1998年3月塔吉克斯坦加入该组织。1998年7月，中亚联盟更名为中亚经济共同体，2002年再次改名为中亚合作组织。而俄罗斯于2004年加入该组织，2005年中亚合作组织与欧亚经济共同体合并。

尽管中亚联盟的成立是中亚国家在被俄罗斯逐出“卢布区”后对俄罗斯“甩包袱”政策的一种应对，但在俄罗斯看来，这依然是对俄罗斯利益不可容忍的冒犯，并将其讥讽为“联合起来的穷人俱乐部”，其中每个人都“把被子往自己的身上拉”而不考虑伙伴的利益（安德兰尼克·米格拉尼扬，2002）。不过这个讽刺倒很形象地表明了中亚合作组织无法使中亚国家摆脱经济困境，实际上该组织的成立更像是对俄罗斯忽视中亚政策的一种反映。由于中亚国家自身经济弱小和落后，无力实现区域经济一体化，因此这个组织的无所作为和最后并入欧亚经济共同体也就很正常了。

四、欧亚经济共同体

欧亚经济共同体是目前独联体范围内取得成效最大的区域一体化组织，但是今天的欧亚经济共同体是在数个区域一体化组织的合并的基础上形成的，这一演变过程也充分说明了中亚地区一体化的复杂性。

1995年，俄罗斯、哈萨克斯坦和白俄罗斯建立了关税同盟，吉尔吉斯斯坦于1996年加入，塔吉克斯坦于1999年加入。尽管俄罗斯、哈萨克斯坦、白俄罗斯三国基于俄罗斯海关税率制定了统一的对外关税，但实际上三国采用统一关税时都分别对部分商品税率作出了修改，而吉尔吉斯斯坦则并没有采用该统一对外关税而是仍执行本国平均为10%的海关税率（吉尔吉斯斯坦后于1998年加入了WTO，从未采用关税联盟税率）。[1]

五国关税联盟由于其设立的高关税，短期内可通过对各成员国生产商的保护而使各国企业获利。但就长期而言，由于这种保护限制了各成员国从世界市场获取现代化的知识、技术和对人力资本的改善而无法提高其全要素生产率，最终会使各成员国受损。同时，对于一般随着关税同盟建立而引发的为“跳过”关税保护而进入的市场导向直接投资，也很可能会因为各成员国其他限制投资的措施和国内不佳的投资环境而难以实现。[2]

为进一步加强海关联盟成员国的合作，2000 年 10 月 10 日，俄罗斯、白俄罗斯、哈萨克斯坦、吉尔吉斯斯坦、塔吉克斯坦五国决定将海关联盟更名为欧亚经济共同体，旨在建立统一经济空间，实现经济一体化。2005 年 10 月，欧亚经济共同体与中亚合作组织合并，乌兹别克斯坦于 2006 年 2 月正式成为欧亚经济共同体的成员国。但乌兹别克斯坦又于 2008 年宣布暂时中止参与欧亚经济共同体的活动，理由是该组织缺乏工作效率，无法使乌兹别克斯坦方从中受益。

欧亚经济共同体设立了跨国委员会、一体化委员会、跨国议会大会和共同体法院，跨国委员会是最高机构，由各成员国国家元首和政府首脑组成。一体化委员会是常设机构，由各成员国政府副总理组成。为避免独联体只议不决的弊端，欧亚经济共同体仿照欧盟模式，实行两种表决机制，在跨国委员会实行“协商一致原则”，在一体化委员会采用“按成员国认缴会费的比例计算表决权”的原则，俄罗斯为 40%，白俄罗斯和哈萨克斯坦各为 20%，吉尔吉斯斯坦和塔吉克斯坦各为 10%。这样既可确保各成员国主权平等，也避免了独联体机构效率低下的问题。

欧亚经济共同体确立了 11 个优先合作领域，包括法律、经济政策、海关、交通运输、服务贸易、能源、金融保险、财政税务、经济技术合作、农业、人文和移民。在经济政策领域，各国也参照欧盟的做法制定了宏观经济稳定的数量指标，其内容是：（1）各成员国的年度预算赤字不得超过该国 GDP 的 4%；（2）成员国的内外债总和不得超过该国 GDP 的 80%；（3）成员国的通货膨胀率不得超过欧亚经济共同体内物价增长水平最低的三个国家的平均通货膨胀率指数的 5%；（4）成员国平均长期贷款利率的增减幅度不超过欧亚经济共同体内物价增长水平最低的三个国家的平均年利率的 3%；（5）成员国的汇率协调机制负责制定表明货币稳定的货币指标体系。通过这些规定可看出，欧亚经济共同体完全是模仿欧盟来推动

---

[1] 根据成立该关税联盟的本意以及其英文称呼，本应称其为“关税同盟”，但由于关税同盟的基本特点在于各国采用统一的对外关税而四国从未执行过统一对外关税，因此将其称为关税联盟似乎更为恰当。

[2] Micbalopoulos, Constantine. and Tarr, David. *The Economics of Customs Unions in the Commonwealth of Independent States* [R], WB, WPS No: 1786: 10 - 14.

其一体化的进程和设定一体化的目标的。

由于成员国经济发展水平和经济实力差异很大，2006年8月共同体决定由俄罗斯、白俄罗斯、哈萨克斯坦三国先建立关税同盟，其他成员国根据准备情况逐步加入。2007年10月，俄白哈三国总统签署了建立关税同盟的基础文件并通过行动计划，2009年11月27日三国总统签署从2010年建立关税同盟的一揽子文件。根据协议，2010年1月1日三国实施统一的关税，2010年7月1日欧亚经济共同体海关法典在俄哈两国实施，7月6日在白俄罗斯生效。

五、上海合作组织

上海合作组织是目前中亚地区一个重要的地区组织，其定位和功能从建立时起到现在发生了一定的变化。

1991年苏联解体时，原中苏边界变为中国与俄罗斯、哈萨克斯坦、吉尔吉斯斯坦和塔吉克斯坦四国的边界，原来的中苏边界谈判也变成了中俄哈塔吉五国的谈判，1996年中俄哈吉塔五国元首在上海签订了《关于在边境地区加强军事领域信任的协定》，由于此次元首会晤取得了巨大成功，各国决定首脑会晤将继续进行。

在完成了各国边界谈判后，2001年“上海五国”决定将论坛性质的会晤机制转变为地区组织。2001年6月15日，中国、俄罗斯、哈萨克斯坦、吉尔吉斯斯坦、塔吉克斯坦和乌兹别克斯坦六国元首发表联合宣言，宣布上海合作组织成立。此后，上合组织每年举行元首会议和一系列其他会议，议题也从最初的边界和边界地区安全转向地区安全、经济、人文等领域。

2003年，上合组织的莫斯科元首会议批准中国的张德广担任首任上合组织秘书长，并决定成立两个常设机构——秘书处和地区反恐机构。当年的政府首脑会议还通过了《上海合作组织成员国多边经贸合作纲要》，制订了近期推动贸易投资便利化、中期（2010）开展大规模经贸合作、远期（2010）逐步实现货物、资本、服务、技术的自由流动的目标。

2001年，上海合作组织建立伊始，各成员国元首就在《上海合作组织成立宣言》里明确提出应开展区域经济合作、实施贸易和投资便利化。此后，中国又于2003年上合组织总理会晤中提出建立上合组织自贸区的建议，但此建议在会议最终通过的《上海合作组织多边经贸合作纲要》中被表述为“长期内（2020年前），……为贸易投资创造有利条件，以逐步实现货物、资本、服务和技术的自由流动”。[1]

---

[1] 外交部亚欧司．上海合作组织文件选编［M］．北京：世界知识出版社，2006：306.

相比于上海合作组织，成立于2000年的欧亚经济共同体在2006年与中亚国家建立的中亚合作组织实现了合并，尽管乌兹别克斯坦于2008年决定暂时中止该国欧亚经济共同体成员的资格，这并未对欧亚经济共同体的发展造成实质性阻碍。2009年，俄罗斯、白俄罗斯和哈萨克斯坦三国签署了《关税同盟海关法典》，正式建立了欧亚经济共同体关税同盟，即俄白哈关税同盟。2010年1月1日，三国实施统一的关税。2011年7月，三国正式取消了关境。在区域一体化的道路上，欧亚经济共同体关税同盟的快速发展与上海合作组织自贸区的停滞不前形成了鲜明的对比。

上海合作组织并非不重视成员国之间的经济合作，中国、俄罗斯都曾提出很多的合作计划，中亚地区的成员国也希望上合组织能够在促进本国经济发展方面发挥作用。就市场规模而言，中国和俄罗斯的进口能力也足以带动中亚国家的经济增长。但不得不承认的是，上合组织在经济合作方面却始终未能取得明显的进展。

六、四国统一经济空间

2003年9月，独联体中经济规模最大的俄罗斯、乌克兰、哈萨克斯坦和白俄罗斯在乌克兰雅尔塔签订了《关于建立统一经济空间的协议》，该协议的签署实际是针对以往独联体范围内区域一体化不成功的一种修正，即试图在独联体四个经济最发达的国家实现突破，以深化独联体的经济一体化。尽管四国间在经济规模、经济实力、分工体系等方面是独联体以往建立的区域一体化组织中最好的，但目前该组织也处于停滞状态。其原因在于，不同于俄罗斯、白俄罗斯、哈萨克斯坦三国试图最终建立废除关税和数量限制、实现劳动和资本等要素自由流动的共同市场，乌克兰仅是希望建立自由贸易区，以此来保证本国的能源供应和利用与其他成员国的传统经济联系的现实利益，乌克兰最终的目的仍在于加入欧盟，成为真正的“欧洲国家”。因此，乌克兰只签署了建立统一经济空间的93项法律文件中的29项。

在欧亚经济共同体取得实质性进展和独联体自由贸易区在俄罗斯、乌兹别克斯坦、哈萨克斯坦等国生效的背景下，四国统一经济空间今后的发展前景或者是如以往其他区域一体化组织一样消失，或者是乌克兰加入欧亚经济共同体下的统一经济空间，但前一种结局的可能性更大。

在中亚地区还有一个曾被提出但未实施过的区域一体化组织，即中亚国家联盟。“中亚国家联盟”是由哈萨克斯坦总统纳扎尔巴耶夫于2005年在议会发表的国情咨文中提出的，目的是加强一体化合作，乃至于统一经济空间，以便商品、服务和人员可以在内部自由流动。但中亚其他国家反应不一，吉尔吉斯斯坦明确赞成，乌兹别克斯坦明确反对，塔吉克斯坦和土库曼斯坦则未作明确回应。中亚国家反映不积极的原因在于，他们认为中亚国家联盟与以往的中亚合作组织和现在的欧亚经济共同体提出的一体化路线图和措施并无太大区别，而这些组织的实施效果并不好，现在的建议并未能提出解决以往困难的更好的方案（邢广程，2009）。

中亚国家发展区域经济一体化的曲折历程令人想起南方委员会在总结南南型区域经济一体化时所作的一段评论："总的来说，尽管人们尽了很大努力促进南南合作，提出许多建议和计划，但实际收效相当有限。在大多数情况下，理想主义未能同某种程度的实际精神结合起来，行动的承诺也没有跟上。由于人们总是低估取得实际成效所需要的努力、时间和将遇到的各种困难，结果常常使人们期望落空，导致失望甚至玩世不恭。一般来说，政治领域的合作比较容易，这一领域各种重要的联合提出的建议层出不穷，并且具有持久性。而在经济问题上，人们高谈团结一致、在国际决议中提出一个个雄心勃勃的目标、在政府间协定中提出各种方案，但是这一切与由此而采取的行动之间却存在着很大的差距。"❶

在建立区域经济一体化组织的过程中，中亚国家有出于短期考虑而采取的行动，但总的来讲，中亚国家特别是哈萨克斯坦对于区域一体化的执着的追求，表明他们希望通过一体化来带动本国经济的发展。只是由于现实条件的局限，这个过程是漫长而困难的。从以往经验来看，中亚国家在推进一体化过程中所达成的大多数决议更像是宣传口号，而非需要执行的实施方案。

第二节　欧亚经济共同体效应分析

在中亚国家参与过的各种区域一体化组织中，欧亚经济共同体是唯一取得了实质性进展而不是仅仅取得书面进展的组织，也是独联体范围内最为成功的一体化组织。但欧亚经济共同体对中亚国家在经济合作方面产生的影响是否达到了其预期目标，仍需要进行深入的分析和研究。

一、欧亚经济共同体效应

苏联解体后，尽管由俄罗斯倡导建立了独联体并提出了一系列的发展目标、签订了大量经济合作的协议，但这些协议很少被落实，取得的实际成效也寥寥无几（如1994年提出建立独联体自由贸易区但直到2011年各国才签署了建立独联体

❶　朱利叶斯·尼雷尔．对南方的挑战：南方委员会的报告［M］．中译本．北京：中国对外翻译出版公司，1991：133.

自由贸易区协议），以至于独联体被认为“从未能在其宏大的构想和现实间实现过平衡”，其成立就是为建立一个“文明离婚机制”。[1]而中亚国家也先后成立了多个区域经济合作组织以共同应对苏联解体带来的困难和发展本国经济，但由于各国尚处于转型阶段，其经济实力很弱、市场作为配置资源的基础地位尚未形成以及产业结构的同构性，且地处内陆，很难直接受到世界市场的影响。尽管中亚地区成立了众多的一体化组织，但促进贸易增长的效果并不明显，中亚依然缺乏促进经济有效合作的机构。（Йоханнес Ф. Линн，2009）

William Byrd（2006）指出当前中亚国家如果能够在贸易政策、边界管理、海关通关和运输管理方面开展合作，则对各国贸易增长、经济福利增加都具有很大的促进作用，并最终有利于中亚各国区域合作的深化。但由于各国内部既得利益集团的制约，这些政策调整具有很大难度。还有研究认为，中亚国家在消费品市场的一体化程度还是很高的，如哈萨克斯坦内部的商品价格差异常会大于与吉尔吉斯斯坦、塔吉克斯坦和乌兹别克斯坦的价格差异，这说明国界并未成为限制各国贸易的障碍。而同类商品不同地区间30%～50%的价格差异也说明，中亚国家的边界对贸易的限制作用并不大，还不如各国内部地理距离增加的成本。中亚各国间的消费品价格差异不大，主要是由于从事边境贸易的商人们追求套利机会的结果。而作为中亚最大的市场的乌兹别克斯坦，其贸易壁垒不但没有起到保护国内生产商的作用（从事边境贸易的商人们将白天的合法贸易转变为了夜晚的非法走私），反而促进了乌兹别克斯坦与哈萨克斯坦和吉尔吉斯斯坦边境附近的希姆肯特（哈）和奥什（吉）巴扎的发展，使这两个巴扎成为大型的批发市场，哈萨克斯坦、吉尔吉斯斯坦两国也因此获取了大量的批发收益。（Clemens Grafe，2005）

（一）欧亚经济共同体的经验分析

一般来说，一国加入区域贸易协定后会促进本国企业的出口，但是过多的区域贸易协定则有可能引发面碗效应，增加企业成本致使出口下降。为了确定中亚国家成立的多个不同的区域合作组织究竟是促进还是限制彼此贸易的开展，本部分进行经验分析以得出结论。[2]

根据研究内容，提出以下假设：如果中亚国家存在“意大利面碗效应”，则随着一国签订的区域贸易协定增加，该国出口则会下降。为证明此假设是否成立，

---

[1] Ikboljon Qoraboyev. *From Central Asian Regional Integration to Eurasian Integration Space*? RUAN Publishing Company. The Changing Dynamics of Post－Soviet Regionalism. Eurasian Integration Yearbook 2010. －Almaty，2010：206－232.

[2] 由于数据的可获得性，本书选择的研究对象为土库曼斯坦以外的欧亚经济共同体成员国，由于土库曼斯坦很少参加区域贸易协定，因此研究结果仍能反映中亚地区各国的区域合作效应。

需考察中亚国家出口额与其签订的各种区域贸易协定是否存在反向关系。故设立模型对假设进行检验：

$$\ln T_{ijt} = C + \beta_1 \ln FDI_{it} + \beta_2 \ln NUMit + \beta_3 \ln POP_{it} + \beta_4 \ln STRU_{it} + \beta_5 \ln INT_{it} + \varepsilon_{ij} \quad (1)$$

$\ln T_{ijt}$是 i 国对 j 国的出口额，$\ln FDI_{it}$是 i 国所获得的 FDI。$\ln NUM_{it}$是 i 国签订的各种不同区域贸易协定的数量，反映一国加入多个 RTA 后对其出口究竟是起到了促进还是限制。$\ln POP_{it}$是 i 国的人口数量，反映一国劳动力对出口的影响。$\ln STRU_{it}$是 i 国工业制成品占出口的比重，制成品占贸易结构的高低可表明一国是否能够开展产业内贸易以形成密切的贸易联系，而产业内贸易水平的高低已成为拉动区域内贸易增长的动力和反映区域一体化水平的指标。$\ln INT_{it}$是 i 国加入核心 RTA 的一体化程度，鉴于欧亚经济共同体是当前独联体内部最为成功的一体化组织，故以加入欧亚经济共同体后该国出口市场规模扩大的程度作为核心 RTA 的指标，一般而言，核心市场越大则成员国的出口增长越快。根据以往研究成果，一国加入区域贸易协定的数量对出口的影响被假设为负相关，其余各项指标都是促进一国出口增长的因素。t 为时期。各国的出口额来源于联合国国际贸易中心，各国 GDP、人口贸易结构和 FDI 来源于联合国贸发会议，各国签订的区域贸易协定数量源于表 5.1 和 WTO 统计。[1] 本书选取了 2001 ~ 2010 年欧亚经济共同体成员国的数据。

$$INT_{it} = \sum_{j=1}^{j \in A} (GDP_{jt}) / GDP_{it} \quad (2)$$ [2]

（二）欧亚经济共同体的模型分析

为确定模型应为混合模型、个体固定效应模型或个体随机效应模型，进行 F 检验和 Hausman 检验，检验结果见表 5.2。由于 F 检验和 Hausman 检验皆拒绝原假设，因此模型采用个体固定效应模型。

表 5.2　F 检验和 Hausman 检验

检验方法	统计量	P 值
F	117.4313	0.00000
Hausman	31.3906	0.00000

宽而短的面板一般不进行单位根检验，为减少截面数据造成的异方差影响，采用截面加权的广义最小二乘；为消除自相关，加入一阶自回归项重新估计。对

[1] Fukunari Kimura, Arata Kuno, Kazunobu Hayakawa. *Does the Number of RTAs Matter?* Empirical Analysis on the Spaghetti Bowl Phenomenon. 6 – 9.

[2] 杨勇，张彬．南南型区域经济一体化的增长效应［J］．国际贸易问题，2011（11）．

于不同截面的固定效应为 C_i，i 为个体，i = 1，…，28。[1]

根据表 5.3 的结果可知，劳动力和欧亚经济共同体对各成员国出口并未产生影响，各成员国吸引的 FDI、参加的区域经济合作组织的数量和出口结构则对其出口形成了促进作用，三者对出口促进的效果分别是 0.252、0.584 和 0.773，即出口结构的改善对各国的出口拉动作用最大。

表 5.3 欧亚经济共同体一体化效应分析

变量	估计 1		估计 2		估计 3	
	系数	t 值	系数	t 值	系数	t 值
C	-22.319	-2.198	-11.802	-1.173	3.991	8.530
FDI_{it}	0.233	5.705	0.240	5.637	0.252	5.931
NUM_{it}	0.767	5.009	0.600	3.303	0.584	3.194
POP_{it}	6.166	2.600	3.732	1.575		
$STRU_{it}$	0.852	3.676	0.557	0.896	0.773	4.030
INT_{it}	0.026	0.059				
AR（1）	0.788	41.028	0.781	26.064	0.787	26.182
加权后统计指标	R^2	0.998	R^2	0.989	R^2	0.989
	DW	2.071	DW	2.028	DW	2.040
	F	4598.636	F	596.235	F	619.308
	Prob（F）	0.0000	Prob（F）	0.0000	Prob（F）	0.0000

资料来源：Eviews 6.0 处理而得。

自成立以来，欧亚经济共同体已发展成为中亚地区乃至独联体地区最成功的区域一体化组织，2010 年又在其内部成立了俄白哈关税同盟，吉尔吉斯斯坦和塔吉克斯坦也已申请加入关税同盟。但是，本书的经验分析结果却表明，欧亚经济共同体并未对各成员国外贸的增长起到拉动作用，即其一体化并未强化成员国间的经济往来。但经验研究结果也表明，欧亚经济共同体成员国加入的区域合作组织越多对各国出口增长的促进作用越大。初步来看，以上两个结论似乎是自相矛盾的，但如果对欧亚经济共同体各国的贸易伙伴进行深入分析后就会发现，这并非模型结论有误，而是中亚各国贸易流向导致了这种局面的出现。

由表 5.4 可知，尽管自 20 世纪 90 年代以来建立了诸多不同形式的区域经济合

[1] C_i = 0.4487，-0.1312，-1.2232，2.4955，1.0503，-0.2077，-2.8385，-4.1515，-0.0178，-1.3808，3.6497，4.2137，1.42，1.8697，0.935，3.7071，0.9035，-1.7313，-0.7533，-1.6758，0.083，-1.7397，-2.9451，-3.6527，1.7263，0.8446，-0.9606，-1.8485。

作机制，但处于同一地区且多领土相接的中亚国家的双边贸易水平依然极低，双边贸易水平最高的是吉尔吉斯斯坦对哈萨克斯坦的出口占其出口总额的17.3%，最低的塔吉克斯坦对吉尔吉斯斯坦的出口仅占其出口额的0.2%。除了哈萨克斯坦对乌兹别克斯坦和塔吉克斯坦、吉尔吉斯斯坦、乌兹别克斯坦对哈萨克斯坦的出口在2001~2010年增加，各国的双边贸易反而在其一体化建设不断推进的同时大幅下降。而俄罗斯和哈萨克斯坦作为经济规模最大的两个国家，之所以成为其他成员国主要的出口对象，主要还是由于两国经济的规模效应而非一体化水平的提升带来的。俄罗斯和哈萨克斯坦对其他成员国的出口随着一体化的建设不但没有改善，反而对有些国家的出口大幅下降，如哈俄两国间相互的出口，分别从2001年的20.4%和2.8%下降为2010年的5.3%和0.3%。这进一步说明，欧亚经济共同体并未能促进中亚国家区域经济一体化程度的提升。通过经验研究发现，随着各国参加区域组织的增加，其出口也随之增长，表明“意大利面碗效应”在中亚各国间并不存在。

表5.4　中亚各国双边贸易水平

	2001					2010				
	哈	塔	吉	乌	俄	哈	塔	吉	乌	俄
哈	—	0.7%	1.0%	1.7%	20.4%	—	0.5%	0.7%	1.9%	5.3%
塔	0.6%	—	0.4%	*	36.9%	1.4%	—	0.2%	*	18.6%
吉	8.2%	1.4%	—	10.1%	13.5%	17.3%	1.0%	—	6.1%	17.3%
乌	—	0.7%	1.0%	1.7%	28.3%	7.0%	*	1.4%	—	22.9%
俄	2.8%	0.1%	0.1%	0.4%	—	0.3%	0.2%	0.2%	0.5%	—

资料来源：根据UN ITC资料计算所得。

注：*为无相关资料。

这个结论与科米尔（Kimura，2007）等人得到的结论基本相同，科米尔曾提出假设：如果“意大利面碗效应”存在，则随着一国加入RTA的增加，则其增加的出口中源于RTA的部分则减少；在原材料贸易中不大可能引发“意大利面碗效应”。在采用132个国家和135个区域贸易协定的数据首次进行计量研究后，其结果表明，在世界范围内“意大利面碗效应”是存在的，但在原材料贸易和下游制成品中，“意大利面碗效应”有着显著的区别，即对于原材料贸易“意大利面碗效应”的影响较小。原因在于，RTA数量的增加几乎不会影响到上游原料产业的销售网络。

（三）当前中亚地区区域一体化成效有限的原因探析

1. 欧亚经济共同体未能提升各国的一体化水平

由世界范围内成功的一体化组织的经验来看，尽管一体化的进程需要政府的推动，但政府的决策并不能代替市场的力量。只有各成员国的企业积极参与一体化并在各成员国间形成产业内或产品内的分工体系，此时一体化才能具备扎实的基础，在这一过程中，发达国家雄厚的经济实力无疑起到了关键性的推动作用。

欧亚经济共同体作为独联体范围内最为成功的经济一体化组织却并未促进各国一体化水平切实的提升，其原因是多方面的。一个重要的原因就在于，尽管各国建立了一体化组织，但其成员国间并未形成“化学”反应，而仅仅是被“捆绑”在了一起。各国间的一体化仅仅是进行了部分商品项目削减关税的浅度一体化（shallow integration），彼此间未能形成以产业内贸易为主的、相互融合的深度一体化（deep integration）。

在发展区域一体化中取得成功的墨西哥和智利的经验是，通过与大国签订的区域贸易协定来拉动本国的对外开放和经济增长，这与阿根廷的经验形成了鲜明对比。墨西哥加入北美自由贸易区后引发了资本和技术的溢出、创造效应在本国的实现，而且利用与美国谈判所积累的经验与人员又与多个国家签订了自贸协议，这些协议不仅提升了墨西哥与他国经济交往中的讨价还价能力，而且促进了与伙伴国的合作关系向更深层次的发展。通过签订的自贸协议，墨西哥对外做出了自由贸易和开放的承诺，从而锁定了发展走向和政策选择，使国家政策更为透明和可预期，赢得了贸易伙伴国和跨国公司对发展与其经济合作的信心。[1] 而加入了南方共同市场的阿根廷，尽管其向巴西的出口增加了很多，但多为低质量的货物，而当巴西因经济衰退减少从阿根廷进口时，由于自身产品质量的低下，阿根廷无法打开国际市场。而作为发展中小国的智利，通过与多个国家签订自贸协定形成了轴辐（Hub - and - Spike）效应，促进了经济增长，但与欧盟的协议对智利经济吸收先进知识、技术的效应远好于与拉美和中美国家的协议。[2] 墨西哥、阿根廷和智利的经验表明，尽管区域一体化是一种保护性措施，但这种保护不应是低水平、落后层面上的保护，而应是在市场化基础上与发达国家建立的保护性一体化组织，使各国形成基于自身比较优势的分工体系，充分发挥大国的市场、技术的优势来刺激和拉动其他成员国竞争力的提升和经济增长，最终实现各国经济的一体化。

---

[1] Alejandro Ibarra - Yunez. *Spaghetti Regionalism or Strategic Foreign Trade*: *Some Evidence for Mexico*. NBER Working Paper 9692. http://www.nber.org/papers/w9692. May 2003: 14 - 19.

[2] Maurice Schiff. *Chile's Trade Policy*: *An Assessment*. Working Papers of the Central Bank of Chile: N 151. http://www.bcentral.cl/Estudios/DTBC/doctrab.htm. April 2002: 36 - 54.

欧亚经济共同体自成立以来，之所以出现成员国不断增加、一体化目标不断提升而一体化的实际水平却并无提高，是因为其一体化更多的是由于各国政府担心本国被排除在一体化范围外的政治“多米诺”效应，因此不断地成立或加入各种一体化组织以避免可能出现的被歧视问题，从而引发一体化的“传染”（Baldwin，1993）。但与此同时，各国却未采取切实的措施去推动一体化水平的深化，或者说各国间的一体化是政府推动的结果，而并不是基于市场化分工基础上形成的一体化，因此其难以形成大市场效应，也导致各国并未从一体化的进程中获取更多的利益。乌兹别克斯坦在短短两年间加入和终止在欧亚经济共同体的成员资格尽管是多种原因造成的，但一体化组织并未对其经济利益产生关键影响无疑也是其随意行为的重要原因。

2. 贸易结构影响了中亚各国一体化的深入

制约中亚国家一体化水平不高的一个关键因素在于，各国出口结构的“原材料化”，由表5.5可知，制成品占各国出口比例普遍很低，2010年塔吉克斯坦的制成品出口仅占出口额的8.8%，最高的吉尔吉斯斯坦2010年为40.6%，但其中化工产品和机械、运输设备仅分别占7.3%和12.4%，其他制成品则占了20.9%（主要为黄金制品）。2010年，能源占了哈萨克斯坦出口的71.7%，能源和矿石占乌兹别克斯坦出口的22.3%和13.4%。

表5.5　中亚国家制成品占出口的比例*

年份	哈	吉	塔	乌	俄	白
2001	0.168	0.202	0.128	0.191	0.221	0.691
2005	0.12	0.325	0.114	0.284	0.182	0.519
2010	0.117	0.406	0.088	0.361	0.151	0.529

资料来源：UN ITC [OL].[2012-01-25]. http://www.intracen.org/itc/market-info-tools/.

由于能源和原材料成为中亚国家的主要出口商品，因此各国之间贸易结构同质化严重，彼此间竞争多过合作。而且能源、原材料的产业链短窄而无法形成彼此间的产业内乃至产品内的分工，使得中亚各国间难以形成像东亚国家那样紧密的产业链从而促进彼此贸易的增长。

欧盟、北美自由贸易区和东南亚一体化成功的根本原因在于，成员国间形成了产业内乃至产品内的贸易体系，而且为了稳固和提升本国在产业链条中的地位，各国间产生了底线效应，不断削减关税，使得区域内的贸易伙伴取得了比WTO体制下的贸易最惠国更优惠的待遇，并进一步强化彼此间的贸易往来。因此，各国

* 制成品为SITC（5+6+7+8）-（667+68）。

间的一体化水平、贸易往来和产业分工间形成了互相促进的良性循环，在东亚也就形成了将各国紧密联系为一体的制造业矩阵（Baldwin，2007）。

同样是开展区域一体化，之所以在东亚和中亚出现如此的反差，原因就在于东亚国家的一体化是以市场配置资源、利用自身优势不断升级产业结构，大力发展制造业的基础上实现的。由于制造业产业链条更长，可形成产业内（two - way）贸易，从而促进各国经济的融合。而中亚国家则非如此，尽管在苏联时期各国形成了紧密的产业分工体系，但这个分工不是基于市场而是计划对资源的配置，因此在独立后即被打破。而新的市场化的制造业分工由于中亚各国工业基础薄弱和产业结构不合理等诸多因素的影响并未形成。各国目前仅是依赖自然资源的优势来发展经济，但初级产品的出口反而在各国贸易结构中形成了竞争性局面。尽管有了俄罗斯作为推动一体化的核心（俄的经济规模远大于其他成员国），但由于俄自身尚未形成基于先进知识技术的市场经济体系，其经济结构和经济增长仍是依赖于自然资源的“发展中国家化”，难以对其他国家产生更多的外部效应，因此这种一体化是低水平的、进口替代性的一体化，无法促进技术、知识、制度的外溢，而拉美的经验已证明进口替代政策因为违背了比较优势原则而无法实现经济的持续、健康增长。

3. 中亚国家间基于市场的一体化受到了限制

Saumya Mitra（2009）指出，在中亚地区外贸表现为三种形式，即标准（正式）外贸、巴扎贸易（bazaar trade）和边境贸易（cross - border trade），巴扎贸易是中亚地区独有的、在官方统计之外的贸易方式，并在中亚经济一体化中发挥了重要的作用。[1] 中亚地区的巴扎被分为国际、国家和城市三个层级，低层级的巴扎会从高层级的巴扎购买货物并分销到中亚各个地区从而形成了一个贸易网络，而这个网络的贸易额占了中亚国家总贸易额的20%～30%，但这一部分贸易却并未纳入各国的海关统计。如中亚四个国际级别的巴扎 Barakholka（位于阿拉木图）、Dordoi（位于比什凯克）、Karasuu（位于奥什）和 Korvon（位于杜尚别）每月的贸易额就分别达到了2.1亿、3.3亿、0.94亿和0.19亿美元。巴扎交易的商品在2006年和2007年分别达到了74亿和99亿美元，占同期中亚四国（不含土库曼斯坦）总进口的20%（Mitra，2009）。在这些巴扎销售的商品既有中亚地区本地产品，如吉尔吉斯斯坦生产的服装；也有来自周边国家，如中国、伊朗、土耳其等国的商品，但从周边进口的商品，主要是来自中国，占了主要的份额。

尽管巴扎贸易与边境贸易存在紧密的联系，在缴纳关税和市场环境方面存在

---

[1] Bazzar 汉语里称为“巴扎”，是一种集市贸易，是中亚地区民间自发形成的主要的商品流通方式，在中国的新疆也拥有大量的巴扎，最著名的如喀什大巴扎。

诸多不足，其发展主要受益于哈、吉、塔等国对边境贸易宽松的监管，但各国政府并不因此而对其采取限制、歧视的政策。因为这种贸易不仅满足了中亚各国的消费需求、促进了就业问题的解决，而且为真正实现中亚经济的一体化起到了推动作用。巴扎贸易形成的贸易网络将中亚各国联系在一起，不仅在各国范围内，而且在中亚地区的范围内形成了商品的分销网络，初步开始在市场化的基础上形成各国间基于比较优势的产业分工和贸易格局。如吉尔吉斯斯坦的巴扎就成为对哈萨克斯坦、乌兹别克斯坦、塔吉克斯坦乃至俄罗斯再出口的平台。

巴扎贸易将各国生产的商品带入了其他国家的市场。从中亚范围之外进口的商品的流通也使得从事巴扎贸易的商人们接触了世界市场的商品和价格信息，并促使他们进一步扩大自身的经营范围和能力，并把本地的资源也纳入这一大市场。随着巴扎贸易的开展，反过来也促进各国基础设施的改善，进一步促进中亚各国的商品、信息和人员的流动，并在此基础上使得各国经济往来更为紧密。在这一过程中，各国慢慢就会形成经过市场洗礼的企业家阶层，而他们是各国发展市场经济极为重要的因素。中国在改革开放的初期也经历了类似于中亚国家巴扎的流通贸易发展阶段，并通过这种方式积累了资本、企业家等关键要素、促进了就业问题的解决、提升了整个社会的市场经济意识，为其后的发展创造了较好的社会环境。

Ana Lucía Coronel（2011）认为，俄白哈关税同盟的建立对哈萨克斯坦与中国、吉尔吉斯斯坦、塔吉克斯坦等国在边境开展的班车或“箱包”贸易（shuttle or “suitcase” border trading）的限制更为严格。建立关税同盟的目的在于促进地区经济一体化，而提高的关税税率和对边境贸易的严格管制却限制了真正基于市场化基础形成的中亚经济一体化的进程。中亚国家在发展一体化的过程中不仅应发挥政府的推动作用，更重要的是要基于市场配置资源的基础来开展一体化，否则，即使实现了一体化也是低效甚至无效的一体化，并不能真正有利于中亚地区的经济发展。[1]俄罗斯试图重新在边境对哈、白两国的肉类商品进行检查，表明仅出于政治考虑推动的一体化并不一定能促进各国间贸易的发展，起码，一体化速度不能脱离各国现实的经济发展水平。哈萨克斯坦日前拒绝签署将欧亚经济共同体转变为欧亚联盟的条约则说明，哈方已开始对其一体化的速度和效果进行审视。

二、俄白哈关税同盟研究

2009 年 11 月 27 日，俄罗斯、白俄罗斯和哈萨克斯坦三国元首签署了包括

[1] Ana Lucía Coronel，Dmitriy Rozhkov，and Ali Al - Eyd and Narayanan Raman. *Republic of Kazakhstan：Selected Issues.* IMF Country Report No. 11/151.（June 2011）. 16 -20.

《关税同盟海关法典》在内的九个文件，标志着俄白哈关税同盟正式成立。

俄白哈关税同盟于2010年1月1日实施统一的关税，同盟委员会也于2010年3月26日通过决议，最终确定了进口税收在成员国间的分配比例：俄罗斯占进口关税总收入的87.97%，哈萨克斯坦为7.33%，白俄罗斯为4.7%。

原定于2010年7月1日投入实际运行的关税同盟，由于白俄罗斯不满俄罗斯仍对向其出口的石油和天然气征收出口关税而推迟到7月6日正式生效。但白俄罗斯和俄罗斯的分歧并未得到解决，白俄罗斯希望俄罗斯在2010年取消石油制品出口关税，2011年1月1日取消石油出口关税。但俄罗斯则希望在2011年7月建立统一经济空间、三国间彻底取消海关时解决这一问题。

2011年4月，俄白哈关税同盟统一谈判代表团与欧洲自由贸易联盟（EFTA）进行了第二轮自由贸易谈判。欧贸联（冰岛、列支敦士登、挪威、瑞典）与俄白哈关税同盟就产品与服务的自由贸易、保护知识产权、国家采购市场准入、农业保护与支持政策等问题进行了讨论。俄罗斯亦邀请乌克兰加入关税同盟，但目前乌克兰更看重欧盟，只愿意与俄白哈三国成立自由贸易区。

俄罗斯与白俄罗斯之间的海关监管于2011年4月1日起取消。哈、俄两国已就海关监管外扩至关税同盟外部关境达成一致，将于2011年7月1日开始实施。根据2009年数据，俄白哈关税同盟形成了一个经济规模为1.86万亿美元、进出口额为9821亿美元、拥有1.67亿人口的次区域经济合作组织。

各国成立关税同盟的目的在于，通过建立区域性经济组织来增强成员国间的经济合作并提升对外的竞争力，而要达到这一目的，成员国之间经济发展水平相近无疑有助于这一目标的实现，这方面最成功的如欧盟的前身欧共体。但俄白哈三国的经济基础差异较大，就经济规模而言（见表5.6），白俄罗斯和哈萨克斯坦分别为俄罗斯的3.95%和8.6%，白俄罗斯和哈萨克斯坦的人口分别相当于俄罗斯的6.83%和11.1%，由于三国经济实力相差悬殊，因此，俄白哈关税同盟委员会最终确定的俄白哈三国在关税收入中的分配比例——俄87.97%、白4.7%、哈7.33%，也是很正常的。

表5.6　2009年俄白哈三国规模比较

国家	GDP（亿美元）	人均GDP（美元）	出口（亿美元）	进口（亿美元）	人口（百万）
俄罗斯	12415	8813	3034	2110	140.9
白俄罗斯	490	5091	213	286	9.63
哈萨克斯坦	1068	6829	432	284	15.6

资料来源：UN CTAD［OL］.［2011－10－16］. http：//unctad.org/en/pages/PublicationWebflyer.aspx?publicationid＝759.

由于俄罗斯的经济规模在关税同盟中占据绝对主导地位，因此俄罗斯能够在何种程度上为两国提供产品并吸纳两国的产品，将对关税同盟的顺利运行起到决定性的作用。因为尽管所有的区域合作组织成立的目的都带有极强的政治性（俄白哈关税同盟的建立对此体现的尤为明显），但经济利益的创造和分配却是其存在和发展的基础。欧盟和北美自由贸易区的成功及以往独联体国家间的区域合作的不成功已充分说明了这一点。

尽管俄白哈三国经济规模差距极大，但其经济发展水平的差距相对来说较小。白俄罗斯和哈萨克斯坦的人均 GDP 分别相当于俄罗斯的 58% 和 77%。这一点对于关税同盟的运行是一个有利条件，Linder（1961）提出一种工业品要成为潜在的出口产品，应该是一种在本国消费或投资生产的产品，即产品的国内需求决定了其出口的可能性。当两国经济发展水平差距不大时，两国间的贸易将会充分发挥规模效应，形成没有强烈分配效应的产业内贸易，避免产业间贸易容易引发的贸易摩擦。因此，三国间如能形成优势互补的产业内贸易结构，关税同盟的发展前景还是乐观的。毕竟，三国间受历史、地缘和传统分工结构的影响，其经济往来的基础还是较好的。

（一）贸易结构分析

1. 贸易流向

根据表 5.7 可看出，除了俄罗斯和白俄罗斯之外，俄白哈三国间的贸易往来并不密切。如哈萨克斯坦对白俄罗斯的出口仅占哈出口额的 0.13%，几乎可以忽略不计。哈萨克斯坦从白俄罗斯的进口也仅占哈进口的 1.3%。白俄罗斯与哈萨克斯坦的进出口也仅占白俄罗斯进出口的 0.3% 和 1.5%。白俄罗斯和哈萨克斯坦两国间贸易往来很少，这表明两国间分工关系基本是不存在的。

表 5.7　2009 年俄白哈三国间进出口比例

	出口			进口		
国家	俄罗斯	白俄罗斯	哈萨克斯坦	俄罗斯	白俄罗斯	哈萨克斯坦
俄罗斯	—	31.5%	8.2%	—	58.5%	31.3%
白俄罗斯	5.5%	—	0.13%	3.93%	—	1.3%
哈萨克斯坦	3%	1.5%	—	2.2%	0.3%	—

数据来源：UN ITC［OL］.［2011－09－06］. http：//www.intracen.org/itc/market－info－tools/.

相比较而言，俄罗斯和白俄罗斯之间有着密切的贸易往来。但这也主要是白俄罗斯对俄罗斯的依赖性较强，如白俄罗斯对俄罗斯的进出口占其进出口额的 58.5% 和 31.5%，而俄罗斯对白俄罗斯的进出口仅占其进出口的 3.93% 和 5.5%。

由此可知，作为一个整体而言，俄白哈关税同盟之间的贸易往来并不紧密，这也表明三国间原有的分工体系已被打破，而新的、基于优势互补的、稳固的分工体系尚未建立。关税同盟如不能以成员国间的优势互补和密切的产业分工与协作为基础，这就很难实现建立关税同盟时的初衷。因为一个成熟的关税同盟的运行基础并不是通过统一的对外关税壁垒来保护国内市场和产业，而是在形成的“大市场”的基础上来发挥规模效应、提升成员国的竞争力，并以此带动成员国经济的发展。

如果各成员国间经济往来并不密切，那么建立关税同盟的贸易创造效应就很难得以实现。如果此问题在一段时间内得不到有效解决，很可能造成成员国因与非成员国密切的经济往来而产生对关税同盟的离心力。大量的发展中国家间建立的区域经济合作组织的解体或名存实亡也正是因为成员国发现一体化组织并未给其带来足够的经济利益，反而对其与非成员国的经济往来形成障碍，而这种经济利益对该成员国又是很重要的。

因此，关税同盟如要切实发挥促进成员国经济发展，核心并不在于通过统一提高对外关税来保护国内市场，而是建立起真正具有国际竞争力的产业和企业。否则，仅是建立一个自我保护的区域组织，对其长远的发展并没有好处，反而会陷入西托夫斯基所提出的“小市场的恶性循环”（从这一点而言，乌克兰选择欧盟而不是俄白哈关税同盟无疑是一个明智的决定）。

表 5.8　2009 年俄白哈三国进出口结构* 　　单位:%

	国家	食品	农业原料	燃料	矿石	化工产品	机械及运输设备	其他制成品
出口	白俄罗斯	10.7	1.6	37.5	0.6	13.9	14.5	19.2
	哈萨克斯坦	3.8	0.2	69.5	13.2	4.5	0.9	7.9
	俄罗斯	3.8	2.5	63.1	7.3	5.3	3.9	9.3
进口	白俄罗斯	7.8	1.2	39.5	2.7	9.8	19.6	15.9
	哈萨克斯坦	8.5	0.7	10	1.1	10	37	32.6
	俄罗斯	16.7	1.2	1.5	2.1	13.5	39.6	24.3

资料来源：UN CTAD [OL].[2011 - 08 - 01]. http://unctad.org/en/pages/PublicationWebflyer.aspx?publicationid = 759.

注：* 商品分类采用 SITC Rev 3，食品为 0 + 1 + 22 + 4，农业原料为 2 - (22 + 27 + 28)，燃料为 3，矿石为 27 + 28 + 68 + 667 + 971，化工产品为 5，机械及运输设备为 7，其他制成品为 6 + 8 - (67 + 668)。

2. 贸易结构

从俄白哈三国的进出口结构来看，俄罗斯和哈萨克斯坦两国的进出口结构极为相似，出口都是以燃料为主，燃料分别占两国出口的 63.1% 和 69.5%；而进口商品中化工产品、机械及运输设备和其他制成品分别占俄罗斯和哈萨克斯坦的13.5%、39.6%、24.3%和10%、37%、32.6%，这也表明两国的经济结构具有高度的同构性。由于俄罗斯和哈萨克斯坦的主要出口产品都是初级产品，而进口以工业制成品为主，不但高技术、高附加值的机械和运输设备都是两国最大的进口产品，而且技术含量相对不高的其他制成品也成为两国的第二大进口产品，这表明两国在制成品领域的竞争力很弱，难以与国外产品竞争。

相对于俄罗斯和哈萨克斯坦而言，白俄罗斯的进出口结构相对合理。虽然燃料在白俄罗斯的进出口中都是第一大进出口产品，但代表一国工业基础的化工产品、机械及运输设备和其他制成品在白俄罗斯的进出口中分别占了9.8%、19.6%、15.9%和13.9%、14.5%、19.2%。这说明白俄罗斯的经济结构的均衡性要远好于俄罗斯和哈萨克斯坦。

在食品领域中，俄罗斯的进口比例远大于白俄罗斯和哈萨克斯坦，因此，在关税同盟下两国可发展对俄罗斯出口此类产品。由于农产品的附加值低、不具有规模效应，即使哈萨克斯坦和白俄罗斯成为俄罗斯主要的粮食供应国，对于关税同盟的整体利益来说不会产生重大的影响。

从经济规模和进出口结构来看，关税同盟中经济实力强的俄罗斯和哈萨克斯坦的进出口结构同构性极强，都偏重于初级产品的生产和出口，这对关税同盟的长远发展是极为不利的。因为初级产品的差异度远远小于工业制成品，两国间贸易的竞争性远大于互补性，而欧盟的成功经验表明，只有当区域合作组织的内部贸易，特别是产业内贸易大量增加，其发展的基础才能够稳固。

表5.9　2009年俄白哈三国主要进口商品　　单位：亿美元

		1	2	3	4	5
俄罗斯	进口	84	85	87	99	30
	出口	27	99	72	76	84
哈萨克斯坦	进口	84	73	27	85	87
	出口	27	72	28	26	74
白俄罗斯	进口	27	89	85	86	73
	出口	27	31	87	84	04

资料来源：UN ITC [OL].[2011-08-06]. http://www.intracen.org/itc/market-info-tools/.

俄罗斯前五位的进口商品分别是84（核反应堆、锅炉、机器机械器具及零件）、85（电机电气设备及零件录音机、电视图像设备）、87（车辆及零件）、99（未分类制品）、30（药品），这与哈萨克斯坦和白俄罗斯有着高度的相似性。

出口方面，27（矿物燃料、矿物油、沥青物质）是俄白哈三国第一大出口商品，俄罗斯和哈萨克斯坦对原材料和初级产品出口的依赖性极大，而白俄罗斯的出口商品中技术和资本密集型的87（车辆及零件）和84（核反应堆、锅炉、机器机械器具及零件）产品的比例相对其他两国来说比较高。总体来说，俄白哈，尤其是俄哈两国的贸易结构相似性很高。但哈萨克斯坦在出口中原材料和初级产品的依赖性更高，说明哈萨克斯坦的工业化水平在三国中最低。

尽管俄白哈三国进口和出口结构相似度很高，但鉴于三国传统的产业分工体系，为进一步明确三国在技术和资本密集型制成品中产业内贸易的水平，对属于三国进口产品前五位中的高技术产品进行分析。根据表5.10可知，除了哈萨克斯坦从俄罗斯进口的84（核反应堆、锅炉、机器机械器具及零件）为15%，85（电机电气设备及零件录音机、电视图像设备）为17%，87（车辆及零件）为11%，白俄罗斯从俄罗斯进口的85（电机电气设备及零件录音机、电视图像设备）为21%以外，三国间其他高技术产品的贸易量极少，或者未发生贸易。

表5.10　俄白哈三国间高技术进口产品比例*

国家	核反应堆、锅炉、机器机械器具及零件		电机电气设备及零件录音机、电视图像设备		机车、车辆及零件、铁道及轨道固定装置及零件		车辆及零件		船舶及浮动结构体	
俄	白（3.2）	哈（0.3）	白（2）	哈（0.2）	#	#	白（5）	哈（*）	#	#
白	#	#	俄（21）	哈（*）	俄（6）	哈（0）	#	#	俄（*）	哈（0）
哈	俄（15）	白（*）	俄（17）	白（*）	#	#	俄（11）	白（*）	#	#

资料来源：UN ITC [OL].[2011-08-06]. http://www.intracen.org/itc/market-info-tools/.

注：*俄（15）即为从俄罗斯进口占该产品进口额的15%，*为进口比例在0.1%以下，#为非属于该国前五位的进口产品，哈（0）为从哈进口该产品为0。

这表明俄白哈三国间还是以传统的产业间贸易为主，白俄罗斯和哈萨克斯坦与俄罗斯的贸易往来密切，而哈萨克斯坦和白俄罗斯之间贸易往来极少。对于体现一国经济发展水平和贸易竞争力的产业内贸易，三国之间还远未形成。根据巴拉萨（B. Balassa，1963）的研究，欧共体之所以成功，很重要的一点就在于其经济发展水平的相近和产业内贸易的发展，这使得关税同盟的贸易创造效应得到了充分的发挥。对于俄白哈三国间发展制成品的产业内贸易，就三国现有的贸易结构来看尚不具备现实基础。

（二）关税同盟效应分析

由于关税同盟具有相互矛盾的职能，在成员国内部是贸易自由化而对外部非成员则设立贸易壁垒，因此其成立后也会带来不同的效应。当关税同盟对内取消关税而对外统一征收关税税率、成员国共同分享关税收入时，关税同盟会产生贸易创造和贸易转移效应。

由表5.11可知，在建立关税同盟之前，三国中哈萨克斯坦的税率总体而言是最低的，白俄罗斯和俄罗斯的关税税率较为接近，三国在农产品的关税税率相差最小。由于俄罗斯经济规模及传统的影响力，在建立关税同盟过程中基本上哈、白两国的关税是根据俄罗斯的关税税率来调整的。如哈萨克斯坦就上调了5044种商品的进口税率，占其进口商品总量的32%，哈平均关税水平已由6.2%提高到了10.6%。

表5.11　2009年俄白哈三国关税税率　　单位:%

	农产品	非电力机械	电力机械	运输设备
白俄罗斯	12.2	4.7	9.4	12.8
哈萨克斯坦	12.2	0.7	1.2	2
俄罗斯	13.2	4.1	8.7	15.2

资料来源：WTO［OL］.［2011－08－29］. http：/www.wto.org/english/tratop_ e/tariffs_ e/tariffs_ e.htm.

2010年，哈萨克海关上缴财政税收7229亿坚戈（约合49.1亿美元），占到中央财政收入的34.7%，比2009年多上缴1475亿坚戈（约合10亿美元），增幅达25.6%。[1]但是，从世界各国以往经验来看，关税收入的增加只是关税同盟带来诸多效应的一种，而且并不是一国建立关税同盟的主要目标。

Jacob Viner（1950）提出，关税同盟的经济效应在于贸易转移和贸易创造所取得的实际效果。贸易创造效应（trade creating effect）是指关税同盟建立后，因成员国之间相互减免关税而带来的同盟内部的贸易规模扩大和生产要素重新优化配置所形成的经济福利水平提高的效果。

根据俄白哈三国贸易结构的分析来看，白俄罗斯在进出口、哈萨克斯坦在进口方面对俄罗斯的依赖性较强，而由于白俄罗斯经济规模过小，因此这对于三国间贸易的发展并没有太大影响。经济规模大的俄罗斯和哈萨克斯坦进出口结构都极为相似，出口都以原材料、能源为主，相互间形成了竞争关系。而进口方面，尽管三国都以进口高技术、高附加值商品为主，但都是从同盟外国家进口，三国之间的贸易往来很少（见表5.11）。

这表明即使在关税同盟建立后，由于三国间贸易结构的竞争性和同构性，贸易创造效应也很难发挥。其原因在于：首先，由于生产高技术、高附加值商品所需的技术、资本是三国都短缺的要素，而且技术、资本密集型产业的建立和具备国际竞争力是需要时间和多种因素的共同的作用，并非仅仅通过关税壁垒的保护

[1] http：//kz.mofcom.gov.cn/aarticle/ddgk/h/201101/20110107375793.html［2011－01－26］. 2010年哈萨克斯坦关税收入占中央财政税收的34.7%。

即可建立；其次，能源、原材料和初级产品的主要需求都来源于同盟之外的国家，其产业链也很短，且三国自身不可能大幅扩大对其的需求。因此，要发挥贸易创造效应，还是需通过逐步发展制成品的产业内贸易，尤其是高附加值、高技术、高资本密集型产品的产业内贸易来带动。

从三国当前的贸易结构来看，关税同盟的贸易创造效应主要体现在农产品领域。三国中俄罗斯的农产品进口额最大，而哈萨克斯坦和白俄罗斯在农产品方面都有自己的优势，随着三国间关税的取消，哈白两国可扩大对俄罗斯的出口。但农产品的需求弹性较小，不像制成品那样具有规模效应，因此总体上来说对三国贸易往来的影响不会大。正如欧盟、北美自由贸易区、东盟的成功所表明的，真正促进成员国间贸易发展和经济增长的原因还在于制成品的贸易创造效应，而俄白哈关税同盟能否实现这一点，目前还难以确定。

贸易转移效应（trade diverting effect）是指缔结关税同盟后，由于对内减免贸易壁垒，对外实行贸易保护而导致某个成员国从世界成本最低的国家进口转向同盟内部最低的国家进口所造成的整个社会财富浪费和经济福利水平下降的效果。资本和技术密集型产品都是俄白哈三国主要的进口品而非出口产品，如果以成员国同类产品来替代进口，则无疑会给进口国带来转移效应的损失。更重要的在于，由于一国的贸易具有引进先进知识和技术的作用，一国可通过进口具有世界先进水平的产品和设备来发挥其“溢出”效应，使本国通过“干中学”（learning by doing）来拉动经济增长。而当进口国进口的只是因受到保护才能生产的其他同盟国的产品时，其进口的“溢出”效应难以发挥，反而会形成“愈保护，愈落后”的恶性循环。

从关税同盟的动态效应来看，由于建立了受保护的大市场，对于成员国可发挥规模经济效应和刺激投资效应。特别是从投资效应而言，由于俄白哈关税同盟保持了较高的关税水平，尤其是哈萨克斯坦的关税水平提升较大，因此会吸引市场导向型直接投资（market - oriented FDI），在引致外来直接投资方面会产生积极效果。由于俄罗斯的前五位的进口来源国是中国、德国、美国、乌克兰和法国（这与其进口的工业制成品达 77.4% 的进口结构相符合），为保持在俄罗斯和哈萨克斯坦市场的占有率，这些国家都会加大在俄白哈关税同盟内部的直接投资，以保证本国在三国市场上的影响力。但关税同盟能吸引的资本、技术密集型直接投资的数量也不可过高估计，因为考虑到俄白哈三国普遍存在国内市场要素发育的不完全、法制的不完善、此类产业投资周期较长，以及跨国公司根据全球资源配置的考虑等因素，在初期，国外的直接投资不会有很多资本和技术密集型产业。但只要能够吸引来大量的投资于工业的外来直接投资，这对于三国关税同盟的稳定发展就将是有利的。

（三）结论

1. 三国当前的内部贸易水平不利于关税同盟的进一步发展

尽管俄白哈关税同盟已建立，但由于三国间贸易往来并不密切（尤其是哈萨克斯坦和白俄罗斯），这说明关税同盟的经济基础比较薄弱。只有同盟成员国之间建立了紧密的产业内贸易联系，并使得各国经济通过市场化为基础的分工连接在一起，才能使各成员国从中获益并提升同盟的一体化水平。1958 年欧共体成立时，六国相互出口额平均占六国出口总值的 30%，而荷兰、比利时、卢森堡则高达 50% 左右（杨逢珉，2008）。大量的贸易往来反映了各国间紧密的经济分工，并为各成员国进一步深化分工奠定了良好的基础。

2. 关税同盟过于看重直接、短期利益

在俄白哈关税同盟成立初期，三国就为关税收入的分配争执不休。直到最后才达成了俄罗斯 87. 97%、白俄罗斯 4. 7%、哈萨克斯坦 7. 33% 的分配比例，这一方面是由于关税收入在三国的财政收入中占比例较大的缘故（也说明三国经济发展水平还较低），另一方面也说明三国对于关税同盟本质特点的认识还并不清晰，仍局限于短期、直接利益的层面。而且，至今白俄罗斯和俄罗斯还未就俄罗斯应于何时取消石油制成品和石油的出口关税达成一致，其根源亦是两国均过于关注如何实现自身利益最大化。

实际上，当前世界上成功的一体化组织更看重通过区域经济合作带来的动态效应而非短期的、直接的经济收入。而俄白哈三国关税同盟对直接利益的过于看重也预示着俄白哈关税同盟的发展将不会一帆风顺。

3. 关税同盟当前急需强化合作的经济基础而非提升一体化水平

根据俄白哈三国的设想，2011 年 7 月 1 日起，三国不仅要统一关境，还要统一协调劳动力市场和相关的宏观经济政策。2012 年，关税同盟将发展为经济联盟，届时三国将统一协调外汇政策、经济政策和产业扶持政策等。尽管目前俄白哈关税同盟的运行比较顺利，但如此快速的提升一体化水平不禁令人担忧其前景。

以欧盟为例，1951 年法、德、意、比、卢、荷六国建立了欧洲煤钢共同体，1958 年建立欧洲原子能共同体和欧洲经济共同体，1967 年三个组织合并成立了欧洲共同体，1993 年欧共体又进一步发展为欧盟。由欧盟的发展历程可看出，即使是经济发达的西欧国家在一体化过程中也经历了漫长的谈判与磨合才达到今天的经济货币联盟的程度。对于经济发展水平不高和市场化程度亦很不成熟的俄白哈三国来说，2012 年即发展为经济联盟的预期过于乐观。

所有的区域合作组织成立的目的都带有极强的政治性，但经济利益的创造和分配则是成员国支持一体化的基础和动力。通过一年的运行，俄白哈关税同盟成员国间的贸易的确有了一定的增长，而且各国也获取了一定的直接利益（如哈萨克斯坦关税收入的增加），但这些初步的利益是否足以支撑各国进行更高层次的一体化以及随着一体化的深入各国间利益的冲突能否得到顺利解决，还有待于观察。

中亚国家现有边境限制不大，但关税同盟的成立强化了各国与非成员国的边界控制，这也导致吉尔吉斯斯坦申请加入关税同盟，因为吉尔吉斯斯坦转口贸易的相当一部分商品都是销售到哈、俄两国的。但是，如果吉尔吉斯斯坦加入则会面临如何处理与中国的贸易关系问题，因为中国是其转口货物的主要来源地（详细分析见本章第四节）。

三、统一经济空间的前景分析

受到关税同盟取得的进展的鼓舞，2010 年俄白哈关税同盟通过联合声明决定从 2012 年 1 月 1 日起在关税同盟基础上建立的统一经济空间将全面运行，但又如以往独联体国家大量的一体化决议一样，此决定并未能够按期实施。但相关国家推进一体化的决心并未改变，白俄罗斯总统卢卡申科认为，2015 年可建成欧亚经济联盟（尽管哈萨克斯坦曾表达过严重反对意见）。而欧亚经济共同体秘书长曼苏罗夫也认为，关税同盟是“一体化的重大突破，是我们在后苏联空间一体化成功的第一步，如同 1951 年的欧洲煤钢共同体的意义一样……我们也将继续进一步去做，去建立共同市场、货币联盟。最终我们不仅要实现欧亚经济共同体，而且要实现欧亚国家联盟”（冯绍雷，2012）。但上文中对欧亚经济共同体和关税同盟成员国之间的经济往来的分析已表明，当前的一体化更多的是由政治决策推动而非各国经济一体化的客观要求，关税同盟各成员国间的经济分工远弱于当初的欧洲煤钢共同体。对以往发达国家和发展中国家一体化成效的研究已经证明，成功的区域经济一体化离不开各国的政治决策与推动，但是能真正取得成功、使各成员国从中切实获得经济利益的一体化组织都是以在市场化基础上形成密切的贸易往来和一体的经济分工体系为基础的。当实物经济之间的联系还没有达到某个最低限度，货币一体化区域就不太可能有成功的希望。在实物经济之间的联系尚处于较低程度的情况下，各国中央银行在共同的干预规则和共同的货币一篮子方面建立起联系机制所造成的机会成本，同各国的主权因受到侵犯而显示出机会成本过高时的情况相比，会更低一些。❶

当前，俄、白两国大力推进的欧亚经济联盟实际就是以欧盟为范本的，俄罗斯也提出以卢布作为联盟的统一货币（哈萨克斯坦认为应采用新的货币而非俄罗斯卢布），但是正如克鲁格曼所指出的，一国与其加入的固定汇率区的区域一体化

❶ 〔德〕迪特·卡塞尔，保罗·J. J. 维尔芬斯. 欧洲区域一体化：理论纲领、实践转换与存在的问题：中译本［M］. 武汉：武汉大学出版社，2007：74.

程度越高，在产出市场波动时，经济稳定性损失越小。[1] 俄白哈关税同盟的成员国目前彼此间并非对方主要贸易伙伴[2]、贸易量很少，这意味着对统一货币的市场需求并不大，由统一货币而产生的成本是否是各国愿意承担的就成为一个问题。

一体化过程所达到的深度与广度，归根结底是对在制度上所达到的成熟程度的反映。一体化过程进步得越快，那些在制度上处于较低成熟程度的“边际”成员越有可能影响深化的一体化过程。或者说得更确切一些，使深化的一体化过程放慢脚步。[3] 而制度的成熟是以经济的发达程度为基础的，从世界范围内来看，只有基于比较优势的、以市场为配置资源的基本手段的区域经济一体化取得了成功(即使成功的区域经济一体化也存在各种不足与争执)，而以政治意志为基础的区域经济一体化，即使建立了相应的组织机构，也并不能为成员国创造更多的经济利益。

第三节　上合组织的进展与困境

不同于中亚地区其他的一体化组织与合作机制，上海合作组织是唯一一个集安全、文化与经济合作于一体的组织，但目前从其发展情况来看，上合组织在安全、反恐领域取得的成绩远大于经济领域的合作，而且随着欧亚经济共同体内部关税同盟的成立，上合组织在经济领域如何合作成为一个愈发引人关注的问题。

一、上合组织框架下的进展

上合组织于2001年6月成立，而其秘书处和反恐机构两个常设机构的成立则到了2003年，当年上合组织还通过了《上海合作组织成员国多边经贸合作纲要》，提出了在经贸合作领域的发展目标。不同于欧亚经济共同体，上合组织并未明确提出建立一体化组织的形式，而只是提出要推动各国间的贸易和投资，因此对其在经贸领域所发挥的作用也难以像欧亚经济共同体的关税同盟一样来加以确定。

为促进上合组织框架下经贸合作的开展，在经贸部长会议机制下设立了高管委员会和七个工作组，即海关、质检、电子商务、投资促进、发展过境潜力、能源、现代信息和电信。从实际运行的效果来看，这些工作组主要还是处于制定各种

---

[1] 〔美〕Krugman, Paul R. and Obstfeld, Maurice., *International Economics Theory and Policy* ［M］ 7th Edition. 北京：清华大学出版社，2008：559.

[2] 从俄白同盟到目前的关税同盟，白俄罗斯对俄罗斯贸易依赖性很高，这也是白俄罗斯一直对俄罗斯的一体化保持很高积极性的原因，但是白俄罗斯的贸易规模过小，难以对其他两国产生大的影响。

[3] 〔德〕迪特·卡塞尔、保罗·J. J. 维尔芬斯. 欧洲区域一体化：理论纲领、实践转换与存在的问题 中译本［M］. 武汉：武汉大学出版社，2007：72.

规章草案的“务虚”状态，而投入实际运营的成果并不多，目前取得实际成效的主要是在能源、交通和金融领域。2006 年中哈石油管道正式供油，2009 年中国—中亚天然气管道投入运营，2010 年中俄原油管道正式供油是在能源领域所取得的成果。2003 年中国资助吉尔吉斯斯坦启动吉境内 17.7 公里路段的建设和 2005 年启动的中吉乌公路陆续有部分路段建成是在交通领域取得的成果。在金融领域，上海合作组织银联体为区域内的基础设施、能源资源、重大产业和民生等领域提供了大量的贷款，其中中国国家开发银行对成员国的贷款为 314.42 亿美元（截至 2010 年 5 月）。

从表 4.3 和表 4.4 可知，中国现已成为中亚国家的主要贸易伙伴，但其中上合组织起到了多大的作用则很难确定。虽然在上合组织框架下，各国一直致力于创造贸易便利化的条件，但从中国与哈、吉、塔等国的贸易往来情况看，效果并不明显。而且，仅是中国与中亚国家贸易的增长而没有实现其他成员国贸易的发展，这也不能说上合组织的经济合作是成功的，毕竟上合组织是一个区域性公共产品而非中国开拓他国市场的工具。自独立以来，中亚国家之间，包括与俄罗斯的贸易占各国对外贸易的总额相比于独立前都有大幅度下降。但是，与中国的贸易增长则极为明显，这主要是受中国与中亚国家、俄罗斯的经济结构呈互补关系造成的。尽管中国已成为中亚国家的主要贸易伙伴，但还不能说上合组织的中期目标已经实现。中国虽然已成为中亚国家主要的贸易伙伴，但是中国并未在促进中亚国家经济增长和转型方面发挥重要作用（详见第七章），这也与中亚国家对中国的期望不符。

尽管上海合作组织成立 10 年来已在经济合作方面取得了一定的成绩，而且中亚各国希望上合组织能够帮助其解决社会、经济发展和区域合作中遇到的难题，但总体而言，其在经济合作方面发展得较为缓慢。以至于出现了一方面成员国需要大量投资，另一方面上海合作组织对区域合作机制运作、多边项目前期准备所需资金哪怕象征性的出资义务也提不上议事日程，实质性投资更少。出现这种情况的根本原因在于，各方推动本组织经济合作的意愿尚有较大差别，尚未形成各方认同的政治意愿以赋予上海合作组织强大的经济合作功能，尚未建立强有力的机制实施。因此，有专家提出，在各国就建立上合组织自贸区难以取得一致意见的情况下，中方可以先单方面给予中亚国家优惠贸易安排（类似于早期收获计划）（须同凯，2010）。

为促进上海合作组织成员之间的经济合作，有学者认为，应积极支持各成员的“入世”进程，改善贸易投资环境；利用点轴开发模式，促进沿桥经济发展；通过发展伊犁河流域的霍城县—伊宁市—潘菲洛夫等“初级增长三角”，在条件成熟时建立乌鲁木齐—阿拉木图—比什凯克“增长大三角”；大力发展跨国公司参与区域经济合作；进一步发挥新亚欧大陆桥的作用（郑雪平，2010）。

二、制约上合框架下经济合作开展的原因

作为第一个以中国城市命名的区域性组织，上合组织承载了中国政府众多的期望，希望其不仅在安全领域发挥作用，还能够带动中国向西开放，形成中国与其他成员国紧密的经济往来。从目前成效来看，上合组织在政治、安全领域的合作取得了较大的进展，但在经济领域的进展则未达到各方的预期。虽然中亚国家也希望能够通过在上合组织的框架下促进本国经济的增长，但实际中的进展却不尽如人意，造成这种局面的原因是多方面的。

（一）俄罗斯的疑虑阻碍了经济合作的开展

俄罗斯，尤其是中亚国家，迫切需要外来投资和技术促进本国经济发展，而中国作为世界主要经济体也具备了相当大的优势，能够提供上合组织其他成员国需要的资本、技术、市场和经济发展的经验，但是上合组织框架下的经济合作却并未取得实质性的进展，这其中很关键一点在于，俄罗斯不希望上合组织与欧亚经济共同体形成竞争，因此对于上合组织在经济领域的合作采取了消极的态度。例如，资本作为第一推动力对各国经济的发展是极为重要的，“二战”后的欧洲复兴开发银行的成功运作就提供了极好的例证。为促进各国经济的发展，中国也提出可建立上海合作组织开发银行提供贷款来促进其他成员国经济的发展，但由于俄罗斯担心这会造成其在中亚地区影响力的下降而予以反对，因此目前只能采取银联体的方式来开展合作。而俄罗斯和哈萨克斯坦依托欧亚经济共同体于2006年建立的欧亚开发银行则由于其资金实力（俄罗斯方面注册资本金为10亿美元，哈萨克斯坦注册资本金为5亿美元）、运作经验等多方面的原因并未对其他国家的经济发展产生重要影响。

从俄罗斯对待欧亚经济共同体和上海合作组织的不同态度可看出，在中亚区域经济一体化进程中，俄罗斯更看重其自身地缘政治利益，而非中亚国家利益。由于中亚地区市场规模过小，其发展与否对于俄罗斯经济来说并不重要，因此，欧亚经济共同体是俄罗斯确保地缘政治利益的工具而非中亚国家促进本地区经济发展的平台。

（二）中亚国家态度

中亚国家希望能通过经济一体化的方式来带动本国经济增长并应对各国在经济发展中面临的困难，而上合组织中的两个大国——俄罗斯和中国——在处理这些问题方面无疑具有很大的优势。尽管中国的经济实力远强于俄罗斯，但由于中亚国家形成的对俄罗斯依赖的传统以及中亚国家对中国的提防心理，制约了中国所倡导的上合组织框架内的区域一体化的开展。有资深的中亚学者评论“中国不是、也不应当是后苏联地区一体化的发动机，把上海合作组织看作一体化的项目是危险的歧途……它的目标是在上海合作组织空间建立自贸区，把中国的商品推向欧亚、欧洲和中东”

（赵华胜，2012）。因此，尽管中亚国家热衷于建立区域一体化组织并希望吸引外来投资发展本国经济，但是在上合组织框架下的区域经济合作却总是进展缓慢。

这说明，由于中亚各国和俄罗斯的政治性考虑，中方每每就经济合作而提出的建议均会被赋予极大的政治涵义，从而难以实施。这也表明，中国在开展区域经济一体化方面经验的欠缺和理论认识的不深入，因为一体化从来就不是单纯的经济问题。从全球范围来看，失败的一体化组织多是因为经济利益的不一致而造成的；而成功的一体化组织必然是将经济利益和政治合作很好地结合起来的产物，如欧盟。

（三）中国推进上合组织经济合作的思路应改变

从欧盟和北美自由贸易区的成功经验来看，尽管大国在一体化中起到了决定性的作用，但是小国的积极参与和推动也极为重要（如比荷卢关税同盟的推动、墨西哥主动积极参与美加自由贸易协定）。因此，只有让小国认识、分享到一体化的经济利益，他们才会主动参与、推动一体化，否则仅是大国单方面倡导的一体化会被认为、被渲染为大国的殖民主义，而这又会被小国内的不同利益集团所利用，会对正常的经济合作产生阻碍。[1]

中国在大力推动上合组织自贸区的建设时一个重大的失误就是，单纯地从经济利益来考虑，而且是有意无意地以中国的利益为出发点。

表 5.12 和表 5.13 是中国学者和参与上合组织的官员的观点，他们认为，在上合组织内部推进贸易便利化和建立自贸区后所带来的福利有所增加，尽管采用的方法和指标不同，但所得出的结论有一个共同点：上合组织在经济领域的合作会带来经济利益，但其中获益最大的就是中国。这两个结论代表了许多中国学者典型的思维：既然上合组织能够带来利益，那就应该大力推进。可对于中亚国家来说，这更证明了中国推进上合组织经济合作的目的在于将中亚国家作为其商品销售地。考虑到中亚国家和中国经济规模的对比，中亚国家市场其实对中国经济的影响并不大。

表 5.12　消除壁垒后上合内部贸易增加额　　单位：亿美元

国别	海关程序（CP）	标准一致化（SC）	商务流动（BM）
中国	47.464	48.125	4.232
俄罗斯	28.975	29.378	2.584
哈萨克斯坦	16.99	17.226	1.515
吉尔吉斯斯坦	1.661	1.684	0.149

[1] 中吉乌铁路建设的受阻就是最好的例子，尽管 1997 年中吉乌三国就签署了备忘录，并且此项目的建设会对吉尔吉斯斯坦经济产生极大的效益，但由于吉尔吉斯斯坦内部反对派渲染中国会获得其矿藏而始终难以进行。

续表

国别	海关程序（CP）	标准一致化（SC）	商务流动（BM）
塔吉克斯坦	1.688	1.711	0.151
乌兹别克斯坦	3.391	3.986	0.351

资料来源：李纲，刘华芹．上海合作组织：加速推进区域经济合作［M］．北京：中国海关出版社，2004：94.

表 5.13　上合组织建立自贸区模拟结果

国别	GDP	进口	出口	熟练工人就业	非熟练工人就业	社会福利（EV）	对上合成员国出口（%）
中国	0.23	1.23	0.87	0.43	0.45	3010.9	132.4
俄罗斯	0.56	3.83	2.14	1.06	1.14	1997.4	21.9
哈萨克斯坦	0.46	3.15	2.99	1.16	0.98	259.5	7.9
吉尔吉斯斯坦	1.82	4.15	5.38	2.25	1.75	55.8	10.3
塔吉克斯坦	0.53	2.48	5.26	1.44	1.16	3.7	12.1
乌兹别克斯坦	0.19	1.44	0.87	-0.02	-0.08	36.4	0.8

资料来源：须同凯．上海合作组织区域经济合作：发展历程与前景展望［M］．北京：人民出版社，2010：153.

中国当前西部开放与20世纪80年代的东部开放最大的不同在于，当时的中国是落后的发展中国家，而今天的中国已经是世界第二大经济体。东部开放时，中国面向欧美日等发达国家或地区采用重商主义政策全力扩大出口，由于中国经济规模很小，这些措施对发达国家的影响并不大。中国在发展上海合作组织内的经济合作时，必须认识到情况已发生了根本变化：中亚国家经济规模小、市场经济体系远未成熟，俄罗斯亦非原来的世界超级大国，而中国则已是世界第二大经济体。对中国来说很小的出口增长对于这些国家而言就是其国内市场或产业几乎完全被占领，这无疑会在其国内引发强烈的对抗情绪。中国应以大国的思维来发展区域一体化，即通过为小国提供区域性公共产品而换取其支持。

因此，有学者指出，在当前阶段上海合作组织的主要任务是推动经济合作，而不是实现一体化。上海合作组织的一体化不能急于求成，它应通过经济合作的发展而逐渐形成。现阶段的工作应是为将来可能的一体化创造条件，而不必以一体化为主导。上海合作组织的一体化应从大处着眼，小处着手（赵华胜，2012）。

中国需要树立起真正的大国意识，转变思维，从希望从中亚获得能源和原材料的思维转向为中亚地区提供区域性公共产品，发挥世界第二大经济体的作用带动中亚国家的经济增长，只有这样，才能真正使上合组织得以发展。上合组织真正的生命力在于，成为一个能为本地区的国家带来利益的平台，而不是中国获取中亚资源和市场的工具，这个观念的形成对于中亚国家来说尤其重要。只有使中亚国家实现经济增长和社会稳定，中国在中亚地区的战略利益才会得以实现。

第四节　市场驱动型一体化的进展

一、巴扎贸易发展及现状

中亚地区的巴扎贸易，即一种流行于本地区的传统的集市贸易。由于中亚国家的商业模式较为单一，且居民收入很低，因此大量从国外进口的商品也会在各地区的巴扎上与本地商品一同进行销售。目前，巴扎贸易已成为中亚地区主要的进口商品销售渠道之一。

巴扎贸易是中亚地区独有的、在官方统计之外的贸易方式，并在中亚经济一体化中发挥了重要的作用。以各国不同的巴扎为中介，各国的边境贸易被连接成贸易网络。中亚地区的巴扎被分为国际、国家和城市三个层级，低层级的巴扎会从高层级的巴扎购买货物并分销到中亚各个地区从而形成了一个贸易网络，而这个网络的贸易额占了中亚国家总贸易额的 20% ~30%，但这一部分贸易却并未纳入各国的海关统计。如中亚四个国际级别的巴扎 Barakholka（位于阿拉木图）、Dordoi（位于比什凯克）、Karasuu（位于奥什）和 Korvon（位于杜尚别）每月的贸易额就分别达到了 2.1 亿、3.3 亿、0.94 亿和 0.19 亿美元。巴扎交易的商品在 2006 年和 2007 年分别达到了 74 亿和 99 亿美元，占同期中亚四国（不含土库曼斯坦）总进口的 20%。这些巴扎销售的商品既有中亚地区本地产品，如吉尔吉斯斯坦生产的服装；也有来自周边国家，如中国、伊朗、土耳其等国的商品，但从周边进口的商品，主要来自中国，占了主要的份额。[1]

（一）吉尔吉斯斯坦的巴扎贸易对其影响

尽管外部因素对吉尔吉斯斯坦的外贸有着很大的制约作用，但对吉尔吉斯斯坦贸易制约的主要因素不是关税、边境安全措施和技术壁垒，而是转运和交通成本，包括正式和非正式的各类收费。自由贸易制度和 WTO 成员资格将在多个方面对吉外贸发展起到重要的推动作用，只是目前吉尔吉斯斯坦并未能充分发挥 WTO 成员所带来的福利，因此该国还需进一步按照 WTO 的要求进行结构改革。吉尔吉

[1] Bartlomiej Kaminski and Saumya Mitra. *Skeins of Silk：Borderless Bazaars and Border Trade in Central Asia* [M]. 2010.

斯斯坦希望从加入的区域一体化组织，如欧亚经济共同体，获取的利益很多并未实现，但保持与共同体各国的良好关系是吉尔吉斯斯坦实现这些利益的关键（Sebnem Akkaya，2005）。

作为一个地处内陆的山地国家，在苏联解体后，吉尔吉斯斯坦经济成为独联体各国中衰退最严重的国家，其1995年的GDP仅为1990年的50%。但在采取了一系列的重大改革措施后，如土地改革、实行货币的自由兑换、国企私有化和降低关税，该国的经济和投资环境有了巨大的变化，也成为苏联各成员国中改革的领跑者之一。吉尔吉斯斯坦于1998年加入WTO并实行自由贸易，成为中亚国家中最为开放的国家，自1998年以来，该国实现了年均4%的增长。❶

Bartlomiej Kaminski（2008）认为，吉尔吉斯斯坦经济具有Janus（古罗马两面神）的特征：一方面，国内产出和消费的增长极不稳定；另一方面，其涉外经济活动却稳步提高。这关键在于，巴扎贸易对吉尔吉斯斯坦经济起到了极为重要的作用，2006年巴扎贸易创造的产值超过了当年吉尔吉斯斯坦GDP的10%，而且对解决就业问题也起到了极为重要的作用。2003～2006年，中国对吉尔吉斯斯坦出口的巴扎贸易商品增长了10倍，而韩国和土耳其的商品占2006年除中国以外其他国家对吉出口的50%以上。吉尔吉斯斯坦已成为中亚国家中拥有最为自由、透明和稳定的贸易体系的国家，而且巴扎贸易成为促进吉尔吉斯斯坦融入本地市场的主要推动力。

王维然（2010）指出，在影响吉尔吉斯斯坦与主要贸易伙伴国贸易流量的因素中，影响最大的因素为：是否为吉邻国，如为其邻国，则双边贸易额可上升1.65%。而俄罗斯、哈萨克斯坦、土库曼斯坦等邻国与吉尔吉斯斯坦的贸易规模都已大于理论贸易量。

Ana Lucía Coronel（2011）认为，俄白哈关税同盟建立后，哈萨克斯坦对与中国、吉尔吉斯斯坦、塔吉克斯坦等国在边境开展的班车或“箱包”贸易（shuttle or “Suitcase” border trading）将采取更为严格的限制措施。

以往的研究表明，吉尔吉斯斯坦对外贸易的发展主要表现为，与周边国家巴扎贸易的发展，而吉尔吉斯斯坦的WTO成员资格对吉当前外贸管理体制产生了关键性的影响。

根据Saumya Mitra的研究，中亚四个国际级别的巴扎Barakholka（位于阿拉木图）、Dordoi（位于比什凯克）、Karasuu（位于奥什）和Korvon（位于杜尚别），每月的贸易额就分别达到了2.1亿、3.3亿、0.94亿和0.19亿美元。而这其中的

---

❶ Norio Usui and Arnelyn May A. Abdon. *Structural Transformation in the Kyrgyz Republic*: *Engineering Future Paths of Capability Accumulation*. ADB Economics Working Paper Series . No. 200，May 2010. 3. 11－14.

Dordoi 和 Karasuu 就位于吉尔吉斯斯坦，而且 Dordoi 已成为中亚地区最大的国际巴扎。巴扎贸易之所以能在吉尔吉斯斯坦乃至中亚发展成为主流的贸易方式，最根本原因在于其经营成本低、交易方式灵活，适应了中亚地区目前的经济发展水平，从周边国家，主要是中国（这只是因为中国现在是国际上轻工业品的主要生产地）进口了中亚地区匮乏的消费品，满足了当地居民的需求。

就其自身的消费能力而言，吉尔吉斯斯坦无力消费大部分进口商品，其之所以从中国进口大量的商品，原因在于吉尔吉斯斯坦已成为中亚地区的贸易中转平台。大量从周边国家进口的商品由此平台转口到了中亚地区的其他国家，乃至于俄罗斯南部地区以满足当地居民的消费需求。

香港等中转贸易中心的形成往往与其具有良好的地理位置、便利的交通条件、完善的基础设施、自由港贸易政策有着密切的关系，但吉尔吉斯斯坦并不像我国香港地区具备众多的优势。就地理位置而言，与此同时，哈萨克斯坦北接俄罗斯，南与吉尔吉斯斯坦、乌兹别克斯坦相邻，具有成为中亚地区贸易转口平台更好的地理优势。与此同时，哈萨克斯坦与中国相邻的边境线更长，并拥有中亚国家唯一与中国相连的铁路。哈萨克斯坦的铁路里程为 13600 公里，其中复线占 37%，电气化铁路占 28%；而吉尔吉斯斯坦铁路里程仅为 464 公里（大部分位于北部），地处山区的吉尔吉斯坦每 1000 平方公里的平均公路密度也只有 297.4 公里（Parkash，2006）。而且哈萨克斯坦也拥有一个位于阿拉木图的国际级巴扎，其与中国也存在大量未纳入海关统计的边境贸易（王维然，2012）。尽管基础设施和地理位置都不如哈萨克斯坦所拥有的优势，但吉尔吉斯斯坦依然能够成为中亚地区的贸易中转平台，最根本原因并非是该国的“硬”设施而在于其“软”环境，即 WTO 成员所带来的制度优势。

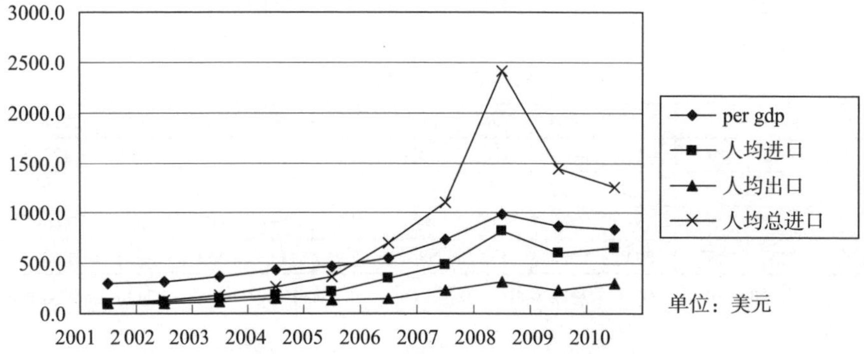

图 5.1　吉尔吉斯斯坦人均贸易数据

资料来源：UN CTAD [OL].[2012 - 10 - 01]. http：//unctad.org/en/pages/PublicationWebflyer.aspx?publicationid=759.

由于受到 WTO 规则的制约，吉尔吉斯斯坦的关税税率普遍低于周边国家，更为重要的是，其外贸和关税政策较为稳定透明，而不像其他国家外贸政策多变且难以预期。因此，大批从事边境贸易的商人们将货物出口到吉尔吉斯斯坦，尤其是在周边国家对外贸政策进行调整时，然后利用该国的南北两大国际性巴扎 Dordoi 和 Karasuu，将货物分销到其他中亚国家。

1. 巴扎贸易对吉尔吉斯斯坦经济的影响

（1）有效稳定了宏观经济形势。作为山地国家的吉尔吉斯斯坦，资源较为匮乏，仅是水电和金矿资源储备较为丰富，但黄金开采对经济的拉动作用极为有限，而水电资源的开发又因与下游国家的矛盾而难以进行。在如此不利的情况下，吉尔吉斯斯坦经济近年来却持续发展，10 年间人均 GDP 翻了一翻，推动其经济发展的主要动力来自吉尔吉斯斯坦已成为中国与中亚国家间的转口贸易平台。

从表 5.14 可知，即使不考虑吉尔吉斯斯坦与主要贸易伙伴贸易统计数据的巨大差异，吉尔吉斯斯坦自 2000 年以来的对外贸易仅在 2001 年实现了 900 万美元的顺差，而 2008 年出现了 24.55 亿美元的逆差，但其统计的经常项目在 2008 年的逆差仅为 7.01 亿美元。在获得的直接投资方面，2008 年流入吉尔吉斯斯坦的直接投资为 3.77 亿美元，是吉获得的直接投资最多的年份。尽管无论是经常项目还是金融与投资项目，吉尔吉斯斯坦并未能实现外汇的大量流入，但吉尔吉斯斯坦的外汇储备却保持了高速的增长，从 2000 年的 2.43 亿美元增加到了 2011 年的 17.07 亿美元，这与其贸易统计数据形成了巨大反差。出现吉尔吉斯斯坦涉外宏观经济数据相互矛盾的根本原因就在于，吉尔吉斯斯坦的边境贸易和巴扎贸易对其经济产生了极大的促进作用，而由于这些贸易并未被纳入其官方统计数据，因此对吉经济的作用被大大低估。虽然吉在其他国家打工的人口汇回国内的外汇收入也是其外汇收入的重要来源之一，但即使将这一收入考虑在内，吉每年的外汇储备依然是赤字，而实际上 2011 年吉尔吉斯斯坦的外汇储备已达到了 17 亿美元。

表 5.14　吉尔吉斯斯坦涉外经济数据*　　单位：百万美元

	2000	2001	2002	2003	2004	2005	2006	2007	2008	2009	2010	2011
贸易差额	-48	9	-119	-135	-222	-436	-924	-1283	-2455	-1796	-1734	-2282
经常项目	-76	-19	-29	-42	29	-37	-286	-227	-701	-102	-385	-183
直接投资	-2	5	5	46	132	43	182	209	377	190	234	*
外汇储备	243	267	293	369	533	574	769	1112	1157	1499	1608	1707

资料来源：UN CTAD [OL]. [2012-10-01]. http://unctad.org/en/pages/PublicationWebflyer.aspx?publicationid=759.

---

* 贸易差额仅根据吉官方统计的进出口贸易额进行核算，而未考虑中国统计的与吉方的贸易数据；直接投资为外国对吉尔吉斯斯坦的直接投资，* 表示暂未获得此项数据。

（2）促进就业问题解决。农业产值在吉尔吉斯斯坦经济中所占比例为25%，占就业人口的45%，而吉尔吉斯斯坦的工业仅占GDP的8%和就业人数的5%。作为吉尔吉斯斯坦主要出口产品的黄金和电力，占2011年吉出口的50%和4%，[1]但黄金开采和电力行业对解决就业的作用有限，其就业人口仅为总就业人口的0.4%和1.8%。仅依靠农业是无法促进一国经济实现现代化的，而吉尔吉斯斯坦的工业由于与苏联国家分工体系的瓦解，自独立以来也日益萎缩，因此失业及由此引发的贫困问题成为吉国政府迫切需要解决的难题。

由表5.15的数据可知，如果按照人均总进口来比较，则2006年吉尔吉斯斯坦的人均进口就超过了其人均GDP。当大量的进口商品转口到其他国家时，对吉尔吉斯斯坦解决就业问题起了良好的促进作用。如位于比什凯克和奥什的Dordoi和Karasuu巴扎，这两个巴扎的就业人数分别占了比什凯克和奥什就业人口的7.8%和3%（2008年比什凯克和奥什市人口分别占全国人口的15.5%和4.9%）。这仅是在这两个国际级巴扎直接就业的人口，考虑到Dordoi和Karasuu巴扎80%的交易均是批发贸易，由这两个巴扎流出商品在吉全国形成的地区和城市巴扎也创造了大量的就业机会，加上在巴扎周围从事仓储、运输、餐饮、住宿等受其影响的行业间接就业人口（Dordoi巴扎内一个就业岗位可在巴扎外创造1.2个就业岗位）即可知，边境贸易和巴扎贸易的发展在解决就业问题方面起到了很大的作用（Mitra，2009）。由于多种原因，吉尔吉斯斯坦多年来在吸引外来投资发展工业方面并未取得明显进展，而边境贸易和巴扎贸易不但要求投入的资本少，而且能创造更多的就业机会，因此这对于吉尔吉斯斯坦经济就更具关键性的推动作用。

表5.15　吉尔吉斯斯坦人均贸易数据[2]　　单位：美元

	2001	2002	2003	2004	2005	2006	2007	2008	2009	2010
人均GDP	305	317	376	429	469	557	740	988	869	844
人均进口	93.7	116.1	143.7	188.6	222.1	344.5	484.6	816.4	596.2	646.1
人均出口	95.5	92.3	116.6	144.1	134.7	159.2	227.4	324.3	236.2	298.4
人均总进口	99.3	133.2	176.6	269.8	371.3	705.2	1114.4	2412.8	1438.8	1253

资料来源：UN ITC [OL].[2011-08-29]. http://www.intracen.org/itc/market-info-tools/.

（3）开始初步形成具有竞争力的产业。巴扎贸易的发展不但促进了就业问题的解决，还提升了吉尔吉斯斯坦国民对市场经济的认识以及掌握营销技巧、开始接触国际市场行情并在此基础上根据自身的优势来发展相关产业。在苏联基于计

---

[1] 此处数据根据UN ITC数据计算而得，未考虑边境贸易的数据。

[2] 人均总进口是将吉尔吉斯斯坦进口额减去吉尔吉斯斯坦统计的从中国的进口额再加上中国统计的对吉的出口额后所得的人均数据，旨在反映吉尔吉斯斯坦进口贸易对经济的影响程度。

划经济而建立的分工体系瓦解后，作为地处内陆且仍未实现工业化的山地国家，吉尔吉斯斯坦一直未能形成真正具有竞争优势的产业以带动经济的发展（黄金的开采并未能拉动吉经济的发展）。但是，随着巴扎贸易的发展，在面临几乎免税的进口品的竞争下，吉尔吉斯斯坦的纺织业不但没有在竞争下被击垮，反而初步形成了将进口衣着附件与本地纺织服装业结合起来的发展模式，并开始将本国生产的服装出口到周边国家，比什凯克的玛迪纳（Mdina）已成为专门交易本地生产的纺织品和服装的巴扎。但目前是否加入俄白哈关税同盟对吉尔吉斯斯坦的服装业来说成为一个两难的选择，如果加入，吉服装业从中国进口的原料和零配件必然要涨价；不加入，吉的服装产品又会被排挤在关税同盟之外。当然，俄罗斯和哈萨克斯坦的入世又给这一问题增添了新的不确定因素（Trilling，2012）。

经历了市场竞争而建立起来的产业无疑是真正体现了吉尔吉斯斯坦的比较优势和市场竞争力，这些产业的形成和发展与苏联时期基于计划经济布局而建立的分工体系具有本质的不同。尽管苏联时期的集中计划体制形成各地区间的经济专业化，使得一个地区离开其他地区将无法生存，但这大多是经济上毫无意义的一体化，只是为了维护体制的稳定（努·纳扎尔巴耶夫，1997）。从长远来看，吉尔吉斯斯坦经济的发展前景就取决于基于市场化和比较优势形成的产业能否进一步强化其竞争力，并能适应国际竞争。

2. 结论

（1）巴扎贸易对吉尔吉斯斯坦经济的作用被低估。由于对边境贸易统计的不完整，外贸对于吉尔吉斯斯坦经济稳定和发展的作用被低估了。吉尔吉斯斯坦没有哈萨克斯坦等国丰富的自然资源，因此，对吉尔吉斯斯坦来说，成为周边国家与中亚国家贸易的转口平台是一个现实的选择。通过对外贸易的溢出效应，吉尔吉斯斯坦可以学到市场经济运行的基本经验与制度，培养出适应市场竞争的企业家与专业人员，完成初步的资本积累。而这些对吉尔吉斯斯坦逐步建立市场经济体系并保持经济的持久、稳定发展无疑是极为重要的。

（2）巴扎贸易的发展前景存在诸多不确定性。吉尔吉斯斯坦之所以能发展成为中亚的贸易平台（中亚地区的四大国际性巴扎吉尔吉斯斯坦就占了两个），关键原因在于，其加入世贸组织后降低的关税水平以及开放的贸易政策等“软”条件形成的优势。但是，国内薄弱的基础设施等“硬件”对吉发挥转口平台的作用以及拉动国内相关产业发展产生了很大的障碍。随着俄罗斯、哈萨克斯坦等主要贸易伙伴的入世，吉尔吉斯斯坦的“软”优势将被逐步地削弱，而哈萨克斯坦可以充分发挥苏联时期建立的铁路和公路系统的优势（2012 年，哈萨克斯坦与中国的第二条铁路也已连接，而倡议多年的中吉乌铁路依然看不到动工建设的希望），将从中国进口的货物通过铁路运达俄罗斯和乌兹别克斯坦（两国与哈萨克斯坦是吉尔吉斯斯坦转口货物的主要进口方)。因此，吉尔吉斯斯坦如不能尽快改善其基础设施、提升自身竞争力，一旦周边国家放松对贸易的管制，吉尔吉斯斯坦是否还能保持目前的转口平台的地位，会面临很大的变数。

(3) 在目前条件下，加入关税同盟对吉不一定有利。吉尔吉斯斯坦已申请加入俄白哈关税同盟，但是考虑到关税同盟的平均关税水平为10%，而作为世贸组织成员的吉尔吉斯斯坦2010年平均关税水平仅为4.6%，这无疑是一个很大的障碍。即使不考虑将本国关税税率提升到关税同盟的水平是否违反世贸组织的规则，大幅度提升关税税率也会对吉尔吉斯斯坦的转口贸易平台地位产生巨大冲击。目前，俄罗斯已加入世贸组织，哈萨克斯坦也希望尽快完成加入世贸组织的谈判。如果在关税同盟的成员国都加入世贸组织并降低同盟的关税税率的前提下，吉尔吉斯斯坦加入关税同盟的前景无疑会有很大的不同。

(二) 塔吉克斯坦的巴扎贸易

自独立以来，塔吉克斯坦的对外贸易发生了根本性的变化，1992年塔吉克斯坦外贸额为3.5亿美元，顺差0.3亿美元，但2011年塔吉克斯坦的贸易逆差已达19.3亿美元。随着棉花种植面积的减少以及铝业公司产量的减少，塔吉克斯坦的主要出口商品铝锭和棉花都处于持续走低的通道中。塔吉克斯坦的主要贸易伙伴也发生了根本性的变化（见表4.3、表4.4），乌兹别克斯坦与塔吉克斯坦的贸易急剧减少，中国成为塔吉克斯坦的主要贸易伙伴。

根据塔吉克斯坦海关的统计数据，塔吉克斯坦与中国的贸易远远小于中国海关统计数据（见表5.16），这与吉中、哈中贸易中所存在的现象如出一辙。边境贸易和巴扎贸易在塔吉克斯坦外贸中的地位与作用被大大低估了。不同于吉尔吉斯斯坦是将中国商品转口到俄罗斯、哈萨克斯坦和乌兹别克斯坦，塔吉克斯坦则是将中国商品转口至阿富汗以及将印度、巴基斯坦、阿富汗商品转口至中亚国家。

表5.16　中国与塔吉克斯坦的贸易　　单位：百万美元

	2004	2005	2006	2007	2008	2009	2010
塔吉克斯坦从中国的进口	57	92.5	148.9	275.3	384.9	266.6	238.2
中国对塔吉克斯坦的出口	53.6	143.7	305.8	513.8	1479.7	1217.6	1376.5
贸易逆差	276.5	421.4	326.4	1079.1	1863.9	1559.3	1462.2
GDP	2076	2312	2830	3719	5161	4979	5613

资料来源：Таджикистан в цифрах 2010, 2011; UN ITC [OL].[2011-11-28]. http://www.intracen.org/itc/market-info-tools/; UN CTAD [OL].[2012-05-01]. http://unctad.org/en/pages/PublicationWebflyer.aspx? publicationid=759.

Umarov (2013) 指出，塔吉克斯坦和阿富汗的商人签订协议，将中国乌鲁木齐、喀什购买的货物直接通过塔吉克斯坦转运到阿富汗结算，塔吉克斯坦的格尔诺—巴达赫尚自治州的穆尔加布、伊士卡西姆等地成为转运的主要通道。塔吉克斯坦不仅是中国商品的转运通道，同时也将俄罗斯、哈萨克斯坦的商品转卖到阿富汗，又将产自印度、巴基斯坦、阿富汗的商品转口到了中亚各国。

1. 与乌兹别克斯坦贸易减少

与乌兹别克斯坦贸易的减少，一方面是因为两国的工业化水平都不高（乌兹别克斯坦还好于塔吉克斯坦），如棉花都是两国的主要出口商品；但更主要的是，源于两国关系的恶化致使巴扎贸易被限制。

导致塔乌两国关系紧张的原因很多，但罗贡水电站无疑是其中的核心因素。建设罗贡电站是塔吉克斯坦经济发展战略的核心内容，塔吉克斯坦希望罗贡电站不仅能结束本国冬季缺电的问题，同时电力出口也能成为塔吉克斯坦新的出口增长点。但塔吉克斯坦的计划一直受到下游国家，尤其是乌兹别克斯坦的强烈反对。为了阻止塔吉克斯坦的建设计划，乌兹别克斯坦阻碍经由本国进入塔吉克斯坦的铁路和公路运输，同时还提高对铁路和公路运输征收的关税。乌兹别克斯坦的政策不仅影响了罗贡电站的建设，同时限制了土库曼斯坦对塔吉克斯坦的电力出口（Nichol，2012）。

塔乌两国对水资源的争夺背后存在各自的经济利益要求，由此引发的矛盾又进一步刺激了两国在边界和飞地问题上的矛盾，各种原因交织的复杂矛盾是短期内难以解决的。

乌兹别克斯坦和吉尔吉斯斯坦也存在边界和飞地问题的矛盾，而且乌兹别克斯坦业对两国边境贸易进行限制，但也只是将白天开展的贸易变成夜晚进行的贸易而已。因为乌兹别克斯坦采取的进口替代政策会限制其从国外进口消费品，但其国内的需求只能依靠从国外的进口来满足。但塔吉克斯坦和乌兹别克斯坦的矛盾则使得塔吉克斯坦对乌兹别克斯坦的边境贸易受到了严格的限制。

2. 成为中亚与南亚国家的贸易通道

由于受吉尔吉斯斯坦将中国商品转运至俄罗斯、哈萨克斯坦和乌兹别克斯坦以及与乌兹别克斯坦关系不佳的影响，塔吉克斯坦将来自俄罗斯、哈萨克斯坦、中国的商品转口至阿富汗（以中国商品为主），并将阿富汗、印度、巴基斯坦的商品转口至中亚各国。Parto（2012）等人的研究表明虽然面临诸多困难，阿富汗的商人们仍然希望能够扩大从中亚国家的进口。这对于塔吉克斯坦促进转口贸易平台的形成无疑是一个良好的促进。

塔吉克斯坦与阿富汗贸易的不断增长，既是满足阿富汗国内对商品的需求，也是因为与道路设施的改善业促进了两国贸易的增长。塔吉克斯坦迅速增长的边境贸易强化了对公路等基础设施和运输走廊的需求，CAREC 等组织以推动道路建设作为主要的工作内容（Asadov，2012，UCA）。

由于塔吉克斯坦是典型的山地国家，其国内基础设施在苏联时期就极为落后，这也是多年来其经济增长缓慢的重要原因。由表 5. 17 可知，如此高昂的运输成本如不改变，塔吉克斯坦的经济是无法得到发展的。但对基础设施的投资是极为巨大的，也是塔吉克斯坦自身难以承担的。随着塔吉克斯坦与周边国家边境贸易的不断增长以及本国国内巴扎贸易网络的形成，对道路的需求也日益引起了国际组织的关注和支持。

表 5. 17　2009 年塔吉克斯坦国内运费

	距离（公里）	运费（美元/10 吨）
杜尚别市内	12	14 ~ 112
杜尚别—图尔孙扎德	56	242
杜尚别—库尔干秋别	99	546
杜尚别—库洛布	204	909
杜尚别—Ninny Panj	206	1091
杜尚别—吉尔加塔尔	287	1697
摩尔多瓦—美国	7668	1895
杜尚别—胡盏	341	1940
杜尚别—卡尼巴丹	421	2424
杜尚别—伊思法拉	448	2546
杜尚别—霍罗格	524	2606

资料来源：Coulibaly，Souleymane.，*Trade Expansion through Market Connection*［R］. WB Study No：63435. World Bank. 2011：25.

塔吉克斯坦和阿富汗贸易的增加，直接带动了对两国间道路改善和政策调整的需求，如两国在喷赤河上的口岸建设就得到了国际组织的重视与投资。由边境贸易、巴扎贸易引发的对道路等基础设施的需求，会为中亚各国的经济往来与合作逐步的积累物质条件。而且当各国政府从贸易中得到了相应的收益时（即使是官员们的寻租收益），自然也就有了发展基础设施的意愿和动力。

道路等基础设施的改善只是促进边境贸易和巴扎贸易发展的物质性条件，其作用的发挥还需要各国政府政策的配合，如中哈在霍尔果斯口岸开展的提高通关效率的做法就成为亚洲开发银行对各国推荐的方案。ADB（2007）提出，塔吉克斯坦政府应当将边境贸易中农产品的免税数量从现在的 50 公斤提高到 100 公斤，允许边境附近的居民使用身份证过关以及轻型车辆通行，应当学习允许边境居民在一定数量和金额内商品简化通关手续的“哈萨克斯坦”模式。

中亚各国间基础设施的改善和政策的调整，促进了中亚地区的区域性贸易网络的形成，这对各国的经济合作无疑起到了关键性的推动作用。

二、劳动力流动成效分析

中亚国家独立后，出现了两类移民潮，一种是中亚的非本地民族返回其历史国家（如俄罗斯族返回俄罗斯、德意志人返回德国），另一种是本地民族前往其他国家打工的劳动力移民。前一种情况主要是由中亚国家独立后各国国内政策调整造成的，在此暂不做研究；而后一种移民则主要是源于经济对中亚地区的区域一体化具有密切关系，也是本书研究的内容。

独联体国家认为，劳动力移民是指在他国从事有一定收入的某国公民，包括已经长期在所在国定居的人员、根据劳务协议在国外打工的人员（一年以上有固定工作的务工人员和一年以下临时性、季节性的务工人员）。目前，俄罗斯和中亚国家间的劳动力移民流动是单向的，主要是塔吉克斯坦、吉尔吉斯斯坦和乌兹别克斯坦的劳动力流向俄罗斯和哈萨克斯坦。这种单向流动主要是由于收入差距所引发的，如表3.2所示，俄罗斯（2011年人均GDP为12890美元）和哈萨克斯坦的人均GDP与塔、吉、乌三国相差10倍左右，由此看出，收入水平的巨大落差是造成吉、塔、乌三国劳动力流向俄罗斯和哈萨克斯坦的最根本的决定因素。

吉尔吉斯斯坦、塔吉克斯坦和乌兹别克斯坦各国的工业化程度的落后，使得各国无法创造更多的就业机会，加之各国内部不同地区的经济收入水平也存在很大的差异，这进一步加剧了贫困地区的劳动力外流的动力。如在吉尔吉斯斯坦，被称为“南都”的奥什市2007年人均收入仅为比什凯克使居民的41.9%；在塔吉克斯坦，戈尔诺－巴达赫尚自治州200年贫困率为84%，比中央直属区高出39%；在乌兹别克斯坦，卡拉卡尔帕克斯坦共和国2005年贫困率为44%，比塔什干市高出37.3%（杨进，2012）。

俄罗斯对外籍劳工实施配额许可证及担保金制度，要求雇主需事先从劳动部取得许可后才能雇佣外国劳工。根据官方统计，2005年俄罗斯来自哈萨克斯坦、吉尔吉斯斯坦、塔吉克斯坦的务工人员分别为0.41万、1.62万和5.26万。但由于俄罗斯与中亚国家签有多边或双边的互免签证协议和双重国籍协议，加上季节性工作和非法渠道获得的工作，实际上俄罗斯官方关于中亚国家在其境内的务工人员的数据是极不准确的。根据国际移民组织的保守估计，吉尔吉斯斯坦、塔吉克斯坦和乌兹别克斯坦每年约有30万～35万人、60万人、35万～50万人在俄罗斯打工（郑羽，2007）。这些务工人员每年汇回国内的资金也构成了各国外汇收入最为重要的来源。

由表5.18可知，国外务工人员的汇款已成为吉尔吉斯斯坦和塔吉克斯坦两国经济极为重要的补充。2000～2011年，吉尔吉斯斯坦和塔吉克斯坦的经常账户只是分别在2004年和2008年实现了0.29亿和0.48亿美元的顺差，但同期两国的外汇储备却逐年增加，2011年分别为17.07亿和2.97亿美元。[1] 2011年，吉尔吉斯斯坦和塔吉克斯坦国外汇款的收入分别占其GDP的25%和41%，国外劳工对其两国经济和社会所起的支柱性作用不言而喻。

表5.18　哈、吉、塔三国汇款数据　　单位：百万美元

年份	哈萨克斯坦				吉尔吉斯斯坦				塔吉克斯坦			
	汇款	GDP	外汇储备	经常账户	汇款	GDP	外汇储备	经常账户	汇款	GDP	外汇储备	经常账户
2000	18292	1678	366	440	1370	243	-76	9	861	93	-62	*
2001	22153	2078	-1390	487	1527	267	-19	11	1081	93	-73	*
2002	24637	2637	-1024	594	1606	293	-29	37	1221	90	-15	79
2003	30834	4327	-273	802	1922	369	-42	78	1555	113	-5	146
2004	43152	8573	335	1354	2212	533	29	189	2076	159	-57	252
2005	57124	6180	-1056	2000	2460	574	-37	322	2312	170	-19	467
2006	81004	17865	-1999	3033	2834	769	-286	481	2830	177	-21	1019
2007	104850	15900	-8322	4303	3803	1112	-227	715	3719	43	-495	1691
2008	133442	17996	6326	3559	5140	1157	-701	1232	5161	108	48	2544
2009	115309	20844	-4114	3058	4690	1499	-102	992	4979	179	-180	1748
2010	146908	25339	2409	3020	4616	1608	-385	1275	5613	327	-383	2254
2011	184766	25316	14110	*	5699	1707	-253	1500	6524	297	-293	2680

资料来源：UN CTAD [OL].[2012-12-15]. http://unctad.org/en/pages/PublicationWebflyer.aspx?publicationid=759.

注：哈萨克斯坦的汇款为汇出，吉尔吉斯斯坦和塔吉克斯坦的汇款为汇入；*为无相关数据。

吉尔吉斯斯坦和塔吉克斯坦独立后一直有大量的务工人员前往国外打工，但是2003~2004年两国获得的国外汇款有了大幅增加，这与哈萨克斯坦同时期出现的对国外汇款大幅增加基本保持了同步。这种情况并非仅是巧合，因为从图4.1可知，正是在2000年后随着能源和原料类商品国际价格的上涨，哈萨克斯坦经济实现了快速增长，这也为吸纳来自吉、塔两国的劳动力创造了空间。因此，从某种意义上讲，中亚地区在自发的基础上形成了另一种市场化的一体化——劳动力市场的一体化。虽然这个劳动力市场还远不能被称之为成熟，如仅是拉动力的单向流动并非本地区所有国家都是这一市场的组成部分，这种劳动力的流动并未得到

[1] 此处经常账户未考虑边境贸易和巴扎贸易的数据，为便于比较，仅使用了两国官方数据。

流入国官方的正式认可，但其实际效果确实促进了各国经济往来的密切程度，客观上使得各国一体化程度加深。

作为世界范围内一体化程度最高的欧盟，其一直致力于建立统一大市场。《欧洲经济共同体条约》第48条1款（即《欧共体条约》第39条）规定：应确保工人自由流动至迟于过渡期结束前在欧共体内部实现，而1968年之前第48条得以实施。但欧盟内部的劳动力流动并没有出现中亚地区这样大规模的劳动力流动的情况。造成这种情况的一个原因是尽管欧盟各国经济发达程度不同，但是各国当前的工业化程度和经济结构能够吸纳大部分本国的劳动力，而劳动力跨国流动的成本与收益相差不大也弱化了劳动力出国的想法。中亚国家由于工业化程度很低，在乌、吉、塔等国，富裕劳动力占人口比例过大，并且很多人口处于绝对的贫困状态[1]，与哈萨克斯坦、俄罗斯等国的生活差距过大，而俄、哈两国又存在大量的劳动力缺口，而苏联时期一个国家的共同背景也使得中亚国家人口流动的便利性和意识更高于欧盟国家，因此中亚国家的劳动力流动程度高于欧盟国家。另一个原因则是欧盟关于劳动力流动的“东道国控制”原则，对于欧盟内部的劳动力流动而言，外来工人不能以更低的价格进行竞争，这自然防止了来自欧盟工资相对较低国家的低技能工人运用其至关重要的优势。因此，有学者指出，目前的共同体内是高度的资本市场一体化与非常低度的劳动力市场一体化形成对照，事实上，并不存在像欧共体劳动力市场这样的事情（雅克·佩克曼斯，2006）。

在市场经济体系远未发育成熟的中亚地区出现欧盟都尚未实现的劳动力的自由流动，主要是由以下几个因素造成的：（1）各国间经济收入差距过大。俄罗斯和哈萨克斯坦与吉、塔、乌三国人均收入的差距远远大于欧盟各成员国之间的差距，正是巨大的经济收益才吸引吉、塔、乌三国居民前往国外打工。这也恰好说明，为何哈萨克斯坦则很少有本国公民前往俄罗斯打工，因为这两国之间的收入差距很小。（2）曾经都是苏联成员国的影响。中亚国家居民能够自由前往俄罗斯等国打工的一个重要原因在于曾经是一个国家，中亚各国与俄罗斯在语言、文化上的共同背景为劳动力流动带来了很大的便利，各国间的边界管理也极为宽松，加之俄罗斯又与独联体各国（土库曼斯坦除外）签署了免签证协议，这都为劳动力的流动创造了条件。（3）俄罗斯政府的默许。虽然有上百万外来务工人员在俄罗斯工作，但根据俄罗斯的法律这些务工人员都属于非法移民，而且俄罗斯国内近年来也常常发生排外事件。然而，俄罗斯政府并没有像欧盟成员国那样严格执行法律，控制外来务工人员在俄罗斯的存在。这其中一个重要原因就是，俄罗斯

---

[1] 吉尔吉斯斯坦前几年就曾考虑是否加入最不发达国家以获取国际援助。

经济本身也需要大量外来劳动力填补本国人口不足的问题。因此，吉、塔、乌劳动力也是有利于俄罗斯自身利益的。因此，中亚地区的劳动力的自由流动并不是各国政府在促进经济一体化过程中有意采取的政策促成的，而是这一现象能够使各国都从中获益从而自发形成的。或许这种一体化仅是各国在经济转型期间的特殊现象（20 世纪五六十年代，意大利有大量移民前往国外打工，而随着意大利经济的发展，70 年代出现了移民的净回流），但客观上其促进了各国间经济关系的深化。

由于在俄罗斯和哈萨克斯坦工作的劳动移民能够为本国带来巨大的收益，因此吉、塔、乌三国对俄罗斯和哈萨克斯坦的依赖也是很高的。而这一点，也成为了俄罗斯影响中亚国家政策的一个有效工具。21 世纪初，当格鲁吉亚迅速向北约靠近时，俄罗斯就以要遣返格鲁吉亚在俄罗斯境内的大量劳动移民为由向格鲁吉亚施压，从而迫使其作出让步。

第六章　制约中亚区域经济一体化的原因

随着区域经济一体化在全球范围内的迅速发展，亚洲国家也纷纷参与到这一进程中来。有学者指出，亚洲的区域一体化呈现了两个特点：一个是各国签订 RTA 的对象并非传统的地理位置相连的“自然”贸易伙伴，很多都是跨区域的，如日本—墨西哥、韩国—智利、新加坡—美国；另一个是各国 RTA 内容的一体化既超越了传统的贸易壁垒和非贸易壁垒的范围，而且包括了贸易便利化、投资自由化、管理规则的协调和经济技术合作等内容，这种“深度”一体化的重点在于，消除各国限制国际化生产在本区域内资源配置的内部壁垒，这种一体化往往是被追求规模效应和希望改善其竞争力的跨国公司所推动的（Fan Zhai，2006）。有文献认为，这种深度一体化会导致重大的外部性、生产收益和削弱 RTA 与多变贸易协定（multilateral trade agreements）之间的潜在冲突。[1] 在中亚地区，中亚国家也建立了许多一体化组织，而且这些组织的成员国都是传统的“自然”贸易伙伴（尽管各国目前的贸易往来并不“自然”），但中亚地区一体化的实际效果却远不如东亚地区那样显著。本章就针对制约中亚地区一体化的因素进行分析。

第一节　中亚各国经济发展阶段的限制

中亚国家试图发展的一体化，或者说目前最为成功的欧亚经济共同体，基本都是以欧盟模式为蓝本的。1993 年，纳扎尔巴耶夫在提出建立统一经济区的构想时就强调新建的经济同盟应该不同于苏联时期的经互会，而应成为类似于欧盟—主权、经济平等的国家同盟（卡·托卡耶夫，2001）。而俄罗斯在建立欧亚经济共同体过程中，也始终是以欧盟的经验和历程作为借鉴的，但其对欧盟的模仿更多的是技术性而非实质性的。这些国家在羡慕欧盟一体化取得成功并效仿其一体化的路径时，却忽略了自身与西欧国家在经济基础方面的差异。

---

[1] Burfi sher, M. E., S. Robinson, and K. Thierfelder. 2004. *Regionalism: Old and New, Theory and Practice*. MTID Discussion Paper No. 65, International Food Policy Research Institute, Washington, DC.

一、各国经济发展水平难以推动现有的一体化

中亚国家推进区域经济一体化已比西欧国家在最初建立欧洲经济共同体时晚了半个世纪，但从经济基础来看，中亚国家，包括独联体国家在工业化程度、市场经济成熟程度、基础设施、政府治理能力等一系列与一体化紧密相关的领域并未达到20世纪50年代建立欧洲经济共同体时西欧国家的水平。

（一）工业化程度低

自18世纪开始，区域一体化的产生都与相应的政治动机密不可分，但成功的区域经济一体化的共同点则在于，都是以一体化创造的经济利益为基础，由于农业的非规模经济的特点，因此工业化的发展就成为推动一体化前行的推动力。如，1960年，欧洲经济共同体工业产值占经合组织成员国工业产值的41.3%，高于美国的39.5%和日本的6.8%，由此可见，当时欧洲经济共同体的工业化程度处于世界领先水平，这为欧洲经济共同体后来成功奠定了良好的经济基础。发达的工业化奠定了欧洲经济共同体各国间的贸易往来的基础，当欧洲经济共同体成立时，德国的出口值占其国内生产总值的1/6，而荷兰、比利时、卢森堡三国则占到了1/3左右，六国相互出口平均占六国出口总值的30%，荷兰、卢森堡、比利时则高达50%左右（杨逢珉，2008）。

由表3.9可知，1990~2010年，中亚五国中哈萨克斯坦和乌兹别克斯坦的工业产值占GDP的比例分别上升了8.9%和1.8%，而吉尔吉斯斯坦、塔吉克斯坦和土库曼斯坦的工业产值占GDP比例均有大幅下降，降幅最大的塔吉克斯坦为17.1%。由于工业产值中包含了采矿业，而中亚国家的采矿业多是依赖外国资本在国内开发能源和各类矿产品，然后将矿产品出口，并没有在各国形成产业链。因此，采矿业对各国解决就业及增加附加值的贡献极小，如吉尔吉斯斯坦的库姆托尔金矿占其工业产值的40%。真正能够代表一国经济发展水平和实力的工业部门为制造业，而哈萨克斯坦的制造业产值占GDP的比例则从1990年的21%下降为2010年的11.8%，降幅接近一半。乌兹别克斯坦则由22.4%增加为23.5%，增加了1.1%。正是因为中亚国家工业化程度低下，各国既难以像欧洲经济共同体国家那样通过发达的制造业形成产业间和产业内的分工为一体化创造条件，同时也无法利用因区域一体化而形成的大市场来获取制造业的规模效应。

直到20世纪90年代，东亚地区国家几乎没有建立区域经济一体化组织，但现在东亚地区已成为区域经济一体化最为活跃的地区之一。当东亚地区内不断有国家签订区域贸易协定时，该区域内的其他国家由于担心本国被排除在主要市场之外，因此各国纷纷或者与主要贸易伙伴签订双边贸易协议，或者加入已成立的区域贸易协定，这种多米诺效应引发的结果就是，东亚地区形成了典型的意大利面

碗现象。[1] 但是，东亚地区内部的贸易并没有因为各国间复杂的、相互交织的各种区域贸易协定而受到制约，反而是各国间贸易流量大幅增加，东亚也成为世界三大经济中心之一。东亚地区间贸易迅速发展的重要原因之一就是，由于规模效应、产品附加值高以及运输、通讯成本的降低，各国间形成了亚洲制造业矩阵（asian manufacturing matrix），日本提供高科技的零部件，中国和东盟国家完成劳动密集型的生产装配过程，并将最终产品销售到欧美国家或返销日本，形成了三角贸易（triangle trade）模式。而且，为了进一步吸引投资，东盟各国竞相单方面削减关税，引发了底线竞争（race to the bottom）效应，各国给予了签订贸易协定的成员国比 WTO 体系下的 MFN 更为优惠的待遇，这就在不违背 WTO 的规则情况下进一步促进了区域间的产业内、产品内贸易发展。[2] 当然，东亚各国签订的区域贸易协定之所以成为促进彼此贸易发展的“催化剂”，与其已形成的基于市场化基础的制造业分工链条密不可分。

东亚地区发达的制造业成为各国推进区域一体化的动力，即使是在各国间竞相签订不同的区域贸易协定时，基于各自比较优势形成的各国的制造业也会不断进行调整以适应竞争，这就在区域内形成了既有竞争又有合作的紧密的分工体系。因此，东亚各国的区域一体化进程和各国制造业的发展形成了相互促进的良性互动机制。然而，在中亚地区，则恰恰相反。中亚各国的一体化是自上而下的，是通过各国政府不断签订的各种不同区域一体化协定来推动的，但由于中亚各国制造业落后，而且其传统的分工体系是以俄罗斯为中心形成的，中亚各国间缺乏产业间或产业内的分工，因此很少有企业与其他国家企业形成相互依赖分工联系。

正是由于中亚国家经济实力弱小，还处于半工业化阶段，仅依靠其自身是无力形成紧密的分工体系的。因此即使签订再多的政府间一体化协议，对于各国企业也并没有多少实际促进作用（而且有些协议还与市场的实际需求不符合），同样的例子在 20 世纪六七十年代拉丁美洲和非洲国家的一体化进程中并不鲜见。中亚地区一体化成效甚微的原因与以往南南型一体化失败的原因是极为类似的。

（二）经济政策失误

参与区域一体化的国家尽管有政治考虑，但获取经济利益是其成功的最为关键的因素。对于处于经济转型阶段的中亚国家来说，希望获得经济利益的动机无疑更为强烈。从中亚国家参与区域经济一体化的历程就可发现，每当面临外部冲击或困难

---

[1] Fan Zhai. *Preferential Trade agreements in Asia*: *Alternative Scenarios of* “*Hub and Spoke*”. ERD Working paper: 83. ADB. Manila, Philippines. OCTOBER. 2006. 10 – 12.

[2] Richard Baldwin. *Managing the Noodle Bowl*: *The Fragility of East Asian Regionalism*. Regional Economic Integration WP: 7. ADB. Geneva. 2007. 9 – 12.

时，中亚国家往往会通过需求一体化来抱团取暖，如1994年中亚合作组织的建立和2008年金融危机后欧亚经济共同体关税同盟的加速建立，就充分证明这一点。

对处于经济困难阶段的中亚国家来说，在一体化方面取得巨大成功的欧盟成为其效仿的对象。但中亚国家的模仿更多的是对欧盟一体化进程和阶段的模仿，而忽略了欧盟开展一体化的基础和一体化政策的实质。对于西欧国家来说，建立一体化固然是对本地区市场的保护性措施，但在参与一体化的成员国内部，则是通过将各国狭小的国内市场组合为地区性的大市场以及竞争的激化来实现规模效应和提升企业的竞争力。正是通过取消了各国原有的保护性的贸易和投资的壁垒，使得各国企业在一个更大的市场内面临更激烈的竞争，这就迫使各国企业提升自己的效率和竞争力，并使得一体化内部的资源配置更为高效，这也成为欧盟成功的基础。但是，中亚国家却忽略了欧盟成功的真正原因。

中亚国家中，土库曼斯坦除加入了经济合作组织和中亚经济特别规划外，从不参与区域经济一体化，故此部分不对其进行研究。哈萨克斯坦是经济最为发达，对外开放程度也较高的国家，而且一直致力于推动区域经济一体化，不论是中亚国家之间的还是与俄罗斯的，并且目前也是欧亚经济共同体关税同盟的成员国之一。在开展区域经济一体化方面，由于受苏联时期形成的经济分工格局、基础设施、对国际市场不熟悉和对市场经济竞争的担心等诸多因素影响，哈萨克斯坦主要着眼于如何利用现有的分工体系来缓解转型期的困难。因此，哈萨克斯坦对于一体化的态度仍未摆脱传统的南南型一体化的思维，即通过与周边国家的联合来应对国际市场的竞争。与此同时，哈萨克斯坦对能源和其他矿产品的过渡依赖又使得其经济患上了“荷兰病”，造成经济中的去工业化现象。而制造业的落后和采掘业的发展进一步强化了哈萨克斯坦与周边邻国贸易往来的减少和以“远方国家”为主要贸易伙伴的外贸格局，这对中亚地区的经济一体化造成了削弱而非促进作用。

作为中亚地区人口最多的国家，乌兹别克斯坦的经济实力仅次于哈萨克斯坦，但在经济结构均衡性、制造业实力等方面则领先于哈萨克斯坦。这一方面是源于在苏联时期乌兹别克斯坦就是中亚地区制造业最为发达的国家，另一方面是因为独立以后乌兹别克斯坦一直奉行由政府主导经济转型的政策，其对外开放的核心思想即为实施进口替代政策来优先发展制造业，以提高本国的工业化程度，该国的汽车工业的发展就是最典型的例子（如乌兹别克斯坦生产的汽车主要是SKD和CKD方式）[1]。乌兹别克斯坦严格控制日用消费品的进口，并实施外汇管制和不断

---

[1] CKD（completely knock down，全散装件）是以全散件形式进口整车，以较低的关税进口，利用当地劳动力组装成整车，并以较低零售价出售。SKD（Semi Knock Down，半散装件）是整车出口国的汽车公司把成品予以拆散，而以半成品或零部件的方式出口，再由进口厂商在所在国以自行装配方式完成整车成品并进行销售。

提高进口关税等一系列措施保证外汇和资金用于制成品进口，以保证机械设备和零部件的进口。但由于乌兹别克斯坦国内生产的日用品无法满足本国需求的现实，这些限制措施并没有真正减少从国外进口日用品，只是将这些进口从地上转为了地下，反而促进了地下经济的发展并使得政府流失了税收。希姆肯特和奥什两个巴扎的繁荣就与乌兹别克斯坦具有密切的关系。乌兹别克斯坦的情况只是20世纪60年代以来拉美和非洲实施进口替代政策国家的再现，而后者的经验已经充分证明进口替代政策既不能真正实现发展中国家的工业化，也不是在此基础上形成的区域经济一体化的坚实基础。

受首任总统阿卡耶夫的影响，吉尔吉斯斯坦独立后采取了激进的休克式疗法向市场经济转型，这也使得吉尔吉斯斯坦成为中亚地区第一个加入WTO的国家。对于区域经济一体化，吉尔吉斯斯坦也一直保持积极态度。这一方面是因为其开放的经济政策，另一方面也与吉尔吉斯斯坦经济的特点具有密切关系。作为山地小国的吉尔吉斯斯坦，自然资源远不如哈萨克斯坦、土库曼斯坦和乌兹别克斯坦丰富，其工业化程度更是落后于以上三国。吉尔吉斯斯坦能源匮乏，因此对俄罗斯和哈萨克斯坦的能源供应依存度很高；吉尔吉斯斯坦经济极为落后无法提供就业机会，又使得几十万人口前往俄罗斯和哈萨克斯坦打工，这就造成了吉尔吉斯斯坦对俄罗斯和哈萨克斯坦的依赖性。这种依赖性也使得吉尔吉斯斯坦在区域经济一体化方面的选择以俄罗斯和哈萨克斯坦为优先对象，每当俄、哈两国采取新的举措时，吉尔吉斯斯坦都会为首是瞻地加以跟随。近年来，得益于自由贸易的政策，吉尔吉斯斯坦发展成为中亚地区的转口贸易平台，使其从中既获取了利差，也缓解了国内的就业压力，并开始促进部分加工业的发展，如服装业。但俄白哈关税同盟的成立使吉尔吉斯斯坦处于两难之境，如加入关税同盟，吉尔吉斯斯坦将不得不提高关税，这会与WTO规则不符，并且对其转口贸易平台的地位形成极大的冲击；如不加入关税同盟，吉在俄罗斯、哈萨克斯坦打工移民无疑会受到影响，而且随着哈萨克斯坦收紧对吉尔吉斯斯坦的边境管理，其转口贸易平台同样会受到冲击。2012年，吉尔吉斯斯坦已提出了加入关税同盟的申请，但鉴于以往中亚国家在一体化方面的行为特点，吉尔吉斯斯坦何时会真正加入并采用关税同盟的共同对外关税，则仍需观察。

塔吉克斯坦的经济状况与吉尔吉斯斯坦极为类似，也在俄罗斯、哈萨克斯坦有几十万的打工移民，同时又因采取自由贸易政策而受益于转口贸易平台的地位，在区域经济一体化方面，塔、吉两国所面对的困难也是同样的。

中亚国家将区域一体化作为发展经济的手段，但忽略了这个手段能够发挥作用是以市场作为配置资源的基本手段、基于比较优势的分工格局等“软”条件为前提的。对于一体化认识的局限，制约了中亚一体化取得成功，而从中亚国家对一体化伙伴的选择中也明显可看出，其对一体化的理解是存在不足的。

（三）各国的对外贸易流向制约

就区域经济一体化的实质而言，就是成员通过采取对非成员的歧视性措施来促进成员间的贸易增长。但区域经济一体化是否能真正取得成功，核心不在于采取了何种对非成员的歧视性措施，而是成员间是否具备促进贸易往来的基础和潜力。如果一体化成员间并没有对彼此开展贸易的需求，即使提供再多的优惠性措施也是无济于事的。

从表 4. 2 可知，由于中亚国家的出口商品以能源、矿产品及其初级加工品、棉花为主，仅有乌兹别克斯坦和吉尔吉斯斯坦出口产品中有资本和技术密集型产品车辆及其零件、附件（HS87），分别占其出口额的 11. 8% 和 3. 3%（考虑到吉尔吉斯斯坦国内工业的落后，其出口的 HS87 类商品只能是转口贸易的产物）。而进口商品中，五国皆以工业制成品为主要进口商品。塔吉克斯坦、吉尔吉斯斯坦由于能源匮乏，进口了大量的矿物燃料；哈萨克斯坦和乌兹别克斯坦则是由于国内能源资源分布不均、能源输送管道布局以及运输成本等因素，也从国外进口了部分矿物燃料。总体而言，中亚五国在进出口贸易商品结构方面都呈现出竞争性而非互补性的特点。尽管欧盟国家的进出口商品结构也存在很高的同构性，但与中亚国家的不同点在于，欧盟成员国的进出口商品皆以工业制成品为主，而工业制成品的产业链可不断延伸、规模经济等特点则使得欧盟成员国通过形成产业内，甚至产品内贸易来不断强化彼此间的贸易往来和产业依赖性，这就为其深化一体化提供了良好的经济基础。中亚各国的进出口商品结构也就决定了各国的主要贸易伙伴以中亚地区以外的国家为主，这也成为阻碍中亚区域经济一体化取得真正成效的一个关键因素。

中亚国家间经济发展的差距也进一步加剧了各国作为彼此贸易伙伴地位的下降，按照世界银行 2008 年对各国经济发展水平的分类，哈萨克斯坦已非常接近高收入国家的标准，土库曼斯坦为中等偏上收入国家，乌兹别克斯坦和吉尔吉斯斯坦属于中等偏下收入国家，而塔吉克斯坦则属于低收入国家（参见表 3. 2）。林德（Linder，1961）指出，当两国的收入水平越接近，两国的消费偏好就越相似，因此两国间的贸易往来也就会更加紧密。随着哈萨克斯坦和土库曼斯坦，尤其是哈萨克斯坦，与其他三国收入差距的持续拉大，哈、土两国与乌、吉、塔三国间适合对方需求的商品则在不断减少。

不过，在研究中亚各国间贸易往来的水平时，不可忽略的一个方面就是边境贸易和巴扎贸易，因为通过这两类贸易方式进行贸易在中亚国家的海关统计中被低估（详见第四章）。格雷夫（Clemens Grafe，2005）指出，对中亚国家的贸易研究未用引力模型，因为其采用的官方数据未将大量的边境贸易纳入，并且官方数据中大量的石油、天然气贸易过高会影响到对消费品、制造业产品贸易数据非一体化的程度。当然，非贸易品存在对一价定理的偏离会影响准确性，尽管已采取措施弱化这一影响，但这一缺点应引起注意。研究结果表明，哈萨克斯坦内部的商品价格差异常会大于与吉尔吉斯斯坦、塔吉克斯坦和乌兹别克斯坦的价格差异。而不同地区间30% ~50%的价格差异也说明，不论在一国内部还是跨越边界，贸易障碍还是很大。这说明中亚国家的贸易一体化还是很高的。

因此，在中亚区域经济一体化中就出现了一种有趣的现象：从中亚各国的标准外贸（又被称为正式贸易）的贸易流向、贸易结构和贸易伙伴来看，中亚各国的贸易往来在独立后不断减少，成为制约区域一体化的因素；而以边境贸易和巴扎贸易（又被称为非正式贸易）来看，各国间的贸易联系还是比较紧密的，贸易成为促进区域一体化的积极因素。

表 6.1 中亚国家贸易往来

		哈萨克斯坦	吉尔吉斯斯坦	土库曼斯坦	塔吉克斯坦	乌兹别克斯坦
哈萨克斯坦	出口	—	0.70%	0.05%	0.41%	1.01%
	进口	—	0.59%	0.56%	0.12%	1.35%
吉尔吉斯斯坦	出口	20.48%	—	0.26%	3.01%	3.51%
	进口	11.63%	—	0.11%	0.16%	3.78%
塔吉克斯坦	出口	1.99%	0.80%	0.01%	—	4.82%
	进口	10.84%	1.63%	3.50%	—	10.22%

资料来源：CIS Statistical Committee，2007.

注：本表数据是根据各国海关统计的贸易数据计算而得，未考虑非正式贸易数据。

（四）相互投资分析

除贸易以外，成员国间相互投资的增长也是各国希望通过区域经济一体化来实现的目标。但由于跨国投资涉及的环节较多，企业跨国投资不仅要考虑自身资金、技术、管理等多方面的因素，还涉及东道国投资环境等一系列因素，因此其难度远大于相互间贸易。

中亚国家间相互投资很少，一方面是由于各国对于FDI的统计不完善，但更重要的原因是中亚各国现有经济实力使其无力对外投资。根据邓宁（Dunning，1981）提出的投资发展周期理论，一国对外的FDI投资与该国经济发展水平密切相关，呈现出阶段性特征。在人均GDP低于400美元时，该国处于只有少量资金的流入而没有资金流出的FDI净流入国阶段，其净对外投资为零或负数。在人均GDP处于400 ~2000美元时，一国资金的流入加速、流出缓慢，净对外投资额为负数，处于 FDI 净流入国地位。当人均 GDP 处于 2000 ~ 5000 美元之间时，FDI 流入增长率开始下降，而流出速度加快，两者的差距在逐渐缩小，净对外直接投资额仍为负数，总体上仍属于 FDI 流入大于流出净资本输入国。当人均 GDP 超过 5000 美元时，资金的流出超过流入，净对外直接投资额大于零且不断扩大，使该国成为 FDI 净投资国。如不考虑其他因素，根据表 3.2 的数据，哈萨克斯坦对外会有大量投资，而土库曼斯坦、乌兹别克斯坦和吉尔吉斯斯坦吸引的外来投资也会有较大增加。但实际上，由于哈、土、乌等国经济对能源和原材料依赖过重，哈萨克斯坦对吉尔吉斯斯坦等国的投资并不多，而土、乌、吉等国更无力开展对外投资。

帕特瑞（P. Patrie）将国际直接投资分为市场导向型、生产导向型和贸易促进型投资三类。[1] 中亚国家获得的国际直接投资主要集中于能源、矿业开采领域，属于生产导向型投资。而中亚地区由于远离国际市场、工业化水平低下，也难以获得贸易促进型的投资。进入中亚地区最为典型的市场导向型投资就是通用公司在乌兹别克斯坦的投资了，市场导向型投资极少进入中亚也从另一个方面说明以往中亚区域经济一体化的不成功。因为市场导向型投资多是为了绕过东道国严厉的贸易壁垒，尽管中亚国家建立过多个不同的区域经济一体化组织，但由于这些组织仅限于书面协定并没有在建立区域性市场方面取得进展，因此难以获得此种类型的投资。

2007 年 1 ~ 9 月，吉尔吉斯斯坦、乌兹别克斯坦和塔吉克斯坦分别为哈萨克斯坦对外投资排名的第 13 位、第 20 位和第 21 位，获得的投资分别为 4.81 亿、1.99 亿和 1.88 亿美元，其中 FDI 分别为 2.4 亿、1.09 亿和 0.24 亿美元。而同期吉尔吉斯斯坦和乌兹别克斯坦流入哈萨克斯坦的 FDI 分别占哈吸引的 FDI 的 0.004% 和 0.008%（Libman，2009）。

二、中亚国家未形成成熟的市场经济体系和观念

（一）市场经济制度未形成

欧盟和北美自由贸易区成功的基础是其一体化是以企业在开放、由法律调控的市场经济的环境下开展贸易和投资活动，面对国际市场的竞争压力时不断提升自身的竞争力，政府则在提供公共产品和合理的制度方面发挥作用。虽然墨西哥在这些方面的表现不如美国、加拿大，但一体化也促使了墨西哥学习和移植成熟的市场经济制度，从而加快本国市场经济体系的发展和完善，这也是墨西哥成为

[1] 赵春明. 国际贸易学[M]. 北京：石油工业出版社，2005：212.

新兴市场国家的明星的一个重要原因。而中亚国家间的一体化，恰恰不具备这个条件。同样都是正在向市场经济转型的国家，并且都远离国际市场，对于市场经济的运行都极为陌生，这都成为限制中亚国家间发展市场驱动的一体化的重要因素。

表 6.2　中亚各国商业环境

	哈萨克斯坦	吉尔吉斯斯坦	塔吉克斯坦	乌兹别克斯坦
开办企业	25*	15	77	90*
获得建筑许可	155	67	180	152
取得电力	80	177	181*	167
产权注册	28	11	82	138
取得贷款	83*	12	180	154*
投资者保护	10	13	25*	139
纳税	17	168	175	161
跨境贸易	182	174	184	185*
强制履行合同	28	47	43	46
破产解决	55*	155	79	73*

资料来源：Doing Business 2013 [OL].[2013－03－15]. http://www.doingbussiness.org/.

注：*表明该项指标改善，该项统计无土库曼斯坦资料。

根据世界银行的《商业环境报告2013》，哈萨克斯坦、吉尔吉斯斯坦、塔吉克斯坦、乌兹别克斯坦的商业环境在全球排名分别为49、70、141、154。哈萨克斯坦和吉尔吉斯斯坦排名靠前是由于两国在中亚地区中一直执行开放的政策，其国内市场经济体系的发育远好于其他三国。但即使是经商环境最好的哈萨克斯坦和吉尔吉斯斯坦，其部分指标在全球排名中处于倒数，说明其经营环境仍急需改善。而四国的一项共同点在于跨境贸易指标都很差，表明在推进区域经济一体化的最基本的贸易领域，中亚各国所取得的进展是极为有限的，这也解释了为何中亚各国在建立了众多区域经济一体化组织后，其真正的一体化水平并没有提升、各国也未能真正从一体化中受益。在苏联时期的计划经济模式下，是无法培育出以市场经济为基础的一体化，中亚一体化应该是市场经济制度形成及融入国际市场的结合。中亚国家一直效仿欧盟式的一体化是以成熟的市场经济体系和高度的工业化水平为其经济基础的。

尽管学术界对区域经济一体化是世界多边自由贸易体系的绊脚石还是垫脚石一直存在争议，但对于区域经济一体化应在市场经济基础上形成和运行则是没有异议的。从以往成功的区域经济一体化例子来看，或者如欧盟，成员国是在本身已建立的成熟的市场经济制度上推进一体化；或者如北美自由贸易区，墨西哥从美国移植市场经济制度促进本国市场经济体系的完善，从而成为新兴市场经济国家的代表。而中亚地区各国从苏联继承的是计划经济的思维、调控手段和管理国家经济的制度，尽管其推进区域经济一体化的目标是应对原有经济制度和分工体系瓦解的困难，但同为转型国家的他们之间的合作很难形成彼此间市场经济制度的良性互动，这自然也就限制了市场驱动型的区域经济一体化的发展。

哈萨克斯坦和吉尔吉斯斯坦之所以能成为中亚地区经营环境最好的国家，得益于两国一直将对外开放作为发展本国经济的重要政策。2006 年，哈萨克斯坦、吉尔吉斯斯坦、塔吉克斯坦、乌兹别克斯坦的经营环境全球排名分别为 86、84、133（2007）、138，与 2013 年排名相比，中亚国家的市场经济体系的发展呈现了分化的趋势，这也就不难理解为何中亚的区域经济一体化始终难有实质性进展。

中亚国家必须认识到，无论一体化或入世对于中亚国家来说，其根本作用是移植市场经济制度，这是长远的战略性问题。俄罗斯加入世贸组织的首席谈判代表、经济发展和贸易部副部长梅德维科夫就曾指出：世贸组织的贸易规则是比俄罗斯目前的贸易制度更为先进的一种制度，这就是透明度、可预见性。俄罗斯加入世贸组织的最大益处就是建立这样一种制度（李纲，2004）。如果不能将对区域经济一体化的认识从“抱团取暖”以应对危机的层面提高到引入成熟市场经济体系的高度，中亚的区域经济一体化将不会有根本性的改变，其经济发展也不会实现各国期盼的目标。

由于中亚各国仍处于市场经济转型期，其国内不但缺乏相应的要素市场和市场体系，而且法制环境也很不完善，这些都无益于中亚国家区域市场的形成。斯诺茨娜（2012）就指出，中亚国家多次出现过俄罗斯企业被排挤出其启动的项目、通过投标的方式赢得项目被取消、当地企业通过政府施加压力迫使俄罗斯企业退出经营等情况，而俄罗斯企业却无法通过司法途径获得应有的救济。在中亚拥有最大影响力并且熟悉其环境、文化的俄罗斯大公司尚且遇到此类困难，那么其他国家，包括中亚国家的公司，试图在中亚开展业务的困难就可想而知。如果中亚地区国家的企业或外来企业发现其无法在该地区顺利开展经营并在发生纠纷时无法得到适当的法律救济，那么中亚的区域经济一体化是不可能实现的，因为企业的顺利经营是区域性市场形成的基本动力。

（二）缺乏市场经济意识

自独立以来，中亚国家一直对开展区域经济一体化抱有很高的热情（土库曼斯坦除外），与区外国家或彼此间成立了不同的一体化组织，希望获得外来投资和发展对外贸易，以带动本国经济发展。但问题在于，长期计划经济体制下形成的意识和习惯使得中亚地区缺乏合作和共赢的观念，这一点不仅表现在普通民众的观念中，中亚各国的政府在决策时也往往存在这个问题。由此引发的问题就是，当外国投资者提出相关的项目时，中亚民众会因外来投资者将从中获益而产生反感，而不考虑如没有外来投资，其资源只能是被闲置而不会产生任何效益。此外，当外国公司在中亚各国的经营走上正轨，开始产生利润时，当地民众往往将外国企业视为对本地资源的掠夺者，提出收回相关的企业、资源，或者要求修改业已达成的合同，而不顾外国企业启动项目时的前期投入的现实。

库姆托尔金矿公司（Kumtor Gold Company）由吉尔吉斯斯坦政府与加拿大卡麦科公司（Cameco Corp）合资，双方分别占70%和30%股份，是世界十大金矿之一。双方于1992年签署合资协议，1997年开始工业开采，由库姆托尔公司负责矿山的经营管理。1998年，发生了运送氰化钠前往库姆托尔金矿的汽车翻车掉入巴尔斯卡乌河并污染了伊塞克湖的事故，引发了吉国内民众的强烈不满。2004年，企业改组后，森特拉黄金公司（Centerra Gold）成为库姆托尔公司的股东，而改组后吉尔吉斯斯坦政府仅占库姆托尔公司15.6%的股份。自这时起，吉尔吉斯斯坦的政府官员一直在采取措施逐步提高国家在库姆托尔金矿中所占的份额。2005年"郁金香革命"发生后，库尔曼别克·巴基耶夫的新领导班子对"库姆托尔"项目的工作规程进行修订，向森特拉公司驻比什凯克的办公室派出了6名监察员并威胁吊销其黄金开采的许可证。根据2009年4月签订的新协议，吉尔吉斯斯坦获得了库姆托尔金矿33%的股份。在这份新协议的框架下，森特拉公司也同意支付约2240万美元作为税收欠款，卡麦科公司同意退出在森特拉公司所持有的股份，并将其2530万美元的股份转让给吉尔吉斯斯坦"Кыргызалтын"股份公司，保留8860万美元的股份用于有价证券的公开发售。[1] 从目前公开的信息来看，不排除由于吉政府官员的腐败而导致吉尔吉斯斯坦利益在库姆托尔金矿中受损，这也更激化了吉国内对加拿大公司的不满，2011年伊塞克湖州的居民采取了一系列抗议行动并封锁了通往矿山的道路。

2013年1月，吉经济部长兼"库姆托尔"金矿检查委员会主席萨利耶夫表示，库姆托尔金矿是吉尔吉斯斯坦独立以来最大规模也是最为重要的项目，22年间已经成立过17个国家级委员会来检查该金矿的运营情况，最新的一届委员会便是由其领衔，共25名成员组成。萨利耶夫指出，根据该委员会意见，吉政府应当撤销2009年与库姆托尔金矿公司签署的协议，从而保证缴税政策对所有企业一律平等，因为根据该协议，库姆托尔金矿公司享受了"过多的优惠政策"，其本应向吉政府支付130亿索姆的税款，却仅仅支付了80亿索姆。而且，1997～2011年的14年

---

[1] 中亚研究网．吉尔吉斯斯坦拟对库姆托尔金矿进行整顿［OL］.［2011－12－03］. http://euroasia.cass.cn/news/391443.htm.

间，该金矿开采黄金价值达 48.6 亿美元，该公司盈利 12.1 亿美元，但国家财政仅收入 5 亿美元；2011 年，该公司收入 4.6 亿美元，但针对其采矿造成的生态环境破坏却仅仅支付 31 万美元的罚款，这些都是“没有道理的”。萨利耶夫还强调，到 2015 年，库姆托尔金矿公司总经理应当由吉尔吉斯人担任。❶

吉尔吉斯斯坦反腐败委员会秘书长努里芭·穆坎诺娃称，吉尔吉斯斯坦国内大多数使用国外投资的大型公司也面临着和森特拉公司一样的困难。穆坎诺娃说：“这只是势力范围的重新分配而已。在吉尔吉斯斯坦国内，能上交税收并履行自己的义务的赢利公司不多，只要有点权的人就想从中分一杯羹。”包括“祖国党”议员拉夫尚·热延别科夫在内的一些官员称，库姆托尔金矿的状况损害了政府为稳定经济形势所做出的努力。吉尔吉斯斯坦的专家认为，即便比什凯克获得了库姆托尔金矿的全部控制权，吉尔吉斯斯坦也没有开采这座高山金矿的技术经验和设备。热延别科夫说：“我们都清楚，没有投资，我们就无法生存。”❷

库姆托尔公司的处境无疑具有极为典型的意义，由于中亚国家正处于经济转型阶段，没有市场经济运作的经验，也缺乏相应的人才，加之政局不稳和官员的腐败，很多时候在与外国投资者签订协议时会造成国家利益受损的情况。毫无疑问，外国公司前往中亚国家投资时，其目的就是获取利润，对于在合作中外方获取利益过大的问题，中亚国家政府应理性地对待，并通过协商的方式来改变自身利益受损的问题。但如果中亚国家政府由于政府更迭就随意撤销与外国公司的合同，或利用民众的不满情绪来满足官员的个人利益，这会使得外国投资者远离投资环境本来就不佳的中亚，其最终的受害者只能是中亚国家和其国民。

三、基础设施的落后

苏联解体后留给中亚国家一份独特的遗产：计划经济体系下建成的基础设施领域（如交通、电力、通信）内的统一布局。这些基础设施的布局是以俄罗斯为中心、按照不同地区来构建的，并没有考虑苏联各个加盟共和国的行政区划问题。这份遗产对于中亚区域经济一体化来说成为一把双刃剑：如果各国能够利用已有的一体化的基础设施开展合作，则会将各国经济紧密联系在一起；如果各国不能利用已有的基础设施，则各国间就会因这些基础设施都存在大量跨境问题而产生极高的费用，成为各国经济沉重的负担。

---

❶ 中国驻吉尔吉斯斯坦经济商务参赞处．吉经济部长就“库姆托尔”金矿前景作表态［OL］．［2013－01－26］．http：//kg. mofcom. gov. cn/article/jmxw/201301/20130100012463. shtml.

❷ 中亚研究网．吉尔吉斯斯坦拟对库姆托尔金矿进行整顿［OL］．［2011－12－03］．http：//euroasia. cass. cn/news/391443. htm.

（一）交通

由于地理条件的制约，铁路和管道运输是中亚国家最重要的运输方式（由于管道运输只用于运输石油和天然气，本节对此不进行详细分析）。受苏联时期统一计划调控的影响，独立初期中亚地区的铁路主要是南北走向，即以俄罗斯为中心构建的铁路网（实际上苏联时期绝大部分的资源分配模式都是以俄罗斯为中心），哈萨克斯坦也就成为中亚其他四国与俄罗斯交通运输的枢纽。乌兹别克斯坦因居于中亚的中心，故在构建中亚一体化的交通网络中地位极为重要，而且乌兹别克斯坦也一直希望能将本国建成通往其他国家的交通要道，但由于乌兹别克斯坦与邻国关系的不稳定，这个想法一直未能实现。

中亚铁路网的一个特点就是，铁路网不是根据各国的领土范围来建立的，因此各国内部往往没有形成完整的铁路网（吉尔吉斯斯坦和塔吉克斯坦最为典型），如果中亚各国愿意在此基础上展开合作，这对于中亚区域经济一体化会形成良好的促进作用。但现实情况却是各国往往以邻为壑，对他国过境本国领土的运输收取高额费用，甚至动辄关闭边境，这就造成了中亚各国目前在交通领域的建设重点不是促进中亚地区范围内的交通一体化，而是竞相建设本国内部的交通运输网和原本使用他国运输设施的备选线路。这使得原本就面临资金短缺的中亚国家更无力投资有利于区域一体化的交通基础设施，

在中亚地区西部一条连接哈萨克斯坦—土库曼斯坦—伊朗的铁路即将完工，该铁路自哈萨克斯坦的乌津（Uzen）经土库曼斯坦的戈兹勒卡亚（Gyzylgaya）至终点伊朗的格尔干（Gorgan），全长677公里。其中，哈萨克斯坦境内137公里，土库曼斯坦境内470公里，伊朗境内70公里，铁路建成后，哈萨克斯坦和土库曼斯坦这两个内陆国家的货物可通过伊朗境内直达波斯湾。如果仅从利用中亚地区现有铁路网的角度来看，哈萨克斯坦完全可以利用现有铁路通过乌兹别克斯坦铁路和土库曼斯坦并与伊朗铁路相连接，即希姆肯特—塔什干—布哈拉—土库曼纳巴德—马什哈德一线。因此，有人认为乌津—戈兹勒卡亚—格尔干线路的修建就是为了绕过乌兹别克斯坦。

目前，塔吉克斯坦和吉尔吉斯斯坦正在联合修建一条得到亚洲开发银行贷款援助的公路，即萨雷塔什（Sarytash）—卡拉梅克（Karamyk）—吉尔加塔尔（Zhergetal），塔吉克斯坦则负责境内吉尔加塔尔—杜尚别—下喷赤一线的整修，这就形成了中国—吉尔吉斯斯坦—塔吉克斯坦—阿富汗之间的运输通道。而促成吉尔吉斯斯坦和塔吉克斯坦联合建造这条中亚地区少见的、通过双边合作打造的通道项目的动力居然就是修建一条绕开乌兹别克斯坦的替代运输路线。而在20世纪90年代，吉尔吉斯斯坦政府修建了一条从奥什至贾拉拉巴德的公路，就是为了不过境乌兹别克斯坦，即使是新修建的公路要穿过崎岖的地形和比过境乌兹别克斯

坦远 100 多公里。[1]

目前，在中亚地区进展顺利的交通项目或者是参与国想建立原来过境第三国的替代路线，或者是仅通过本国境内的项目。如哈萨克斯坦希望成为连通欧亚国家的桥梁，因此哈萨克斯坦对于建立连接中国—西欧的交通项目的态度极为积极。因为这不仅会给哈萨克斯坦带来大量的过境收入，而且会进一步强化于哈萨克斯坦作为中亚地区连同外界的交通枢纽地位，使得哈萨克斯坦在发展对外经济往来中处于更为有利的地位。

根据以上分析，我们就可以理解，为何中亚国家多年来大力倡导发展交通运输基础设施、签订大量的双边和多边国际协定和公约的效果并不明显的原因了，因为决定这些协定是否能得以实施的根本因素是这些国家对本国利益考虑和其他因素的影响。

（二）电力

中亚各国中，哈萨克斯坦、乌兹别克斯坦和土库曼斯坦由于国内拥有丰富的能源，因此其电力供应比较稳定，而塔吉克斯坦和吉尔吉斯斯坦主要依赖水电资源，而水力发电的季节性问题使得吉、塔两国不得不在冬季时进口电力。对于各国电力供应和需求存在的缺口，中亚各国完全可以通过建立统一的电力网络来在各国间调配余缺，因为就整个地区而言，中亚并不存在因能源匮乏而造成的电力短缺问题，但实际上却并非如此。

2006 年以来，哈萨克斯坦和塔吉克斯坦成为电力净进口国，而吉尔吉斯斯坦则是电力净出口国。哈萨克斯坦是因为国内经济的增长加之电力供应的不均衡，成为电力净进口国。由表 6.3 可知，哈萨克斯坦从 2004 年以来电力出口不断减少，而且其最主要的电力进口国就是俄罗斯，这也与哈萨克斯坦与俄罗斯是统一的电网有着密切关系。吉尔吉斯斯坦电力出口也持续减少，而且其主要出口对象就是哈萨克斯坦，2004 年依赖其对塔吉克斯坦的出口急剧下降。

表 6.3　中亚国家电力出口　　单位：百万千瓦

年份	出口国	出口总量	进口国家及进口量				
			哈	吉	塔	乌	俄罗斯
2004	哈	7403	—	0	0	0	7403
	吉	3382	1258	—	323	0.1	1800
	塔	4451	0	54	—	4369	0

[1] Kulipanova, Elena. *International Transport in Central Asia: Understanding the Patterns of (Non -) Cooperation.* UCA WPS No: 2. 2012. 24 - 27.

续表

年份	出口国	出口总量	进口国家及进口量				
			哈	吉	塔	乌	俄罗斯
2005	哈	3978	—	0	0	0	3978
	吉	2685	1531	—	217	0	936
	塔	4258	68	4	—	4147	0
2006	哈	3286	—	0	0	0	3286
	吉	2509	2086	—	422	0	0
	塔	4231	0	0	—	4183	0
2007	哈	3528	—	0	0	0	3528
	吉	2388	1217	—	301	868	0
	塔	4259	0	0	—	4208	0
2008	哈	2234. 7	—	0	21. 1		2213. 6
	吉	578. 9	555. 3	—	23. 6	#	0
	塔	4346. 1	21. 1	0	—	4279. 1	0
2009	哈	2245. 8	—	0	88. 4		2157. 4
	吉	1033. 8	968. 5	—	7. 7	#	0
	塔	4227. 3	219. 2	0	—	3933. 8	0
2010	哈	1538	—	0	0		1538
	吉	1635. 4	1634. 6	—	0	#	0
	塔	179. 8	0	0	—	0	0
2011	哈	704. 7	—	#	#	#	#
	吉	#	2125		#	#	0
	塔	136. 6	#	#		#	#

资料来源：Vinokurov，Evgeny. The CIS Common Electric Power Market. EDB Report. 2008. 8；Absametova，Aigul. Integration Processes in the Electric Power Sectors of the EDB Member States. Eurasian Integration Yearbook 2012：189－195.

注：#为数据不可得；哈、吉两国 2011 年数据为 1～9 月数据，塔吉克斯坦为 1～10 月数据；乌兹别克斯坦和土库曼斯坦的数据未能获得。

2009 年之前，塔吉克斯坦出口的电力几乎完全被乌兹别克斯坦进口，但 2010 年乌兹别克斯坦从塔吉克斯坦进口的电力为 0，而塔吉克斯坦也仅仅出口了 179. 8 百万千瓦的电力，其出口市场也转向了阿富汗。塔吉克斯坦电力出口出现巨变的原因在于，2009 年 12 月，乌兹别克斯坦退出了中亚统一电力系统。

在乌兹别克斯坦之前，土库曼斯坦于 2003 年 6 月第一个退出中亚统一电力系统，而哈萨克斯坦也表示，当其电力系统安全受到威胁时也将退出中亚统一电力系统。

从一定意义上来说，中亚交通和电力领域的现状也正是中亚区域经济一体化没有取得实质性成果的原因。中亚地区不缺乏经济合作的基础和现实的需要，各国也达成了大量的促进一体化的协议，但与此同时，各国却因为各种因素实际上在使一体化变得遥不可及。这也正是利伯曼（2011）所指出的：在过去十年里，中亚国家发展经济一体化优势在逐步丧失，这与各国间资源分配矛盾、政治进程不一和保护主义政策都有着密切的关系。而且虽然吉尔吉斯斯坦和塔吉克斯坦对哈萨克斯坦在教育和移民等方面依赖性很强，但由于这些国家经济规模过小，哈萨克斯坦对中亚以外的国家市场的依赖性更大，这对于中亚一体化形成了很大的障碍。

第二节　中亚各国间矛盾制约一体化

虽然成功的区域经济一体化是以各成员国经济合作的成功和深入为基础的，但政治因素的影响也始终制约着一体化的开展。正如前文所分析的，在合作即可实现各国共同获利的交通和电力项目中，各国依然采取了不合作的态度，这就需要从经济领域之外探寻各国决策的原因。

一、各国对一体化的期望不同

中亚区域经济一体化的一个显著特点是，每当各国处于经济危机或其他困难时期，一体化会受到更多的重视，各国希望通过“抱团取暖”的方式共同应对危机。[1] 这个特点也就决定了各国对待一体化的态度往往是应急性、实用性的，而一旦情况好转，一体化的进程也就停滞了。也就形成了目前中亚国家签署了众多的一体化协定、加入了不同的一体化组织，而在推动一体化实质性发展方面则乏善可陈。

中亚地区一体化的另一个特点在于，各国对待一体化的积极性并不相同，哈萨克斯坦、吉尔吉斯斯坦和塔吉克斯坦对于一体化的态度较为积极，而土库曼斯坦和乌兹别克斯坦则比较消极。

---

[1] Vinokurov E. ed. (2010a) *The EDB System of Indicators of Eurasian Integration*. Almaty: Eurasian Development Bank. Vinokurov E. (2010b) *The Evolution of Kazakhstan's Position on Relations with Russia in* 1991—2010. MPRA Working Paper [R]. [2010-07-10]. http://mpra.ub.uni-muenchen.de/22187/1/MPRA_paper_22187.pdf.

自独立以来，由于本国经济实力在中亚各国中最强，哈萨克斯坦一直期望能够成为中亚地区一体化的主导者。虽然中亚各国间的一体化并不成功，哈萨克斯坦推动中亚地区的区域一体化的态度始终没有改变，尽管在此过程中其倡导的一体化的程度、形式有所变化，这与其总统纳扎尔巴耶夫的大力推动密不可分。1994年3月29日，纳扎尔巴耶夫第一次正式访问俄罗斯时，就在莫斯科大学提出建立一个新的独联体成员国组成的联盟——欧亚同盟，这也成为今天的欧亚经济共同体最初的发轫。尽管当时纳扎尔巴耶夫的建议并未得到各国认同，但其多年来一贯的态度，最终赢得俄罗斯总统梅德韦杰夫和白俄罗斯总统卢卡申科在俄白哈关税同盟成立时公开向其表示敬意。哈萨克斯坦着力推动一体化的原因在于，其认识到由于历史、地缘政治、经济联系、能源运输等因素，俄罗斯是中亚国家经济发展的优先选择对象，中亚国家经济对俄罗斯的依赖性在短时期内不会改变。

吉尔吉斯斯坦和塔吉克斯坦由于本国经济对俄罗斯和哈萨克斯坦的依赖度很高，所以一直对中亚区域经济一体化持积极态度，参加了所有的区域一体化组织。但对于是否应加入俄白哈关税同盟的问题，吉已意识到本国转口贸易平台地位与关税同盟相矛盾的要求使其处于两难之境，在短期内，吉难以做出完全加入关税同盟的决定。

乌兹别克斯坦对于区域经济一体化始终处于多变的状态，一方面其加入了多个不同的一体化组织，另一方面则是动辄退出（如欧亚经济共同体的资格问题）。如2005年7月乌兹别克斯坦要求美国撤出汉纳巴德基地，2005年10月中亚合作组织与欧亚经济共同体合并，这表明尽管中亚国家希望通过一体化来带动地区经济增长，但实用主义的态度却总是发挥着关键性的作用。

各国对外开放的态度在一定程度上也成为判断一国对于区域经济一体化态度的指标，如吉尔吉斯斯坦1998年加入了世界贸易组织；塔吉克斯坦2000年提出入世申请，2012年12月签署了加入世贸组织的协议；哈萨克斯坦1996年提出入世申请，期望尽快完成入世谈判，成为中亚地区第三个世贸组织成员国。乌兹别克斯坦虽然于1994年就提出了加入关贸总协定的申请，并在1995年世贸组织成立后开始了入世备忘录的准备工作，但此后由于其经济改革步伐过于谨慎、贸易政策出现倒退情况、在金融改革和汇率并轨问题上多次违反对国际金融机构的承诺，故乌兹别克斯坦的入世在一段时间内不会取得进展。土库曼斯坦总统古尔班古雷·别尔德穆哈梅多夫在2013年1月18日召开的政府工作会议上宣布，土库曼斯坦将开始就加入这一组织的问题与世界贸易组织进行谈判。[1]

[1] 土库曼斯坦将启动“入世”谈判［OL］.［2013－04－05］. http：//www. shandongbusiness. gov. cn/index/content/sid/246882. html.

正是对加入世贸组织最为谨慎的土库曼斯坦，在参与区域经济一体化方面的态度同样并不积极，只加入了经济合作组织和中亚经济特别规划（这两个机制恰好也是众多的中亚一体化组织里成效最小的）。土库曼斯坦谨慎的原因在于，一方面出于对独联体合作机制的不信任，尼亚佐夫就曾明确指出，我们确信独联体的各种机制效率低下，简直就运转不起来。因此，土库曼斯坦将经济合作的重点主要放在了西南方向，如土耳其在土库曼斯坦投资超过20亿美元，伊朗成为土库曼斯坦最大的电力和石油出口国、第二大天然气出口国。另一方面与其他国家领导人之间的矛盾对土库曼斯坦参与中亚方向的区域经济一体化也产生了负面影响。❶

一国在入世和参与区域经济一体化方面的共性在于，如果签署国际条约就意味着该国做出了承诺并必须遵守，这时就可看出一国是否想建立政府权力受到限制的市场经济，是否愿意由市场而非政府来配置资源。

中亚国家希望通过一体化的方式来促进本国经济发展，但是中亚国家对于一体化应以市场经济为基础却存在不同的认识。世界各国发展区域一体化的经验表明，市场一体化的效应远好于协议一体化（Aminian，Fung and NG，2008）。❷ 小国发展区域一体化的目的之一就是，通过建立与大国的一体化来锁定本国的市场化体制，并增强本国在国际市场上的信誉，以利于经济的发展。但是，南南型一体化并不具备这一功能。就经济规模而言，俄罗斯属于世界经济大国，人均GDP也达到了中上等收入国家的水平，但是俄罗斯在市场经济体系的成熟程度、产业结构的完善程度以及经济发展动力等诸多方面还达不到发达市场经济国家的水平，因此中亚国家间以及中亚国家与俄罗斯的一体化还不能迅速促进各国市场经济的完善。然而，不是建立在市场经济基础上的一体化对于促进成员国经济增长的效应则是极为有限的。

二、各国多个领域存在未解决的纠纷

（一）领土纠纷❸

苏联时期，中亚各共和国的划界是通过政府行政方式在办公室里人为制造的，斯大林曾轻松地表示：资产阶级为了使波兰统一起来，需用许多次战争。而共产党人为了使图尔克明尼亚（土库曼斯坦）和乌兹别克斯坦重新统一起来，仅需要几个月功夫的说明就可以了（石岚，2008）。在苏联时期，这种在各共和国之间的

---

❶ 龚猎夫．积极中立，世代安宁——透视土库曼斯坦的中立政策［J］．国际问题研究，2008（3）．

❷ Nathalie Aminian，K. C. Fung，Francis Ng. *Integration of Markets vs Integration by Agreements*. World Bank Working Paper No. 4546. 2008.

❸ 本部分内容参考了中国社科院俄罗斯东欧中亚研究所张宁提供的相关资料，特此表示感谢。

随意划界和形成的飞地还不会成为严重问题，但当各国独立后，这些问题却成为各国间摩擦乃至争端的导火索。

中亚各国间曾普遍存在领土争端，如哈乌之间的巴盖斯、阿尔纳萨依，乌吉之间的沙希马尔丹和索赫飞地，吉塔之间的沃鲁赫飞地，乌塔之间的布哈拉州和撒马尔罕州主权归属，哈吉之间的塔拉斯州和伊塞克湖州等地区热点问题悬而未决。这些争端对各国间关系必然会产生影响，成为制约各国开展经济合作的障碍。独立20年后，中亚各国间的边界划界工作仍未完成。

哈萨克斯坦在划分与邻国的边界问题上，愿意在维护国家利益的前提下做出妥协，强调不应因领土纠纷爆发战争，应努力避免边界纠纷的扩大。正是基于这种理智的思考，哈萨克斯坦与邻国的边界划界问题是在中亚地区解决得最好的。2000年，哈萨克斯坦与乌兹别克斯坦发生了边界争端，但两国采取了冷静的态度处理此事。2001年11月，两国总统签署了边界问题文件，如《两国国界条约》等一系列相关文件。2002年9月，两国总统再次签署了最后三个争议地区的划界文件，这标志着两国从法律上完全解决了两国边界问题。

哈萨克斯坦与吉尔吉斯斯坦曾有12个边界地段存在争议，但经过两国政府的多次协商、谈判，两国先后签订了《哈吉国界条约》、《边界地区信任措施和保卫边界合作协议》等一系列文件。由于两国政府理性地对待边界纠纷，因此两国边界问题的解决较为顺利。如2003年吉将卡尔克尔地区还给哈620公顷牧场，作为交换，哈方让出1100公顷土地给吉方散达仕地区。

由于哈萨克斯坦和土库曼斯坦之间不存在领土要求和妨碍划界问题的原则性争议，因此两国2001年就签署了《哈土划界和哈土分解进程条约》，顺利地解决了边界划定问题。

作为一个双重内陆国家，乌兹别克斯坦的领土被其他四个中亚国家所包围，而前苏联遗留的边界问题对于乌兹别克斯坦来说就成为无法回避的问题。但不同于哈萨克斯坦基本解决了与邻国的边界问题，乌兹别克斯坦与邻国的边界问题不但没有解决，还成为不断引发矛盾的导火索。2000年9月，乌兹别克斯坦和土库曼斯坦签订了国界划定协定，解决了两国的国界划分问题。但与吉尔吉斯斯坦和塔吉克斯坦的边界划分，却长期未能完成。

乌兹别克斯坦和吉尔吉斯斯坦最多时有140处争议地段，主要集中在费尔干纳地区，乌吉两国在对方境内都有本国的飞地。经过两国多次谈判，2006年两国边界的70%已划定，但截至2011年，两国仍有61处争议地段。在解决边界争议时，乌吉两国也考虑采取互换土地的方式。如2001年2月，两国政府签署边界划分备忘录，强调索赫飞地与本土连为一体的“合理性”，吉方应得到同等面积的补偿。但由于乌方用于交换的土地是无人居住的山地，没有经济价值；而吉境内飞地有较大储量的油田和冷凝天然气田，这引起吉国内的不满，致使协议无法得到实施。2012 年 7 月，吉乌两国在索赫飞地数次发生武装冲突并造成人员伤亡，2013 年 1 月，两国在该处又发生冲突，不过此次只有人员受伤而没有死亡。[1]

乌兹别克斯坦与塔吉克斯坦也在费尔干纳地区存在争议地区，2002 年 10 月，两国总统签署了边界协定，确定了两国间 86% 的边界。目前的争议地区主要是在索格特州尚存在四块争议地区，即乌在塔的飞地。两国的边境地区冲突频发，仅 2012 年 9 月上半月就发生两起塔、乌边防军的枪战。

吉尔吉斯斯坦和塔吉克斯坦之间的边界为 971 公里，其中 519 公里已达成协议。尽管双方已经开始划界工作，但由于伊斯法盆地的问题而被迫搁置。两国之间存在着约 70 处争议界区，2013 年 1 月 10 日，回答记者提问的吉尔吉斯斯坦副总理马麦托夫，称在最近十年内划定的界限甚至 1 公里都不到。[2] 2014 年 1 月，两国在吉尔吉斯斯坦的巴肯特州边界发生武装冲突后，吉尔吉斯斯坦单方面关闭了与塔吉克斯坦的所有边境口岸。

当前，中亚国家的边界问题主要集中在乌吉塔三国之间，而且争议地区常会发生武装冲突。根据多年来各国边界争议地段的矛盾来看，实际上中亚国家间边界划分问题最大的障碍，不是各国认为领土涉及本国主权而不愿让步，而是各国在利益划分上存在分歧。

（二）水资源矛盾

中亚地区既拥有丰富的能源储备，同时也面临着水资源严重不足的问题。有趣的是，中亚地区的能源主要分布于哈萨克斯坦、土库曼斯坦和乌兹别克斯坦三国，而水资源则主要分布于能源匮乏的吉尔吉斯斯坦和塔吉克斯坦两国。中亚最主要的两条河流——锡尔河和阿姆河分别发源于吉尔吉斯斯坦和塔吉克斯坦两国，这两国由于国内主要是山地，可供耕作的土地并不多，如塔吉克斯坦只有 7% 的土地可用于耕作，而下游的哈、乌、塔则是本地区主要的农产品生产国，仅乌兹别克斯坦用水量就占了本地区的 50%（乌兹别克斯坦盛产棉花）。如果仅用本国的水资源，乌兹别克斯坦只能保证本国 14% 的水资源需求，哈萨克斯坦只能保证本国 45% 的水资源需求。

在苏联时期，中亚地区水资源的分配是按资源优势互补的模式来设计的，即上游的水利设施在夏季开闸放水，保证下游国家的农业灌溉用水。作为回报，下

---

[1] 吉乌边境发生小规模冲突［OL］.［2013 - 06 - 02］. http：//news. china. com. cn/live/2013 - 01/09/content_ 18096870. htm.

[2] 费尔干纳盆地边界问题. http：//www. trtchinese. com/trtworld/zh/newsDetail. aspx？HaberKodu = cfa6b6d9 - f337 - 4c8e - b35b - 7b093e126cd9.

游国家在冬季为上游国家提供天然气和煤炭资源以满足其能源需要。独立后，为了解决水资源分配问题，1992 年，中亚五国成立了跨国水资源合作委员会，但经过 18 年的复杂谈判也没能明确解决关于锡尔河和阿姆河流域的水资源问题，各国仍只能按自身利益来行事，或是寻求双边合作。随着石油、天然气和煤矿的价格逐年上涨，下游国家开始向其他国家出口矿物能源，而上游的两国为了避免支付日益昂贵的能源进口费，开始在夏季和春季蓄水，以提高冬季的发电能力，保障本国的能源供应。❶

由于吉、塔两国能源短缺，两国都希望通过建设水电站以弥补本国电力供应的缺口，如塔吉克斯坦一直想修建的罗贡水电站和吉尔吉斯斯坦计划在流量最大的纳伦河上建设卡姆巴拉津大型水电站，计划装机容量 226 万千瓦，建成后可供出口的电力预计每年可有 100 亿度。对于工业落后、能源匮乏的吉塔两国来说，利用水力发电不仅可以满足本国电力供应，更可为两国带来可观的财政收入。如吉尔吉斯斯坦 2007 电力产业约占 GDP 的 5%、工业总产值的 16% 和财政收入的 10%。

吉塔两国修建水电站的行为直接影响到下游国家的用水需求、水资源的季节性分配以及农业用水稳定的问题，由于上下游国家间用水的矛盾，1997 年乌兹别克斯坦甚至动用军队占领了两国联合边界的一座水库，而由于用水矛盾各国彼此间封锁边境，以此限制商品和劳务流动的事件更是常见。前文中所分析的中亚统一电力系统的瓦解也与水资源的分配有着密切关系。

三、各国以短期利益为重的政策激化矛盾

在苏联时期，各国都没有对本国重要事务的决策权，一切决策都出自莫斯科，这也造成中亚各国的特点和利益很难得到充分考虑，引发了各国的不满情绪。独立后，各国纷纷制定以本国利益为出发点的政策，但往往存在一个弊端就是，各国更看重本国的短期、直接的经济利益，而不考虑彼此间的互利合作和长远利益。这也造成原本已形成的利益共享机制被打破，出现了各方“共同受损”的局面，成为引发新矛盾的起源。

苏联时期，乌兹别克斯坦和哈萨克斯坦向塔吉克斯坦和吉尔吉斯斯坦提供能源，吉尔吉斯斯坦和塔吉克斯坦保证下游国家的水资源供应。但独立后，乌哈两国因自身经济利益的考虑而减少了对吉塔两国的能源供应，这使得吉塔两国不得不依赖于水电的开发以维持本国经济、社会的稳定。但这又造成乌哈两国水资源供应的减少，这对于乌哈两国的社会稳定、经济发展产生了冲击，使得两国采取

---

❶ 刁莉．中亚水资源危机临近［OL］．［2011－06－07］．http：//www.waterinfo.com.cn/xsgz/gwdt/Document/56790/56790.html.

一系列的反制措施。如乌兹别克斯坦为影响塔吉克斯坦罗巩水电站的建设，动辄关闭两国边界、停止火车运输使得塔吉克斯坦国内对乌兹别克斯坦的对立情绪进一步激化。

在苏联时期，中亚各国的产业结构是根据中央计划来统一制定的，并不符合市场经济规律，如乌兹别克斯坦、土库曼斯坦等国种植的棉花被长途运送到俄罗斯、乌克兰等国，加工为服装后又返销到中亚国家。因此，中亚各国独立都希望改变原有的经济发展模式，基于市场经济来确定各自的产业结构。但出于各国现实利益的考虑，中亚国家却并不愿以后做出调整。如棉花种植业是乌兹别克斯坦经济的重要支柱，但棉花种植所引起的过量水资源消耗、土壤恶化等一系列问题不仅影响乌兹别克斯坦本国生态环境，同时也成为乌国与塔吉克斯坦、吉尔吉斯斯坦等国关系紧张的一个重要原因。乌兹别克斯坦反对塔吉克斯坦建造罗贡水电站的原因之一就是，担心本国的棉花种植受到水量减少的影响。

当前，中亚国家工业化程度的普遍低下，也是造成各国间竞争大于合作的一个重要原因。随着工业化程度的提升，产业间分工会发展为产业内分工，从而使得各国的经济发展不但具有竞争关系，还会根据各国的比较优势、资源禀赋形成彼此的合作分工关系。随着各国之间分工关系的形成，各国政府在制定政策时也就不得不考虑自身利益受影响的可能性。目前，中亚国家虽然自然资源类似，但由于各国工业化程度低下，形成了相互间竞争大于合作的情况，这也从各国的进出口商品结构中可反映出来。

虽然工业化水平的提升有助于中亚国家间分工体系的形成，但在各国制定工业发展政策时也存在着竞争与协调的关系。鉴于哈萨克斯坦的地理位置、交通条件、对外开放、经济实力等方面的优势，哈萨克斯坦很可能会在中亚地区产业集聚过程中获取较大的收益。而这必将又对各国之间的关系产生影响，甚至会影响到各国的合作意愿。

四、各国国内利益集团制约国家间经济合作的开展

格罗斯曼和赫尔普曼（Grossman and Helpman，1993）指出，一国在开展自由贸易协定谈判时，国内的不同利益集团为了保证自身的利益，会对政府施加压力，而政府官员则寻求在不同利益集团的政治力量和选票之间达到均衡的政策。只有重要的利益集团的利益得到保证，一国签订的区域贸易协定前景才会得到保证。中亚国家开展区域经济一体化也同样会受到国内不同利益集团的影响，只是中亚国家和西方发达国家的区别在于，由于历史传统因素、国家独立时间不长、政治制度的不完善等因素，中亚国家利益集团表现得更为复杂，存在民族、部落、地域的认同感高于国家的情况，这也使得中亚国家在参与区域经济一体化时受到的

限制更大。

中亚各国都是多民族国家，如哈萨克斯坦有130个民族，乌兹别克斯坦有129个民族，众多的民族无疑会对各国的政策选择产生影响。即使同一民族内部，也会存在部落、地域的矛盾。如吉尔吉斯斯坦的吉尔吉斯族历史上有40个部落，分为两大部落群——“特什克勒克”（主要分布于北方）和“依奇克里克”（主要分布于南方），虽为同一民族，但吉尔吉斯斯坦内部南北之争一直影响着国家政治（孙壮志，2011）。如首位总统阿卡耶夫为北方人，第二位巴基耶夫为南方人，而2010年任临时政府总统的奥通巴耶娃生长于南方，但属于北方部落，从而得到南北方的共同接受。

1997年，中国、吉尔吉斯斯坦、乌兹别克斯坦三方就修建一条联通三国的铁路项目签署了备忘录。中吉乌铁路起自南疆铁路的终点喀什站，经中国与吉尔吉斯斯坦边境的伊尔克什坦吐尔尕特山口，再经吉尔吉斯斯坦的卡拉苏，至乌兹别克斯坦的安集延。铁路全长约504公里，其中中国境内175.9公里，吉尔吉斯斯坦境内278.1公里，乌兹别克斯坦境内约50公里。中吉乌铁路是新亚欧大陆桥的重要组成部分，它的修建不仅将改变新疆乃至整个中国西部的交通格局，还将构成第二亚欧大陆桥的南部通道，形成东亚通往中亚、西亚和南欧新的便捷通道。

尽管吉乌两国都认识到修建会对本国经济产生重大的推动作用，乌兹别克斯坦方面对修建这条铁路早已有定夺，但吉尔吉斯斯坦一直受困于资金问题而无法推动项目的进展。中吉双方自2000年开始就该项目进行磋商，并由中方出资进行了技术论证。然而，经过十多年的规划和讨论，中吉乌铁路仍未能动工。由于无力承担修建费用，吉尔吉斯斯坦曾倾向于用“资源换项目”的方式解决资金筹措问题，这种模式已应用在中吉乌公路上。2009年，吉尔吉斯斯坦总统巴基耶夫向中国提出用该国纳伦州境内的一系列金矿来换取中国资金的提议。但是，引发了吉国内反对浪潮[1]，2010年，金矿换铁路协议在吉议会内博弈多轮之后险些通过，但总统巴基耶夫的下台再次中止了这一项目。

2012年，吉尔吉斯斯坦总统大选期间，候选人之一苏瓦纳利耶夫在电视竞选中将中国人形容为“一群必须消灭的狼”。尽管吉尔吉斯斯坦经济和反垄断部部长萨利耶夫曾对铁路可能给本国带来的好处做了概括：“它将让我们这个地理上封闭的国家与国际交通网络联通，让吉尔吉斯成为重要的交通枢纽。”“枢纽”论的背后，由此而带来的交通税费收入也不言而喻。但至今中吉乌铁路的轨距问题也尚

---

[1] 纳伦州位于吉尔吉斯斯坦北部，时任纳伦州州长的苏瓦纳利耶夫以辞职表示抗议以资源换投资计划。

未解决，这个技术问题俨然已经成为政治问题。❶

吉尔吉斯斯坦属于山地国家，国内交通极为不便，修建贯穿其国内的铁路对其经济发展和国民出行所带来的收益无疑极为巨大，在其本国无力完成需巨额资金的项目情况下，资源换投资无疑是现实且可行的选择。但由于国内矛盾，这条铁路也至今无法达成一致，使吉尔吉斯斯坦的资源无法开发，与周边国家的交流也受到极大限制。这种看似损己的行为却反映了中亚地区的部落、地域的高度认同感对各国政策选择的影响，也成为限制中亚区域一体化深入开展的一个重要原因。目前，世界银行已出资对中吉乌铁路的可行性及相关问题进行研究，如果能够在世界银行等国际金融机构的框架下解决中吉乌铁路的建设问题，这也是为在中亚地区开展能够使各国获益，但又易引发矛盾的重大建设项目探索一种新的合作模式（有趣的是，塔吉克斯坦的罗宛水电站目前也在由世界银行出资进行可行性研究）。

这种民族、部落、地区的高度认同感不仅存在于吉尔吉斯斯坦，在其他中亚国家也是普遍存在的。只是哈萨克斯坦、乌兹别克斯坦、土库曼斯坦等国的政治体制和总统权威使得国家政策受到的影响不如在吉尔吉斯斯坦如此严重。

如何平衡不同利益集团的利益，即使在社会心理和政治制度较为成熟和完善的西方国家也是一个困难的问题，对于更为看重民族、部落、地区利益的中亚各国来说，解决这一问题的难度无疑更高。较为可行的办法是创造增量利益，使得不同利益集团都能够获得一定利益，从而推动各国间合作的开展。当各国内部从经济合作中受益的程度不断提升时，支持合作的利益集团也就更能够发挥对本国政府决策的影响程度。

第三节　中亚国家推进一体化进程中的不足

一、各国政府推进一体化执行力不足

从独立后中亚国家推动的一体化进程来看，中亚国家不断与周边国家、国际组织或本地区国家间提出不同的一体化目标，建立一体化机制，而且一体化的目标定得总是很高，要求各国间实现关税同盟乃至货币联盟。但这些目标几乎从未实现过（因此，当欧亚经济共同体关税同盟的建立成为中亚区域经济一体化进程中最为引人注目的成就时也就不足为奇了），造成这种状况的一个重要原因在于中

❶ 方亮．中吉乌铁路好事多磨［R］．南方周末［2013 - 01 - 06］．http：//www.infzm.com/content/74120.

亚各国在签订各种一体化协定时，有意无意地忽略了一个问题，即推动一体化需要各国政府的实施能力。

独立后，中亚各国领导人普遍寄希望于通过一体化以解决各自面临的极端困难的局面（也含有对俄罗斯中断“输血”的示威成分），但是一体化实际效果的产生需要时间，而各国领导人急于体现各自的政绩，因此，签署各种一体化协议成为最快捷的方式。大量的一体化协议使得官员们既无精力、时间去仔细研究、准备符合实际情况的文本内容，谈判时也无法展开认真的讨论、协调相关困难，因此，形成的一体化文件都与实际情况相差甚远，各国的官员们也并不认真对待这些协议。

以往中亚地区的一体化多是以欧盟的一体化模式为范本，但不具备欧盟一体化过程中能够完成长期、艰苦的谈判和磨合所需要的政府相关部门的专业、高效的官员。在苏联时期，中亚各国并没有开展外交和外经贸活动的权力，也缺乏市场经济的意识以及进行国际经济谈判的官员，这对中亚国家开展对外经济活动带来了很大的负面影响。如在独立初期，为了引进外资，中亚国家普遍给予了优惠的条件，而当这些外资企业开始盈利、中亚国家的经济形势相对好转以及对开展国际经济合作具有了更多的经验时，中亚各国认为，外来企业获得了过多的收益并试图改变以前与外国公司签订的协定，吉尔吉斯斯坦的库姆托尔金矿的争执是其中最为典型的例子。出现这种情况的原因固然存在中亚国家因开展国际经济合作经验不足、腐败等问题造成国家利益受损的原因，但中亚国家国内不同利益集团的冲突、政府部门朝令夕改也是引发矛盾的原因之一，而这种局面只会阻碍各国的对外开放和经济合作。相比较而言，哈萨克斯坦处理与外国公司修改石油开采协定的做法较为稳妥，虽然也引发外国投资者不满，但是由于考虑了各方利益，协定修改未引起大的震动，还在可控范围内。

对于一些本可使各国共同获益的协议，也会因为各国政府不同部门间政策的难以协调而无法落实。如中亚各国间未形成统一的铁路网，因此公路运输成为区域贸易的主要运输方式。但各国内部普遍存在对跨国运输货物的乱收费问题却始终难以得到有效解决，说明各国政府治理能力有待提升。

二、各国缺乏合作意识和共赢理念

由于中亚一体化是以欧盟模式为范本的，因此在一体化中就涉及各国主权的让渡问题（如统一各国关税、取消关境等），但由于中亚各国主权意识强烈，都不愿意削减本国主权，这种一体化的进程从一开始就陷入了困局。

苏联时期，中亚国家虽然被纳入了统一的经济分工体系，但这种分工体系是以中央计划为核心的，是根据计划来配置资源和确立各共和国不同的专业定位的，并不考虑各共和国的比较优势，也不需要其发挥积极性与主动性。计划经济体制分工体系下不需要合作精神的培养，只是按照命令计划执行即可。随着苏联的解体，这种不考虑成本与效益的分工体系自然也就瓦解了，但计划经济体制下形成的观念与意识却成为构建市场驱动型一体化的障碍。市场驱动型一体化以市场为配置资源的基础手段，是在自愿基础上、通过看不见的手的调控形成合作和分工，是通过企业的竞争来实现的，这对于习惯于计划思维和模式的中亚国家政府和民众来说，是需要一个适应过程的。

封闭的、与国际市场隔绝多年导致的合作意识的缺乏，制约了中亚的一体化。不仅是普通民众，各国政府也由于多年在计划经济环境中而对市场经济认识不全面，缺乏合作和共赢的观念，只计算自己所得少于他人就觉得被欺骗，而不考虑如果没有合作将会一无所得。正是在这种观念的背景下，吉尔吉斯斯坦国内的反对派成功地推动了国内民众对中吉乌铁路的反对，使得这条本可以使吉尔吉斯斯坦获得巨大利益的铁路迟迟难以动工。

多年的封闭和计划经济的影响，使得许多中亚国家学者对市场经济理论的认识并不充分，而其观点往往会对民众和政府官员形成误导，例如对欧盟一体化取得成功的原因与条件的研究和认识就极为欠缺，只是看到其一体化的成功并加以模仿，而忽略了欧盟与中亚在经济基础、市场经济制度、工业化程度等方面的巨大差异。

表 6.4 是哈、吉、塔、乌四国对彼此间铁路和公路运输收费的说明（这仅是官方收费，各国地方政府的收费和非官方收费未包含在内），从中就可看出制约各国一体化的部分原因，不仅是有形的交通运输硬件的缺乏，也与各国无形的限制运输的措施有关。中亚各国对于不同邻国的限制运输的措施往往与各国间关系的好坏具有密切联系，如乌兹别克斯坦因为与塔吉克斯坦关于罗贡水电站建设产生的矛盾，就对塔国经本国的货物运输采取了提高收费等各种限制措施以制约罗巩水电站的建设，但乌兹别克斯坦的政府对此并不承认。

表 6.4　中亚国家间交通运输收费

	进出境和转运费用	2011 年海关车队费用（无国际公路运输证）	其他费用
哈萨克斯坦	100 美元	600 ~ 800 公里：283（134）欧元；800 ~ 1000 公里：385（134）欧元；1000 ~ 1500 公里：523（293）欧元；1500 ~ 2000 公里：743（455）欧元；2000 ~ 2500 公里：878（599）欧元 *	超轴装载；超尺寸货物

续表

吉尔吉斯斯坦	进境费用	海关车队费用	其他费用
	非独联体卡车：50 美元（独联体卡车免费）；无特别许可证的外国货运代理人（不含哈萨克斯坦和伊朗）：250 美元；哈萨克斯坦和伊朗货代：1000 美元	每小时一份最低工资或接近 13 美元	超尺寸货物；进入伊塞克湖生态保护区费用：10 美元；比什凯克—奥什隧道收费：外国卡车比本国卡车高 5 ~ 10 倍
塔吉克斯坦	入境费	海关车队费用	转运费
	来自独联体国家卡车（不含吉尔吉斯斯坦和乌兹别克斯坦）：50 ~ 150 美元（基于重量收费）；来自非独联体国家卡车：100 ~ 200 美元；来自乌兹别克斯坦卡车（空车和载货）：50 ~ 250 美元	每 10 公里 3 美元	90 美元（来自吉尔吉斯斯坦卡车免除入境和转运费）
乌兹别克斯坦	入境费	前往和来自塔吉克斯坦的入境和转运额外费用	其他费用
	来自哈萨克斯坦和吉尔吉斯斯坦卡车：300 美元；来自塔吉克斯坦卡车：130 美元；来自非独联体国家卡车：400 美元；来自吉尔吉斯斯坦穿越乌国前往吉国领土免除费用	来自塔吉克斯坦卡车：103 美元；来自土库曼斯坦卡车：35 ~ 55 美元；其他国家卡车（无国际协定）：230 美元；来自塔吉克斯坦前往非独联体国家卡车：90 美元	塔吉克斯坦卡车在乌境内超过 3 天：70 美元；自 2007 年起，前往阿富汗卡车：50 美元；自 2010 年起，每辆前往阿富汗铁路油槽车和其他车辆：360 ~ 170 美元；超轴装载；强制民事责任险：5 ~ 20 美元；海关车队费用（无国际公路运输证）：小于 200 公里：50 欧元；大于 200 公里：120 欧元

资料来源：Kulipanova，Elena. *International Transport in Central Asia*：*Understanding the Patterns of*（*Non* – ）*Cooperation*. UCA WPS No：2. 2012. 15 – 16.

注：* 括号内为 2003 年收费。

在苏联时期，借助中央政府的统一规划，中亚地区建成了大量的基础设施并形成了彼此间的分工体系。虽然这些基础设施和分工体系存在种种不足，但毕竟在不同领域里将中亚各国联系在一起，而且彼此间形成了共同的利益关系。但独立后，许多的此类分工和联系都瓦解了，较为典型的即中亚电力系统。正是由于电力的短缺，刺激了吉尔吉斯斯坦和塔吉克斯坦两国开发水电的积极性，而这又进一步在各国间引发了水资源分配的矛盾。

这类因缺乏合作和共赢精神引发的矛盾接连出现，使得中亚地区的区域一体化前景变得更为暗淡。因为从世界范围来看，所有成功的区域一体化都是以共同利益创造机制的存在、使得各成员国能够从中获益为基础的，否则，即使形成了一体化的组织，也会因为彼此间的利益互损而瓦解。

三、中亚国家对一体化的认识需要深化

“二战”后，世界范围内的区域经济一体化主要表现为两种形式：一种是欧盟式的一体化，即不断提升一体化的深度，从最初的经济范畴扩至政治领域，其发展的最终目标是建成区域内的政治、经济一体化；另一种是北美自由贸易区式的一体化，仅在经济领域内推行一体化，从货物贸易自由化到服务贸易和投资自由化，但不涉及政治范畴的一体化。

从 1994 年哈萨克斯坦、吉尔吉斯斯坦和乌兹别克斯坦建立的中亚经济联盟开始，中亚国家推动的一体化是以欧盟模式为样本（此处不包括国际组织与中亚国家建立的区域经济合作机制，如 CAREC）。以欧盟为师的主要原因是，各国看到了欧盟的成功给各成员国带来的利益，但欧盟式一体化涉及各国主权让渡的问题，正如上文所分析，这对于极为重视本国主权的中亚国家来说引发了更多政治方面的障碍。

欧盟式一体化和北美自由贸易区式一体化的区别在于，是否推进政治领域的一体化，这两类一体化取得成功的共同点是，以市场配置资源、通过促进竞争实现区域内贸易、投资自由化，将一体化作为参与国际市场竞争的平台而非隔离与国际市场的防火墙，而拉美和非洲地区的一体化多是失败的一体化，或者仅成为“名义”或“纸面”一体化的原因就是，其建立一体化的目的是隔离与国际市场的竞争，属于进口替代型一体化，这就使得这些国家无法通过参与国际竞争实现规模经济以及获取贸易、投资自由化带来的资金、技术溢出效应。

克鲁格认为，由于轴心—辐条效应（hub - and - spike）而形成的重叠的 FTA 引发的意大利面条碗效应是 FTA 主要的负面效应，造成福利减少的贸易转移效应（trade diversion）和确认原产地规则（rule of origin）的高成本会大于 FTA 形成的更为自由的贸易所带来的收益。Panagariya and Findlay（1996）认为，CU 是优于 FTA 的保护性更弱而福利更多的 RTA 类型。但此类研究多是从理论性分析角度进行的，而 Innwon Park and Soonchan Park（2008）则采用引力模型和 CGE 方法展开计量研究。根据计量结果发现，一个国家若加入 FTA，则其与成员国和非成员国的贸易分别增加 14.2% 和 14.5%；而一个国家加入 CU，则其与成员国和非成员国的贸易分别增加 32.6% 和 5.9%。这说明 RTA 发挥了贸易创造效应而非贸易转移效应，而相比于 FTA，CU 促进区域内贸易增加更多而区域间贸易较少。但这个结论的前提

在于，如果此关税同盟是市场驱动型的一体化组织，且有经济、技术领先的大国在其中起推动作用，则会实现各成员国从一体化中获益；否则，就如以往非洲和拉美国家建立的关税同盟一样，或因利益冲突而解体，或流于形式。

1995 年，俄罗斯、白俄罗斯和哈萨克斯坦建立的关税同盟（吉尔吉斯斯坦于 1996 年加入）就是基于进口替代战略建立的，是为了保护关税同盟内部已建立的产业，尤其是俄罗斯。而高关税的保护对于小的经济体是低效的和代价高昂的，因为这会使得国际市场的价格波动无法传导到该经济体，使得其难以根据市场价格的引导来基于比较优势配置资源。对于独联体的小国来说，在关税同盟内部提高关税带来的成本更大于独自提高关税造成的损失。这是因为，成员国的企业会在关税的保护下提高价格，而对于加入一个大的经济体来说，如欧盟或北美自由贸易区，由于其内部十分激烈的竞争会形成平坦的供给曲线。而对于独联体来说，则更可能出现企业提高价格的情况。如果关税同盟想吸纳新的成员国，只能通过保持高关税以吸引新成员国的生产商或者增加降低关税以增加消费者福利来实现。由于产业游说的力量更大，采用前种方式的可能性更大（哈萨克斯坦和白俄罗斯已有选择的暂停共同关税的适用）。这种方式在短期内会增加成员国的福利，但从长期来看，独联体国家间形成的市场在规模和竞争程度上都无法与国际市场相比，因此这种仅是在较大范围内通过保护性措施的进口替代政策会阻碍各国的经济增长。[1] 这也就是四国关税同盟和其他的后苏联空间的一体化组织一样流于形式的根本原因，当然，各国没有采用共同对外关税而是根据各自利益对其作出修改，也是关税同盟没有发挥预期作用的原因之一。

尽管学术界对区域经济一体化是全球多边自由贸易体系的绊脚石还是垫脚石至今未有定论，但两派学者对于区域经济一体化的定义却有着共同的基础：一体化应该是基于贸易、投资乃至要素自由的。但在中亚国家，对区域经济一体化的认识仍定位于进口替代战略的实施，这主要是因为，这些国家受计划经济思维影响太深，与世界市场的隔离太久，没有市场经济的意识，加之各国工业化程度过低，在面临国际市场的竞争时处于完全的劣势，因此本能的会采取抱团取暖的一体化方式来应对外界的压力。

从世界范围的内经验来看，进口替代型的一体化都未能取得成功，而采用出口导向型的国家通过参与世界市场竞争，从而能够发挥外贸和投资的溢出效应，学习先进的技术、经验，实现了经济的高速增长，东盟诸国和拉美的墨西哥、智利都是其中的典型。

---

[1] Constantine Michalopoulos and David Tarr. *The Economics of Customs Unions in the Commonwealth of Independent States*. WB WPS 1786. 1997. 10 – 20.

由于缺乏成熟的市场经济条件下的合作理念和意识，以及急于改变出口能源和原料类商品而进口工业制成品的现状，中亚国家普遍倾向于进口替代政策，从而导致其在区域一体化中也采用了拉美国家在20世纪60年代所采用的普雷维什所倡导的政策。鉴于世界范围内开展一体化的成功与失败的经验以及中亚各国间一体化的成效，中亚国家应尽快将进口替代政策转型为出口导向，在区域一体化时更应考虑融入世界市场的竞争而非停留在落后小团体中，否则，经济转型之路难以实现。

就经济发展水平、工业化程度而言，目前的中亚国家间无法推进区域经济一体化的发展，特别是彼此间的一体化，从经济角度看，这种一体化是无效率的一体化。就发出发展经济的信号和锁定改革进程而言，中亚国家应同发达国家签订一体化协议，这样可以鼓励和吸引外来投资。中亚国家不缺资源，但缺乏市场化的经济体系、现代化的基础设施、能够推动经济增长的外来投资。因此，开展一体化之前，中亚国家首先要选择究竟以何种经济制度作为发展本国经济的方向。

从以往的一体化过程来看，政治考虑推动了中亚一体化的进展，但经济基础的不具备使得中亚一体化始终难以取得实质性成果。正如纳扎尔巴耶夫所指出的：以不以平等原则为基础的一体化，是没有前途的。以平等、自愿和实用主义利益原则为基础的一体化是欧亚联盟真正的未来。[1]

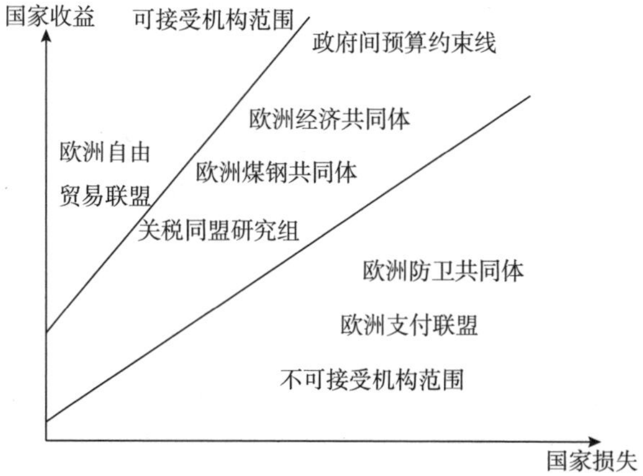

图 6.1　收益—主权“预算线”

资料来源：Baldwin. Sequencing Regionalism：Theory，European Practice，and Lessons for Asia [OL]. [2011－12－12]. http：/www. adb. org/publications/papers.

[1] 努·纳扎尔巴耶夫. 站在21世纪门槛上——总统手记：中译本 [M]. 北京：时事出版社，1997：84.

中亚国家在发展区域一体化时以欧盟式一体化作为自己的范本，但是正如Schiff和Winters（2003）指出的，关税同盟往往成为建立新国家的前奏。19世纪的德意志关税同盟和当前的欧盟就是最好的说明。欧盟式一体化的建立是以各成员国主权的放弃为代价的，而中亚各国对主权的珍视和敏感成为欧盟式一体化在中亚深入发展的关键障碍。从欧盟的发展进程来看，各成员国对主权的放弃是在一体化能够创造出足够多的经济福利时才能够得以实现的。当前，中亚国家虽然建立了众多不同的一体化组织，但各个组织的一个共同缺陷在于，其创造的经济福利并不明显，或者可以说是可有可无的。因此，这对于中亚国家推进欧盟式一体化的深入发展无疑又增添了一份不确定性。

欧盟的经验表明，一体化要取得成功，一个强有力且有权威的超国家机构是不可缺少的（Baldwin，2011），而在中亚各国政府自身治理能力存在不足、各国对于放弃主权极为敏感的情况下，欧盟式一体化是否能够在中亚地区取得成功，其前景并不乐观。

第七章 大国在中亚一体化中的作用

第一节 俄罗斯的作用

苏联解体的一个重要原因就是俄罗斯国内多年来始终认为俄罗斯成为其他共和国的“奶牛”，背负了沉重的经济负担，而一旦摆脱其他共和国，俄罗斯可以迅速完成向市场经济的转型，以西方国家作为自己的经济伙伴并能够得到资金、技术，从而使本国成为发达的市场经济国家并融入西方国家市场。因此，苏联解体后，认为中亚国家是俄罗斯经济复兴的“包袱”，是妨碍俄尽快回归西欧文明进程的累赘的观点很快就占了上风，俄罗斯政府对中亚采取了“甩包袱”的政策（郑羽，2007）。这些政策包括：（1）停止提供财政补贴和按苏联解体前的标准供应原材料及工、农业产品，追讨欠债；（2）在中亚国家尚在卢布区时，俄罗斯单方面推行“休克疗法”，对中亚国家经济造成严重冲击；（3）将中亚国家逐出卢布区，1993 年俄罗斯提出中亚国家必须将黄金和外汇储备保留在卢布区并将外贸置于俄罗斯中央银行的控制之下，使这些国家不得不退出卢布区；（4）将对外经贸重点转向西方，致使与中亚国家的经贸往来急剧萎缩。此时，尽管中亚国家由于对俄罗斯的高度依赖希望保持传统的经济联系，如纳扎尔巴耶夫 1994 年建立欧亚联盟的提议，但俄罗斯并未予以重视，而是希望既保持在中亚地区的政治军事利益又不付出经济代价。这就迫使中亚国家不得不“抱团取暖”并努力发展与周边国家和西方国家的经济往来，但这却引发了俄罗斯认为中亚国家是在建立“反俄一体化”的抨击。

随着俄罗斯与西方国家的利益冲突日益加剧，俄罗斯意识到如果其不按照西方国家的意图改造自身就无法从西方国家获得其所希望的援助，而成为一个二流国家则是俄罗斯坚决不可接受的，因此俄罗斯对待独联体范围内的一体化战略也随之调整。但西方国家的影响已深入到独联体内部，部分独联体国家，如乌克兰、格鲁吉亚等已与西方国家建立了紧密的政治联系，俄罗斯能够开展区域一体化的对象也仅有白俄罗斯和中亚国家等几个少数伙伴了。此时的中亚从原来的“包袱”变成了俄罗斯恢复大国地位的战略依托，俄罗斯对中亚的重视程度大幅度提高。

鉴于独联体各国与俄罗斯的关系已出现分化，俄罗斯采取了不同速度的一体化策略，即一体化程度最高的是俄白联盟，其次便是欧亚经济共同体。

为推进与中亚国家的一体化，俄罗斯对建立一体化组织的经济成本的态度也发生了转变，通过低价供应能源、免除中亚国家债务等多种手段来促进与中亚国家的经济往来。欧亚经济共同体是中亚地区目前最为成功的经济一体化组织，但正如维纳库罗夫（Vinokurov，2007）指出的，尽管经济因素在俄罗斯的一体化政策中在增加，但这并不意味着俄罗斯是根据经济利益的考虑来开展一体化的，相反，俄罗斯推动一体化动机是地缘政治、安全和经济利益等诸多因素的混合体。而地缘政治的考虑应该说是俄罗斯推动一体化的首要因素。

从前，苏联时期拥有的共同的政治制度、统一的经济分工体系、相同的语言到苏联瓦解后俄罗斯对中亚国家的弃如敝屣，目前俄罗斯又大力推动与中亚国家的一体化，这一个轮回说明，“俄罗斯在对待独联体和后苏联地区缺乏周密思考和始终如一的战略”[1]。而这也直接影响到俄罗斯推动的中亚一体化的效果。

一、俄罗斯对中亚区域一体化具有主导性影响

（一）政治、安全公共产品

中亚国家独立后，由于国家实力弱小、政治和经济均处于转型期等原因，在各个领域都不得不依赖俄罗斯。

在安全问题上，中亚国家面临着南部阿富汗塔利班势力、塔吉克斯坦内战等可能波及本国的严重威胁。1992 年俄罗斯与哈萨克斯坦、乌兹别克斯坦、吉尔吉斯斯坦、塔吉克斯坦和亚美尼亚签署了《集体安全条约》。1992～1994 年，俄罗斯与土库曼斯坦、塔吉克斯坦、吉尔吉斯斯坦签署双边条约，解决来自南部的威胁，并通过驻扎在塔吉克斯坦的第 201 摩步师维护塔吉克斯坦政权。2002 年，俄罗斯将《集体安全条约》升格为国际组织，2004 年正式将驻塔吉克斯坦的 201 摩步师改组为俄罗斯军事基地。通过提供对中亚国家的安全保护，俄罗斯对中亚国家发挥着最为关键的影响。

哈萨克斯坦是中亚五国中最大的国家，也是唯一与俄罗斯相邻的国家，俄罗斯和哈萨克斯坦的边界长达 7500 公里（如果不算阿拉斯加州部分，俄哈边界超过美国和加拿大的边界，是世界上最长的边界），哈萨克斯坦 14 个州中有 7 个与俄罗斯相邻。这也在一定程度上说明，哈萨克斯坦为何与俄罗斯关系最为紧密，毕竟，如此漫长的边境线使得俄罗斯对哈萨克斯坦的影响是极为重大的。

---

[1] 安德兰尼克·米格拉尼扬．俄罗斯现代化之路——为何如此曲折：中译本［M］．北京：新华出版社，2002：336.

即使是一直奉行“中立”政策并试图摆脱俄罗斯影响的土库曼斯坦，在独立初期由于无力解决边界安全的问题，也不得不依赖俄罗斯给予的保护，只是随着国防实力增强后，土库曼斯坦才于1999年单方面中止与俄罗斯签署的共同保卫土边界的协议，俄罗斯军队也于当年撤出了土库曼斯坦。

乌兹别克斯坦对待俄罗斯的态度是较为多变的，乌兹别克斯坦曾在1999年退出集体安全条约，但在2005年安集延事件后，由于自身无力应对来自欧美国家的压力，乌兹别克斯坦寻求俄罗斯的支持并于2006年再次加入集体安全条约组织。虽然2012年乌兹别克斯坦再次提出退出集体安全条约组织，但是鉴于该国以往的表现，一旦出现其无力应对的安全问题，乌国很可能再次寻求俄罗斯的支持。乌兹别克斯坦的反复也说明俄罗斯为中亚各国提供了安全等区域公共产品，这也使得俄罗斯在中亚地区能够发挥关键性的影响。

（二）基础设施布局

苏联时期，以俄罗斯为中心建成的交通、能源、电力等基础设施布局也成为目前中亚国家高度依赖俄罗斯的一个重要原因。对于地处内陆的中亚国家来说，通往世界市场的最重要的运输方式就是铁路，而中亚国家中吉、塔两国拥有的铁路线很短，所起的作用也很小。哈、土、乌等国虽然修建了连接中国、伊朗的铁路，但其主要的运输方向依然是俄罗斯。哈萨克斯坦希望能成为连接西欧和中国的大通道，而这同样离不开俄罗斯的支持。

丰富的能源是哈萨克斯坦、土库曼斯坦和乌兹别克斯坦在独立后经济得以保持稳定和发展的主要因素，但三国在能源出口方面仍需依赖通过俄罗斯的石油和天然气管道。

哈萨克斯坦的石油出口路线主要有四个：一是阿特劳—萨马拉输油管道；二是CPC输油管道（田吉兹—新罗西斯克），或经CPC在阿斯特拉罕（Astrakhan）由铁路运至奥德萨（Odessa）港口；三是在阿克套港经三条主要运输路径出口，即阿克套（油轮）—马哈奇卡拉港—新罗西斯克输油管道，阿克套（油轮）—巴库—BTC或巴图米港（铁路）或苏普萨，阿克套港（油轮）—涅加港口（NEKA）—德黑兰；四是经中哈石油输油管道，原油运至中国阿拉山口。此外，哈原油出口的路径还有经过肯基亚克—奥伦堡（Orsk）输油管道，把原油运到俄罗斯炼油厂；经奇姆肯特—帕赫塔管道向乌兹别克斯坦出口石油；也有通过铁路把原油运往波罗的海港口，运往俄罗斯或途经俄罗斯运往欧洲，运往中国等。哈萨克斯坦原油出口主要依赖CPC管道和阿特劳—萨马拉输油管道，2005～2009年，哈萨克斯坦经这两条输油管道出口的原油约占其原油出口总量的2/3以上。其中，经CPC出口的原油占原油出口总量的38%～47%，所占份额逐年降低；经阿特劳至萨马拉输油管道出口的原油所占份额变化不大，基本保持在28%左右。自2006年起，哈萨克斯坦经中哈石油管道出口到中国的原油所占份额逐年增加，由2006年的4.03%增长到2009年的15.28%。2009年通过BTC管道外输的原油占3.13%。❶

土库曼斯坦天然气资源极为丰富，但因出口天然气受制于俄罗斯，不得不接受俄罗斯的极低的价格，从20世纪90年代初至2007年前，俄天然气工业公司凭借对中亚一中央管道的控制，以低于欧洲市场一半的价格收购土天然气后加价转卖给乌克兰，然后以30%外汇、70%货物或服务的方式向土支付购气款。为阻止土库曼斯坦绕过俄罗斯直接向国际市场出口天然气，2000年10月，俄罗斯与土耳其签署天然气供给协议，使土库曼斯坦经由阿塞拜疆向土耳其每年输送300亿立方米的跨里海天然气管道停建。迫于土库曼斯坦提价的压力，2007年，俄将天然气收购价上调到100美元以上；2008年，俄以130美元收购土天然气；2009年，欧洲天然气市场价格下降，使得俄面临亏损的压力。2004年4月，俄土天然气管道爆炸后两国天然气贸易量直线下降，这对于极度依赖天然气出口的土库曼斯坦经济而言无疑是致命的打击。❷ 然而，2009年年底，土库曼斯坦——中国天然气管道建成通气，年设计通气能力达400亿立方米；2010年年初，土至伊朗天然气管道二期（即乌列达巴特—汉格兰天然气管道）建成，每年可向伊朗出口200亿立方米天然气，俄已失去对土天然气出口的垄断地位。❸

俄罗斯在基础设施领域所拥有的影响力，无疑使其在推动与中亚国家一体化时占据了极为有利的地位，而在这一局面改变之前，中亚国家在做任何重大决策时都必须考虑俄罗斯的意见。但当中亚国家对俄罗斯的一贯的自我利益优先的做法日益不满并逐步建设与周边其他国家的基础设施后，俄罗斯对于中亚国家的影响力将会极大下降，届时俄罗斯必将感受到没有形成平等的利益共享机制的负面影响。2009年以后，土库曼斯坦对中国出口的高速增长，一方面是中土天然气管道投入运行的结果，另一方面与多年以来土库曼斯坦与俄罗斯在能源出口问题上的争执有着密切关系。

（三）传统的经济分工体系仍发挥作用

在苏联的统一计划时期，形成了以俄罗斯为中心的紧密的经济分工体系，由于其违背了基本的经济规律，随着苏联的解体，这一分工体系也随之瓦解。但是，当时的分工体系并不是毫无可取之处，独联体后各国经济往来的崩溃在很大程度上也是各国独立初期错误的经济政策的结果。而且在多年的建设中，苏联形成了自己独特的产品标准和技术规范（如铁路轨距就是典型的例子），使得俄罗斯和中

❶ 郜志雄．哈萨克斯坦石油行业竞争分析［J］．国际经济合作，2011（5）．

❷ 关于管道爆炸原因两国一直争执不下，但外界普遍认为这是俄罗斯不愿承担亏损而起。

❸ 胡梅兴．俄罗斯控制中亚能源的现状与挑战［J］．国际资料信息，2010（6）．

亚国家的产品比非苏联国家产品更容易满足对方市场需求，这就造成了中亚国家与俄罗斯之间的经济联系依然存在。在原有的分工体系中，俄罗斯就是工业品的提供者，因此目前中亚国家对俄罗斯产品需求中相当一部分就是俄罗斯的工业制成品，特别是机械类产品。因为中亚国家现有的工业基本都是苏联时期俄罗斯提供的设备，现在这些老化的设备需要改进、升级、替换，这就为俄罗斯产品提供了市场。

与此同时，除了石油、天然气之外，[1] 中亚国家的产品也需要俄罗斯市场。中亚国家本身工业化程度就很低，其产品多为原材料或初级制成品，而且技术落后，这使得他们的产品很难进入西方国家市场。

目前传统的分工体系对维系俄罗斯与中亚国家的经济往来起到了一定的作用。但是，如果双方不能在提高工业化程度、改进技术方面取得进展，这种仅是依靠原有的分工体系的局面不可能长久。毕竟，中亚国家现有的技术装备都是20世纪六七十年代的产品，早已需要淘汰，在多年未进行升级、改造的情况下，或者已无法生产，或者生产效率低下。如塔什干航空技术设备厂是苏联时期唯一能够生产伊尔—76飞机的企业，当2005年俄罗斯与中国签署价值10亿~15亿美元的伊尔—76销售合同后发现该厂却无法提供飞机；哈萨克斯坦油气资源极为丰富，但国内汽油供应却无法得到满足，一个重要原因是哈萨克斯坦国内三家石化企业由于设备多年未得以改造，现有生产能力远达不到设计水平。

（四）文化传统与现实移民因素

由于中亚国家自19世纪被俄罗斯吞并后，经过200多年的融合，中亚各民族与俄罗斯在文化领域已经形成极为密切的联系。虽然现在中亚国家都已独立，独立后各国也都出现了一定程度的排斥俄罗斯人以及俄语的现象，但这并没有改变俄罗斯在中亚国家根深蒂固的影响力，这种历史的、文化的联系依然使俄罗斯对中亚国家发挥着极大的影响。

根据俄罗斯公共观点研究中心所做的对苏联各共和国友好程度的民意调查，67%的哈萨克斯坦人、74%的吉尔吉斯斯坦人、89%的塔吉克斯坦人和74%的乌兹别克斯坦人认为是友好国家，并且大部分人对与俄罗斯建立联盟采取支持态度。在另一项对中亚各国的专家实施的调查中，50%的受访者将与俄罗斯发展区域一体化作为优先选项，而中国、土耳其和伊斯兰国家得到的支持为5%或更少。[2] 在吉尔吉斯斯坦，该国民众对俄罗斯的好感度更高，在2008年11月所做的一项社会调查中，对“您最希望扩大哪个国家未来在吉尔吉斯斯坦以下领域的影响”问题的回

---

[1] 中亚石油天然气主要输往俄罗斯，但仅有一小部分供应俄罗斯市场，其余都是过境运输。

[2] Qoraboyev，Ikboljon. *From Central Asian Regional Integration to Eurasian Integration Space? The Changing Dynamics of Post－Soviet Regionalism.* Eurasian Integration Yearbook，2010. 217－218.

答是：在经济领域，俄罗斯76.7%、美国35.6%、中国14.8%；在军事领域，俄罗斯86.8%、美国30%、中国6.5%；在人文合作领域，俄罗斯56.7%、美国35.5%、中国6.9%。[1] 从这些调查结果中即可看出，俄罗斯对于中亚国家的影响并没有随着苏联的解体而消失，在社会大众中，俄罗斯的影响力依然是其他国家所不可比拟的，这自然也为俄罗斯发展与中亚国家的一体化奠定了良好的民意基础。

除传统因素外，俄罗斯对中亚国家发挥影响的一个现实手段就是，中亚国家在俄罗斯的劳务移民。由于本国经济发展迟缓和国内人口的快速增加，中亚各国都面临着沉重的就业压力。除了严格控制本国人口外流的土库曼斯坦和近年来经济增长较快的哈萨克斯坦，乌兹别克斯坦、塔吉克斯坦和吉尔吉斯斯坦都有大量的劳动力前往俄罗斯打工。虽然俄罗斯和以上三国对本国究竟有多少劳动力在俄罗斯打工并没有准确数据，但根据各国官方统计数据、国际组织和各国学者研究结果综合来看，乌、塔、吉三国都有数十万老动力在俄罗斯打工，这些移民汇回国内的工资也成为稳定各国经济的重要资金来源。尤其是在塔吉克斯坦和吉尔吉斯斯坦，近年汇回国内的外汇已占其GDP的20%～30%。虽然乌兹别克斯坦政府常常采取疏离俄罗斯的政策，但是现实中其对俄罗斯的依赖性却无法改变，这也就决定了其与俄罗斯的关系不会发生根本性的恶化。

综上所述，苏联在政治、经济、文化领域都给俄罗斯留下了推进中亚一体化的遗产。政治上表现为苏联随意地迁移民族和划分国界成为各国现在产生矛盾的来源，而俄罗斯在政治、军事的影响使其在维护安全方面处于主导性地位。经济上表现为中亚各国都未实现工业化，中亚国家在苏联经济体系中的分工都是以俄罗斯为中心来定位的，各国虽处于同一地区彼此间却并未形成紧密经济联系。由于曾经拥有共同的语言、文化背景，俄罗斯也更容易被中亚国家民众所接纳。

二、俄罗斯和中亚国家对于经济一体化的目的不同

（一）俄罗斯对地缘政治的考虑

俄罗斯在推动中亚区域经济一体化中占具主导性地位，而且已取得了实质性的进展，但是俄罗斯对中亚经济一体化的认识和需求与中亚国家不同。苏联解体初期，俄罗斯一心希望迅速融入西方国家，实现本国经济的发展。就一体化而言，当时俄罗斯也只是与斯拉夫国家发展一体化，并未将中亚国家作为开展一体化的伙伴。只是当中亚国家与土耳其的关系日益密切并且成立了中亚联盟后，俄罗斯才开始关注中亚一体化，而此时俄罗斯关注的重点还只是警告中亚国家不得推行

---

[1] 焦一强．从“民主岛”到“郁金香革命”：吉尔吉斯斯坦政治转型研究［M］．兰州：兰州大学出版社，2010：227.

"反俄一体化"。

随着与西方国家蜜月期的结束，俄罗斯意识到中亚国家对其的战略意义，因此开始介入中亚区域经济一体化进程。1995 年 9 月 14 日，俄罗斯总统批准的《俄罗斯与独联体成员国战略方针》是全面阐述和明确俄罗斯对独联体一体化政策的官方文件，文件内容就包括俄罗斯提出的在独联体框架内不同速度的一体化不是强制性的，但伙伴国家对这一模式的态度是俄罗斯对其提供经济、政治和军事支持的重要原因（李中海，2011）。这清楚表明，俄罗斯不仅从经济角度来看待中亚区域经济一体化，而且将其看做实现政治、军事一体化的工具，是实现地缘政治利益的保障，这是"把客观的经济决定论思想的一些成分与很强的建立帝国的主观决心结合了起来"❶。一开始，俄罗斯对中亚一体化的定位过高，希望最终实现政治、经济、军事一体化，实质上就是恢复苏联时期俄罗斯对这些国家的影响。这对于新独立的中亚国家来说，无疑是不可接受的。而且俄罗斯还有一个考虑就是，希望从一体化中获取政治军事利益，却不愿承担经济成本，仍以主宰者心态自居。只是当俄罗斯认识到其一体化的目标过高而难以实现时，俄罗斯与中亚国家的经济一体化才开始取得进展。

俄罗斯一开始对中亚国家持甩包袱的心态，一方面是因为其一厢情愿的考虑，没有认识到西方国家对俄罗斯的真实态度以及经济转型与发展并不是简单的、一夜之间可以实现的，从而轻易地将多年形成的与中亚国家的经济分工体系随意抛弃；另一方面也反应了俄罗斯实用主义的思维，即对其有用时会加以利用，无用时则立即弃之。当俄罗斯意识到中亚国家对其南部的安全与稳定有重大影响以及中亚的石油和天然气会直接影响到俄罗斯在欧盟能源市场上的影响力等一系列问题时，俄罗斯对中亚区域经济一体化转而采取了积极的态度，并不惜使用其政治、军事资源大力推动。

俄罗斯与独联体内外不同国家的进出口价格差异固然有运输成本低、彼此提供关税优惠的原因，但在有些商品上，独联体成员国之间的价格远远低于国际市场价格，这说明俄罗斯和这些国家之间经济联系的"非市场化"的特点。这种优惠待遇使得各国间形成了较强的依赖性，由于俄罗斯的经济规模巨大，因此主要是其他国家对俄罗斯的依赖性，而当国家间关系恶化时，俄罗斯一旦取消这种优惠，就会对其他国家造成巨大的经济压力。这一点，在俄罗斯与白俄罗斯、乌克兰等国的能源价格争执中已充分表现出来。对于中亚国家而言，在"胡萝卜"和"大棒"之间的选择空间并不大。这也是为何土库曼斯坦和乌兹别克斯坦对于俄罗

❶ 茨比格纽·布热津斯基．大棋局：美国的首要地位及其地缘战略［M］．上海：上海世纪出版集团，2007：89.

斯主导的中亚一体化保持疏远态度的原因之一，因为这两国本身的能源储备丰富，对俄罗斯的依赖性相对较小。

表 7.1 俄罗斯的进出口价格（与独联体外国家/与独联体国家）

单位：美元/吨

年份		1995	2000	2001	2002	2003	2004	2005
平均出口价格	原油	103/89.6	180/140	156/125	163/111	182/134	232/197	344/253
	褐煤	35.7/30.8	23.5/31.3	28.2/35.8	26.2/31.7	27.6/33.4	35.9/55.1	45/65.5
	未加工木材（m^3）	58/47.1	43.4/37.6	44/34.7	44.9/36.3	48.2/40	56.4/46.1	59.6/53.7
	铁矿	23.1/23.2	17.7/14	17.8/11.3	18/10.4	19.5/12.2	31.6/23.2	49.2/38.2
平均进口价格	褐煤	45.7/16.5	112/4.2	54.4/6.4	85.7/7.2	91.5/8.6	104/10.3	136/16.6
	玉米	341/1217	176/210	127/135	105/104	186/129	228/157	511/104
	白糖	405/470	274/329	293/364	253/368	241/415	266/428	299/445
	小麦	186/112	178/93.8	124/110	234/82.1	143/107	196/153	180/117
	棉花	1456/1864	1302/1283	1221/991	1006/759	1171/786	792/872	1105/863

资料来源：郑羽．中俄美在中亚：合作与竞争［M］．北京：社会科学文献出版社，2007：232.

在推动中亚区域经济一体化方面，俄罗斯和中亚国家的需求并不完全一致。俄罗斯更多的是考虑自身的地缘政治和战略利益，而中亚国家则关注经济发展和国家安全，或者说经济一体化只是俄罗斯实现地缘政治目标的工具，而经济一体化却是中亚国家实现经济发展的工具。俄罗斯积极推进独联体内经济一体化的行为表明，独联体是其核心利益地区，俄罗斯与除中国外的其他上合组织成员国一步步建设自己的“经济一体化”是上合组织不可能就共建上合组织自贸区达成共识的基本原因，也是中国与其他成员国之间在贸易和投资合作中一直存在“诸多不便”的重要原因之一（李福川，2011）。

（二）中亚国家经济规模过小

俄罗斯在中亚区域经济一体化中的政治考虑偏重于经济也有其客观原因，即中亚国家的整体经济实力和市场与俄罗斯相差太大，发展与中亚国家的经济往来对俄罗斯带来的经济上的利益是微不足道的。

就发展经济一体化而言，无论是意愿上还是经济利益方面，俄罗斯更希望同欧盟开展一体化。俄罗斯向来视本国是拥有欧洲文明的国家，从历史上看，俄罗斯与欧洲的四次“融合”无一例外地推动了俄罗斯文明的进步，“脱亚入欧”也一直是俄罗斯的基本国策。普京也曾指出：“俄罗斯要积极参与欧洲大陆的经济合作，其主要手段目前首先是加入欧洲联合的进程”（罗英杰，2009）。俄罗斯希望以平等伙伴的身份发展与欧盟的一体化，但实际上俄罗斯的经济实力已远非当年的超级大国，而将能源丰富的中亚纳入俄罗斯的怀抱，将会极大地增加俄罗斯与欧盟谈判的筹码。2001年，俄罗斯与欧盟达成了建立欧洲共同经济空间（Common European Economic Space）的协议，只是由于俄罗斯与欧盟之间还存在诸多矛盾，这一协议至今没有取得多少进展。值得注意的是，欧亚经济共同体采用了欧盟的大部分法律，简单地效仿欧盟的一体化模式，或许是因为俄罗斯和中亚国家缺乏推动区域一体化经验，但这也会使得将来与欧盟建立自由贸易区的工作变得容易。从俄罗斯独立后经济发展的重点可看出，正是由于俄罗斯与欧盟之间的矛盾使得俄罗斯融入欧洲的进程无法取得突破，俄罗斯转而对开展独联体范围内的一体化重新采取了积极的态度。

从俄罗斯与中亚国家开展的区域经济一体化过程就可看出，俄罗斯出于对欧盟取得的经济成就和政治一体化的羡慕，没有认真研究欧盟成功的政治上的意愿和经济上的基础，就完全模仿了欧盟的经验和过程，而中亚国家（土库曼斯坦和乌兹别克斯坦例外）由于对俄罗斯的依赖性也并无其他选择，只能跟随俄罗斯的脚步起舞。而俄罗斯的中亚政策常常是一种应对危机的对策，苏联解体时的甩包袱、面对阿富汗的战乱和北约东扩时试图保持地缘政治利益、不愿意负担一体化的经济成本而只想享受利益，加之俄罗斯并没有认真、深入地考虑中亚区域经济一体化并提出成熟的、适应实际情况的战略，这使得俄罗斯提出的一体化模式（模仿欧盟）并不符合中亚地区和俄罗斯本身的经济实力和发展阶段。俄罗斯的态度说明，俄罗斯始终是从政治层面来推进中亚一体化，这也是为何中亚的一体化在停止多年后突然在近几年取得了实质性的进展，原因就在于俄罗斯需要一个牢固的战略依托来应对与其他大国和一体化组织的竞争。

三、俄罗斯的经济实力和结构难以实现经济一体化目标

（一）俄罗斯经济对中亚溢出效应很小

中亚国家参与俄罗斯主导的一体化的一个重要原因就是，俄罗斯的经济规模和传统的经济分工体系的影响。俄罗斯的经济规模远远大于中亚国家的总和，因此中亚国家希望能够通过俄罗斯的巨大需求来带动本国经济的增长。但是，俄罗斯的经济规模虽大，其经济结构和技术水平却存在诸多问题。由于过分依赖能源和其他原料开采，俄罗斯经济尚处于工业化中后期阶段[1]，这就决定了俄罗斯自身经济增长的质量并不高，属于“资源型”经济，这也是俄罗斯经济被认为具有“发展中国家化”特点的原因。俄罗斯劳动生产率落后美国和欧洲4倍，产品和技

---

[1] 郭晓琼．俄罗斯产业结构研究［M］．北京：知识产权出版社，2011：122.

术的资源消耗是美国和其他发达国家的3~7倍，能源消耗是3倍。美国近年来科技和研发资金是2800亿美元，欧洲是1900亿美元，日本是1000亿美元，中国是600亿美元，而俄罗斯仅为60亿美元。❶

由表7.2可知，能源和初级产品占据了俄罗斯出口的绝大部分，而进口则以工业制成品，尤其是技术和资本密集型商品为主。在俄罗斯与中亚国家的进出口结构中，俄罗斯对吉、塔两国的出口以能源为主（这是因为这两国能源短缺，俄罗斯对哈萨克斯坦出口的能源主要是源于苏联时期形成的石化工业布局），而对哈、土、乌三国的出口中，俄罗斯的工业制成品则成为主要的出口产品。国际贸易之所以具有“溢出”效应，就在于一国进口的先进的工业制成品，特别是机械设备，不仅能提高进口国的劳动生产率，而且能使进口国通过先进技术的扩散，提升进口国的技术水平，从而使其缩小与发达国家的技术水平的差距。但是，俄罗斯自身的工业化水平并不高，生产的工业制成品无法在国际市场上与其他国家产品竞争而只能利用传统的经济分工的联系销售到中亚国家市场，这就制约了中亚国家对先进产品和技术的吸收，始终处于落后的阶段。俄罗斯从中亚国家的进口中，除了从乌兹别克斯坦进口产品中有机械设备外，主要都是原材料和初级产品。

表7.2　俄罗斯与中亚五国的主要进出口商品

俄罗斯	出口	27（59.1%）	99（13.9%）	72（4.6%）	31（2.1%）	71（2%）
	进口	84（18.2%）	87（13.3%）	85（10.9%）	30（4.6%）	39（3.5%）
俄对哈*	出口	27（14.7%）	73（4.1%）	84（3.5%）	72（2.7%）	85（2%）
	进口	26（16.7%）	27（14.7%）	28（8%）	72（7.6%）	74（2.1%）
俄对吉	出口	27（52.1%）	44（5.3%）	72（4.1%）	18（3%）	15（2.7%）
	进口	62（39%）	61（13%）	52（10.4%）	07（9.1%）	08（3.9%）
俄对塔	出口	27（40.1%）	44（15.3%）	72（6.6%）	15（3.8%）	17（3.5%）
	进口	52（49.5%）	07（20.1%）	08（19.9%）	62（6.2%）	12（0.8%）
俄对土	出口	89（22.8%）	73（22%）	93（7.7%）	84（7.5%）	72（5.8%）
	进口	39（34.1%）	52（24.4%）	27（17.1%）	63（12.3%）	51（2%）
俄对乌	出口	44（21%）	72（14.6%）	84（9.7%）	15（7%）	85（5.9%）
	进口	87（34.8%）	52（15.3%）	08（14.5%）	61（8.7%）	85（5.6%）

资料来源：UN ITC [OL].[2012-11-28]. http://www.intracen.org/itc/market-info-tools/.

注：*为2010年数据，其余为2011年数据。

❶ 冯绍雷．俄罗斯年度发展报告［A］//冯绍雷．上海合作组织发展报告：2012［C］．上海：上海人民出版社，2012：183~184.

俄罗斯虽然继承了苏联的主要的经济实力和工业资产，但苏联的工业是以军工为核心的重工业体系，苏联的重工业是当时“跨越式”发展的产物，脱离了工业化进程中的“先轻后重”的发展顺序，造成当前俄罗斯的制造业体系的不完整和工业化程度的“虚胖”。因此，随着苏联的解体，俄罗斯制造业部门多年积累的弊端也开始显现。俄罗斯要成为真正的经济强国，必须重新经历工业化的阶段，建立基于市场和本国比较优势的工业体系。但这必然是一个长期且困难的过程，在短期内，中亚国家是无法从与俄罗斯的一体化中受益于资本、技术和制度的外溢的。实际上，通过发展与中亚国家的一体化，俄罗斯可以为其落后的制造业产品在中亚国家开辟市场。只是中亚国家从俄罗斯的进口工业制成品替代了欧美、中国的产品却使本国蒙受了贸易转移的损失，使其失去进口贸易的溢出效应。

（二）俄罗斯对经济一体化的认识存在不足

哈萨克斯坦总统直属战略研究所所长卡西奥诺夫在独联体创立之初时说：“事实上，中亚国家根本不想从经济、军事战略和文化上同俄罗斯脱离，而俄罗斯却想在经济上同中亚国家拉开距离，同时维护自己的军事战略利益。显然，这两个任务无法同时完成”（郑羽，2005）。俄罗斯曾经既想从政治、军事上控制中亚，但又不愿为此付出经济代价，在逐步认识到中亚地区对于俄罗斯的重要性后，俄罗斯开始热衷于推动中亚区域一体化的建设。

无论是推动独联体范围的一体化还是中亚地区的一体化，俄罗斯始终以欧盟模式为其范本，这固然有俄罗斯对欧洲的情感上的亲近、欧盟模式最终会导致政治的一体化等因素，还有一个原因就是利伯曼所指出的俄罗斯学术界对于一体化进程的理解是“平庸的”，这些论文往往遵循着非常相似的推理模式：一体化有利于所有国家或至少俄罗斯的经济发展，理由是“国际经验”或国家间之前的经济联系；发展渠道应是欧盟的进程，最终实现货币联盟；一体化失败的主要原因是“缺乏政治意志力”。[1] 由于俄罗斯对中亚国家的传统影响，中亚国家学术界在一体化领域的研究也效仿俄罗斯。

不可否认的是，各国学术界对于区域一体化的主流观点必然会对制定一体化政策的政府官员们产生影响，由于对中亚与欧盟在一体化现实基础、客观条件和各国利益分配等各方面的不同缺乏准确认识，简单模仿欧盟一体化模式会限制中亚一体化深入开展。

---

[1] 亚历山大·利伯曼．独联体及中亚区域一体化研究［A］//冯绍雷．上海合作组织发展报告（2012）［C］．上海：上海人民出版社，2012：183～184．

（三）俄罗斯难以发挥市场经济制度的传递作用

世界范围内成功的区域一体化往往是北北型一体化或南北型一体化，而且都有大国在其中发挥主导作用。就经济规模而言，俄罗斯对于中亚国家来说是实至名归的大国，也可以称之为“北方国家”。但正如前文分析，由于经济结构的“发展中国家化”，俄罗斯对中亚国家难以发挥溢出作用。而北北型一体化或南北型一体化成功的一个重要原因就是，北方国家成熟的市场经济体制在一体化进程中可以更好地配置资源，并有效、合理地解决一体化过程中的问题与矛盾。俄罗斯为建立市场经济体系，采取了激进的休克疗法，但今天的俄罗斯还无法被看做建立了成熟市场经济体系的发达国家。

截至2007年，在俄罗斯投资累计前十位的国家分别是：塞浦路斯、荷兰、卢森堡、英国、德国、美国、法国、瑞士、维尔京群岛和爱尔兰，这十个国家投资占俄罗斯利用外资总额的88.5%，而其中七个欧盟国家对俄罗斯投资总量为1856.78亿美元，占俄罗斯吸引外资总量的77.6%。就俄罗斯的经济规模和丰富的资源来看，俄罗斯吸引的外资并不算多。更重要的在于，俄罗斯吸引的外资主要以间接投资为主，如2003年欧盟对俄罗斯投资额为196.25亿美元，但其中直接投资仅为16.67亿美元，间接投资则为179.55亿美元。由于直接投资金额大、周期长、投资方的直接参与经营会给东道国带来技术、管理的外溢效应，因此各国普遍更为重视吸引直接投资。俄罗斯获取的投资大部分是间接投资就充分说明其投资环境并不完善，也表明俄罗斯市场经济制度的不成熟。俄白哈关税同盟建立后，有不少俄罗斯企业迁往哈萨克斯坦，这表明哈萨克斯坦的市场环境反而在一定程度上优于俄罗斯。

南北型一体化能够成功的原因之一在于，发展中国家不仅从发达国家得到了技术、资本的外溢，依靠发达国家的大市场带动本国产品的出口增长，而且还能够学习北方国家成熟的市场经济运行经验，完善本国的市场经济体系。与发达国家签订区域协定，还会增强发展中国家政策和政治的信誉，有利于增强外国投资者对其的信心，从而获取更多的投资来促进本国经济增长。

当俄罗斯自身尚处于工业化中期阶段以及其市场经济的制度远不能称之为完善时，即使与俄罗斯建立了一体化组织，中亚国家也无法获取成熟的市场经济制度、先进的技术和管理以及增强小国对外开放的国际信誉。从这一点来说，俄罗斯与欧盟建立共同经济空间倒可以使俄罗斯在这些方面得以改善。

总的来说，区域一体化是政治和经济因素共同作用的结果，而成功的区域一体化也必然是各成员国建立了能够创造和分享更多的政治和经济利益的机制。虽然在初期，俄罗斯试图甩掉中亚“包袱”，并对中亚国家推动的一体化嗤之以鼻，但中亚对于俄罗斯而言，绝非可有可无的地区，正如中亚学者指出的：“……俄罗斯的未来取决于究竟如何能够实现自己的欧亚双重性……是要把自己看成是一个对所有国家来说都是有效的、必需的、有益的沟通欧亚大陆东西方之间的桥梁。这种态度要求我们回到与1994年哈萨克斯坦总统纳扎尔巴耶夫提出的欧亚同盟构思相关的一系列思想中去。但那时这个构思被独联体官僚主义这个糟糕透顶的泥潭无情地扼杀了。而且再明白不过，如果在独联体国家内部都不能形成一个发达的层次感强的合作机制，俄罗斯又怎么能够加入到繁荣的欧亚社会体系中去呢?”（卡·托卡耶夫，2001）当认识到中亚的战略意义时，俄罗斯立即通过政治、军事、经济的多种手段实现了中亚一体化，因此俄罗斯在推动中亚区域一体化方面，起码就目前而言，所起的主导作用是其他国家所无法取代的。

所有成功的一体化组织的经验都表明，政治考虑在推动一体化成功与否中起着重要作用，但一个一体化组织是否真正成功的关键不在于是否建立了一体化组织本身，而是能否为各成员国创造出足够的经济利益。

中亚国家在政治、军事、安全、基础设施等多个领域对俄罗斯的依赖促进了俄罗斯倡导的欧亚经济共同体的成功，但是俄罗斯的经济、技术水平以及尚未建立成熟的市场经济体系也制约了在中亚建立市场驱动型的一体化。如果这一点得不到改善，那么俄罗斯主导的中亚一体化仅仅是中亚国家因为诸多现实问题上对俄罗斯的依赖而形成的“捆绑式一体化”，其发展前景并不乐观。

第二节　中国的作用

一、中国应为中亚提供区域公共产品

苏联解体前，举行全民公决以决定联盟的未来时，中亚各共和国民众普遍支持保留联盟，当时中亚各国参与投票和赞成保留苏联的比例普遍超过90%，是苏联各共和国中最高的。苏联解体后，即使是在俄罗斯实行“甩包袱”政策、不愿再充当中亚国家的“奶牛”时，中亚国家仍希望能够保持与俄罗斯的紧密联系，如纳扎尔巴耶夫1994年提出的建立欧亚联盟的建议。中亚各国政府和民众之所以对保持与俄罗斯的紧关系持有如此积极的态度，关键一点在于，俄罗斯为中亚地区提供了主要的区域性公共产品，无论是政治、安全，还是经济和文化等各个领域。虽然当下俄罗斯的实力已远不如苏联时期，但俄罗斯在中亚地区的主导性影响仍然是其他国家所无法比拟的，这与俄罗斯为本地区提供了大量的区域性公共产品具有紧密的关系。

随着欧亚经济共同体在中亚区域经济一体化中占据了主导地位，上合组织自贸区已成为一个“长远”的目标，中国在中亚地区的发展重点应调整为提供区域

性公共产品而不是建立区域一体化组织。欧盟是后苏联地区一直效仿的区域经济一体化模式，中国也应该借鉴欧盟的一体化经验。如欧盟一体化始终是在法德合作的基础上推进的，两国化解了历史矛盾而同心协力地推动欧盟一体化不断取得新的成就。

正如有学者指出的：区域范围内公共产品的提供将导向区域主导权的获取。区域合作中的主导权实际是中性的权力本身与各国的利己主义复合后的权力，而对于主导权的争夺会导致合作进程的失败。之所以出现对主导权的争夺，是因为把区域主导权等同于了霸权。其实，基于区域公共产品供给的区域主导权在获得上具有条件性、在使用上具有约束性、分割性。区域公共产品具有多元性，其供给方式也存在多样性，这意味着与之相联系的区域主导权具有可分割性，提供不同公共产品的各方将获得不同领域的合作主导权。[1] 俄罗斯在中亚地区的传统优势在于，提供了安全领域的公共产品，就俄罗斯提供的安全产品（集安组织）和经济产品（欧亚经济共同体）而言，集安组织是成功的，而欧亚经济共同体目前则是在组织架构方面最为成功的一体化组织。从长远来看，由于俄罗斯自身的经济并未实现现代化和合理的产业结构，依然是依赖资源的“发展中国家化”，因此其很难提供经济和其他领域的公共产品。在有些领域，俄罗斯和中亚国家利益存在冲突，如在能源输出领域，俄罗斯希望能够继续控制中亚国家能源开采与运输管道，而中亚国家则希望通过实现能源开采和运输的多元化保障本国利益；在有些领域，俄罗斯则无力满足中亚国家的需求，如在市场经济体系的建立、区域性市场形成方面，由于俄罗斯本国尚未形成成熟、完善的市场经济体系，自然很难对中亚国家发挥制度性外溢作用。

中亚地区，各国的发展水平偏低，难以靠自身力量为本区域提供公共产品。区域性公共产品的供给是区域内国家增强彼此联系与认同的有效途径。中国虽具备了在多个领域提供区域性公共产品的能力，并且中亚国家对上合组织，或者说对中国也有着很多的合作需求，但中国通过上合组织发挥的作用很有限。因此，中国可以根据自身的优势和中亚国家的现实条件和需求，针对性地开展活动，而不一定通过上合组织的平台。例如，中亚地区现已形成的巴扎贸易网络为各国创造了大量的就业岗位，并且提升了对改进基础设施的要求。更关键的是，通过形成区域性贸易市场，各国内部逐步产生了对市场经济制度的要求以及能够参与市场经济竞争的企业。这些中亚各国内部形成的依托中国产品的商业模式和就业人群，构成了支持发展与中国经贸往来的力量，同时也可以强化各国在上合内部对

---

[1] 王玉主．区域公共产品的供给与东亚合作主导权问题的超越［J］．当代亚太，2011（6）．

中国的支持。

区域贸易的发展自然会带动中亚国家对交通、通讯、金融等公共产品的需求，而修建中亚地区的交通网络既可为本地区创造就业机会，也可进一步强化中亚各国彼此的经济往来，创造各国合作的氛围。通过地缘政治合作和地缘经济利益的不断强化，主导型大国也很难获得为所欲为的特权。中国也可以通过提供区域性公共产品使得各国重视与中国的关系来加大中国的影响力，使得中亚国家接受中国的存在与区域性公共产品提供者的角色，这也会逐步推动上合组织平台的建设。

制约中国发展与中亚地区一体化的一个原因在于中亚国家民众对俄罗斯的好感远高于中国，这种现象的形成就与中国以往过于注重开辟中亚国家市场有关。虽然中国商品解决了中亚国家独立后国内市场匮乏的困境，然而，在中亚地区的民众中却形成了中国只重视占领中亚市场和获取中亚资源的印象。要改变这种局面，中国也需要调整以往的做法，注重为本地区提供公共产品，如水资源、荒漠治理、里海生态，改善中国在中亚地区的形象和地位。"二战"后，日本在东亚地区经济合作中根据各国不同需求提供了大量的区域性公共产品，东亚各国的巨大差异性使得地区范围内任何问题的解决都无法一刀切，也不可能一蹴而就，而必须在原有基础上逐步发展。虽然提供公共产品是一个相对漫长的过程，但日本通过与国内各个利益集团反复协商并循序推进，最终赢得了在东亚地区的有利地位，赢得了各国民众的好感。[1] 鉴于"二战"中日本对东亚各国的侵略和今天日本得到了东南亚各国的认可，足见这种区域性公共产品提供者的角色带给日本的利益是相当惊人的。

中亚国家在苏联解体后不断建立各种一体化组织，实质就是对区域性公共产品的寻求，只是由于各国普遍实力过于弱小、彼此间存在许多矛盾等，这一目的无法实现，因此中亚地区的区域性公共产品只能依赖地区外的大国提供。上合组织自贸区无法列入发展目标的原因就在于，俄罗斯担心中国的经济扩张，俄罗斯领导人提出上合组织不考虑建立统一经济空间，而只进行具体的基础设施项目建设。在经济合作上，俄罗斯不赞成开展贸易，而以基础设施建设为重点；在经济合作目标上，俄罗斯也希望开展地区发展而不是一体化（赵华胜，2012）。因此，当我们以提供区域性公共产品而非建立上合组织自贸区的角度来看待中俄关于中亚地区时，就会发现中俄在基础设施等一系列的区域性公共产品的提供上是一致的。而这也符合中亚各国的期望，如哈萨克斯坦对本国的定位之一就是成为连接欧亚大陆的交通枢纽。

---

[1] 贺平．区域性公共产品与东亚的功能性合作：日本的实践及其启示［J］．世界经济与政治，2012（4）．

对于中亚国家来说，由于其经济发展落后、基础设施薄弱、市场经济体系不完善、政府宏观调控和治理能力低下等弊端，实现欧盟式一体化是其无法完成的任务。由于成员国的经济发展水平和经济结构都存在诸多结构性问题，欧亚经济共同体更像是南南式一体化，而非洲和拉美的经验已经证明，此类一体化无法带给各国希望的福利。尽管中国的经济实力远强于上合组织的其他成员国，但由于各国政治因素的影响，上合组织自贸区已经被证明不具备现实条件。因此，中国不应再期望短期内建立区域经济一体化组织，而应该先推动开展基础设施建设，通过提供区域性公共产品，以此来带动中亚国家经济发展。通过经济的发展不断积累各国发展经济的有利条件和意识，当俄罗斯和中亚各国随着经济发展的内在要求不断提升经济往来程度时，其自然有动力克服阻碍一体化的因素，也更容易接受本地区的一体化。

中国在当前不具备较强影响力的背景下，应该利用现有能力专注于提供区域性公共产品，从而逐步形成在中亚的影响力。"二战"后，德国在西欧，日本在东南亚都是通过持续地提供区域性公共产品而增强了在地区国家中的影响力。对于和中亚国家并无历史障碍的中国来说，更有理由通过提供区域性公共产品来强化自身在中亚的影响。

二、中国应为中亚一体化创造经济条件

从前文中可看出，中亚地区虽建立了众多的区域一体化组织，但即使是最为成功的欧亚经济共同体成员国，其贸易往来依然很低，这成为中亚地区实现真正一体化的障碍。中国应发挥自身的优势，促进中亚各国的经贸往来，从而为中亚地区的区域合作奠定经济基础。

（一）促进中亚地区市场的形成

非正式贸易（边境、巴扎）在中亚地区迅速发展的原因在于：（1）中亚地区有巨大需求。受苏联时期已形成且至今没有改变的畸形产业结构的影响，中亚国家无法依靠本国的生产能力满足国内对工业制成品和日用消费品的需求，这就决定了发展与区外国家的贸易是中亚各国的必然选择。（2）中亚地区市场发育不成熟。中亚地区的各种不同规模的巴扎只是发达国家大型购物中心的简化版而已，相比于国外的购物中心，巴扎的基础设施投资低（商户以集装箱作为自己的店面，有的巴扎就在露天经营），个体商户是主要的经营者（中亚国家市场发育不成熟，尚未形成大量的企业），交易场所简陋，但这些却正好适应了当前中亚地区的经济发展水平。实际上，个人的小量旅购贸易实际成本高于公司的规模经营，但考虑到中亚国家目前的税率以及经营环境，要形成以公司为主体的市场还需要很长时间，因此，以个人或家庭为单位的旅购也就成为最现实的选择。（3）中亚国家政

策有缺陷。当前，仅有吉尔吉斯斯坦和塔吉克斯坦加入了 WTO，其关税税率很低（这也是吉尔吉斯斯坦成为中亚转口贸易平台的根本性原因），其余各国关税和非关税壁垒较高，海关监管效率和水平低下。灰色清关在中亚地区的普遍存在与各国海关的通关效章有着密切的关系，因此，要想彻底杜绝灰色清关，同时又不影响各国的贸易往来，只能依靠各国提高海关工作效率，简化对边境贸易的监管措施来实现。

表 7.3　2008 年中亚巴扎年成本估算

单位：百万美元

	巴扎	总固定成本	劳动力费用	租金或同类支出	巴扎官方收费	非正式巴扎费用
国际级	巴拉克霍卡（阿拉木图，哈）	314.7	57	66.5	49.8	141.4
	导多伊（比什凯克，吉）	855.7	252.6	540.4	62.7	0
	卡拉苏（奥什，吉）	123.9	44.4	35.2	31.7	44.3
	卡尔文（杜尚别，塔）	20.6	7.3	3.9	1.9	7.5
国家/地区级	阿特奥德（阿拉木图，哈）	29.5	19.3	5.8	4.4	0
	伊斯阙鄯（尤若土拜，塔）	4	2.7	0.3	1	0
	玛迪纳（比什凯克，吉）	7.4	3.4	2	1.3	0.6
	上海（阿斯塔纳，哈）	31.5	23.7	7.6	0.2	0
	苏特内—卡别（杜尚别，塔）	5.2	1.8	0.3	0.9	2.1
城市/地方级	奥特姆（阿斯塔纳，哈）	54.2	16.8	21.7	15.8	0
	卡卡拉（阿拉木图，哈）	10.1	4.7	5.4	0	0
	潘集珊拜（苦盏，塔）*	3.2	1.7	1.2	0.3	0
	撒霍瓦特（杜尚别，塔）*	0.9	0.4	0.4	0.2	0
	萨拉—阿卡（阿拉木图，哈）*	2.6	1.4	0.6	0.6	0
	总计	1463	437	691	171	196
	哈萨克斯坦	442	123	107	71	141
	吉尔吉斯斯坦	987	300	578	96	45
	塔吉克斯坦	34	14	6	4	10

资料来源：Kaminski，Bartlomiej . and Mitra，Saumya. Borderless Bazaars and Regional Integration in Central Asia. Emerging Patterns of Trade and Cross – Border Cooperation [R]. World Bank. Washington，D. C. 2012：68.

注：* 为农产品巴扎。

边境和巴扎贸易不仅满足了中亚各国的消费需求、增加了福利、降低了通货膨胀，并且创造了大量的就业岗位，提高了各国妇女的收入和地位（巴扎内大部分的摊位都由女性经营）；[1] 还促进了中亚各地区间的信息交流和商业意识的形成，通过巴扎会把外来的采购商与本地的生产者连接起来，从而带动地产商品销售到其他地区乃至国外（目前巴扎贸易交易商品的25%左右就是中亚本地生产的，一年价值约为20亿美元），这对于缺乏资金和国际市场营销技能的各国生产者来说无疑起到了极大的作用。通过参与巴扎与边境贸易活动，中亚民众的市场经济意识会逐步激发出来，而一旦普通民众都参与到经济活动中，中亚区域市场的形成就成为各国民众自发的要求而不再是外来国家的强迫了。

边境和巴扎贸易的发展会引发对交通等基础设施的需求，这一方面可以促进各国政府加大对基础设施建设的投入，同时也会提高基础设施的利用，有利于各国收回相关的投资，进而激发扩大投资的积极性，这样就可形成投入—回报—扩大投入的良性循环，拉动各国的经济增长。

通过边境和巴扎贸易完成原始积累的商人们，其从贸易中形成的商业意识和经营、营销技巧以及对国内外市场的熟悉，会成为中亚各国发展经济的极为宝贵的财富。这些商人会成为成熟的市场经济必不可少的要素——企业家的来源，他们可以将本地区各种资源和要素结合起来，投资不同的行业，引入区外的资本，将本地区产品引入国际市场。

边境和巴扎贸易的发展可增加地方政府的税收和各类收费（这在中亚地区很普遍），这也调动了地方政府积极性，愿意保护和推动巴扎的发展。随着巴扎网络的不断完善，中亚地区就逐步形成了自下而上的一体化进程，有助于一体化的发展。边境和巴扎贸易网络形成后的一个效应就是，可在市场化的基础上配置资源，这会带动地方经济意识的觉醒和对本地优势资源的挖掘，根据比较优势来发展相关产业，就如吉尔吉斯斯坦的服装业，这不但可以拉动地方经济发展，而且在一定程度上会解决部分中亚国家过分依赖资源开发而引发的“荷兰病”。

（二）发挥中国大市场的拉动作用

由于与苏联关系的恶化，苏联时期中国与中亚国家的经贸往来基本停滞了。独立初期，中亚各国均面临严重的日用消费品短缺，中国与其贸易迅速发展，加之当时各国都出台了促进边境贸易的优惠措施，因此也奠定了今天边境贸易和巴扎贸易在中亚地区兴旺发展的基础。目前，中国已成为中亚各国的主要贸易伙伴，由于中亚国家的资源状况不同于中国，其贸易方式也呈现不同特点。哈萨克斯坦、乌兹别克斯坦和土库曼斯坦能源储备丰富，而中国经济的快速增长的能源需求使得哈、土、乌对中国的出口增长迅速，中国已成为三国的主要出口市场，尤其是

[1] Kaminski, Bartlomiej and Mitra, Saumya. *Borderless Bazaars and Regional Integration in Central Asia: Emerging Patterns of Trade and Cross-Border Cooperation* [R]. World Bank. Washington, D. C. 2012: 57-70.

土库曼斯坦，因2009年对俄罗斯出口天然气管道爆炸后对俄天然气出口大幅下降，中国成为该国天然气的主要市场，2011年中国占土库曼斯坦出口额的67.2%。吉尔吉斯斯坦和塔吉克斯坦经济规模小，且没有丰富的石油、天然气储备（两国的水电资源开发又受制于下游国家），因此两国对中国出口极少，但两国从中国进口却极为惊人，主要因为吉、塔两国成为中国商品转口到周边国家的贸易平台。如塔吉克斯坦进口中国的商品主要转口到阿富汗，吉尔吉斯斯坦进口的商品主要转口到哈萨克斯坦、乌兹别克斯坦和俄罗斯。

虽然因各自不同情况中亚国家与中国的贸易具有不同特点，但中亚国家也都从贸易中获取了良好收益，哈、土、乌实现了能源出口的多元化，而吉、塔则通过转口中国商品促进了各自就业问题的解决和服务业的发展。但由此引发的问题在于，很多中亚民众乃至政府官员都持有中国将中亚地区作为能源、原材料产地和商品销售地的看法，这也给中国推动的上合组织自贸区带来了负面影响。这种观念的确反映了当前中国与中亚国家贸易结构的现实情况，而且在相当长一段时间内这种状况都不会发生根本性变化。但中国并非有意造成这种局面，因为在苏联时期中亚国家的经济定位就是原材料产地和商品销售市场。中亚国家要想改变过去畸形的、计划体制的分工体系并建立新的基于比较优势的、市场形成的分工体系，还需要一个长期而且艰难的过程。

对于中亚国家来说，正确的发展战略只能是在对外开放过程中探寻本国的比较优势所在，改善基础设施，吸引外资，发展对外贸易，逐步建立适合本国实际情况的工业化道路和产业结构。在这一进程中，中国巨大的市场需求无疑是中亚国家极为关注的，但除了能源和原材料，当前中亚国家几乎无法提供其他中国市场需要的商品。改变这一现状的方法是中国扩大在中亚地区的投资，但考虑到前文中所分析的中亚地区落后的基础设施、恶劣的投资环境以及并不友好的民众观念，来自外部的投资不会迅速增加。

由于各国不同的情况，中国应采取不同措施以拉动其经济增长。对于哈、土、乌三国，中国应进口能源，投资三国的石化产业和石油开采配套产业；对吉、塔，则应通过转口贸易平台和基础设施建设，使其逐步形成比较优势产业。

（三）中国发展经验对中亚国家的借鉴

中国在经济领域对中亚国家的拉动不仅是有形的基础设施投资和进口中亚国家商品，还应该包括经济转型时期政策和市场经济体系的建设等经验和制度的外溢。中亚国家已独立20年，但无论是采用激进型转型的哈、吉、塔还是保守型的土、乌，均没能形成促进经济增长的成熟经济体系和制度。俄罗斯为中亚国家提供了安全、能源通道等公共产品，但在如何建设现代化的、高效的、成熟的市场经济方面，俄罗斯也难以为中亚国家提供借鉴。

对于同为转型国家的中国，中亚国家一直对中国经济发展的经验抱有浓厚的兴趣，中国在经济转型过程中的经验和历程可为中亚国家提供很多借鉴。这一点，在与中亚国家的政府官员学者乃至普通民众的日常交流中均可感觉到。如吉尔吉斯斯坦的中亚大学曾于2012年专门举办学习班请欧洲学者讲授中国经济发展的经验。哈萨克斯坦政府提出要发展高新技术产业，但就中国自身发展的经验来看，当前发展高新技术产业并非哈萨克斯坦的最优选择。因为对任何一国来说，适合其发展的产业是最好的产业项目，而不是单纯以是否是高新技术来决定。这一方面是因为发展高新技术产业所需的相关要素对于中亚国家来说并不具备，另一方面在于当该国还有大量的并不具有良好素质和技能的失业人口存在时，将资金和资源投向符合本地比较优势的劳动密集型产业能更好地解决就业问题。通过这些产业的发展来逐步积累资金和适应国际市场竞争的企业，能更好地带动国内配套产业发展。

中国也曾经长期实行进口替代政策，这并未能提升中国企业和产品的国际竞争力。中国加入WTO的一个重要动机就是发出信号和锁定改革进程，并采取出口导向的外贸政策，而中国入世后经济的快速发展已充分说明，实行对外开放对一国经济发展的重要性。

当前，吉尔吉斯斯坦转口平台地位对吉经济所起的作用越来越被认可，这对市场机制和意识在中亚地区的普及是有利的，中国可以在经济发展过程中提供市场制度外溢，最终在经济基础、制度典范等方面对中亚国家形成示范作用和影响力。

三、新疆经济的落后制约了中国参与中亚经济发展的进程

新疆具有哈萨克斯坦、吉尔吉斯斯坦和塔吉克斯坦三国相邻的地缘优势，因此成为中国发展与中亚各国经贸往来的桥头堡，新疆也被定位于中国从中亚进口能源和向欧洲出口商品的“大通道”。“大通道”的定位既源于新疆的地缘优势，也与新疆本身经济的落后具有密切关系。

2012，年新疆外贸额为251.7亿美元，在全国各省区中排名第19位，在西部12省区中排名第四位。2012年，新疆对中亚五国进出口175.8亿美元，占新疆对外贸易总额的69.8%，其中出口达193.5亿美元，占新疆外贸总值的76.9%。

新疆外贸的快速增长始于1991年苏联解体，从此之后周边国家成为新疆的主要贸易伙伴。新疆与周边国家的贸易分为两个阶段：第一阶段，1991～2000年，新疆的出口和进口年均增长速度分别为12.7%和27.1%，进口增长远高于出口增长；第二阶段，2001～2010年，出口和进口速度分别为34.5%和12.1%，出口增长又达到了进口增长的2.85倍。由图7.1可知，中亚国家与新疆贸易的高速增长

主要是在2000年之后出现的情况，这主要是因为2000年后中国与中亚国家分别因为加入世贸组织和国际市场石油价格高涨而促进各自经济发展，因此也使得新疆与中亚国家的贸易得以快速增长。

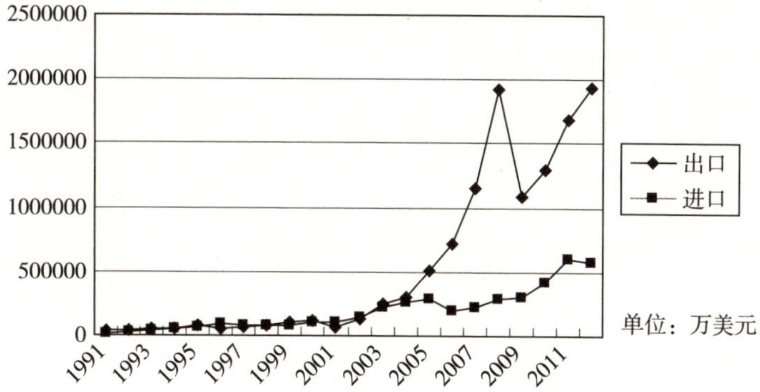

图7.1　1991～2012年新疆进出口走势

资料来源：新疆维吾尔自治区统计局．新疆统计年鉴1992～2012［M］．北京：中国统计出版社，1992～2012．

新疆与周边国家的贸易存在以下特点。

（一）对周边市场依存度过高

1998年，美国、俄罗斯和我国香港还是新疆的主要贸易伙伴，分别占新疆外贸额的14%、7.8%和7.5%，但此后中亚国家与新疆的贸易增长迅速，成为新疆主要的贸易伙伴。2012年，新疆前五位贸易伙伴国分别为哈萨克斯坦、吉尔吉斯斯坦、塔吉克斯坦、美国和乌兹别克斯坦，与中亚国家的贸易占了新疆外贸额的73.3%，如加上俄罗斯，周边国家占新疆外贸额的比例达到75.3%。美国只是在2011年之后，与新疆的贸易才得以恢复，但远不能与1998年的水平相比。美国在新疆外贸伙伴中地位的上升无疑与俄白哈关税同盟成立后新疆因出口受到影响而大力开拓欧美市场有着密切的关系。

表7.4　1998～2012年新疆主要贸易伙伴

年份	主要贸易伙伴所占外贸额的比例				
1998	哈（32%）	美（14%）	吉（12.7%）	俄（7.8%）	港（7.5%）
1999	哈（52.5%）	吉（7.5%）	港（5.8%）	美（5.7%）	俄（5.1%）
2000	哈（52.1%）	吉（7.6%）	港（4.6%）	韩（4.6%）	美（4.5%）
2001	哈（51%）	美（7.4%）	俄（6.9%）	吉（5.6%）	港（3.7%）

续表

年份	主要贸易伙伴所占外贸额的比例				
2002	哈（50.7%）	俄（8%）	吉（5.8%）	美（4.7%）	意（4.2%）
2003	哈（53.4%）	俄（5.8%）	巴（5.4%）	吉（4.8%）	美（4.1%）
2004	哈（58.3%）	吉（8.2%）	美（4%）	俄（4%）	巴（2.9%）
2005	哈（63.2%）	吉（9.4%）	巴（4.3%）	美（3.4%）	俄（2.9%）
2006	哈（55%）	吉（20.4%）	巴（3.8%）	乌（2.9%）	塔（2.4%）
2007	哈（50.8%）	吉（23.7%）	俄（4.4%）	巴（3%）	塔（2.7%）
2008	哈（40.8%）	吉（35.9%）	塔（5.6%）	俄（3.2%）	阿（2%）
2009	哈（49.9%）	吉（21.5%）	塔（6.3%）	乌（2.6%）	俄（2.2%）
2010	哈（39.9%）	吉（15.1%）	塔（6.2%）	阿（2.1%）	俄（2.1%）
2011	哈（46.4%）	吉（16.7%）	塔（7.5%）	俄（4.1%）	美（3.7%）
2012	哈（44.3%）	吉（16.1%）	塔（5.6%）	美（4.1%）	乌（3.3%）

资料来源：新疆维吾尔自治区统计局．新疆统计年鉴 1998～2013［M］．北京：中国统计出版社，1998～2012．

注：哈为哈萨克斯坦，美为美国，吉为吉尔吉斯斯坦，俄为俄罗斯，港为香港，巴为巴基斯坦，乌为乌兹别克斯坦，塔为塔吉克斯坦，阿为阿塞拜疆，意为意大利，韩为韩国。

与20世纪90年代相比，新疆当前的主要贸易伙伴已经是周边的中亚国家，这既是新疆地缘优势的作用，也与周边国家的经济状况、产业结构以及中国经济发展有着密切的关系。新疆的主要贸易伙伴哈萨克斯坦、吉尔吉斯斯坦和塔吉克斯坦都与新疆毗邻，而且设立了通关口岸。新疆外贸发展的一个重要原因就是充分利用了自身的地理优势。但这也从另一个角度说明，新疆外贸的竞争能力并不强。

从表7.5的数据可知，2003年新疆与中亚国家的贸易额分别占中国与中亚各国贸易额的76%、74%、11%、23%和30%，但截止到2012年虽然中国与中亚国家的外贸额有了大幅增长，但新疆占中国与中亚各国的贸易比例除了与吉尔吉斯斯坦和塔吉克斯坦较高，即78%和76%，但与哈萨克斯坦和土库曼斯坦的比例分别降至43%和1%。之所以出现这种情况，与中国扩大了从中亚国家的能源进口有着密切的关系。

表7.5　中国、新疆与中亚各国的贸易数据

	哈萨克斯坦			吉尔吉斯			乌兹别克			塔吉克			土库曼		
	中	新	%	中	新	%	中	新	%	中	新	%	中	新	%
2003	32.9	25	76	3.1	2.3	74	3.5	0.38	11	0.39	0.09	23	0.83	0.25	30

续表

	哈萨克斯坦			吉尔吉斯			乌兹别克			塔吉克			土库曼		
2004	32.9	32.9	73	6	4.6	77	5.8	0.86	15	0.69	0.3	43	0.98	0.04	4
2005	44.9	50.2	74	9.7	7.5	77	6.8	1.4	21	1.58	0.99	63	1.09	0.1	9
2006	68	50	60	22.3	18.6	83	9.7	2.7	28	3.2	2.2	69	1.8	0.4	22
2007	138.78	69.74	50	37.79	32.5	86	11.28	3.36	30	5.24	3.77	72	3.53	0.4	11
2008	175.52	90.71	52	93.33	79.73	85	16.07	4.36	27	15	12.54	84	8.3	0.77	9
2009	141.29	68.98	49	53.3	29.73	56	19.21	3.86	20	14.07	8.68	62	9.57	0.72	8
2010	204.49	92.59	45	42	26.57	63	24.83	6.21	25	14.33	10.76	75	15.7	1.29	8
2011	249.61	105.96	42	49.76	38.06	76	21.67	7.41	34	20.69	17.22	83	54.77	1.18	2
2012	256.82	111.67	43	51.62	40.39	78	28.75	8.31	29	18.57	14.07	76	103.73	1.38	1

资料来源：中国统计年鉴 2012 [OL].[2013－05－06]. http://data.stats.gov.cn/publish/index? m. 新疆维吾尔自治区统计局. 新疆统计年鉴 2007 [M]. 北京：中国统计出版社，2008：326.

注：中为中国简称；新为新疆简称；% 为新疆对各国贸易额占中国对各国贸易额比例；金额为亿美元。

2010～2012 年，中国从哈萨克斯坦进口矿物燃料分别为 58 亿、96 亿、93 亿美元，从土库曼斯坦进口矿物燃料 2011 年为 46.5 亿美元，2012 年为 85.7 亿美元。正是由于能源贸易的发展，中国在短短三年间成为土库曼斯坦的第一大出口对象，占土库曼斯坦出口贸易的 67.2%。而 2012 年，新疆进口原油额仅为 30 亿美元，这是因为能源进口业务主要由中石油等央企实施而不纳入新疆的贸易统计，因此，随着中国从中亚国家进口能源的增加，新疆与能源丰富的中亚国家的贸易占中国与其的贸易比例不断下降。

（二）贸易方式以边贸为主

1985～1990 年，新疆外贸总额由 2.9 亿美元增加到 4.1 亿美元，但在 1991 年中亚国家独立后，由于俄罗斯出于自身利益的考虑，对中亚国家采取了“甩包袱”的方式，中亚国家经济陷入了极为困难的局面，国内消费品极为匮乏（苏联时期中亚国家的工业制成品主要依靠俄罗斯、乌克兰和白俄罗斯供应）。为缓解国内消费品短缺的困难，中亚国家纷纷采取了鼓励边境贸易发展的政策，因此新疆与中亚国家的贸易也有了迅速增长。1994 年，边境小额贸易还仅占新疆外贸额的 23%，但 1995 年即超过一般贸易方式，占新疆外贸额的 48.6%，成为新疆外贸最主要的贸易方式，最高时边境贸易占到了新疆外贸额的 70% 以上。近年来，虽然边境小额贸易占新疆外贸额比例呈下降趋势，但如加上“其他贸易”方式[1]，与周边国家

[1] 其他贸易即旅购贸易。

的边境贸易仍占到新疆外贸的60%以上。

新疆的边境贸易、一般贸易和其他贸易是新疆外贸最主要的贸易方式，边境贸易和一般贸易、其他贸易占新疆外贸的比例也呈现出替代的关系。1994年，边境小额贸易仅比一般贸易高5.9%，但2008年差距则扩大到62.2%，与此同时，其他贸易也随着边境小额贸易的增长而持续萎缩。而2009年后，随着边境小额贸易的下降，一般贸易和其他贸易则呈现了恢复性增长，到2012年，已分别占到新疆外贸总额的33.6%和11.6%。

表7.6 1994～2012年新疆主要贸易方式占外贸额比例

年份	边境小额贸易（%）	一般贸易（%）	其他贸易（%）
1994	49.3	43.4	7.3
1995	48.6	43.6	7.8
1996	52.1	40.1	7.8
1997	51.8	41.6	6.6
1998	56.8	34.7	8.5
1999	58	35.6	6.4
2000	58.3	36.7	5
2001	55.4	30.7	13.9
2002	57.3	29.9	12.8
2003	63.7	30.1	6.2
2004	65.8	26.9	7.3
2005	69.7	24.8	5.5
2006	71.2	24.3	1
2007	68.7	26.9	1.5
2008	79.4	17.2	1.3
2009	65.9	21.5	8.3
2010	58.6	21.2	16.2
2011	55.8	28.2	13.7
2012	51.7	33.6	11.6

资料来源：乌鲁木齐海关［OL］.［2013-02-02］. http：//urumqi.customs.gov.cn/publish/portal166/tab61996/. 新疆维吾尔自治区统计局. 新疆统计年鉴1994～2002［M］. 北京：中国统计出版社，1994～2003.

*为比例过低。

边境小额贸易方式也从2008年的79.4%迅速下降到2012年的51.7%，此时，除了2009年新疆外贸额大幅下降外，新疆外贸仍实现了增长，并于2012年达到251亿美元的新高，这说明俄白哈关税同盟的成立并未对新疆外贸产生明显的制约，但对新疆的贸易方式则产生重大影响。

边境贸易成为新疆主要的贸易方式，不仅是由于国家出台了相关的鼓励政策，根本原因在于新疆与周边中亚国家的经济发展水平低、居民普遍收入不高、企业参与国际经济活动的能力不足。由于各国企业实力不强，因此纷纷选择了跨国经营方式中成本最低的出口贸易来开展国际经济活动，而中亚国家居民收入低下的现实使得边境贸易这种贸易成本最低的方式成为中亚国家最受欢迎的经营方式，这也与周边中亚国家间的边境贸易、巴扎贸易网络相适应。

1992 年，新疆进口增加了 2 亿美元，但仅工业制成品就增加了 1.9 亿美元，直到 2000 年，新疆进口增长速度一直高于出口增长速度。1995 年，新疆出口中工业制成品首次达到 50%，此后新疆出口结构中一直以工业制成品为主。尽管目前新疆的进口以初级产品为主、出口以工业制成品为主，但这并不意味着新疆的工业化发展水平有了大幅度改善。

从表 7.7 可知，1995 年棉花是新疆最大类的出口商品，前五位的出口商品均以新疆地方产品为主，进口则以工业制成品为主，这反映了新疆工业化程度低、主要以农牧业为主的产业结构。2012 年，新疆前五位的出口商品除农产品占出口额的 3.3% 外，其余四类商品均是工业制成品。进口则以原油、矿砂、棉花等原材料为主。相比于 1995 年，新疆当前的进出口商品结构有了根本性的改变，但这并不意味着 17 年以来新疆的工业化水平有了根本性的改善，新疆当前的进出口商品结构与新疆的产业结构存在严重的背离。

表 7.7　新疆进出口主要商品占当年进出口额比重

单位:%

			1	2	3	4	5
1995	出口	商品	棉花	棉纱	羊毛衫	棉布	呢绒
		比例	19	4	3	2	1
	进口	商品	钢材	轻工机械	化肥	化工原料	医疗设备
		比例	19	9	8	5	2
2005	出口	商品	服装及衣着附件	鞋类	纺织纱线及制品	家具及其零件	塑料制品
		比例	27	18	9	5	4
	进口	商品	未锻造铜及铜材	废钢	机电产品	原油	钢材
		比例	25	12	11	11	6

续表

			1	2	3	4	5
2010	出口	商品	服装及衣着附件	机电产品	鞋类	纺织纱线、织物及制品	农产品
		比例	27.6	13	9.1	7.9	5
	进口	商品	原油	机电产品	农产品	铁矿砂及其精矿	棉花
		比例	9.7	4.1	2.8	2.5	2.1
2012	出口	商品	服装及衣着附件	机电产品	鞋类	纺织纱线、织物及制品	农产品
		比例	20.3	17.7	8.5	8	3.3
	进口	商品	原油	铁矿砂及其精矿	农产品	机电产品	棉花
		比例	12.2	2.8	2.4	2.2	1.9

资料来源：新疆维吾尔自治区统计局．新疆统计年鉴 1995 [M]．北京：中国统计出版社，1996：312．乌鲁木齐海关数据 [OL].[2013 - 02 - 01]．http：//urumqi. customs. gov. cn/publish/portal166/tab61996/．

由于中亚国家与中国的经济规模差距过于巨大，新疆就地缘因素来看也属于中亚的一部分，因此我们将新疆与中亚国家的经济状况进行比较，以更好地把握中国参与中亚区域一体化的特点。将表 7.8 与表 3.2 数据对比就会发现，新疆的经济实力与中亚国家相比并不占优，就 GDP 总额而言，新疆仅次于哈萨克斯坦，但人均 GDP 新疆高于吉尔吉斯斯坦、塔吉克斯坦和乌兹别克斯坦。新疆对外贸易额高于吉尔吉斯斯坦和塔吉克斯坦，而在吸引 FDI 方面，新疆仅优于塔吉克斯坦。

表 7.8　新疆经济数据

年份	GDP（亿美元）	人均 GDP（美元）	经济结构	外贸额（亿美元）	使用外资（亿美元）	人口（万人）
1990	54.7	358	39.8%∶31.8%∶28.4%	4.1	0.76	1529
2010	803.2	3701	19.8%∶47.7%∶32.5%	171.3	2.4	2181

资料来源：新疆维吾尔自治区统计局．新疆统计年鉴 2010 [M]．北京：中国统计出版社，2011：115．

总体来看，新疆的经济实力与中亚国家相比并不占优势。但如果对这些数据进行更深入的分析则会发现，新疆经济的根本性弱点。2010 年，新疆第二产业产值为 2592 亿元，而其中仅石油和天然气开采产值就为 1144 亿元，如扣除建筑业产值，则石油和天然气开采占新疆工业产值为 70.5% 。由此可见，新疆的工业化程度并不比中亚国家领先，新疆也同样存在对石油和天然气开采的过渡依赖。表 7.9 是新疆主要出口商品的出口额与新疆本地企业产值的对比，从表中可知新疆主要出口商品均非本地生产，而除家具制造外，其他几类商品所需的原料均为新疆主要产品，这也说明新疆地方工业的水平并不比中亚国家领先。

由表 7.9 可知，新疆主要出口商品中，除了农产品外，纺织服装、鞋帽、机电产品、家具及其零件等主要出口商品均存在出口额与所属产业产值和出口交货值的严重背离。纺织服装、鞋帽、机电产品、家具及其零件的出口额是相关产业出口交货值的 766.6 倍、37.4 倍和 12.4 倍。这充分说明，尽管新疆外贸实现了高速增长、出口商品结构转变为以工业制成品为主等显著成就，但这并不意味着新疆外贸取得了实质性的发展。相反，1995 年新疆还主要出口地方生产的产品，但目前新疆的主要出口商品已不是新疆的本地产品，而是以外来产品为主要出口商品，新疆的出口商品结构与产业结构已形成脱节，新疆实质上成为中国东部省份与中亚国家间的“贸易通道”。

表 7.9　新疆主要出口商品及其产业数据

	纺织服装、鞋帽	机电产品	农产品	家具及其零件
企业数量（家）	8	42		6
工业总产值（亿元）	5.2	242		8
出口交货值（亿元）	0.76	7.5		3.4
出口额（亿元）	582.6	280.3	52.9	42.2

资料来源：新疆维吾尔自治区统计局. 新疆统计年鉴 2012［M］. 北京：中国统计出版社，2013：215.

决定一个国家或地区经济发展水平的主要因素是其工业化程度，而新疆目前的经济发展与中亚国家一样，仍处于工业化中期阶段。作为中国发展与中亚经济交往桥头堡，新疆落后的经济无疑对中国促进上合组织经济合作功能的发挥形成了障碍。随着中亚国家对中国了解的深入，中亚国家已出现认为新疆经济落后，难以对中亚国家产生拉动作用，希望与中国东部沿海经济发达省份开展经济合作的意见。而在新疆开展贸易活动的中亚客商，早在几年前就直接到中国沿海省份采购商品而不是在乌鲁木齐、伊宁等地购买，因为他们发现新疆的商品也是来源于中国东部地区。直接从生产厂家采购，既可以降低成本，同时也更有利于将市场信息与厂家沟通，从而对市场的反应更为灵敏。

中亚国家民众对中国的反感情绪来源之一就是中国商品大量进入中亚市场，使得其原有规模和质量都较弱的轻工业处境更为困难。西方国家和日本、韩国的商品同样在中亚市场占有率很高，而中亚国家民众对其并未产生反感情绪的原因在于，一方面，他们出口到中亚国家的商品多通过企业间往来，而中国商品相当部分是中国公民自行前往中亚国家在巴扎从事销售，造成了中国公民在中亚各国大量滞留，从而使得中亚国家认为中国人抢占了其就业岗位；另一方面，欧美国家在中亚投资较多、范围较广，而新疆本身经济落后，大部分企业还不具备在国外投资的实力、技术和经验，从而只能采取成本最低的国际经济往来方式——出口贸易。

当中亚国家受益于中国大市场的效应时，他们会主动提升与中国经济的一体化程度。而新疆经济的发展则是让中亚国家分享中国经济外溢效应的前提，因此，中国要推进与中亚国家经济的一体化水平，首先需实现新疆经济的发展和工业化。由于新疆与中亚地区具有类似的自然条件和工业化水平，新疆经济发展的经验也会对中亚国家产生一定的借鉴作用，这也有助于密切中国与中亚之间的关系。

第三节　中俄影响中亚一体化的经验研究

为进一步明确影响中亚一体化进程的因素及俄罗斯、中国影响中亚一体化的方式，本节采用建模的方式对此进行定量研究。

一、中亚地区一体化程度

由于以往研究结论大多对中亚各国推动的一体化的实效和前景持悲观态度，为明确中亚国家签订的诸多双边和多边的区域贸易协定是否促进了中亚国家一体化的进程，本书采用中亚国家区域内贸易向心趋势来衡量中亚国家一体化的实际程度。

根据区域内各国间的相互出口程度的变化，可以反映出该区域国家的向心趋势，即各国间是否形成了日益紧密的经济往来。表 7. 10 分别考察了 2001 ~2009 年中亚五国的向心趋势和中亚五国、俄罗斯、中国作为一个区域集团的向心趋势。

$$C_i = X_{ri}/X_{wi}$$

X_{ri}为 i 国在区域内的出口，X_{wi}为 i 国对世界的出口。由表 7. 10 可知，2001 ~2009 年，尽管中亚各国贸易向心趋势在增加[1]，但其一体化程度非常低。除了吉尔吉斯斯坦（吉尔吉斯斯坦的贸易向心趋势高是由于该国作为中亚地区巴扎贸易网络中心的平台），其他四国的向心趋势最高还不到 8%。这说明尽管签订了大量的双边或多变的区域贸易协定，但这些协定并未对中亚各国间的贸易起到促进作用，各国经济也并未形成紧密的依赖关系。但在将俄罗斯、中国两个紧邻中亚的大国

[1] 实际上土库曼斯坦只与乌克兰、亚美尼亚等国签订了区域贸易协定，而未与中亚其他四国签订任何双边或多边的区域贸易协定，但为了比较中亚五国间的贸易往来，本书仍以五国为对象进行分析。

加入中亚区域贸易集团后，中亚各国的贸易向心趋势有了极大的提高。除了土库曼斯坦的向心趋势在10%以下（根据2010年和2011年数据计算，土库曼斯坦的向心趋势达到了45.6%和70%，这主要因为土库曼斯坦向中国出口了大量天然气），其他各国的向心趋势都在30%以上。哈萨克斯坦和乌兹别克斯坦的向心趋势在下降（而2010年和2011年乌兹别克斯坦的向心趋势为48.9%和51%），其他国家的向心趋势都在增加，这说明中亚国家主要的出口市场为俄罗斯和中国。俄罗斯与中亚国家具有传统的分工体系，使得各国与其贸易关系较为密切。随着中哈石油管道和中土乌哈天然气管道的建成（这也是土库曼斯坦和乌兹别克斯坦2010年和2011年的贸易向心趋势急剧上升的原因），中亚国家与中国的贸易紧密程度也得到进一步提升。

表7.10 中亚国家区域出口比重❶

年份	哈	吉	塔	土	乌	哈*	吉*	塔*	土*	乌*
2001	3.6%	20.0%	1.1%	3.8%	7.2%	31.7%	37.6%	39.5%	5.5%	35.8%
2002	2.8%	16.7%	1.4%	2.9%	9.4%	28.9%	42.7%	17.2%	4.1%	33.3%
2003	3.1%	16.3%	1.8%	1.8%	5.9%	31.2%	36.9%	17.4%	3.1%	37.4%
2004	2.9%	17.8%	0.9%	2.2%	9.4%	26.8%	42.5%	15.1%	3.8%	43.4%
2005	2.3%	23.7%	2.4%	1.3%	8.3%	21.5%	47.6%	16.1%	3.3%	43.8%
2006	2.2%	27.3%	3.4%	2.5%	7.1%	21.3%	51.4%	19.4%	4.2%	41.6%
2007	3.3%	28.2%	2.7%	2.2%	10%	24.9%	54.4%	19.5%	4.0%	38.5%
2008	3.1%	27.7%	1.1%	2.4%	9.4%	22.6%	49.6%	23.0%	3.9%	32.1%
2009	3.8%	25.9%	2.1%	2.8%	7.8%	25.6%	43.3%	46%	6.5%	30.1%

资料来源：UN ITC［OL］.［2012-01-02］. http：//www.intracen.org/itc/market-info-tools/.

由此可见，除了哈萨克斯坦（其对西欧国家出口的增长降低了对中、俄市场的依赖程度），中亚国家普遍对俄罗斯和中国的市场具有很强的依赖性。这是因为中亚国家普遍存在工业化程度低、经济结构不合理、国内市场狭小、基础设施落后、与国际市场隔离等诸多困难，因此仅依靠中亚国家自身是难以实现区域经济一体化的（中亚合作组织并入欧亚经济共同体就是最好的说明）。在此基础上建立的一体化组织往往仅是将各国“捆绑”在一起实行进口替代政策（而拉美和东亚的经验已充分表明，进口替代政策的低效性），这也是中亚地区一体化多年来未取得实质性进展的根本原因。

❶ 哈、吉、塔、土、乌表示以中亚五国为区域集团，各国在区域内的向心趋势；哈*、吉*、塔*、土*、乌*表示以中亚五国和俄罗斯、中国为同一区域时中亚五国的向心趋势。

由于中亚国家面临的这些困难无法依靠其自身解决，因此借助周边大国的推动成为现实的选择，而俄罗斯无疑成为中亚国家的首选。尽管俄罗斯的经济规模远大于中亚国家，在推动一体化方面俄罗斯也推动建立了欧亚经济共同体，但其经济基础却并不牢固。以欧亚经济共同体内部一体化程度最高的俄白哈关税同盟间为例，其成员间的贸易往来也并不密切。如哈萨克斯坦对白俄罗斯的出口仅占哈萨克斯坦出口额的0.13%，几乎可以忽略不计。哈萨克斯坦从白俄罗斯的进口也仅占哈萨克斯坦进口的1.3%。白俄罗斯与哈萨克斯坦的进出口也仅占白俄罗斯进出口的0.3%和1.5%。相比较而言，俄罗斯和白俄罗斯之间有着密切的贸易往来。但这也主要是白俄罗斯对俄罗斯的单方依赖，如白俄罗斯对俄罗斯的进出口占其进出口额的58.5%和31.5%，而俄罗斯对白俄罗斯的进出口仅占其进出口的3.93%和5.5%（王维然，2011）。

中亚国家中，哈萨克斯坦、土库曼斯坦和乌兹别克斯坦与俄罗斯一样对能源的依赖性很大，这也导致俄罗斯与土、乌两国的很多矛盾都源于能源方面的竞争关系。而中国如参加中亚地区的一体化进程，则不但可以本国的大市场对中亚国家和俄罗斯经济产生拉动作用，而且也可因开辟了中亚国家能源向东的出口而有利于中亚国家的经济稳定。

二、中俄两国的影响

基于历史的原因，俄罗斯从多个方面对中亚国家经济具有很大的影响，相比之下，中国与中亚国家的经济往来就较为单一。为了进一步明确中国和俄罗斯对中亚国家经济影响的渠道，借鉴 Ilahi 和 Shendy（2008）使用的方法，本书根据中亚国家的实际情况选择如下指标对两国与中亚国家的影响程度进行分析。

中俄两国对中亚国家经济的影响主要是通过双方的贸易往来实现的，特别是从中亚国家的进口对各国的经济增长的影响更大，因此本书选择中俄两国从中亚国家的进口作为衡量贸易对各国经济影响的指标。中亚国家，特别是吉尔吉斯坦和塔吉克斯坦，由于种种原因，有大量的移民在俄罗斯打工，这些劳动力每年汇回国内的款项对其经济和社会也产生了很大的影响，这也是俄罗斯对中亚国家仍保持巨大影响力的一个重要因素。金融活动对各国经济的一体化也产生重要的影响，为明确中俄两国与中亚国家的金融往来对经济的影响程度，选择中俄两国经常账户余额作为代理变量（做如此选择是因为各国间直接双边金融资本流动的数据无法获取，而经常账户余额决定了各国对外投资的能力）。除以上变量，还选择了各国开放程度（外贸依存度）、石油价格、中亚国家参加的一体化组织等变量进行检验。

本书的数据选取时间为1995～2010年，数据来源于联合国国际贸易中心、联合国贸发会议、俄罗斯国家统计局。

$$lnCAG_{it} = C + \beta_1 lnCHNI_t + \beta_2 lnRUSI_t + \beta_3 OPEN_{it} + \beta_4 INTE_{it} + \beta_5 OILP_t + \beta_6 FDI_{it} + \varepsilon_{it} \quad (1)$$

$$lnCAG_{it} = C + \beta_1 CHNRE_t + \beta_2 RUSRE_t + \beta_3 OPEN_{it} + \beta_4 INTE_{it} + \beta_5 OILP_t + \beta_6 FDI_{it} + \varepsilon_{it} \quad (2)$$

$$lnCAG_{it} = C + \beta_1 lnCHNC_t + \beta_2 lnRUSC_t + \beta_3 OPEN_{it} + \beta_4 INTE_{it} + \beta_5 OIL_t P + \beta_6 FD_{it} I + \varepsilon_{it} \quad (3)$$

CAG 为中亚国家的 GDP，CHNI 为中国进口额，BUSI 为俄罗斯进口额，CHNRE 为中国劳动收入汇出金额，RUSRE 为俄罗斯劳动工资汇出金额，CHNC 为中国经常账户余额，RUSC 为俄罗斯经常账户余额，OPEN 为中亚国家开放度，INTE 为中亚国家参与区域一体化的程度，OILP 为出口石油价格，FDI 为中亚国家获得的外国直接投资，$i = 1 \cdots 5$，$t = 1995 \cdots 2010$。

表 7.11　中俄影响中亚国家经济的效应分析

变量	模型 1	模型 2	模型 3
C	0.896354（1.81）	1.897403（13.91）	2.240731（27.23）
CHNI	*-0.1006*（-0.67）		
RUSI	0.376888（2.74）		
CHNRE		*0.005137*（0.08）	
RUSRE		0.201628（3.06）	
CHNC			*0.030874（0.73）*
RUSC			*-0.00764（-1.42）*
OPEN	-0.77379（-6.71）	-0.78149（-6.88）	-0.81335（-6.8）
INTE	0.365649（4.1）	0.414275（4.53）	0.327238（3.56）
OILP	0.394464（2.7）	0.471021（4.18）	0.752289（10.86）
FDI	0.00281（2.59）	0.002627（2.43）	0.003774（3.52）
F	106.22	109.1	119.87
R2	0.8835	0.8863	0.871
Hausman 检验	p = 0.0009	p = 0.0007	p = 0.0014

注：斜体为不显著变量，其余变量系数是剔除不显著变量后的结果。

根据 Hausman 检验结果，三个模型皆采用固定效应。

由表 7.11 可知，尽管中国的经济规模远大于俄罗斯和中亚国家，但中国的进口并未对中亚国家的经济增长起到拉动作用，这无疑与长期以来中国从中亚国家进口数量小有密切关系。而俄罗斯由于与中亚国家具有传统的分工关系，其进口每增加1%，则可带动中亚国家的经济增长0.45。在国外侨民汇款方面，中国对中亚国家也未产生影响，这是因为中国国内极少有中亚国家侨民劳务输出。而俄罗斯的劳工外汇汇款每增加1%，则中亚国家的经济可增长0.22%。这主要是因为中亚国家，特别是吉、塔等国有大量侨民在俄罗斯打工。在金融活动方面，中俄两国对中亚国家都未产生显著影响，这是因为中亚国家金融市场的不发达以及与中俄两国金融业务开展较少。

（一）俄罗斯仍保持巨大的传统优势

由表7.12可知，2001～2010年，中国占中亚国家出口的比重有了大幅上升（仅在吉尔吉斯斯坦的出口比重下降），而俄罗斯在中亚国家出口的地位则全面下降（除了在土库曼斯坦的出口地位上升）。但根据模型1的结果，中国从中亚国家的进口并未如俄罗斯一样对这些国家的经济产生影响，其原因主要在于中国从中亚国家进口的增长仅是近几年的情况，如占土库曼斯坦出口比重从0.1%增加到40%，主要是源于天然气贸易的开展。而俄罗斯与中亚的贸易不仅受到传统的分工体系的影响，还与中亚国家现有的交通运输基础设施（无论是能源管道还是铁路）仍是苏联时期以俄罗斯为中心的体系有关，这对俄罗斯与中亚国家贸易的开展产生了重要的影响。

表7.12 中俄两国占中亚国家出口比重

国家	2001		2010	
	中国	俄罗斯	中国	俄罗斯
哈萨克斯坦	7.7%	20.4%	17.7%	5.3%
吉尔吉斯斯坦	4.1%	13.5%	1.9%	17.3%
塔吉克斯坦	1.6%	36.9%	4.9%	18.7%
土库曼斯坦	0.1%	1.7%	40.0%	5.6%
乌兹别克斯坦	0.4%	28.3%	21.6%	25.8%

资料来源：UN ITC［OL］.［2012－02－05］. http：//www.intracen.org/itc/market－info－tools/.

由于与中亚国家传统的分工关系以及运输体系的影响，虽然近年来俄罗斯与中亚国家的贸易在逐步下降，但依然对中亚国家的经济和一体化进程发挥着举足轻重的作用。俄罗斯正是控制了中亚通往外部的铁路网和天然气管道网这两个区域性公共产品，从而造成了中亚国家对其的巨大依赖。

（二）中国需改进与中亚国家经济往来的方式

自中亚各国独立以来，中国与中亚国家的贸易有了大幅增长，但在双边贸易中中国对中亚的出口大于从中亚国家的进口，尤以轻工产品居多。这固然解决了中亚国家商品短缺的困难，但对于促进中亚国家的经济增长和地区经济一体化的发展亦存在很大局限（中国对中亚地区的出口也促进了中亚巴扎贸易网络的形成）。而中国从中亚国家进口的大幅增加主要是在中哈石油管道和中土乌天然气管道的建成后才形成的。就交通运输来看，目前中国与中亚国家仅有一条铁路运营（中哈铁路在阿拉山口—德鲁日巴相连接），促进中国与中亚国家交通运输设施的完善无疑对促进中亚国家的经济增长和双边经济的密切往来起到基础性作用。

与俄罗斯相比，中国在发展市场经济方面的经验值得中亚国家重视与学习。中俄两国入世的进程表明，中国在参与世界经济秩序、融入国际市场以及促进自身国内市场化制度的建设与完善方面比俄罗斯考虑的更为成熟和具有更大的决心。良好的经济发展还受制于各国宏观决策的正确性和执行力，中国在这方面也可给中亚国家提供更多的经验。

（三）中亚一体化基础仍极为薄弱

从以上分析可知，中亚国家间的相互贸易水平极低，各国出口的增长主要是依赖中俄两国大市场的拉动。但俄罗斯与哈、土、乌三国间又存在出口结构高度相同，相互间竞争性大于互补性，这无疑不利于一体化水平的提升。俄罗斯对中亚国家的拉动也主要是依靠贸易和部分中亚国家在俄移民的汇款。由于俄罗斯和中亚各国市场经济远未达到成熟，彼此间仍未形成基于市场化的分工体系，因此当前中亚一体化的重点不在于提升一体化的程度，而是需要培育各国形成市场化基础上的分工体系和经济往来。

当前，中亚国家合作的重点应该是努力推进各国经济往来，考虑到各国远离世界市场的现实，中亚国家应充分利用本国的比较优势，形成促进经济增长的机制，从而为一体化奠定坚实的经济基础，而不是单纯地追求形式上高层次的一体化。否则，即使一段时间内推进了一体化的进程，其结果或如以往的独联体一体化（仅是形式上的高层一体化，毫无实际意义）或如欧债危机，最终会引发以往潜伏问题的大爆发。

（四）中俄对中亚一体化的影响

1. 中亚国家无力独自推动地区一体化

中亚国家倡导一体化已经多年，但始终未能取得实质性进展的原因，不仅在于各国的经济实力较弱，无力依靠本国力量推动一体化，还源于各国间的互不信任，这与各国都为新独立国家、历史上的矛盾以及现实的民族关系都有着密切的关系。因此，中亚地区一体化如无本地区大国的推动将会难以实现。

从中亚国家咸海治理和水资源利用的例子就可看出，中亚国家远未形成互信合作的氛围与机制，因此，当前合作的重点应是提供可使各国获益的区域性公共产品，在各国都从中获取福利后逐渐形成合作的心态、机制和动力。

2. 中俄两国的合作至关重要

尽管俄罗斯在中亚仍拥有极大的影响力，但俄罗斯难以独立领导中亚国家建立成功的一体化组织。这不是因为其经济实力不够、与中亚国家关系不够紧密，而是因为俄罗斯缺乏成熟、稳定的良性市场经济制度、对国际市场环境的熟悉、过于注重地缘政治影响以及过少考虑他国利益的合作心态，因此即使俄罗斯拥有诸多的优势仍在一体化方面成效不大。

作为中亚国家的近邻，中俄两国的经济实力可以带动中亚国家的经济发展，而且现已建立的欧亚经济共同体和上海合作组织也为中俄两国提供了初步的平台。从欧亚经济共同体和上合组织的发展来看，中俄两国拥有各自的优势，两国如能形成优势互补，则会极为有利，否则，中亚一体化仍是一个漫长的过程。

3. 中俄两国应提供区域性公共产品以促进一体化

从当前国际范围内一体化的经验来看，即使如欧盟那样，由发达国家组成的一体化组织也会面临高度的一体化组织在其机构和制度建设上存在巨大的风险和成本。因此，中亚一体化当前应侧重于奠定各国经济往来的坚实基础，而这一点，就需要中俄两国能够为中亚国家提足够的区域性公共产品，以利于各国形成密切的经济往来，从而产生一体化的内在需求。目前，中亚一体化关键在于是否提供了该地区需要的公共产品，而不是一体化的高级程度。

第八章 中国参与中亚一体化的对策

2001 年之前，中国主要考虑的是如何“复关”、“入世”以加入多边贸易自由化体系的问题，区域性经济一体化的发展并没有引起中国政府的重视。随着区域经济一体化不断在全球扩展，世界主要大国都纷纷加入这一进程后，中国也开始关注这一领域。近年来，中国开始积极推进与其他国家签订双边自由贸易协定，但与世界上其他大国相比，中国对于区域经济一体化的认识、研究和经验还存在很多不足。

21 世纪初期，中国政府分别向东盟国家和上合组织成员国提出了建立自由贸易区的建议，对东盟国家的提议得到了各国的积极响应，中国—东盟自贸区已于 2010 年建成并给双方带来了良好的收益。而在上合组织内部，中国的建议却并未得到支持，各国只是达成了促进各国经贸发展的协议；与此同时，俄罗斯主导的欧亚经济共同体已于 2011 年建成。因此，中国需要重新审视在中亚地区推动的区域一体化策略和做法，探析是何种原因使得中亚国家选择俄罗斯而非中国来发展区域经济一体化。

第一节 中国需深化对中亚区域经济一体化的认识

中亚国家独立后，大力在本地区推动和参与不同的区域经济合作机制和组织表明，中亚各国并非不想发展区域一体化，相反，中亚国家迫切需要通过区域经济一体化带动本国经济发展。

从中国推进上海合作组织自由贸易区的历程与经验来看，中国对于中亚国家的基本国情、经济发展程度、转型特点、中国与中亚国家经济往来的特点方面均需要有更准确、深刻的认识，中国因重新思考如何参与在中亚地区的区域经济一体化。

一、转变以往对中亚区域一体化的认识

中亚国家独立初期，中国对于中亚地区的关注度并不高，当时中国在开展对外经济活动中的主要关注点是尽快参与到国际多边贸易体系中去，即最初的“复

关”和后来的“入世”，开展区域一体化并没有得到中国政府的重视，或者说当时的中国对区域经济一体化并没有深入的认识。随着中国经济的快速增长引发了对能源的迫切需求、中国成功“入世”、西部大开发战略的出台、中亚地区的不稳定直接影响到了新疆等一系列因素，中亚地区成为中国关注的地区。

2000 年，在第四次中国—东盟领导人会议上，时任中国总理朱镕基首次提出建立中国—东盟自由贸易区的构想，这一构想得到东盟国家领导人的积极响应。2002 年，朱镕基和东盟 10 国领导人签署了《中国与东盟全面经济合作框架协议》，决定到 2010 年建成中国—东盟自由贸易区，这标志着中国—东盟建立自由贸易区的进程正式启动。

与此同时，利用上海合作组织成立的契机，中国也希望能够建立上海合作组织自贸区以促进各国经济贸易的发展。但中国建立自贸区的希望并未能得以实现。由于俄罗斯的不支持，2003 年上合组织仅通过了《上海合作组织成员国多边经贸合作纲要》，提出在长期内“支持和鼓励上海合作组织成员国经贸合作，发展互利经济联系，使各国经济重点领域生产和投资合作取得进展，并在此基础上增加相互贸易额，以提高居民生活水平”。实际上，中国方面希望的“长期”就是力争用 10～15 年时间逐步建立上海合作组织自由贸易区（须同凯，2010）。但中国的想法在中亚地区却并未得到如同东盟成员国那样的积极响应，从上合组织当前的经济合作情况来看，建立上合组织自贸区已成为一个真正的“长远”目标了。

之所以出现同样是促进各国贸易往来以实现共同的经济增长的一体化动议，但在东南亚和中亚地区却得到截然不同反应的局面，其原因就在于，中国忽视了这两个地区截然不同的政治背景、经济发展水平、市场经济体系与观念等因素，因此出现淮南为橘、淮北为枳的结果也就不足为奇了。

（一）中国忽视了经济一体化中复杂的政治因素

中国提出建立上合组织自贸区时，仅从经济角度考虑了一体化会给各国带来的收益，而未考虑到区域一体化是政治和经济共同作用的结果。中国的提议之所以在东盟受到欢迎，原因不仅在于大部分东盟国家都已建立了市场经济制度、普遍参与国际市场的竞争、部分东盟国家国际竞争力优于中国，而且东南亚地区没有一个原来居于统治地位、现在仍发挥主导影响的国家。中国提出建立上合组织自贸区的时间，也正是俄罗斯的战略空间不断被西方国家压缩，深刻意识到中亚地区是其战略依托地区的时候，俄罗斯必然会对此提议产生担心。

中国仅从经济角度考虑中亚区域经济一体化问题，一方面是由于中国没有俄罗斯所经历的苏联解体和战略空间被压缩的惨痛体会，另一方面是因为中国自改革开放以来一直致力于发展经济、建立市场经济体系、融入国际市场，因此中国习惯性地单纯从经济角度考虑区域一体化问题。

经济学界早已认识到区域一体化不仅是经济因素起作用，政治也是各国开展一体化必然考虑的因素（Schiff and Winters，2003）。但中国在提出建立上合组织自贸区时，基本没有考虑政治因素。[1] 因此，也有中亚国家学者认为，中国之所以仅从经济利益，特别是中国的经济利益考虑中亚区域一体化，与中国负责上合组织经济合作的部门是商务部有着密切的关系。

（二）中国尚未形成大国的思维方式

中国推动中亚一体化的建议给中亚国家的印象往往是，中国只是为了扩大在中亚市场的占有率和获取中亚的能源和资源，而这造成中亚国家的企业在面临中国的廉价商品时纷纷倒闭，因此中亚国内民意更多的不是支持推进与中国的一体化而是如何建立起对中国商品的关税壁垒以保护本国市场。考虑到中国与中亚国家经济规模的巨大差异，实际上中亚市场对中国并无太大的经济意义，但中亚国家民众的情绪却是影响中国推动中亚区域一体化的一个障碍。

产生这种情况的原因在于，虽然近年来中国经济发展较快，但因多年的落后，中国一直习惯于从发展中国家的角度来制定经济政策。20 世纪八九十年代，中国对外开放中采取了重商主义倾向的政策与西方国家发展经贸往来，由于当时的中国经济规模并不大、竞争力不强，因此西方发达国家也并未给予更多的关注。而到了 21 世纪后，随着中国经济实力的极大提高、入世后中国外贸的高速增长，留给外界的印象是中国已成为世界经济大国，但中国自身的想法和政策却并未随着自身经济实力的提升而调整。当中国提出发展与中亚国家的区域一体化时，中国并未意识到，对于缺乏发展市场经济经验和经济规模远小于中国的中亚国家来说，中方的提议所引发的复杂的反应。中国忽略了其他国家，尤其是中亚国家，对区域一体化的认识程度以及中国与对方巨大的经济规模差距。中国认为中亚国家也会从区域经济一体化中获益，并未意识到由于经济实力的差距以及中亚国家经济发展水平低、尚未实现工业化的现实，中国与这些国家经济贸易的增加会给对方带来极大的竞争压力。这种竞争压力对于极度缺乏市场经济体系和经验的中亚国家来说，极易被泛化。尽管中国从与中亚国家的经贸往来中获取的贸易利益相比于中国经济规模来说很小，但对于中亚国家来说，却已是巨额的数字。目前，中亚国家从与中国的经济往来中获取的收益除了来自出口能源与原材料领域，还看不到其他领域，而独立不久的中亚国家又不愿成为中国的原材料产地和商品的销售地。

---

[1] 李纲、刘华芹（2004）在其著作后记中谈到，该书根据三个研究课题扩展而成，而研究成果被提交给上合组织第二次经贸部长会议，《上海合作组织成员国多边经贸合作纲要》在许多方面吸收了中方研究报告的主要内容。

因此，中国应转变思维方式，认识到与中亚国家发展区域经济一体化对中国出口拉动带来的影响很小，但可使中国获取更多的非经济利益，如资源供应、通向欧洲的通道、战略安全。同时，中国可通过这些区域贸易协定形成以中国为中心的经济圈，并通过保障周边国家的经济利益，使中国的经济利益和大国战略利益能获得稳固的机制保障。

二、成为区域性公共产品提供者

中国发展与中亚国家的区域经济一体化实际就是中国的向西开放，但向西开放不同于20世纪80年代时中国在东部沿海地区的开放。当时，中国是落后的发展中国家，需要了解和得到西方发达国家的市场、技术、资金以及市场经济运作体系和经验。目前，中国虽仍是发展中大国，但已成为全球第二大经济体，其经济规模、资金、技术和向市场经济转型的经验都已是中亚国家所无法相比的。

因此，中国与中亚国家的区域经济一体化实际就是大国—小国的经济合作。作为大国，中国应考虑如何让中亚国家在与中国的经济合作中获益，这不仅是对中亚国家资源、能源领域的投资，更重要的是要引导其中亚国家经济实现多元化，摆脱经济结构畸形的弊端。通过发展与中亚国家的经济往来带动中亚国家就业问题的解决，以自身的转型历程促进中亚国家更稳定地向市场经济转型，是中国在发展与中亚国家经济交往中需要着重考虑的问题。[1]

当前在中亚，欧亚经济共同体已成为中亚区域一体化的核心组织，推动上合组织自贸区已不是一个具有现实性的选择。中国应考虑如何发挥中国巨大的市场效应来带动中亚国家的经济增长，并提供区域性公共产品，解决中亚国家面临的困境，使其实现经济增长并避免贫困的增长。只要中亚国家经济发展、产业结构改善、工业化程度提升，区域一体化自然会成为中亚国家的内生需求。而在选择区域一体化的伙伴方面，他们自然也会注重能够为其带来经济利益的国家。

从以往的经验来看，中亚国家并不缺乏发展区域一体化的构想，而是缺少能够真正解决各国现实困难和问题的区域性公共产品和适当的经济发展模式。中国最大的优势在于经济实力和巨大的国内市场，因此重点应转向区域性公共产品以及具体的、不同层面的项目合作，只有取得了真正的、实质性的效果，中亚国家自然会强化与中国的经济往来。对于中吉乌铁路之类的项目，中国需更耐心、更智慧处理其涉及的复杂的环节，当这类项目完成得越多，中国与中亚国家经济交往的基础也就逐步得以强化。

---

[1] 在作者与中亚国家学者多次交流中，他们普遍对中国经济发展的经验很感兴趣。吉尔吉斯斯坦的中亚大学还曾请欧洲学者举办关于中国改革与经济发展经验的研讨班。

三、调整出口导向贸易政策对中亚国家的不利影响

改革开放前，中国奉行的是进口替代政策，以提升本国的工业化程度。而20世纪80年代以来，受日本、亚洲四小龙等国家采取出口导向政策的影响，中国实现对外开放以利用本国拥有大量廉价劳动力的比较优势。但此时的外贸政策依然保留着进口替代倾斜。只是到了1994年后，中国实施了彻底的出口导向政策，这也使得中国外贸实现了前所未有的高速增长（吴敬琏，2013）。中国实施的新重商主义政策对中国经济的高速增长起到了极为重要的作用，中国也成为世界工厂，但这使得中国经济被锁定在劳动密集型产业上，中国外贸也只能实行以量取胜的策略，这对中国经济的长远发展无疑是极为不利的，而且在中亚地区也引发了对中国商品充斥本国市场的不满。

中国实施出口导向政策是利用西方国家的市场来带动中国经济发展，由于当时中国经济规模远小于西方发达国家，并且工业化程度低、技术落后，因此这种重商主义导向的政策并没有引起多少摩擦与矛盾。但相比于中亚国家，情况则完全不同。对于中亚国家来说，中国无论是经济规模、工业化水平，还是对国际竞争的适应性方面远远超过他们。中亚国家希望发展与中国的经济往来带动本国经济的发展，但由于其自身工业化程度的低下以及中国的出口结构被锁定在劳动密集型商品上，因此造成中亚国家在这个领域中相对于中国商品几乎毫无竞争力。

实际上，就双方的经济规模而言，中亚国家的市场规模对于中国经济并没有多少影响。当前，中国对中亚国家的大量出口是源于中亚各国产业结构不完整以至于国内消费品奇缺，而不得不从国外进口。如果没有中国的商品，中亚国家仍需从俄罗斯、土耳其等国进口，只不过需要付出更高的价格。但中亚各国政府和民众普遍认为中国进入中亚地区的目的就是将中亚作为中国的原材料产地和商品销售地，并对中国有着很深的防范心理。

无论中国的主观目的是否是要占领中亚国家市场（其市场规模相对于中国来说实在太小），[1] 但中国劳动密集型商品的出口的确冲击了中亚各国的劳动密集型产业的发展。而劳动密集型产业对于中亚国家的意义不仅是减少从国外进口轻工产品的民族自尊心问题，更可以推动中亚各国就业问题的解决以及资本的积累，这对于各国来说无疑是至关重要的。

只有中亚国家能够受益于中国经济的增长和中国产业结构的升级，才能改变中国将其作为原料产地和商品市场的观念，中国与中亚国家更全面和深入的经济

---

[1] 目前，很多学者对于中国发展与中亚国家经济往来的定位仍是扩大出口。

合作也会受到欢迎，并为推动区域一体化奠定经济基础。因此，中国向通过内需带动经济发展模式的转型，会对中国发展与中亚国家的经济合作带来积极影响。

四、推动区域经济一体化时需综合考虑政治经济因素

中国现已成为世界第二大经济体，但中国并不具备世界其他经济大国开展国际经济活动的丰富的经验和战略意识，也缺乏发展区域经济一体化的经验（在开展区域经济一体化方面，智利开始自由贸易协定谈判的时间等都早于中国），因此中国往往从单一的经济角度来看待区域经济一体化，而忽视了影响区域一体化的复杂的政治因素。中国与东盟建立自贸区较为顺利的一个重要原因在于，东盟国家基本已建立了市场经济制度，而且即使未完全建立市场经济制度的国家也因为东盟与世界市场便利的往来而形成了市场经济的意识。但与东盟情况截然相反的是，中亚各国仍处于经济转型阶段，由于地处亚欧大陆腹地和长期受计划经济的影响，中亚各国对国际市场和市场经济的认识和意识都很欠缺。由于历史传统的原因，中亚地区普遍存在国家意识不强，民族、部落、地域意识强烈，这些因素对各国政府决策有着重要影响。

仅从单一的经济角度来看待与中亚国家的区域经济一体化成为中国的一个重要失误。例如，中吉乌铁路本来是对吉尔吉斯斯坦和乌兹别克斯坦两国经济发展和改善交通极为有利的项目（尤其是考虑到吉尔吉斯斯坦现已成为中亚地区的转口贸易平台），但这个项目在提出近 20 年后仍无法进行建设，而且吉尔吉斯斯坦总统于 2013 年年底已表示吉尔吉斯斯坦不再考虑该项目的实施。这就充分说明，中亚各国间矛盾、民众市场经济意识的缺乏、国内不同利益集团对各国政府决策的制约以及对中国意图的怀疑会使得本可使中亚国家获益的项目也会无法实施。

因此，中国需要调整以往单纯地从经济角度来推动中亚区域一体化的做法，特别是不能简单地从中国角度出发来提出合作建议，而要综合考虑中亚各国的现实状况和复杂的国内情况。同时，要支持从中国经济往来中受益的群体，如中亚国家目前形成的依靠边境贸易和巴扎贸易谋生的商人和普通民众，通过这些受益于中国经济的群体影响中亚各国政府的政策选择不失为一个较好的方式。

五、明确新疆经济发展水平对中国参与中亚一体化的不利影响

从地理范围来看，新疆是中亚地区的组成部分，因此成为中国发展与中亚国家经济往来的最佳平台。但新疆的经济发展水平、工业化程度与中亚国家类似，而且在很多经济指标上还不如有的中亚国家，如哈萨克斯坦。新疆能够成为中国西北省区的外贸大省实际依赖的还是东部省份的商品，这也导致很多中亚客商在了解了新疆外贸的特点以及中国经济情况后，就直接前往东部省份购货而绕开处

于中间环节的新疆本地商人。

当前，新疆外贸中边境小额贸易占据主导地位，既与中亚国家的经济不发达有关，也与新疆本地经济落后具有密切的关系。新疆的工业化程度低下使得本地企业在开展对外经济活动时自然选择了跨国经营方式中成本最低的出口贸易，而较为原始的边境贸易成为新疆主要的对外贸易方式是因为，此种贸易方式的成本相比于规范的国际贸易更低。而中亚国家所给与边境小额贸易优惠待遇的目的也是满足国内的消费需求以及适应本国企业缺乏竞争力的现实。新疆经济发展水平的低下是新疆本土企业很少具备前往中亚国家投资的资金、实力和经验的根本原因，而大量参与边境贸易和在中亚国家巴扎经商的个体商人又会引发中亚国家民众的不满情绪。

新疆经济落后局面直接制约了中国开展与中亚国家的经济活动，虽然中央政府近年来对新疆给与了大量的扶持，但是新疆经济实力和产业结构的提升必然会是一个长期的过程，而这也是中国在发展与中亚国家区域一体化时所不得不面对的现实情况。

尽管面临众多的困难，开展与中亚国家的经济往来仍然是中国的一个现实需求，这不仅因为中亚地区拥有丰富的能源和其他矿产资源，是构建中国通往欧洲的贸易必经之地，而且还涉及中国的国家安全、边疆稳定等利益。中国力图实现西部地区发展的西部大开发战略的实施，也会受到中亚国家状况的影响。对于中国来说，发展与中亚国家的经济往来从而实现其繁荣稳定，已经是保证中国战略利益实现所不可回避的问题。当前，中国需要在清醒认识中亚国家经济发展阶段以及本国现实的背景下，制定符合实际情况的政策来推动双方的经济往来，而次区域一体化、双边经济合作和功能性一体化可成为发展与中亚国家的经济往来的几种方式。

第二节　中国与中亚的次区域经济合作

新疆与中亚国家中的哈萨克斯坦、吉尔吉斯斯坦和塔吉克斯坦三国相邻，中方与三国的边界分别长 1770 公里、1096 公里和 497 公里，有趣的是，中国与哈、吉、塔三国贸易金额随着边界距离的缩短而减少，与土库曼斯坦和乌兹别克斯坦的贸易额则远小于三国，说明中国与中亚国家的贸易往来中边境贸易的地位，表明共同的边界为新疆与哈、吉、塔三国开展次区域经济合作提供了基础，也为中国探索与中亚国家的经济合作提供了新思路。由于哈、吉、塔三国国情不同，各国对次区域经济合作的认识也不相同，因此中国可考虑分别与哈萨克斯坦、吉尔吉斯斯坦和塔吉克斯坦发展不同类型的次区域合作模式。

2011年，中国政府出台了《国务院关于支持喀什霍尔果斯经济开发区建设的若干意见》，决定在新疆喀什、霍尔果斯建设两个经济开发区，希望能够带动新疆的发展。由于新疆南北疆经济发展的差异以及相邻国家情况的不同，应根据不同特点采取相应的次区域合作方式。

一、中哈霍尔果斯国际边境合作区

霍尔果斯口岸于1983年11月16日经国务院批准正式恢复开放，是我国恢复开放最早和西北边境综合运量最大的国家一类公路口岸，口岸地处国道312线、连霍高速公路、陇海—兰新铁路国际新通道的最西端，距乌鲁木齐670公里，距哈萨克斯坦原首都阿拉木图市378公里。

2003年6月，哈萨克斯坦总统纳扎尔巴耶夫提出，在霍尔果斯建立边境自由贸易区。2004年9月24日，两国政府在伊宁市签署了《关于建立中哈霍尔果斯国际边境合作中心的框架协议》。2005年7月4日，中哈两国元首在阿斯塔纳共同签署了《中华人民共和国和哈萨克斯坦共和国关于建立和发展战略伙伴关系的联合声明》，双方进一步明确加快落实中哈霍尔果斯国际边境合作中心的建设并尽快投入运行。同日，中国商务部和哈萨克斯坦工贸部签订了《中华人民共和国政府和哈萨克斯坦共和国政府关于霍尔果斯国际边境合作中心活动管理的协定》。

中哈霍尔果斯国际边境合作中心是中哈两国霍尔果斯口岸的跨境经济贸易区和区域合作项目，不但是中国与其他国家建立的首个国际边境合作中心，同时也是上海合作组织框架下区域合作的示范区。中心建立在中哈国界线两侧毗邻接壤区域，实行封闭式管理，按照“境内关外”的模式进行管理。国际边境合作中心沿中哈界河横跨中国与哈萨克斯坦，总面积5.28平方公里，其中中方区域3.43平方公里，哈方区域1.85平方公里。主要功能为贸易洽谈、商品展示和销售、宾馆饭店、仓储运输、金融服务、商业服务设施、举办各类区域性国际经贸洽谈会等。

哈萨克斯坦之所以能成为中亚经济实力最强的国家，不仅是因为苏联时期其经济规模就为各共和国的第三位和拥有丰富的能源，还与该国独立后实施了正确的经济发展战略有着紧密的关系。在依靠开采能源稳定了国内经济形势后，哈萨克斯坦政府希望能够了解和适应国际市场信息和竞争，而与中国合作也成为该国对外开放的必然选择。纳扎尔巴耶夫总统在《2007年哈萨克斯坦总统国情咨文》中提出“我们应该分析在我们的邻国已经建立了实业、金融、服务机构的边境地区建立和发展新的工业生产的可能性。此类突破性的项目可与中国和东南亚国家经济的增长相关联。应在哈中边境地区建立哈萨克斯坦原料加工企业，将所加工的产品以及能源、燃料等免税供应中国市场。将来我们还可以发挥‘霍尔果斯’

国际边境合作中心的作用，发展各类服务业，如运输、商品集散、材料和设备的供应等，建立‘霍尔果斯东大门’经济贸易区”。[1] 纳扎尔巴耶夫总统清醒地认识到，哈萨克斯坦必须改变过分依赖能源和原材料的经济发展模式，希望通过发展霍尔果斯边境合作区来进入中国市场和带动工业发展。

由此可以看出，中哈双方对于霍尔果斯边境合作中心的期望还是有所差别的。哈萨克斯坦希望能够通过该中心，带动加工业的发展并获得建设经济贸易区的经验，而中国方面，即直接管理边境合作中心的新疆地方政府，则由于新疆工业的落后和企业实力的弱小，目前更希望通过边境合作中心带动对哈萨克斯坦的出口发展。在促进新疆经济发展的背景下，新疆地方政府的意见得到了各个中央部门的支持。2012 年 11 月，中国人民银行出台贯彻落实《关于金融支持喀什霍尔果斯经济开发区建设的意见》的实施细则，根据该细则，为促进贸易投资便利化，在积极推动跨境人民币业务创新，加强跨境人民币业务市场推广力度，引导中外资金融机构进驻中哈霍尔果斯国际边境合作中心加强业务合作，推动建立人民币兑周边国家货币区域银行间交易市场等方面给予开发区支持。今后，如何在霍尔果斯边境合作中心的运作过程中来解决中哈双方彼此的期望差异，无疑是霍尔果斯能否顺利发展的关键所在。霍尔果斯边境合作中心模式的运作一旦能够成功，对中国开展与其他中亚国家的经济往来无疑会起到良好的示范作用。从这一点来说，霍尔果斯边境合作中心的成功对中国的意义更大。

从目前来看，在一段时间内，中哈以霍尔果斯为中心展开的经济活动仍将以贸易为主。这是由双方的经济发展水平、工业化程度和市场需求所决定的。例如，在霍尔果斯口岸对面哈萨克斯坦潘夫罗乌区，由于中国给予了该区居民无须签证即可前往中国逗留时间不超过一天的待遇，且哈方规定个人只要携带的货物不超过 50 公斤或 1000 美元即可免税，而对于 10 吨以下的农产品和 2 吨的工业产品且价值不超过 1 万美元，则适用简化的通关程序并征收 17% 的统一费用（14% 的增值税和 3% 的海关从价税）。由于双方政府的这些优惠政策，保守估计潘夫罗乌区的最大城市贾肯特市有 3250 人直接参与了边境贸易，而每一个地摊和商店又创造了新的就业岗位：一个人在市场上销售，另一人则要负责仓库或运输。边境贸易为贾肯特市创造的就业岗位占到就业人口的 20%，而农产品加工、工业和农业分别吸纳了就业人口的 10%、7% 和 7%。而如果加上从事为边境贸易提供运输服务

---

[1] 中华人民共和国商务部. 2007 年哈萨克斯坦总统国情咨文 [OL]. [2012 - 04 - 02]. http://www.mofcom.gov.cn/aarticle/i/dxfw/jlyd/200703/20070304453112.html.

的人员，则贾肯特市有 30% 的就业人口依赖边境贸易创造的就业岗位。❶

二、塔吉中跨境合作区

吉尔吉斯斯坦和塔吉克斯坦是中亚国家中经济最为落后的国家，两国都为山地国家，交通不便、能源匮乏（水电资源虽然丰富，但受制于本国资金、技术以及与下游国家的矛盾而难以大规模利用）、基础设施落后。吉塔两国与新疆的南疆相邻，而南疆正是新疆经济最为落后地区，经济状况与吉、塔两国颇为相似，基本没有发达的工业，基础设施落后，民众生活贫困。吉尔吉斯斯坦和塔吉克斯坦与南疆另一个相似之处在于由于各自的工业落后，各类工业品基本依靠外部输入，因此贸易都是各自较为发达的领域。而这种贸易，很大程度上就是在当地流传了数百年的贸易模式——巴扎贸易。

吉尔吉斯斯坦和塔吉克斯坦目前已分别成为中国通向哈萨克斯坦、俄罗斯、乌兹别克斯坦和阿富汗的转口贸易平台，随着塔吉克斯坦加入 WTO（塔吉克斯坦于 2013 年 3 月 2 日成为 WTO 第 159 个正式成员），实施自由贸易政策成为两国的必然选择。因此，中国以南疆为平台来发展与吉、塔两国的贸易并以此带动两国基础设施改善和市场经济体系的建立对各方来说是一个现实的选择。

在发展跨境经济合作方面，欧盟实施的欧洲专区（euroregion）经验值得各国借鉴。欧洲专区并不是一个法律或管理制度，也不具备直接的政治权力。它只是地方政府间的合作，一般用于跨境地区通过合作来促进边境人口的公共利益得以实现。其中，丹麦、瑞典两国跨境的“奥胡斯区域合作”是欧盟国家跨国合作的成功范例，它被经合组织称为“跨境区域合作的佼佼者”。奥胡斯区域合作之所以取得巨大成功，最关键的因素就在于，这种合作有一整套健全的制度安排做保障，它包括两国间、区域主体间和各级政府间的区域合作组织体系。特别值得指出的是，奥胡斯区域合作的所有活动，自始至终都注重地方、区域和国家多层次的紧密对话。在此过程中，形成了市场、政府和个体各个层次的合作网络。❷

吉尔吉斯斯坦和塔吉克斯坦两国都存在地方势力强大，中央政府管辖较弱的问题。这也是造成很多时候中央政府与外国企业达成协议但因地方政府反对而无法实施的原因之一。由于边境贸易和巴扎贸易能够促进地方就业问题的解决，并给地方政府带来税收的各种收益，开展跨境合作促进贸易的增长会得到地方政府

---

❶ Kaminski Bartlomiej and Mitra, Saumya. *Borderless Bazaars and Regional Integration in Central Asia. Emerging Patterns of Trade and Cross - Border Cooperation* [R]. World Bank. Washington, D. C. 2012：6 - 7.

❷ 08 年国家发改委出国（境）培训总结系列之六——“国际区域合作”地区司赴比利时培训总结 [OL]. [2013 - 01 - 05]. http：//www. tnet. gov. cn/jsp/sites/site？ action = show&id = 19465.

的支持。当地方取得了开展合作的经验和利益后，各国中央政府在实施更高层次的合作项目时也会更为容易。

喀什是新疆南部传统的经济、贸易中心，喀什的自然条件和经济基础也决定了应以贸易、服务业而不是重工业为其发展重心。中国与吉尔吉斯斯坦和塔吉克斯坦的边界位于喀什和克孜勒苏柯尔克孜自治州境内，双方开通了伊尔克什坦、吐尔尕特和卡拉苏三个口岸与两国开展贸易。

伊尔克什坦口岸和吐尔尕特口岸都位于克孜勒苏柯尔克孜自治州乌恰县境内。伊尔克什坦是“古丝绸之路”上的一个重要通道和驿站，历史上曾有过一段商旅繁荣时期。新中国成立前后的 20 世纪 50 年代，这里是中苏（俄）两国边民贸易的通道。伊尔克什坦口岸是在 1996 年江泽民同志访问中亚国家期间，应吉尔吉斯斯坦、乌兹别克斯坦等国的多次要求，经中吉两国政府 1997 年 5 月签署的协议于 1997 年 7 月 20 日起临时开放，口岸对应的是吉尔吉斯斯坦的奥什州，距离奥什市 220 公里。于 2002 年 5 月 10 日正式对外开放，因口岸原址海拔较高，自然条件恶劣，口岸于 2011 年迁往距乌恰县 3 公里的新址，根据喀什经济开发区的规划，喀什经济开发区有 10 平方公里经济特区位于伊尔克什坦口岸下迁区。

吐尔尕特口岸与吉尔吉斯斯坦纳伦州相邻，距阿图什市 62 公里，距喀什 57 公里。吐尔尕特口岸对应的为吉尔吉斯斯坦共和国的图噜噶尔特口岸。该口岸位于吉方的纳伦州境内，距吉尔吉斯斯坦共和国首都比什凯克 400 多公里。口岸通商始于 1881 年，已有上百年的历史。20 世纪初期口岸已经开放。新中国成立后，根据中苏两国签订的贸易协定和换货合同，于 1950 年年初正式办理进出口过货。

卡拉苏口岸是中国与塔吉克斯坦开通的唯一口岸，距喀什市 219 公里，距塔什库尔干县城 62 公里，距塔方边境城市穆尔加布 89.7 公里。自 2005 年卡拉苏口岸开通后，中塔之间贸易实现了快速增长。

随着中国与吉尔吉斯斯坦、塔吉克斯坦边境贸易的不断增长，各国地方政府对于从贸易中所获得的利益以及发展贸易的障碍都远比中央政府更为了解，中国可以通过各国中央政府间的协调，建立各国地方政府间的合作框架，调动地方政府积极性，开展合作。当前吉、塔两国与中国的贸易是两国成为贸易转口平台的基础，这给两国带来了很大的收益。地方政府间的合作可以更好地促进贸易的开展，而通过次区域合作的成功可积累双方合作的经验与信任，为解决更大范围的问题创造条件，逐步发挥外溢作用，实现双方合作的深化。

第三节 中国与中亚国家的双边经济合作

一、吉尔吉斯斯坦、塔吉克斯坦

吉尔吉斯斯坦和塔吉克斯坦两国经济是中亚各国中最为弱小的，而且由于是山地国家，基础设施落后，两国获得的FDI极少，对经济发展没有多少促进作用。吉尔吉斯斯坦的库姆托尔金矿虽然是合资企业，但由于本国的工业落后，无法提供配套的产业链，因此金矿对其经济发挥的外溢效应极小。当前，两国可行的做法就是利用WTO成员资格的优势，通过打造转口贸易平台带动本国经济发展和具有比较优势产业的形成，而中国可利用已形成的边境和巴扎贸易网络推进中亚区域市场网络的形成和市场机制的发育。

吉塔两国由于经济落后，政府财政收入很低，两国降低关税后，可通过贸易的发展来带动相关产业发展。吉塔两国可通过贸易的发展积累资本，并用于发展农产品的加工、棉纺织等轻工业，这些劳动密集型产业的发展不但能够促进国内贫困人口就业，而且因投资规模不大，符合吉塔两国的国情。中亚国家的日用消费品主要依靠进口，本地企业的发展可以更好地利用地方现有资源，带动地方工业的增长。贸易的增长必然会带动对基础设施的需求，如铁路、公路，这些客观需求会促进吉塔两国进行基础设施建设，而且也使得两国有能力偿还进行基础设施建设的贷款。贸易的发展也可使各国培养出具有市场经济意识、熟悉国际市场的企业家群体，这些企业家可将本地的优势资源、丰富劳动力结合起来发展具有比较优势的产业，在此基础上，可逐步实现国内经济的良性循环。中国的广东、江浙一带就是此类发展模式，在轻工业积累到一定程度后，可进一步向机械行业和化工业升级。这是一个循序渐进的过程，政府在这一过程中需要放松管制、减少税费、创造良好的商业环境和基础设施，培养真正能够促进经济增长的、基于市场配置资源形成的产业体系。

中国对于中亚国家，特别是吉尔吉斯斯坦和塔吉克斯坦两国间存在的贸易统计的巨大差异没必要回避，目前国外学术界已有严谨的研究提出中国统计的贸易数据是可信的，中亚国家由于多种原因低估了从中国进口的数据。并且这些研究也普遍认为，与中国贸易促成了巴扎贸易网络的形成。而这对于解决中亚国家的就业问题、贫困问题乃至于促进男女平等（在巴扎上从事贸易的以妇女居多）都是很有好处的。中国应在海关管理、统计数据等方面给予吉塔等国以帮助，完善其海关管理和统计方法，并深入分析彼此贸易统计产生差异的原因。这样既可以使双方都对贸易情况有准确的了解，有助于增进彼此的互信，同时也可深入研究与中国贸易对吉塔等国带来的利益的程度，改变其政府和国民对开展与中国贸易的错误认识，为开展更高层次的合作奠定基础。

通过贸易的发展，不但可实现国民福利的增加，也会形成从自由贸易中获得利益的群体。这些获益民众的支持也会对政府的政策选择产生影响，成为支持本国与中国发展更为密切的经济往来的基础。

吉尔吉斯斯坦已经利用从中国进口纺织品和服装料件的方式发展了本国的服装产业，虽然这些企业普遍存在规模较小、资本缺乏等一系列问题，但已经初步形成了加工贸易带动劳动密集型产业发展的模式。这一点对于塔吉克斯坦同样具有可复制性。

中国大陆发展市场经济的经验之一就是通过与港澳地区的贸易带动广东、江浙等地的发展，先是贸易活动不断增长，然后带动轻工业的发展。这样不但解决了就业问题，还逐步积累了财富和熟练的劳动力、民众的市场经济意识、基础设施以及与国际市场的联系，到了20世纪90年代中后期慢慢转向加工业，融入了世界产业链条，成为国际市场链中的生产环节。中国的发展历程完全可以成为吉尔吉斯斯坦、塔吉克斯坦效仿的榜样。

二、乌兹别克斯坦、土库曼斯坦

乌兹别克斯坦和土库曼斯坦是中亚各国中对区域经济一体化持有谨慎态度的国家，尤其是土库曼斯坦，因其“永久中立”的政策，从不参与本地区的区域经济一体化。但这并不意味着两国不需要发展经济，虽然两国对于建立市场经济的态度远比哈萨克斯坦和吉尔吉斯斯坦保守，但是两国也迫切希望能够迅速发展本国经济。区域经济一体化也只是各国发展本国经济的途径之一，中国可以在促进经济发展方面寻找适合土乌两国现行经济政策的方式。土乌两国对中亚区域经济一体化持消极态度的一个重要原因就是，两国与俄罗斯的关系始终处于“钟摆”式状态，俄罗斯积极推行独联体和欧亚经济共同体的目的在于，恢复苏联时期与各国的政治、军事和经济紧密而特殊的关系，土、乌两国对此则保持高度的警觉性。

土库曼斯坦自独立以来一直寻求能源出口的多元化以摆脱对俄罗斯的依赖，土库曼斯坦虽已建成对伊朗出口天然气的管道，但其输送量远不能满足土库曼斯坦的出口需求。2009年，土俄天然气管道爆炸后，俄罗斯大幅度减少了从土库曼斯坦的进口量，而2009年年底建成的中国—中亚天然气管道则为土库曼斯坦解了燃眉之急。当前中国一跃已成为土库曼斯坦最大的出口对象，就是因为两国间的天然气贸易发展迅速。中国与土、乌两国并不相邻，不存在如哈吉塔等国国内反对派所渲染的中国对其的领土要求。因此，关键在于中国能够以符合两国需求的方式建立与土乌两国的经济合作。

独立后，乌兹别克斯坦采取了“进口替代”政策，希望建立本国的独立工业体系，减少对外部的依赖，尽管这一战略存在问题，但中国可以通过参与乌兹别克斯坦工业化进程来逐步引导其发展市场经济。乌兹别克斯坦拥有丰富的棉花和劳动力资源，而棉纺织业和服装业却极为落后，这对于轻工业发达的中国来说是一个很好的进入机会。中国不仅仅需要进口土乌两国的能源，还要注重发展两国的石化工业以满足其建立本国工业的政治愿望和本地工业品市场的需求。根据中亚地区的工业化现状，各国都未形成产业链，中国可以在帮助其建立石化工业后提供相关的配套产品和服务来发展产业内贸易，从而形成比当前仅采购原料和供应轻工产品更为紧密的分工关系和贸易往来。由于产业内分工关系会促进各方形成利益共享机制，这也会更加密切中国与土乌两国的政治关系，从而有利于经济关系的稳定。

中国政府目前支持的境外经贸合作区也可成为中国与土乌等国开展合作的路径之一。所谓境外经贸合作区是指，政府支持有实力的企业到境外开展多种形式的互利合作，以促进与东道国的共同发展。中国企业在境外投资建设经贸合作区，是以企业为主体，以商业运作为基础，以促进互利共赢为目的，主要由企业根据市场情况、东道国投资环境和引资政策等多方面因素进行决策。通过建设经贸合作区，吸引更多的企业到东道国投资建厂，增加东道国就业和税收，扩大出口创汇，提升技术水平，促进经济共同发展。[1] 2013 年 1 月，乌兹别克斯坦政府通过决议，决定在乌兹别克斯坦吉扎克州与中国共同建立自由工业区，决议决定于 2013 年第一季度完成建立工业区的所有准备工作。决议指出，建立吉扎克自由工业区主要用于吸引投资和先进的创新技术，以有效利用当地资源，发展吉扎克州及附近地区的工业，提高出口潜力。与中国共同建立吉扎克自由工业区是乌兹别克斯坦总统卡里莫夫 2011 年 4 月访华的重要成果之一，访问期间，两国签署了 25 个合作文件，并确定了 50 亿美元的投资项目。吉扎克自由工业区将是乌兹别克斯坦继纳沃伊自由工业经济区和安格连特别工业区之后的第三个自由工业区。[2]

第四节　中国与哈萨克斯坦的功能性合作

中亚各国中，哈萨克斯坦对于推动区域经济一体化最为积极。1994 年，哈萨

[1] 商务部［OL］.［2012－06－09］. http：//www. mofcom. gov. cn/article/zt_ jwjjmyhzq/.

[2] 亚欧贸易网. 乌兹别克斯坦将与中国合建自由工业区.［OL］.［2013－02－03］. http：//www. yaou. cn/news/show. php? itemid = 3146.

克斯坦总统纳扎尔巴耶夫首先提出建立欧亚联盟，因此当欧亚经济共同体关税同盟正式成立时，俄罗斯和白俄罗斯两国首脑为纳扎尔巴耶夫多年来坚持推动一体化而向其表示敬意。纳扎尔巴耶夫总统于1998年提出在阿斯塔纳举行五国元首会议，也正是这一年哈萨克斯坦媒体首先提出了“上海五国”的说法，对上海合作组织的产生起到了极为重要的作用。[1] 2005年，纳扎尔巴耶夫还提出建立中亚国家联盟，以加强各国间的一体化合作。纳扎尔巴耶夫之所以多年来一直坚持不懈地推动哈萨克斯坦与其他中亚国家或与周边大国的合作，其根本就在于哈萨克斯坦希望通过一体化带动经济发展，解决转型中面临的困难与问题，因为纳扎尔巴耶夫清醒地认识到，仅凭哈萨克斯坦一国的力量是很难实现这些目标的。

由于俄罗斯与哈萨克斯坦传统的经济分工联系以及俄罗斯在政治、安全、能源出口等领域对哈萨克斯坦的巨大影响，因此纳扎尔巴耶夫在推进一体化时始终将俄罗斯作为其首选目标。但这并不意味着哈萨克斯坦会完全听从俄罗斯的意见，因为一体化对于哈萨克斯坦来说只是其发展经济的一个手段而已，为了实现经济发展的目标，哈萨克斯坦愿意与任何国家展开合作。例如，建立中哈石油管道和霍尔果斯边境经济合作区也是由纳扎尔巴耶夫首先提出的；2012年，哈萨克斯坦对于俄罗斯加速推进“欧亚经济联盟”的想法也表示，应根据实际情况来推进一体化。正如纳扎尔巴耶夫曾指出的，“一体化的真心拥护者们，利用这个思想不是为了政治宣传，今天他们已经意识到，文明的、进步的一体化应当同步进行，有利于加强各国的民族主权。这种一体化是稳定和安全的同义词。欧洲、北美和东南亚的经验也说明了这点”。[2]

哈萨克斯坦多年来倡导和推动区域经济一体化的目的在于，发展本国经济而又不能损害本国的主权和独立，因此中国只要能够为其经济发展提供足够的发展动力，而又不危及其独立性，形成密切的经济关系乃至一体化组织是其乐见的。而从历史来看，哈萨克斯坦对俄罗斯的认同，除了传统的文化因素外，主要是地缘政治和能源控制，但俄罗斯在经济实力、产业结构和市场化程度等多个领域存在不足，则令人不得不怀疑俄罗斯能在多大程度上对中亚国家经济发展发挥拉动和溢出效应。

作为中亚最重要的国家，哈萨克斯坦不仅因为在苏联时期经济实力就高于其他中亚国家，而且由于独立后在纳扎尔巴耶夫总统领导下实施了正确的政策，才奠定了其今天在中亚的地位。哈萨克斯坦在中国发展与中亚经济往来起到关键性

---

[1] 张德广．聚焦上合：访谈与演讲［M］．北京：世界知识出版社，2011：224.

[2] 努·纳扎尔巴耶夫．站在21世纪门槛上——总统手记：中译本［M］．北京：时事出版社，1997：82～83.

作用，中国应大力发展与哈萨克斯坦的经济往来，逐步形成彼此间紧密的经济联系。

由于哈萨克斯坦是欧亚经济共同体关税同盟成员国，因此哈萨克斯坦已不可能与中国发展双边自由贸易协定，但中亚地区的多边一体化合作能否顺利开展又取决于多重因素。中国应通过与哈萨克斯坦的功能性合作推动双边经济合作的发展，通过功能性外溢为哈萨克斯坦和其他中亚国家提供区域性公共产品。此种合作方式也与俄罗斯所希望的在中亚地区发展基础设施建设的目标一致，可以形成各国合力而非相互间的掣肘。当中亚国家得到了区域性公共产品，在市场调控下配置资源并发展经济时，其对中国市场的需求自然会形成，届时中亚国家与中国和俄罗斯之间的经济合作格局自然会形成。

中国可与哈萨克斯坦优先开展合作的领域主要包括石化工业、欧亚交通大通道和水资源利用。

一、石化工业

当前，中石油的作业量已占哈萨克斯坦石油开采的25%，这使得一向注重国家主权和安全的哈萨克斯坦开始担心中国会控制其能源产业。中国在哈萨克斯坦能源开发已不应再扩大，而应转向石化工业、纺织工业、工业园区发展，这既是中国拥有技术和丰富经验优势的领域，同时也可帮助哈萨克斯坦实现经济结构多元化的战略规划，有助于其国内经济发展，而这将会得到哈萨克斯坦的极大欢迎。

哈萨克斯坦只有三个炼油厂，总设计加工能力为1860万吨，实际利用只有60%，因此造成开采的原油主要用于出口，成品油则大量进口。而且炼油厂技术设备老化，如阿德劳厂建于1945年，帕普洛达尔炼厂建于1978年，齐姆科肯特炼厂建于1985年（2005年后，中石油和哈国家石油公司各控股50%）。哈萨克斯坦有三个天然气加工厂，总设计加工能力为62.5亿立方米/年。国产化工产品在哈消费市场所占比例不到15%（须同凯，2007）。发展石化工业，可解决哈萨克斯坦仅有三个炼化厂，石油加工能力不足的问题；改变哈萨克斯坦国内汽油供给不足，却又大量出口石油的窘境；这也会满足哈萨克斯坦政府和国民的迫切希望。哈萨克斯坦石化工业的发展，不但可以带动中国石化装备业在哈萨克斯坦发展项目，而且能够形成与新疆石化工业的产业内分工，形成石化产业的产业内分工关系。这样满足了哈萨克斯坦发展工业的愿望，同时也使得中哈经济更为紧密。当哈萨克斯坦经济与中国经济更深入地结合时，两国的经济一体化程度必然提升，也有利于中国在哈的长期利益的实现。

挪威通过延长石油开采业的产业链条，为石油开采业提供技术装备和配套的技术服务，从而有效带动了本国资本和技术密集型制造业和服务业的发展。而这些产业的发展又产生了对技术人才和装备的需求，不断延长配套产业的产业链条，从而不但将能源开采所创造的利益留在了本国，而且有效地克服了资源诅咒和荷兰病效应在本国的产生。哈萨克斯坦已经借鉴了挪威建立国家能源基金的经验，目前也极为重视本国工业的发展。从中亚各国情况来看，乌兹别克斯坦和土库曼斯坦虽然也拥有丰富的能源，但是在对外开放程度、市场体系成熟度方面，乌、土两国与哈萨克斯坦的差距日益拉大，因此今后很可能在哈萨克斯坦形成资本、技术密集型产业的集聚，从而形成先发优势。中国应抓住这一机遇，参与到哈萨克斯坦发展工业的进程中，在两国的制造业形成紧密的分工。

二、欧亚大通道

哈萨克斯坦一直希望发展以铁路为核心的欧亚大通道，受苏联时期经济分工的影响，哈萨克斯坦内部运输格局并不完整。建设欧亚大通道可带动哈萨克斯坦国内的路网建设，同时必然会带动对外经济活动的开展，并会引发更多的需求，这样就会形成市场调控下的分工关系。

2008 年，梅德韦杰在上海合作组织峰会上就说：“应该有目的地集中精力于项目性获得，……比如完善地面基础设施，建设洲际道路”，因此可以理解为“俄罗斯不赞成以贸易为主，而应以基础设施建设为重点，主张进行大型地区性项目建设，首先是在交通、能源、高科技领域”（赵华胜，2012）。中亚国家经济发展落后的原因之一就是，其基础设施的落后影响了吸引外来投资以及本国比较优势的发挥，这一点日益被中亚各国深刻地体会到。当前，在中亚地区，已形成了中国、哈萨克斯坦、俄罗斯共同倡议发展基础设施的局面。

基础设施改善意味着哈萨克斯坦和其他中亚国家发展对外经贸关系更为便利、成本更低，考虑到中国的经济实力和市场规模，这会带动哈萨克斯坦等国向中国的出口增长。在扩大对外出口和融入世界市场的过程中，哈萨克斯坦也可了解和认识市场经济体系的作用，中亚国家主动推进市场经济体系的建设和区域经济合作的效果远好于中国的推销式的介绍。随着不断地融入国际市场，哈萨克斯坦也会逐步基于本国的比较优势形成具有竞争力的产业，这些都会为中国与哈萨克斯坦等中亚国家之间的合作创造更多机会。

三、水资源利用

水资源利用是中亚的核心矛盾之一，产生这一矛盾的关键在于，各国缺乏合作意识，皆以本国利益为重。正如有学者指出的，中亚水危机不是量的危机，而是一种分配危机；问题不是水短缺，而是水管理（余建华，2009）。哈萨克斯坦 101. 2 立方公里地表水中只有 56. 3 立方公里在哈境内生成，其余 44. 9 立方公里源于哈中、哈俄、哈吉、哈乌间的跨境河流，其中23.6立方公里的水量来自中国。[1]中哈跨界水资源对哈方的重要性更大，哈萨克斯坦前总理托卡耶夫指出“额尔齐斯河流域水资源和生态资源形势非常令人不安。今天额尔齐斯河的经济意义正在迅速上升，在额尔齐斯河流域的哈萨克斯坦一方有250万人，这里有大型工业中心……哈萨克斯坦中部的水源主要来自额尔齐斯河。这一地区能源、工业和农业的持续发展与对这条河的资源的使用直接相关。因此，从哈萨克斯坦未来经济与生态安全角度来讲，与中国解决水资源问题是非常重要的”。[2] 中哈两国政府已就两国水资源的分配进行了谈判，寻求一个符合两国共同利益的方案对于中哈关系是极为重要的。在分配水资源时，中国政府需要统筹考虑中哈两国战略合作关系以及新疆伊犁地区的发展定位之间的关系。

一旦中哈两国在伊犁河和额尔齐斯河的水资源达成合作，则可以在中亚地区创造一个水资源友好合理分配的范例，既融洽两国合作关系，同时也为其他中亚国家提供借鉴。以双边方式解决中哈跨界河争端，可以提升中国在中亚地区的影响力，也可为本地区其他国家解决水资源纠纷提供范例。

综上所述，中亚国家以往虽然成立了众多的区域经济一体化组织，但却并没有实现各国的预期，其中的根本障碍在于中亚各国尚不具备开展区域经济一体化的经济基础、各国缺乏对区域经济一体化的深刻认识以及各国间复杂的政治经济矛盾的制约。从以往的经验来看，中亚国家希望通过区域经济一体化带动本国经济发展和应对危机，但又无力承担一体化的成本且缺乏合作意识，依靠中亚国家自身来推动中亚国家间的区域经济合作已是很难实现的，这就需要其他国家的共同参与。

鉴于俄罗斯在中亚地区的影响力，俄罗斯是中国发展与中亚各国经济合作的不可或缺的角色，中国应形成与俄罗斯在本地区共存的利益格局。普京日益重视亚太地区对俄罗斯经济增长的重要性，这意味着俄罗斯需要借助中国的市场来促进本国经济的发展，从而构成了中俄两国的战略利益的重合。2013年，俄罗斯加大向中国出口石油、天然气，说明俄罗斯在经济发展方面已下决心与中国深化合作，俄罗斯东部不发展则难以保证国家的稳定，而东部的发展则需借助中国力量。不论是开发俄罗斯东部还是真正促进欧亚经济共同体的发展，经济的增长是基础，尽管俄罗斯基于政治和传统联系的优势已在中亚地区取得了进展（欧亚经济共同体），但如果要真正将其打造成能够创造经济利益的合作平台，就需要中国的资金、技术和市场。只有这样，俄罗斯才可能建立起欧亚大陆由东到西的中国（东

[1] 王俊峰，胡烨．中哈跨界水资源争端：缘起、进展与中国对策［J］．新疆大学学报，2011（5）．

[2] 卡·托卡耶夫．中亚之鹰的外交战略：中译本［M］．北京：新华出版社，2002：74～75．

亚)、欧亚经济共同体和欧盟的经济紧密联系。只有当欧亚经济共同体是基于市场化的基础建立的，俄罗斯也才能真正实现其经济和政治的双重利益，否则，更有可能像拉丁美洲的区域经济一体化一样，一体化组织建立很多，但真正的一体化市场并未形成，各国所期盼的利益也不会得以实现。

中国对当前发展与中亚国家的经济合作的思路需要调整，不能仅重视从中亚国家进口能源、原材料，而要考虑如何在当地开展投资，对各国的能源、原材料进行深加工，带动各国加工制造业的发展。这种合作会是一个长期且困难的过程，这一方面受制于中国企业自身在国外开展直接投资的能力和经验的缺乏，另一方面因为中亚国家的投资环境还很不完善。但这却是中国发展与中亚国家经济合作必须采取的方式，这种合作可以使中国与中亚国家形成共同获益的双赢格局，虽然存在诸多的困难，但可建立中国与中亚国家长久的合作关系，合作基础更为稳固。正如上海合作组织首任秘书长张德广所说："中国的市场经济成熟度比其他成员国先进很多年，有能力、也有需要发挥主导作用。如中国不做，上合组织就会停滞不前。与上合组织成员国合作完全讲对等、一味追求份额和赚钱是困难的，应首先树立投入、付出、培育的思想，培育市场，培育项目。"❶

一般，对于小国而言，如能拉动经济发展或某一主要部门的发展，其他方面付出一定的代价是值得的。特别是大国的战略需求往往是小国所不关注的，小国更关心的是如何让本国安全得以保证、经济福利不断增加。对此，中国应在安全、经济利益等方面考虑如何保障小国的切身利益得以实现。中国与东盟自贸区成功的原因就是，东盟国家在与中国的经济往来中能够获取经济利益，实现本国经济的增长。

中亚地区的繁荣和稳定是中亚国家切身利益所在，这构成了中亚国家、中国和俄罗斯三方的利益重合点。如果没有一个稳定繁荣的中亚地区，俄罗斯中亚地区的影响力也必然会被削弱。中国和俄罗斯作为两个在向市场经济转型的大国，也存在对区域经济一体化认识的片面性。中国将与中亚国家的区域经济一体化仅仅看做经济问题而忽略了其背后复杂的政治因素以及中亚国家处于转型阶段的特点；俄罗斯则更多地从地缘政治角度而非经济角度来认识区域经济一体化，这与两国的发展背景和传统观念有着密切的关系。

中国需要在软、硬实力方面提升自己在中亚的影响力，实现这一目标的前提是，中国能够为中亚国家提供区域性公共产品，使各国利益都能够得以实现。在这一条件尚未具备之前，上合组织的经济合作或者说中国与中亚的区域经济合作

❶ 张德广．聚焦上合——访谈与演讲［M］．北京：世界知识出版社，2011：118.

不会有实质性进展，中国对此应有清醒的认识。

从根本上来说，中亚国家希望区域经济一体化能够带动本地区经济增长，只要能取得实际效果，保证本国的利益得以实现，与哪个国家的一体化并不是主要问题。但是，必须让中亚国家在合作过程中实现本国的利益，以此来减少各国国内的反对和疑虑。考虑到中亚国家经济实力与产业结构，中国不应再倡导短期内难以实现的区域经济一体化，因为即使建立了相关的组织，其生命力究竟如何也并不乐观。对于中国来说，发展与中亚国家经济往来的核心不在于在中亚国家销售多少商品，而在于建立通向欧洲国家的通道、中国战略安全的实现以及满足本国能源需求，中国需要更加耐心、更加智慧地发展与中亚国家的经济往来，带动中亚国家在与中国的经济往来中实现各国的经济发展，这是实现双方长期稳固合作关系的基础。

参考文献

一、中文文献

[1] 弗兰茨·梅林. 中世纪末期以来的德国史［M］. 张才尧，译. 北京：三联书店，1980.

[2] 迪特·卡塞尔，保罗·J. J. 维尔芬斯. 欧洲区域一体化：理论纲领、实践转换与存在的问题［M］. 马颖，译. 武汉：武汉大学出版社，2007.

[3] 安德兰尼克·米格拉尼扬. 俄罗斯现代化之路：为何如此曲折［M］. 徐葵，张达楠，等，译. 北京：新华出版社，2002.

[4] Б·普雷舍夫斯基，陈宁. 土库曼斯坦的经济改革［J］. 世界经济译丛，1994（4）.

[5] 法布里斯·拉哈. 欧洲一体化史：1945～2004［M］. 北京：中国社会科学出版社，2005.

[6] Б. Н. 库济克，М. Л. 季塔连科. 2050年：中国—俄罗斯共同发展战略［M］. 冯育民，等，译. 北京：社会科学文献出版社，2007.

[7] А. П. 齐甘科夫，П. А. 齐甘科夫. 当代俄罗斯国际关系学［M］. 冯玉军，徐向梅，译. 北京：北京大学出版社，2008.

[8] 瓦·伊·萨雷金，阿·瓦·萨法良. 环里海区域经济关系和石油开发合作［M］. 岳文博，等，译. 北京：世界知识出版社，2009.

[9] С. З. 日兹宁. 俄罗斯能源外交［M］. 王海运，石泽，译. 北京：人民出版社，2006.

[10] 皮埃尔－菲利普·库姆斯，蒂里·迈耶，雅克－弗朗索瓦·蒂斯. 经济地理学：区域和国家一体化［M］. 安虎森，等，译. 北京：中国人民大学出版社，2011.

[11] 卡·托卡耶夫. 哈萨克斯坦：从中亚到世界［M］. 赛力克·纳雷索夫，译. 北京：新华出版社，2001.

[12] 卡·托卡耶夫. 中亚之鹰的外交战略［M］. 赛力克·纳雷索夫，译. 北京：新华出版社，2002.

[13] 努·纳扎尔巴耶夫. 探索之路［M］. 陆兵，王嘉琳，译. 乌鲁木齐：新疆人民出版社，1995.

[14] 努·纳扎尔巴耶夫. 站在21世纪门槛上：总统手记［M］. 陆兵，王沛，译. 北京：时事出版社，1997.

[15] 努·纳扎尔巴耶夫. 前进中的哈萨克斯坦［M］. 哈依霞，译. 北京：民族出版社，2000.

[16] 努·纳扎尔巴耶夫. 时代命运个人［M］. 陆兵，译. 北京：人民文学出版社，2003.

[17] 努·纳扎尔巴耶夫. 在历史的长河中［M］. 徐葵，李永庆，冯育民，许文鸿，张中华，等，译. 北京：民族出版社，2005.

[18] 雅克·佩克曼斯. 欧洲一体化方法与经济分析：第二版［M］. 吴弦，陈新，译. 北京：中国社会科学出版社，2006.
[19] 阿斯卡尔·阿卡耶维奇·阿卡耶夫. 难忘的十年：中译本［M］. 北京：世界知识出版社，2002.
[20] 彼得·罗布森. 国际经济一体化经济学［M］. 戴炳然，等，译. 上海：上海译文出版社，2001.
[21] 胡曼. 佩马尼. 虎视中亚［M］. 王振西，等，译. 北京：新华出版社，2002.
[22] Krugman，Paul R. and Obstfeld，Maurice. International Economics Theory and Policy：7th Edition［M］. 北京：清华大学出版社，2008.
[23] 茨比格纽·布热津斯基. 大棋局：美国的首要地位及其地缘战略［M］. 中国国际问题研究所，译. 上海：上海世纪出版集团，2007.
[24] 詹姆斯·吉尔伯. 国际经济学：第五版［M］. 张永昌，王希玲，译. 上海：格致出版社，2012.
[25] 贾格迪什·巴格沃蒂. 今日自由贸易［M］. 海闻，译. 北京：中国人民大学出版社，2004.
[26] 杰弗里·曼可夫. 大国政治的回归：俄罗斯的外交政策：中译本［M］. 北京：新华出版社，2011.
[27] 罗伯特·吉尔平. 全球政治经济学：解读国际经济秩序［M］. 杨宇光，杨炯，译. 上海：上海世纪出版集团，2006.
[28] 罗伯特·吉尔平. 国际关系政治经济学：中译本［M］. 上海：上海世纪出版集团，2011.
[29] 马丁·哈特－兰茨伯格，刘志明. 对墨西哥新自由主义经济模式“成功”的质疑［J］. 国外理论动态，2003（10）.
[30] 玛莎·布瑞尔·奥卡特. 中亚的第二次机会［M］. 李维建，译. 北京：时事出版社，2007.
[31] 迈克尔·波特. 国家竞争优势［M］. 李明轩，邱如美，译. 北京：华夏出版社，2002.
[32] 曼瑟尔·奥尔森. 集体行动的逻辑［M］. 陈郁，郭宇峰，李崇新，译. 上海：格致出版社，上海三联书店，上海人民出版社，2011.
[33] 曼瑟尔·奥尔森. 国家的兴衰：经济增长、滞胀和社会僵化［M］. 李增刚，译. 上海：上海世纪出版集团，2005.
[34] 约翰·麦克米伦. 国际经济学中的博弈论［M］. 高明，译. 北京：北京大学出版社，2004.
[35] 约翰·伊特维尔，等. 新帕尔格雷夫经济学大辞典：第二卷［M］. 北京：经济科学出版社，1996.
[36] 约翰逊·杰克逊. 世界贸易体制：国际经济关系的法律与政策［M］. 张乃根，译. 上海：复旦大学出版社，2001.
[37] 藤田昌久，保罗·克鲁格曼，安东尼·J. 维纳布尔斯. 空间经济学：城市、区域与国际贸易［M］. 梁琦，译. 北京：中国人民大学出版社，2005.

[38] 小岛清．对外贸易论［M］．周宝廉，译．天津：南开大学出版社，1987.
[39] 朱利叶斯·尼雷尔．对南方的挑战：南方委员会的报告：中译本［M］．北京：中国对外翻译出版公司，1991.
[40] 阿塔耶夫·M. A. 土库曼斯坦的今天与明天［M］．中国驻土库曼斯坦使馆集体，译．北京：石油工业出版社，2000.
[41] 萨·尼亚佐夫．永久中立，世代安宁［M］．赵常庆，等，译．北京：东方出版社，1996.
[42] 伊斯拉姆·卡里莫夫．乌兹别克斯坦沿着深化经济改革的道路前进［M］．陈世忠，邱永，译．北京：国际文化出版公司，1996.
[43] 伊斯拉姆·卡里莫夫．临近 21 世纪的乌兹别克斯坦：安全的威胁、进步的条件和保障［M］．王英杰，等，译．北京：国际文化出版公司，1997.
[44] 安东尼·埃斯特瓦多道尔，布莱恩·弗朗茨，谭·罗伯特·阮．区域性公共产品：从理论到实践［M］．张建新，黄河，译．上海：上海人民出版社，2010.
[45] 奥古斯特·德拉·托力，玛格丽特·R. 凯利．区域性贸易协定［A］//国际货币基金组织．不定期出版物第 93 期［M］．北京：中国金融出版社，1993.
[46] 卡洛·M. 奇波拉．欧洲经济史：第六卷上册［M］．李子英，崔书香，译．北京：商务印书馆，1991.
[47] 维克托·布尔摩－托马斯．独立以来拉丁美洲的经济发展［M］．张凡，等，译．北京：中国经济出版社，2000.
[48] R. C. 赖利，G. J. 阿什沃思．比荷卢经济联盟［M］．刘礼生，译．天津：天津人民出版社，1980.
[49] 罗纳德·哈里·科斯，王宁．变革中国：市场经济的中国之路［M］．徐尧，李哲民，译．北京：中信出版社，2013.
[50] 保建云．国际区域合作的经济学分析［M］．北京：中国经济出版社，2008.
[51] 蔡洪波．双边自由贸易协定的理论重构与实证研究［M］．北京：中国经济出版社，2011.
[52] 陈泽明．区域合作通论：理论·战略·行动［M］．上海：复旦大学出版社，2005.
[53] 陈志新．乌兹别克斯坦退出中亚统一电力系统［R］．人民日报，2009－12－04.
[54] 陈耀华．欧洲文化认同与欧洲一体化进程［J］．玉林师范学院学报，2007（2）.
[55] 陈勇．新区域主义与东亚经济一体化［M］．北京：社会科学文献出版社，2006.
[56] 陈元，钱颖一．欧债的救赎［M］．北京：中国经济出版社，2012.
[57] 邓浩．苏维埃时期吉尔吉斯斯坦的民族问题研究［M］．北京：中国社会科学出版社，2011.
[58] 邓炜．区域经济一体化的产业区位效应分析［M］．北京：知识产权出版社，2012.
[59] 刁莉．中亚水资源危机临近［R］．第一财经日报，2010－09－20.
[60] 刁秀华．俄罗斯与东北亚地区经济合作的进展［M］．大连：东北财经大学出版社，2011.
[61] 丁军，王承就．转型中的俄罗斯、乌克兰和白俄罗斯［M］．北京：世界知识出版社，2010.
[62] 樊莹．国际区域一体化的经济效应［M］．北京：中国经济出版社，2005.

[63] 樊勇明．从国际公共产品到区域性公共产品：区域合作理论的新增长点［J］．世界经济与政治，2010（1）．
[64] 樊勇明，薄斯胜．区域公共产品理论与实践：解读区域合作新视点［M］．上海：上海人民出版社，2011.
[65] 方亮．中吉乌铁路好事多磨［J］．南方周末［2014－01－25］．http：//www.infzm.com/content/741.
[66] 冯绍雷．上海合作组织发展报告（2012）［M］．上海：上海人民出版社，2012.
[67] 郜志雄．哈萨克斯坦石油行业竞争格局分析［J］．国际经济合作，2011（5）．
[68] 宫占奎，陈建国，佟家栋．区域经济组织研究：欧盟、北美自由贸易区、亚太经合组织［M］．北京：经济科学出版社，2000.
[69] 顾颖，董联党．欧洲一体化进程中的区域经济发展史［M］．北京：中国社会科学出版社，2008.
[70] 郭晓琼．俄罗斯产业结构研究［M］．北京：知识产权出版社，2011.
[71] 贺平．区域性公共产品与东亚的功能性合作：日本的实践及其启示［J］．世界经济与政治，2012（4）．
[72] 贺双荣．墨西哥国内外有关北美自由贸易协定对墨西哥经济影响的争论及背景［J］．拉丁美洲研究，2005（2）．
[73] 侯铁建．俄罗斯经济追赶与制度变迁［M］．北京：中国经济出版社，2009.
[74] 胡梅兴．俄罗斯控制中亚能源的现状与挑战［J］．国际资料信息，2010（6）．
[75] 胡振华．中亚五国志［M］．北京：中央民族大学出版社，2006.
[76] 黄卫平，等．中国加入区域经济一体化研究［M］．北京：经济科学出版社，2009.
[77] 黄玖立．对外贸易、地理优势与中国的地区差异［M］．北京：中国经济出版社，2009.
[78] 焦一强．从“民主岛”到“郁金香革命”：吉尔吉斯斯坦政治转型研究［M］．甘肃：兰州大学出版社，2010.
[79] 李福川．俄白哈关税同盟及对上海合作组织的影响［A］//吴恩远，吴宏伟．上海合作组织发展报告［M］．北京：社会科学文献出版社，2011.
[80] 李纲，刘华芹．上海合作组织：加速推进的区域经济合作［M］．北京：中国海关出版社，2004.
[81] 李铁立．边界效应与跨边界次区域经济合作研究［M］．北京：中国金融出版社，2005.
[82] 李向阳．新区域主义与大国战略［J］．国际经济评论，2007（7）．
[83] 李欣广．区域经济一体化之下的经济互动与产业对接［M］．成都：四川大学出版社，2008.
[84] 李玉举．发展中国家参与区域经济一体化［M］．北京：中国市场出版社，2008.
[85] 李中海．俄罗斯经济外交理论与实践［M］．北京：社会科学文献出版社，2011.
[86] 李子奈，潘文卿．计量经济学：第三版［M］．北京：高等教育出版社，2010.
[87] 林毅夫．繁荣的求索［M］．北京：北京大学出版社，2012.
[88] 林毅夫．从西潮到东风［M］．北京：中信出版社，2012.

[89] 林毅夫．新结构经济学［M］．北京：北京大学出版社，2012.
[90] 梁双陆．边疆经济学［M］．北京：人民出版社，2009.
[91] 柳丰华．俄罗斯与中亚：独联体此地区一体化研究［M］．北京：经济管理出版社，2010.
[92] 刘力，宋少华．发展中国家经济一体化新论［M］．北京：中国财政经济出版社，2002.
[93] 刘启芸．塔吉克斯坦［M］．北京：社会科学文献出版社，2006.
[94] 鲁晓东．国际直接投资：基于区域经济一体化视角的研究［M］．北京：经济管理出版社，2011.
[95] 陆南泉．论苏联、俄罗斯经济［M］．北京：中国社会科学出版社，2013.
[96] 陆南泉，左凤荣，潘德礼，孔田平．苏东剧变之后对 119 个问题的思考：上、中、下［M］．北京：新华出版社，2012.
[97] 罗建波．非洲一体化与中非关系［M］．北京：社会科学文献出版社，2006.
[98] 罗英杰．利益与矛盾：冷战后俄罗斯与欧盟关系研究［M］．北京：世界知识出版社，2009.
[99] 罗志刚．俄罗斯—欧盟关系研究［M］．北京：中国社会科学出版社，2009.
[100] 马静，郑晶．FDI、区域经济一体化与区域经济增长［M］．北京：中国经济出版社，2009.
[101] 麦勇．中国新疆的特色产业选择与发展战略［M］．上海：上海财经大学出版社，2010.
[102] 潘广云．独联体框架内此区域经济一体化问题研究［M］．北京：北京师范大学出版社，2011.
[103] 潘志平．中亚的地缘政治文化［M］．乌鲁木齐：新疆人民出版社，2003.
[104] 潘志平．中亚政局走势微妙［M］．乌鲁木齐：新疆人民出版社，2005.
[105] 彭述华．东亚经济一体化主导问题研究［M］．北京：人民出版社，2011.
[106] 强晓云．移民对当代中俄关系的影响［M］．北京：时事出版社，2010.
[107] 上海社会科学院世界经济与政治研究院．地缘关系与区域秩序的建构［M］．北京：时事出版社，2011.
[108] 石岚．中亚费尔干纳：伊斯兰与现代民族国家［M］．北京：民族出版社，2008.
[109] 施玉宇．土库曼斯坦的经济政策、经济发展现状、特点和前景［J］．俄罗斯东欧中亚市场，1999（4）.
[110] 施玉宇．土库曼斯坦［M］．北京：社会科学文献出版社，2005.
[111] 孙力．中亚国家发展报告：2012［M］．北京：社会科学文献出版社，2012.
[112] 孙玉红．全球 FTAs 网络化与发展中国家一体化战略［M］．北京：对外经济贸易大学出版社，2007.
[113] 孙玉红．论全球 FTA 网络化［M］．北京：中国社会科学出版社，2008.
[114] 孙壮志，苏畅，吴宏伟．乌兹别克斯坦［M］．北京：社会科学文献出版社，2004.
[115] 孙壮志．独联体国家“颜色革命”研究［M］．北京：中国金融出版社，2011.
[116] 汤碧．两种区域经济一体化发展趋势比较研究［M］．北京：中国财政经济出版社，2004.

[117] 唐海燕．全球化与中国开发战略 [M]．上海：华东师范大学出版社，2003.
[118] 童伟．2011 俄罗斯财经研究报告：基于俄中比较的视角 [M]．北京：经济科学出版社，2011.
[119] 涂志玲．NAFTA 十年回顾与展望 [J]．求索，2005 (4).
[120] 汪金国．全球文化力量消长与中亚政局变化研究 [M]．兰州：兰州大学出版社，2010.
[121] 王殿华．互利共赢的中俄经贸合作关系 [M]．北京：科学出版社，2011.
[122] 王海燕，等．贸易投资便利化：中国与哈萨克斯坦 [M]．上海：华东师范大学出版社，2012.
[123] 王金亮．转轨时期俄罗斯对外贸易与经济增长关系研究 [M]．哈尔滨：黑龙江大学出版社，2008.
[124] 王俊峰，胡烨．中哈跨界水资源争端：缘起、进展与中国对策 [J]．新疆大学学报，2011 (5).
[125] 王洛林．全球化与中国 [M]．北京：经济管理出版社，2010.
[126] 王四海，靳凤兰，韩文阁，等．金色的土库曼斯坦 [M]．武汉：中国地质大学出版社，2011.
[127] 王维然．哈萨克斯坦对外贸易实证研究 [J]．新疆大学学报，2010 (3).
[128] 王维然，依马木阿吉・艾比布拉．吉尔吉斯斯坦对外贸易流量经验分析 [J]．新疆财经大学学报，2010 (1).
[129] 王维然，朱敏，吴唯君．俄白哈关税同盟贸易结构与效应研究 [J]．俄罗斯中亚东欧市场，2011 (12).
[130] 王维然，朱延福．俄白哈关税同盟对中哈贸易影响的研究 [J]．经济问题探索，2012 (7).
[131] 王晓德．对北美自由贸易区批评的评析 [J]．世界经济，2001 (8).
[132] 王玉主．区域公共产品的供给与东亚合作主导权问题的超越 [J]．当代亚太，2011 (6).
[133] 王玉主．东盟 40 年区域经济合作的动力机制（1967～2007）[M]．北京：社会科学文献出版社，2011.
[134] 邢广程．俄罗斯东欧中亚国家发展报告：2009 [M]．北京：社会科学文献出版社，2009.
[135] 吴恩远．俄罗斯东欧中亚国家发展报告：2010 [M]．北京：社会科学文献出版社，2010.
[136] 吴恩远，吴宏伟．上海合作组织发展报告：2011 [M]．北京：社会科学文献出版社，2011.
[137] 吴宏伟．中亚人口问题研究 [M]．北京：中央民族大学出版社，2004.
[138] 吴宏伟．中亚地区发展与国际合作机制 [M]．北京：社会科学文献出版社，2011.
[139] 吴敬琏．中国增长模式抉择：第四版 [M]．上海：上海远东出版社，2013.
[140] 吴志成，龚苗子．欧洲一体化进程中的欧洲认同论析 [J]．南开学报，2007 (1).
[141] 伍贻康，等．多元一体：欧洲区域共治模式探析 [M]．上海：上海科学院出版

社，2009.
[142] 伍贻康，周建平．区域性国际经济一体化的比较［M］．北京：经济科学出版社，1994.
[143] 吴朝阳．区域经济一体化的组织经济学分析［M］．北京：经济管理出版社，2007.
[144] 肖德．上海合作组织区域经济合作问题研究［M］．北京：人民出版社，2009.
[145] 谢继文．“资源诅咒”国外研究综述［J］．经济理论与经济管理，2010（9）.
[146] 须同凯．丝绸之路上的新商机：中亚经贸投资指南［M］．北京：中国海关出版社，2007.
[147] 须同凯．上海合作组织区域经济合作［M］．北京：人民出版社，2010.
[148] 徐宝华，石瑞元．拉美地区一体化进程：拉美国家进行一体化的理论和实践［M］．北京：社会科学文献出版社，1996.
[149] 徐春祥．东亚贸易一体化：从区域化到区域主义［M］．北京：社会科学文献出版社，2008.
[150] 徐洪峰，李林河．美国的中亚能源外交（2001～2008）［M］．北京：知识产权出版社，2010.
[151] 闫鸿毅，李世群．浅析土库曼斯坦天然气出口格局及其影响［J］．俄罗斯东欧中亚市场，2012（8）.
[152] 杨逢珉，张永安．欧洲联盟经济学：修订本［M］．上海：上海人民出版社，2008.
[153] 杨进．影响中亚地区稳定的社会问题：以贫困为视角［A］//孙力，吴宏伟．中亚国家发展报告：2012［M］．北京：社会科学文献出版社，2012.
[154] 杨恕．转型的中亚和中国［M］．北京：北京大学出版社，2005.
[155] 杨勇．国际区域经济一体化与中国对外贸易［M］．北京：人民出版社，2011.
[156] 杨勇，张彬．南南型区域经济一体化的增长效应［J］．国际贸易问题，2011（11）.
[157] 余建华，等．上海合作组织非传统安全研究［M］．上海：上海社会科学出版社，2005.
[158] 余永定，李向阳．经济全球化与世界经济发展趋势［M］．北京：社会科学文献出版社，2001.
[159] 余振．东亚区域贸易安排：福利效应与中国的参与战略［M］．北京：科学出版社，2010.
[160] 瞻园庭，冯峰．北美自由贸易协定对墨西哥经济的影响［J］．拉丁美洲研究，2005（2）.
[161] 张彬，等．国际区域经济一体化比较研究［M］．北京：人民出版社，2010.
[162] 张彬，王胜，余振．国际经济一体化福利效应［M］．北京：社会科学文献出版社，2009.
[163] 张德广．聚焦上合：访谈与演讲［M］．北京：世界知识出版社，2011.
[164] 张二震，马野青，方勇．贸易投资一体化与中国的战略［M］．北京：人民出版社，2004.
[165] 张海冰．欧洲一体化制度研究［M］．上海：上海社会科学院出版社，2005.
[166] 张弘．冲突与合作：解读乌克兰与俄罗斯的经济关系（1991～2008）［M］．北京：知识产权出版社，2009.

[167] 张慧君．俄罗斯转型进程中的国家治理模式演进［M］．北京：经济管理出版社，2009.
[168] 张宁．中亚能源与大国博弈［M］．吉林：长春出版社，2009.
[169] 张宁．哈萨克斯坦独立后的政治经济发展［M］．上海：上海大学出版社，2012.
[170] 张宁．乌兹别克斯坦独立后的政治经济发展［M］．上海：上海大学出版社，2012.
[171] 张宁．哈萨克斯坦的电力生产于消费［J］．俄罗斯中亚东欧市场，2012（8）.
[172] 张晓峒．应用数量经济学［M］．北京：机械工业出版社，2009.
[173] 张幼文．世界经济一体化的历程［M］．上海：上海社会科学出版社，2001.
[174] 张永安．区域经济一体化理论与实践［M］．上海：格致出版社，2010.
[175] 张蕴岭，沈铭辉．东亚、亚太区域合作模式与利益博弈［M］．北京：经济管理出版社，2010.
[176] 赵常庆．哈萨克斯坦［M］．北京：社会科学文献出版社，2004.
[177] 赵常庆．中国与中亚国家合作析论［M］．北京：社会科学文献出版社，2012.
[178] 赵常庆，等．中亚五国与中国西部大开发［M］．北京：昆仑出版社，2004.
[179] 赵常庆，陈联壁，刘庚岑，董晓阳．苏联民族问题研究［M］．北京：社会科学文献出版社，2007.
[180] 赵传君．创建中俄自由贸易区问题探索［M］．北京：社会科学文献出版社，2010.
[181] 赵春明．国际贸易学［M］．北京：石油工业出版社，2005.
[182] 赵华胜．中国的中亚外交［M］．北京：时事出版社，2008.
[183] 赵华胜．上海合作组织评析与展望［M］．北京：时事出版社，2012.
[184] 郑雪平．上海合作组织区域经济合作研究［M］．沈阳：东北财经大学出版社，2007.
[185] 郑羽．独联体（1991～2002）［M］．北京：社会科学文献出版社，2005.
[186] 郑羽．中俄美在中亚：合作与竞争（1991～2007）［M］．北京：社会科学文献出版社，2007.
[187] 郑羽．俄罗斯东欧中亚国家的对外关系［M］．北京：中国社会科学出版社，2007.
[188] 郑羽，蒋明君．普京八年：俄罗斯复兴之路（2000～2008）（经济卷）［M］．北京：经济管理出版社，2008.
[189] 郑羽，蒋明君．普京八年：俄罗斯复兴之路（2000～2008）（外交卷）［M］．北京：经济管理出版社，2008.
[190] 中国国际问题研究基金会，俄罗斯中亚研究中心．中亚区域合作机制研究（论文集）［M］．北京：世界知识出版社，2009.
[191] 钟立国．GATTA1994 的第 24 条的历史与法律分析［J］．法学评论，2003（6）.
[192] 朱成虎．十字路口中亚走向何方［M］．北京：时事出版社，2007.
[193] 朱定秀．欧洲文化认同：欧洲一体化进程中的重要变量［J］．淮北煤炭师范学院学报，2008（6）.
[194] 朱健安．比荷卢三国在欧共体形成中的地位与作用［J］．西欧研究，1992（2）.
[195] 朱廷珺．外国直接投资的贸易效应研究［M］．北京：人民出版社，2006.
[196] 朱廷珺，王怀民，郭界秀，等．国际贸易前沿问题［M］．北京：北京大学出版

社，2012.

[197] 朱新光，苏萍. 中亚软权力与中国的战略选择 [J]. 上海师范大学学报，2009 (2).

二、外文文献

[1] ADB. *Central Asia: Increasing Gainsay from Thade Through Regional Cooperation in Trade Policy, Transport, and Customs Transit.* Publication Stock No: 030106, 2006.

[2] ADB. *Cross – Border Trade within the Central Asia Regional Economic Cooperation*, 2007.

[3] ADB. *Kazakhstan: Trade Facilitation and Logistics Development Strategy Report*, 2009.

[4] Alejandro Ibarra – Yunez. *Spaghetti Regionalism or Sstrategic Foreign Trade: Some Evidence for Mexico.* NBER Working Paper 9692, 2003. http: //www. nber. org/papers.

[5] Ali M. El – Agraa, *International Economic Integration* [M], (2nd edition), London, 1988.

[6] Ana Lucía Coronel, Dmitriy Rozhkov, and Ali Al – Eyd and Narayanan Raman. *Republic of Kazakhstan: Selected Issues.* IMF Country Report No. 11/151. June 2011.

[7] Anderson, Brion. and Klimv, Yuriy. *Uzbekistan: Trade Regime and Recent Trade Developments.* UCA WPS No: 4, 2012.

[8] Appellate Body Report , *European Communities – Conditions for the Granting of Tariff Preferences to Developing Counties*, p101, WT / DS246/ AB/ R, 7 April 2004.

[9] Asadov, Shokhboz. *Tajikistan's Transit Corridors and their Potential for Developing Regional Trade.* UCA WPS No: 6, 2012.

[10] Auty, R. M. *Resource Abundance and Economic Development*, Oxford: Oxford University Press, 2001.

[11] Auty, R. M. *Sustaining Development in Mineral Economics: the Resource Curse Thesis.* London: Routledge, 1993.

[12] Balassa, B. , *The Theory of Economic Integration* [M], London, Homewood &Irwin, 1961.

[13] Baldwin, Richard E. *A Domino Theory of Regionalism*, NBER Working Paper No. 4465, 1993.

[14] Baldwin, Richard. *Managing the Noodle Bowl: The Fragility of East Asian Regionalism.* Regional Economic Integration WP: 7. ADB. Geneva, 2007.

[15] Baldwin, Richard. *Sequencing Regionalism: Theory, European Practice, Lessons for Asia.* ADB WPS No: 80, 2011.

[16] Bartlomiej Kaminski and Saumya Mitra. *Skeins of Silk: Borderless Bazaars and Border Trade in Central Asia*, 2010.

[17] Bartlomiej Kaminski, *How Kyrgyzstan has seized Opportunities offered by Central Asia's Economic Recovery.* ECA, World Bank, Washington D. C Country Economic Memorandum, 2008.

[18] Bhagwati, J. , D. Greenway, and A. Panagariya. *Trading Preferentially: Theory and Policy.* The Economic Journal, 1998.

[19] Burfi sher, M. E. , S. Robinson, and K. Thierfelder. 2004. *Regionalism: Old and New, Theory and Practice.* MTID Discussion Paper No. 65, International Food Policy Research Institute, Washington, DC.

[20] Byrd, William. , and Raiser, Martin. , Economic Cooperation in the Wider Central Asia Region. WB WP no: 75, 2006.

[21] Chelstowski, *EMEA and Integration*, Polish Perspectives [J], Vol. XV, December 12.

[22] Christa N. Brunnschweiler. *Oil and Growth in Transition Countries.* Working Paper 09/108. CER – ETH Center of Economic Research at ETH Zurich and OxCarre, University of Oxford. May 2009.

[23] Clemens Grafe, Martin Raiser and Toshiaki Sakatsume. *Reconsidering regional trade in Central Asia.* EBRD, Working paper No. 95. 2005. 18.

[24] Claudio Bravo – Ortega and José de Gregorio, *The Relative Richness of the Poor? : Natural Resources, Human Capital, and Economic Growth.* Natural Resources Neither Curse nor Destiny. Edited by Daniel Lederman William F. Maloney, A copublication of Stanford Economics and Finance, an imprint of Stanford University Press, and the World Bank, 2007.

[25] Constantine Michalopoulos and David Tarr. *The Economics of Customs Unions in the Commonwealth of Independent States.* WB WPS 1786, 1997.

[26] Cooper, C. A. and Massell, B. F. , *Towards a General Theory of Customs Unions for Developing Countries*, Journal of Political Economy [J], Vol. 73, 1965.

[27] Coulibaly, Souleymane. , *Trade Expansion through Market Connection* [R]. WB Study No: 63435. World Bank, 2011.

[28] Curson, V. *The Essentials of Economic Integration* [M], New York, St. Martin's Press, 1974.

[29] Das, Ram Upendra. *Regional Economic Integration in Central Asia.* ESCAP, 2012.

[30] David Trilling, *Kyrgyzstan: Garment Industry Is a Bright Spot in Gray Area*, http: //www. eurasianet. org/node/66119.

[31] Deniau, J. F. , *The Common Market: Its Struture and Purpose*, London, 1960.

[32] Dunning, John H. *The investment development cycle revisited.* Review of World Economics [J]. Volume 122, Number 4, 1986.

[33] Dowling, Malcolm. And Wingnaraja, Ganeshan. *Central Asia after Fifteen Years of Transition: Growth, Regional Cooperation, and Policy Choices.* ADB WPS No: 3, 2006.

[34] EDB. *Eurasian Integration Yearbook* 2009. Almaty. 2009.

[35] EDB. *Eurasian Integration Yearbook* 2010. Almaty. 2010.

[36] EDB. *Eurasian Integration Yearbook* 2011. Almaty. 2011.

[37] EDB. *Eurasian Integration Yearbook* 2012. Almaty. 2012.

[38] Erling Roed Larsen (2004). *Escaping the Natural Resource Curse and Dutch disease? Norway's Catching up with and Forging ahead of Its Neighbors.* Discussion Papers 377 Research Department of Statistics Norway.

[39] Evgeny Yuryevich Vinokurov, *Russian Approaches to Integration on the post – Soviet Space in the 2000s.* Edited By Katlijn Malfliet Lien Verpoest and Evgeny Vinokurov The EU, the CIS, and Russia: the Challenges of Integration, 2007. 13.

[40] Fan Zhai. *Preferential Trade agreements in Asia: Alternative Scenarios of "Hub and Spoke"* . ERD Working paper: 83. ADB. Manila, Philippines. October 2006.

[41] Freund, Caroline. And Ornelas, Emanuel. *Regional Trade Agreements.* WB WPS No: 5314, 2010.

[42] Fukunari Kimura, Arata Kuno, Kazunobu Hayakawa. *Does the Number of RTAs Matter? Empirical Analysis on the Spaghetti Bowl Phenomenon.*

[43] Gleason, Gregory. *Inter – State Cooperation in Central Asia from the CIS to the Shanghai Forum.* Europe – Asia Studies. http: //www. thandfonline. com/loi/cear20. 2010.

[44] Grafe, Clemens. Raiser, Martin. and Sakatsume, Toshiaki. *Beyond borders: Reconsidering regional trade in Central Asia.* EBRD Working paper No. 95 Prepared in December 2005, 14.

[45] Grossman, G. and Helpman, E. *The politics of Free – Trade Agreements* [R]. NBER Working Paper No: 4597. 43.

[46] Grinberg, Russlan. *Russia in the Post – Soviet Space: Search for Rational Behavior and Prospects of Economic Integration.* Russian Academy of Science, Moscow, 2005.

[47] Hanson, Gordon H. , *North American Economic Integration and Industry Location* [M], Oxford University Press, 1998.

[48] Hetenne, Björn. , *The new Regionalism : Implication for Global Development and International Security*,UNU WIDER, Helsinki, 1994.

[49] Hopmann, P. Terrence. Shenfield, Stephen D. and Arel, Dominique. *Integration and Disintegration in the Former Soviet Union: Implication for Regional and Global Security.* The Thomas J. Watson Jr. Institute for International Studies Brown University. Occasional Paper: 30, 1997.

[50] Ikboljon Qoraboyev. *From Central Asian Regional Integration to Eurasian Integration Space? RUAN Publishing Company.* The Changing Dynamics of Post – Soviet Regionalism. Eurasian Integration Yearbook 2010. - Almaty, 2010.

[51] Ilahi, Nadeem. And Shendy, Riham. *Do the Gulf Oil – Producing Countries Influence Regional Growth? The Impact of Financial and Remittance Flows* [R]. IMF WPS No: 08/167, 2008.

[52] Innwon Park and Soonchan Park. *Free Trade Agreements versus Customs Unions: An xEamination of East Asia.* Conference paper. Conference on China and the World Economy. November 2008.

[53] Irnazarov, Farruch K. *Transition Strategies in Kazakhstan and Uzbekistan Since Independece: Paradoxes and Prospect*, 2009.

[54] IMF. *Turkmenistan: Recent Economic Developments.* IMF Staff Country Report No: 99/140, 1999.

[55] James J. Sheehan, *German History 1770—1866* [M]. Oxford, 1989.

[56] Jenkins, Ian. And Pezant , Paul. *Central Asia: Reassessment of the Regional Transport Sector Strategy* [R], ADB, 2003.

[57] Kaminski, Bartlomiej . and Mitra , Saumya. *Borderless Bazaars and Regional Integration in Central Asia: Emerging Patterns of Trade and Cross – Border Cooperation* [R]. World Bank.

Washington, D. C. 2012.

[58] Kaminski, Bartlomiej. *How Kyrgyzstan has seized Opportunities offered by Central Asia's Economic Recovery.* ECA, World Bank, Washington D. C Country Economic Memorandum, 2008.

[59] Kimura, Fukunari. Kuno, Arata. And Hayakawa, Kazunobu. *Does the Number of RTAs Matter? Empirical Analysis on the Spaghetti Bowl Phenomenon.* 2007.

[60] Kolstø, Pål. *Anticipating Demographic Superiority: Kazakhstan Thinking on Integration and Nation Building.* Europe – Asia Studies: http: // www. Tandfonline . com/loi. cear20, 2007.

[61] Kuehnast, Kathleen. And Dudwick, Nora. *Whose Rules Rule? Everyday Border and Water Conflicts in Central Asia.* WB WPS No: 44858, 2008.

[62] Kulipanova, Elena. *International Transport in Central Asia: Understanding the Patterns of (Non –) Cooperation.* UCA WPS No: 2, 2012.

[63] Libman, Alexander. *Rgionalisation in Central Asia.* Eurasian Integration Yearbook 2009. Almaty, 2009.

[64] Libman, Alexander. and Vinokurov, Evgeny. *Is it really different? Patterns of regionalisation in post – Soviet Central Asia.* Post – Communist Economies [J]. 2011. http: //www. tandfonline. com/loi/cpce 20.

[65] Libman, Alexander. and Vinokurov, Evgeny. *Post – Soviet Integration and the Interaction of Functional Bureaucracies.* Review of International Political Economy, 2012.

[66] Linn, Johannes F. *Economic (Dis) Integration Matters: The Soviet Collapse Revisited.* The Brookings Institution. 2004.

[67] Linn, Johannes F. and Pidufala, Oksana. *The Experience with Regional Economic Cooperation Organizations lessons from Central Asia.* Wolfensohn Center for Development WPS No: 4, 2008.

[68] Lustig, N. , Bosworth, B. P. & Lawrence, R. Z. , *North American Free Trade: Assessing the Impact.* Washington DC, Brookings Institution, 1992.

[69] Machlup, F. , *A History of Thought on Economic Integration* [M], The Macmillan Press Ltd. , Columbia University Press, 1977.

[70] Machlup, F. , *Economic Integration: Worldwide, Regional, Sectoral, London* [M], Macmillan, 1976.

[71] Manmohan Parkash. *Connecting Central Asia: A Road Map for Regional Cooperation.* ADB Publication Stock No: 080306. Philippines, 2006.

[72] Marnie, S. and Whitlock, E. *Central Asia and Economic Integration.* RFE/RL Research Report, Vol. 2, No: 14, 1993.

[73] Maurice Schiff and L. Alan Winters. *Regional Integration and Development.* Oxford University Press, 2002.

[74] Maurice Schiff. *Chile's Trade Policy : An Assessments.* Central Bank of Chile Working Papers No: 151. April 2002.

[75] Meade, J. E. *Trade and Welfare*, London: Oxford University Press, 1955.

[76] Micbalopoulos, Constantine. and Tarr, David. *The Economics of Customs Unions in the Commonwealth of Independent States* [R], WB, WPS No: 1786.

[77] Mogilevskii, Roman. *Trends and Patterns in Foreign Trade of Central Asian Countries.* UCA WPS No: 1. 2012.

[78] Nankani, G. (1979) *Development Problems of Mineral Exporting Countries*, World Bank Staff Working Paper 354, Washington DC: World Bank.

[79] Nichol, Jim. *Tajikistan: Recent Developmentshanghai and U. S. Interests.* CRS Report for Congress. 7 - 5700. 2012.

[80] Norio Usui and Arnelyn May A. Abdon. *Structural Transformation in the Kyrgyz Republic: Engineering Future Paths of Capability Accumulation.* ADB Economics Working Paper Series . No. 200 May 2010. 3.

[81] Olson, Mancur. , *Increasing the Incentives for International Cooperation*, International Organization, Autumn, 1971, Vol. 25. , No. 4.

[82] Palmer, Norman D. , *New Regionalism in Asia and the Pacific*, Lexington Books, Lexington, 1991.

[83] Parto, Saeed, Jos Winters, Ehsan Saadat, Mohsin Usyan, and Anastasiya Hozyainova, *Afghanistan and Regional Trade: More, or Less, Imports from Central Asia.* UCA WPS No. 3, 2012.

[84] Parkash, Manmohan. , *Connecting Central Asia: A Road Map for Regional Cooperation* [R], ADB, Philippines, 2006.

[85] Pastor, Gonzalo. And Damjanovic, Tatiana. *The Russian Financial Crisis and its Consequences for Central Asia.* IMF WP: 01/169, 2001.

[86] Pinder, John, *Positive Integration and Negative Integration: Some Problems of Economic Union in the EEC*, World today [J], Vol. 24, 1968.

[87] Qoraboyev, Ikboljon. *From Central Asian Regional Integration to Eurasian Integration Space? The Changing Dynamics of Post - Soviet Regionalism.* Eurasian Integration Yearbook, 2010.

[88] Rabah Arezki and Frederick van der Ploeg. *Can the Natural Resource Curse Be Turned Into a Blessing? The Role of Trade Policies and Institutions.* IMF Working Paper: WP/07/55. March 2007.

[89] Richard Pomfret. *Resource Management and Transition in Central Asia, Azerbaijan, and Mongolia.* Working Paper: W P 1 1 - 8. the Peterson Institute for International Economics, 2011.

[90] Roselyn Kwamboka Akombe. *Regional Integration and the Challenge of Economic Development: The Case of the Common Market for Eastern and Southern Africa. Dissertation.* The State University of New Jersey. Newark, New Jersey, 2005.

[91] Sachs, J. D and A. M. Warner. (1995) *Natural Resource Abundance and Economic Growth.* NBER Working Paper Series, WP 5398, Cambridge: National Bureau of Economic Research.

[92] Saumya Mitra, Bartlomiej Kaminski, Matin Kholmatov. *Bazaars and Trade Integration in CAREC Countries.* Report No: 54034. World Bank, 2009.

[93] Schiff, Maurice and Winters, L. Alan, *Regional Integration and Development* [M]. Washington DC, World Bank and Oxford Press, 2003.

[94] Scitovsky, Tibor. *Economic Theory and Western European Integration*, London, 1958.

[95] Scott. R. E., *NAFTA's Pain Deepen: Job Destruction Accelerates in 1999 With Losses in Every State*. Briefing Paper, Washington DC, Economic Policy Institute.

[96] Sebnem Akkaya. *Enhancing the Prospects for Growth and Trade of the Kyrgyz Republic*, World Bank Country Study No: 34040, 2005.

[97] Sinitsina, Irina. *Economic Cooperation Between Russia and Central Asian Countries: Trends and Outlook*. UCA WPS No: 5, 2012.

[98] S. Mansoob Murshed. *When does natural resource abundance lead to a resource curse?* Environmental Economics Programme, International Institute for Environment and Development, March 2004.

[99] Tai, Simon W. and Lee, Jung Wan. *Strategies of Regional Economic Integration and WTO Accession in Central Asia*. Eurasian Jouraal of Business and Economics. 2009, 2 (3).

[100] Tinbergen, J., *On the Theory of Economic Policy*, Amsterdam, North-Holland, 1952.

[101] Umarov, Khodjamkhmad, *Trade and Economic Relations between the Republic of Tajikistan and the Islamic Republic of Afghanistan*, UCA WPS No. 13, 2013.

[102] Venables, Antbony J. *Regional Integration Agreements: A Force for Convergence or Divergence*. WB WPS No: 2260, 1999.

[103] Vinokurov E. (ed.) (2010a) *The EDB System of Indicators of Eurasian Integration*. Almaty: Eurasian Development Bank, 2010.

[104] Vinokurov E. (2010b), *The Evolution of Kazakhstan's Position on Relations with Russia in* 1991 – 2010. MPRA Working Paper. http://mpra.ub.uni – muenchen.de/22187/1/MPRA_ paper_ 22187.pdf, accessed July 10, 2010.

[105] Vinokurov, Evgeny Yuryevish. *Russian Approaches to Integration on the post – Soviet Space in the 2000s*. Katlijn Malfliet, Lien Verpoest, Evgeny Vinokurov, The CIS, the EU and Russia: Challenges of Integration, Palgrave Macmillan, 2007.

[106] W. Max Corden; J. Peter Neary. *Booming Sector and De – Industrialisation in a Small Open Economy*. The Economic Journal, Vol. 92, No. 368, Dec 1982.

[107] William Byrd, Martin Raiser. *Economic Cooperation in the Wider Central Asia Region*. WB WP no: 75, 2006.

[108] World Bank. *Enhancing the Prospects for Growth and Trade of the Kyrgyz Republic*. [R] Washington D. C., WB WPS No: 34040, 2005.

[109] World Bank. *Assessment of Costs and Benefits of the Customs Union for Kazakhstan*. Report No: 65977 – Kz, 2012.

[110] Wu, Hsiu – Ling. And Chen, Chien – hsun. *The Prospects for Regional Economic Integration between China and the Five Central Asian Countries*. Europe – Asia Studies, 2010.

[111] Yelena Kalyuzhnova, Michael Kaser. *Prudential Management of Hydrocarbon Revenues in Resource – rich Economies*. UNECE Discussion Paper No: 5. December 2005.

[112] Zharas Aitmambet. *How can Hydrocarbon Windfalls be Managed to Sustain Growth in A Resource Based Economy? Case Study*: *Kazakhstan.* P15 – 17. http: //www. dundee. ac. uk/cepmlp/car/html/CAR10_ ARTICLE40. PDF, 2006.

[113] Йоханнес Ф. Линн, "Опыт региональных организаций экономического сотрудничества: Уроки для Центральной Азии", Евразийская экономическая интеграция, №2 , 2009.

[114] З. К. Чуланова, "конкурентоспособность человеческого китала в условиях Таможенного союза", Евразийская экономическая интеграция, №1, 2011.

[115] А. И. Поболь, Экономический потенциал инновационного развития стран в интеграционных процессах СНГ, ЕврАзЭС и ЕЭП, Евразийская экономическая интеграция, №1, 2012.

[116] М. Ю. Головнин, А. Е. Якушева, Региональные эффекты мирового экономического кризиса на пространстве СНГ: канал денежных переводов мигрантов, Евразийская экономическая интеграция, №2 2011

[117] Ю. А. Щербанин, Транспорт и экономический рост: взаимосвязь и влияние, Евразийская экономическая интеграция, №3, 2011.

[118] Ю. Ф. Яров, Интеграционный потенциал СНГ ещё не исчерпан, Евразийская экономическая интеграция, №4, 2011.

[119] И. Корабоев, От региональной интеграции Центральной Азии к Евразийскому интеграционному пространству? Меняющаяся динамика постсоветского регианолизма, Евразийская экономическая интеграция, №3, 2010.

[120] В. И. Тарасов, Сравнительная динамика эволюции институциональных структур ренионалъных интеграционных формирований в СНГ и ЕС, Евразийская экономическая интеграция, №4, 2010.

附 录

附录 1

一、GATT 第 24 条

第 24 条

适用领上——边境贸易——关税同盟和自由贸易区

1. 本协定的规定应适用于缔约方本土的关税领土，适用于根据第 26 条接受本协定或根据第 33 条或《临时适用议定书》实施本协定的任何其他关税领土。每一个这样的关税领土，仅就本协定的适用领土而言，应被视为一缔约方；但是本款的规定不得解释为在根据第 26 条接受本协定或其中一缔约方根据第 33 条或《临时适用议定书》实施本协定的两个或两个以上关税领土之间产主任何权利或义务。

2. 本协定所称的，关税领土，应理解为一个与其他领土之间贸易的实质部分保留单独关税或其他贸易法规的任何领土。

3. 本协定的规定，不得阻止：

（a）任何缔约方为便利边境贸易而给予毗连国家的优惠；

（b）与的里雅斯特自由区毗连的国家给予与该自由区的贸易的优惠，只要此类优惠不与由第二次世界大战所产生的和平条约相抵触。

4. 各缔约方认识到，宜通过自愿签署协定从而发展此类协定签署国之间更紧密的经济一体化，以增加贸易自由。它们还认识到，关税同盟或自由贸易区的目的应为便利成员领土之间的贸易，而非增加其他缔约方与此类领土之间的贸易壁垒。

5. 因此，本协定的规定不得阻止在缔约方领土之间形成关税同盟或自由贸易区，或为建立关税同盟或自由贸易区所必需的临时协定，但是：

（a）就关税同盟或导致形成关税同盟的临时协定而言，在建立任何此种同盟或订立临时协定时，对与非此种同盟成员或协定参加方的缔约方的贸易实施的关税和其他贸易法规，总体上不得高于或严于在形成此种同盟或通过此种临时协定

（视情况而定）之前，各成员领土实施的关税和贸易法规的总体影响范围；

（b）就自由贸易区或导致形成自由贸易区的临时协定而言，每一成员领土维持的且在形成此种自由贸易区或通过此种贸易协定时对非自由贸易区成员或非协定参加方的缔约方实施的关税或其他贸易法规，不得高于或严于在形成该自由贸易区或签署协定之前相同成员领土内存在的相应关税或贸易法规；以及

（c）（a）项和（b）项所指的任何临时协定应包括在一合理持续时间内形成此种关税同盟或此种自由贸易区的计划和时间表。

6. 如在满足第5款（a）项的要求时，一缔约方提议以与第2条规定不一致的方式提高任何关税税率，则应适用第28条所列程序，在提供补偿性调整时，应适当考虑同盟的其他成员削减相应关税而已经提供的补偿。

7.（a）决定加入关税同盟或自由贸易区，或订立导致形成关税同盟或自由贸易区的临时协定的任何缔约方，应迅速通知缔约方全体，并应向它们提供拟议成立的同盟或贸易区的必要信息，以便它们能够向各缔约方提出它们认为适当的报告和建议。

（b）如缔约方全体经与一临时协定参加方进行磋商，对第5款所指的临时协定所包括的计划和时间表进行研究，并考虑依照（a）项规定可获得的信息之后，认为该协定不可能在协定参加方预期的期限内导致关税同盟或自由贸易区的形成，或认为该期限不合理，则缔约方全体应向协定参加方提出建议。如协定参加方不准备依照这些建议修改该协定，则不得维持或实施（视情况而定）此类协定。

（c）对第5款（c）项所指的计划或时间表的任何实质性变更应通知缔约方全体，如此种变更似乎可能危及或不适当地延迟关税同盟或自由贸易区的形成，则缔约方全体可请有关缔约方与其进行磋商。

8. 就本协定而言：

（a）关税同盟应理解为以一个单独的关税领土替代两个或两个以上的关税领土，以便，

（ⅰ）对于同盟成员领土之间的实质上所有贸易或至少对于产于此类领土产品的实质上所有贸易，取消关税和其他限制性贸易法规（如必要，第11条、第12条、第13条、第14条、第15条和第20条下允许的关税和其他限制性贸易法规除外），及

（ⅱ）在遵守第9款规定的前提下，同盟每一成员对同盟以外领土的贸易实施实质相同的关税或其他贸易法规：

（b）自由贸易区应理解为在两个或两个以上的一组关税领土中，对成员领土之间实质上所有有关产自此类领土产品的贸易取消关税和其他限制性贸易法规（如必要，按照第11条、第12条、第13条、第14条、第15条、第20条允许的

关税和其他限制性贸易法规除外）。

9. 本协定第1条第2款所指的优惠不得因形成关税同盟或自由贸易区而受到影响，但可以通过与受影响的缔约方进行谈判加以取消或调整。与受影响的缔约方谈判的程序应特别适用于为符合第8款（a）项（ⅰ）目和第8款（b）项的规定而需要取消的优惠。

10. 缔约方全体可以2/3多数批准不完全符合第5款至第9款要求的建议，只要此类建议可导致形成本条意义上的关税同盟或自由贸易区。

11. 考虑到由于印度和巴基斯坦建成独立国家所产生的特殊情况，并认识到它们已经长期组成一经济单位的事实，各缔约方同意，本协定的规定不得阻止这两个国家在它们最终建立相互贸易关系之前，订立有关相互贸易的特殊安排。

12. 每一缔约方应采取其可采取的合理措施，保证其领土内的地区和地方政府和主管机关遵守本协定的规定。

二、GATs 第五条

第五条　经济一体化

1. 本协定不应阻止任何成员参加或达成在参加方之间实现服务贸易自由化协议，只要这种协议：

（a）包括众多的服务部门和

（b）在（a）项所说的部门中，两个或多个参加方之间通过以下方式不存在取消第十条意义上的所有歧视：

（i）取消现有的歧视性措施，和/或

（ii）禁止新的或更多的歧视性措施。

或者在那一协议生效时，或者在一个合理的时间框架基础上，第十一条、第十二条、第十四条及第十四条之二允许的措施除外。

2. 在评估第1款（b）项的条件是否满足时，可考虑本协议与有关国家间更广泛的经济一体化或贸易自由化进程之间的关系。

3.（a）如果发展中国家是第1款所述类型的协议的参加方，则应根据这些国家所有的和单个服务部门及分支部门的发展水平，在第1款，特别是（b）项所列条件方面，显示灵活性。

（b）虽有第6款的规定，当第1款所述类型的协议只有发展中国家参加时，可对该协议参加方的自然人所拥有或控制的法人给予更加优惠的待遇。

4. 第1款所提到的任何协议应促进该协议参加方之间的贸易，对该协议外的任何成员，不应提高在相应服务部门或分部门中在该协议之前已适用的服务贸易壁垒的总体水平。

5. 如果在任何第1款所述协议的达成、扩大或作任何重大修改时，一成员打算撤销或修改具体承诺因而违背其在承诺表中所列规定和条件，则它应提前90天通告上述修改或撤销，并应适用第21条第2款、第3款及第4款所规定的程序。

6. 任何其他成员的服务提供者，如是根据第1款所述协议的参加方的法律组建的法人，则只要它在该协议参加方境内从事实质性的商业经营，就有权享受该协议给予的待遇。

7.（a）各成员如系任何第1款所述协议的参加方，应立即将这类协议及对该协议的任何扩大或重大修改通知服务贸易理事会。它们也应向理事会提供其要求的其他这类有关资料。理事会可设立一工作组以审查此类协议或其扩大和修改，并就其与本条规定的一致性向理事会报告。

（b）各成员如系第1款所述的根据一时间表而实施的协议的参加方，则应定期向服务贸易理事会报告协议实施情况。理事会如认为必要可设立一工作组以审查此类报告。

（c）根据本款（a）、（b）两项所指的工作组的报告，理事会认为适当时可向参加方提出建议。

8. 参加任何第1款所述协议的成员，对任何其他成员从该协议中可能获取的贸易利益可不得谋求补偿。

第五条之二　劳动力市场一体化协议

本协议不应阻止任何成员成为在两个或多个参加方之间建立的劳动力市场完全一体化协议的成员，如果这项协议：

（a）免除协议参加方的公民有关居留和工作许可的要求；

（b）通知服务贸易理事会；

（c）“计算机预订系统（CRS）服务”指由包含航空承运人的时刻表，可获性、票价和定价规则等信息的计算机系统所提供的服务，可通过该系统进行预订或出票；

（d）“业务权”指以有偿或租用方式，往返于一成员领土或在该领土之内或之上经营和/或运载乘客、货物和邮件的定期或不定期服务的权利，包括服务的地点、经营的航线、运载的运输类型、提供的能力、收取的运费及其条件以及指定航空公司的标准，如数量、所有权和控制权等标准。

三、关于金融服务的附件

1. 范围和定义

（a）本附件适用于影响金融服务提供的措施。本附件所指的金融服务提供应指提供按本协定第1条第2款定义的服务。

（b）就本协定第 1 条第 3 款（b）项而言，“在行使政府职权时提供的服务”指：

（i）中央银行或货币管理机关或任何其他公共实体为推行货币或汇率政策而从事的活动；

（ii）构成社会保障法定制度或公共退休计划组成部分的活动；以及

（iii）公共实体代表政府或由政府担保或使用政府的财政资源而从事的其他活动。

（c）就本协定第 1 条第 3 款（b）项而言，如一成员允许其金融服务提供者从事本款（b）项（ii）目或（iii）目所指的任何活动，与公共实体或金融服务提供者进行竞争，则“服务”应包括此类活动。

（d）本协定第 1 条第 3 款（c）项不得适用于本附件涵盖的服务。

2. 国内法规

（a）尽管有本协定的任何其他规定，但是不得阻止一成员为审慎原因而采取措施，包括为保护投资人、存款人、保单持有人或金融服务提供者对其负有信托责任的人而采取的措施，或为保证金融体系完整和稳定而采取的措施。如此类措施不符合本协定的规定，则不得用作逃避该成员在本协定项下的承诺或义务的手段。

（b）本协定的任何规定不得解释为要求一成员披露有关个人客户的事务和账户的信息，或公共实体拥有的任何机密或专有信息。

3. 承认

（a）一成员在决定其有关金融服务的措施应如何实施时，可承认任何其他国家的审慎措施。此类承认可以依据与有关国家的协定或安排，通过协调或其他方式实现，也可自动给予。

（b）属（a）项所指协定或安排参加方的一成员，无论该协定或安排是将来的还是现有的，如在该协定或安排的参加方之间存在此类法规的相同法规、监督和实施，且如适当，还存在关于信息共享的程序，则应向其他利害关系成员提供谈判加入该协定或安排的充分机会，或谈判达成类似的协定或安排。如一成员自动给予承认，则应为任何其他成员提供证明此类情况存在的充分机会。

（c）如一成员正在考虑对任何其他国家的审慎措施予以承认，则不得适用第 7 条第 4 款（b）项。

4. 争端解决

关于审慎措施和其他金融事项争端的专家组应具备与争议中的具体金融服务有关的必要的专门知识。

5. 定义

就本附件而言：

（a）金融服务指一成员金融服务提供者提供的任何金融性质的服务。金融服务包括所有保险及其相关服务，及所有银行和其他金融服务（保险除外）。金融服务包括下列活动：保险及其相关服务。

（i）直接保险（包括共同保险）：

（A）寿险；

（B）非寿险。

（ii）再保险和转分保。

（iii）保险中介，如经纪和代理。

（iv）保险附属服务，如咨询。精算、风险评估和理赔服务；银行和其他金融服务（保险除外）。

（v）接受公众存款和其他应偿还基金。

（vi）所有类型的贷款，包括消费信贷、抵押信贷、商业交易的代理和融资。

（vii）财务租赁。

（viii）所有支付和货币转移服务，包括信用卡、赊账卡、贷记卡、旅行支票和银行汇票。

（ix）担保和承诺。

（x）交易市场、公开市场或场外交易市场的自行交易或代客交易：

（A）货币市场工具（包括支票、汇票、存单）；

（B）外汇；

（C）衍生产品，包括但不仅限于期货和期权；

（D）汇率和利率工具，包括换汇和远期利率协议等产品；

（E）可转让证券；

（F）其他可转让票据和金融资产，包括金银条块。

（xi）参与各类证券的发行，包括承销和募集代理（无论公开或私下），并提供与该发行有关的服务。

（xii）货币经纪。

（xiii）资产管理，如现金或证券管理、各种形式的集体投资管理、养老基金管理、保管、存款和信托服务。

（xiv）金融资产的结算和清算服务，包括证券、衍生产品和其他可转让票据。

（xv）提供和传送其他金融服务提供者提供的金融信息、金融数据处理和相关软件。

（xvi）就（v）至（xv）目所列的所有活动提供咨询、中介和其他附属金融服务，包括信用调查和分析、投资和资产组合的研究和咨询、收购咨询、公司重组和策略咨询。

(b)金融服务提供者指希望提供或正在提供金融服务的一成员的自然人或法人，但“金融服务提供者”一词不包括公共实体。

(c)“公共实体”指：

(i)一成员的政府、中央银行或货币管理机关，或由一成员拥有或控制的、主要为政府目的执行政府职能或进行的活动的实体，不包括主要在商业条件下从事金融服务提供的实体；

(ii)在行使通常由中央银行或货币管理机关行使的职能时的私营实体。

四、关于金融服务的第二附件

1. 尽管有本协定第 2 条和《关于第 2 条豁免的附件》第 1 款和第 2 款的规定，但是一成员仍可在《WTO 协定》生效之日起 4 个月后开始的 60 天内，将与本协定第 2 条第 1 款不一致的有关金融服务的措施列入该附件。

2. 尽管有本协定第 21 条的规定，但是一成员仍可在《WTO 协定》生效之日起 4 个月后开始的 60 天内，改善、修改或撤销列入其减让表的有关金融服务的全部或部分具体承诺。

3. 服务贸易理事会应为适用第 1 款和第 2 款制定必要的程序。

五、关于海运服务谈判的附件

1. 第 2 条和《关于第 2 条豁免的附件》，包括关于在该附件中列出一成员将维持的、与最惠国待遇不一致的任何措施的要求，只有在以下日期方可对国际海运、附属服务以及港口设施的进入和使用生效：

(a)根据《关于海运服务谈判的部长决定》第 4 段确定的实施日期；或

(b)如谈判未能成功，则为该决定中规定的海运服务谈判组最终报告的日期。

2. 第 1 款不得适用于已列入一成员减让表的任何关于海运服务的具体承诺。

3. 尽管有第 21 条的规定，但是自第 1 款所指的谈判结束起至实施日期前，一成员仍可改善、修改或撤销在本部门的全部或部分具体承诺而无须提供补偿。

六、关于电信服务的附件

1. 目标

认识到电信服务部门的特殊性，特别是其作为经济活动的独特部门和作为其他经济活动的基本传输手段而起到的双重作用，各成员就以下附件达成一致，旨在详述本协定中有关影响进入和使用公共电信传输网络和服务的措施的规定。因此，本附件为本协定提供注释和补充规定。

2. 范围

（a）本附件应适用于一成员影响进入和使用公共电信传输网络和服务的所有措施。

（b）本附件不得适用于影响电台或电视节目的电缆或广播播送的措施。

（c）本附件的任何规定不得解释为：

（i）要求一成员在其减让表中规定的之外授权任何其他成员的服务提供者建立、建设、收购、租赁、经营或提供电信传输网络或服务，或

（ii）要求一成员责成其管辖范围内的服务提供者健立、建设、收购、租赁、经营或提供未对公众普遍提供的电信传输网络或服务。

3. 定义

就本附件而言：

（a）“电信”指以任何电磁方式传送和接收信号。

（b）“公共电信传输服务”指一成员明确要求或事实上要求向公众普遍提供的任何电信传输服务。此类服务可特别包括电报、电话、电传和数据传输，其典型特点是在两点或多点之间对客户提供的信息进行实时传输，而客户信息的形式或内容无任何端到端的变化。

（c）“公共电信传输网络”指可在规定的两个或多个网络端接点之间进行通讯的公共电信基础设施。

（d）“公司内部通信”指公司内部或与其子公司、分支机构进行通信的电信，在遵守一成员国内法律和法规的前提下，还可包括与附属公司进行通信的电信。为此目的，“子公司”、“分支机构”和适用的“附属公司”应由每一成员定义。本附件中的“公司内部通信”不包括向与无关联的子公司、分支机构或附属公司提供的商业或非商业服务，也不包括向客户或潜在客户提供的商业或非商业服务。

（e）对本附件的各款或各项的任何提及均包括其中所有各国。

附录2　HS 2002

第一类 活动物，动物产品	第一章	活动物
	第二章	肉及食用杂碎
	第三章	鱼、甲壳动物、软体动物及其他水生无脊椎动物
	第四章	乳品、蛋品、天然蜂蜜、其他食用动物产品
	第五章	其他动物产品
第二类 植物产品	第六章	活树及其他活植物，鳞茎、根及类似品，插花及装饰用簇叶
	第七章	食用蔬菜、根及块茎
	第八章	食用水果及坚果，柑桔属水果或甜瓜的果皮
	第九章	咖啡、茶、马黛茶及调味香料
	第十章	谷物
	第十一章	制粉工业产品、麦芽、淀粉、菊粉、面筋
	第十二章	含油子仁及果实，杂项子仁及果实，工业用或药用植物，稻草、秸秆及饲料
	第十三章	虫胶，树胶、树脂及其他植物液、汁
	第十四章	编结用植物材料，其他植物产品
第三类 动、植物油、脂及其分解产品，精制的食用油脂，动、植物蜡	第十五章	动、植物油、脂及其分解产品，精制的食用油脂，动、植物蜡
第四类 食品，饮料、酒及醋，烟草及烟草代用品的制品	第十六章	肉、鱼、甲壳动物、软体动物及其他水生无脊椎动物的制品
	第十七章	糖及糖食
	第十八章	可可及可可制品
	第十九章	谷物、粮食粉、淀粉或乳的制品，糕饼点心
	第二十章	蔬菜、水果、坚果或植物其他部分的制品
	第二十一章	杂项食品
	第二十二章	饮料、酒及醋
	第二十三章	食品工业的残渣及废料，配制的动物饲料
	第二十四章	烟草、烟草及烟草代用品的制品
第五类 矿产品	第二十五章	盐，硫磺，泥土及石料，石膏料、石灰及水泥
	第二十六章	矿砂、矿渣及矿灰
	第二十七章	矿物燃料、矿物油及其蒸馏产品，沥青物质，矿物蜡

续表

第六类 化学工业及其相关工业的产品	第二十八章	无机化学品，贵金属、稀土金属、放射性元素及其同位素的有机及无机化合物
	第二十九章	有机化学品
	第三十章	药品
	第三十一章	肥料
	第三十二章	鞣料浸膏及染料浸膏，鞣酸及其衍生物，染料、颜料及其他着色料，油漆及清漆，油灰及其他胶粘剂，墨水、油墨
	第三十三章	精油及香膏，芳香料制品及化妆盥洗品
	第三十四章	肥皂、有机表面活性剂、洗涤剂、润滑剂、人造蜡、调制蜡、光洁剂、蜡烛及类似品、塑型用膏、“牙科用蜡”及牙科用熟石膏制剂
	第三十五章	蛋白类物质，改性淀粉，胶，酶
	第三十六章	炸药，烟火制品，火柴，引火合金，易燃材料制品
	第三十七章	照相及电影用品
	第三十八章	杂项化学产品
第七类 塑料及其制品，橡胶及其制品	第三十九章	塑料及其制品
	第四十章	橡胶及其制品
第八类 生皮、皮革、毛皮及其制品，鞍具及挽具，旅行用品、手提包及类似容器，动物肠线（蚕胶丝除外）制品	第四十一章	生皮（毛皮除外）及皮革
	第四十二章	皮革制品，鞍具及挽具，旅行用品、手提包及类似容器，动物肠线（蚕胶丝除外）制品
	第四十三章	毛皮、人造毛皮及其制品
第九类 木及木制品，木炭，软木及软木制品，稻草、秸秆、针茅或其他编结材料制品，篮筐及柳条编结品	第四十四章	木及木制品，木炭
	第四十五章	软木及软木制品
	第四十六章	稻草、秸秆、针茅或其他编结材料制品，篮筐及柳条编结品

续表

第十类 木浆及其他纤维状纤维素浆，纸及纸板的废碎品，纸、纸板及其制品	第四十七章	木浆及其他纤维状纤维素浆，纸及纸板的废碎品
	第四十八章	纸及纸板，纸浆、纸或纸板制品
	第四十九章	书籍、报纸、印刷图画及其他印刷品，手稿、打字稿及设计图纸
第十一类 纺织原料及纺织制品	第五十章	蚕丝
	第五十一章	羊毛、动物细毛或粗毛，马毛纱线及其机织物
	第五十二章	棉花
	第五十三章	其他植物纺织纤维，纸纱线及其机织物
	第五十四章	化学纤维长丝
	第五十五章	化学纤维短纤
	第五十六章	絮胎，毡呢及无纺织物，特种纱线，线，绳，索，缆及其制品
	第五十七章	地毯及纺织材料的其他铺地制品
	第五十八章	特种机织物，簇绒织物；花边，装饰毯，装饰带，刺绣品
	第五十九章	浸渍、涂布、包覆或层压的织物，工业用纺织制品
	第六十章	针织物及钩编织物
	第六十一章	针织或钩编的服装及衣着附件
	第六十二章	非针织或非钩编的服装及衣着附件
	第六十三章	其他纺织制成品，成套物品，旧衣着及旧纺织品，碎织物
第十二类 鞋、帽、伞、杖、鞭及其零件，已加工的羽毛及其制品，人造花，人发制品	第六十四章	鞋靴、护腿和类似品及其零件
	第六十五章	帽类及其零件
	第六十六章	雨伞、阳伞、手杖、鞭子、马鞭及其零件
	第六十七章	已加工羽毛、羽绒及其制品，人造花，人发制品
第十三类 石料、石膏、水泥、石棉、云母及类似材料的制品，陶瓷产品，玻璃及其制品	第六十八章	石料、石膏、水泥、石棉、云母及类似材料的制品
	第六十九章	陶瓷产品
	第七十章	玻璃及其制品

续表

第十四类 天然或养殖珍珠、宝石或半宝石、贵金属、包贵金属及其制品；仿首饰；硬币	第七十一章	天然或养殖珍珠、宝石或半宝石、贵金属、包贵金属及其制品，仿首饰，硬币
第十五类 贱金属及其制品	第七十二章	钢铁
	第七十三章	钢铁制品
	第七十四章	铜及其制品
	第七十五章	镍及其制品
	第七十六章	铝及其制品
	第七十七章	（保留为税则将来所用）
	第七十八章	铅及其制品
	第七十九章	锌及其制品
	第八十章	锡及其制品
	第八十一章	其他贱金属、金属陶瓷及其制品
	第八十二章	贱金属工具、器具、利口器、餐匙、餐叉及其零件
	第八十三章	贱金属杂项制品
第十六类 机器、机械器具、电气设备及其零件，录音机及放声机、电视图像、声音的录制和重放设备及其零件、附件	第八十四章	核反应堆、锅炉、机器、机械器具及其零件
	第八十五章	电机、电气设备及其零件，录音机及放声机、电视图像、声音的录制和重放设备及其零件、附件
第十七类 车辆、航空器、船舶及有关运输设备	第八十六章	铁道及电车道机车、车辆及其零件；铁道及电车道轨道固定装置及其零件、附件，各种机械（包括电动机械）交通信号设备
	第八十七章	车辆及其零件、附件，但铁道及电车道车辆除外
	第八十八章	航空器、航天器及其零件
	第八十九章	船舶及浮动结构体

续表

第十八类 光学、照相、电影、计量、检验、医疗或外科用仪器及设备、精密仪器及设备，钟表，乐器，上述物品的零件、附件	第九十章	光学、照相、电影、计量、检验、医疗或外科用仪器及设备、精密仪器及设备，上述物品的零件、附件
	第九十一章	钟表及其零件
	第九十二章	乐器及其零件、附件
第十九类 武器、弹药及其零件、附件	第九十三章	武器、弹药及其零件、附件
第二十类 杂项制品	第九十四章	家具，寝具、褥垫、弹簧床垫、软坐垫及类似的填充制品，未列名灯具及照明装置，发光标志、发光铭牌及类似品，活动房屋
	第九十五章	玩具、游戏品、运动用品及其零件、附件
	第九十六章	杂项制品
第二十一类 艺术品、收藏品及古物	第九十七章	艺术品、收藏品及古物